一番大切なことは、
単に生きることではなく、
善く生きることである。

ソクラテス（古代ギリシャの哲学者

今は亡き両親のベティーとボブ
そして孫のカミーユとグラントへ

To Bettie and Bob, my late parents,
and to Camille and Grant,
my young grandchildren

CONTENTS

2章 構築する

3章 変革する

4章 統括する

5章 決定する

6章 道を究める

序 偉大な人々はどう逆境を乗り越えるか

危機のなかリーダーシップを発揮した人々

私は長く、リーダーシップに興味を惹かれてきた。リーダーと呼ばれる人たちは高い知性、他にはない高度なスキル、周囲を引き付ける魅力ある人柄、あるいは人を納得させる能力を備えている。彼らがそうした力を用いてどんなことを成し得たのか――とりわけ私は、この点に魅了され続けてきたのである。

新型コロナウイルス感染症による大きな危機を迎えて以来、地球上の誰もが、こうしたリーダーシップに大きな関心を寄せてきたのは間違いない。先行き不透明な危機的状況のなか、人々は誰かがその才能を発揮して自分たちを導き、健康、医療、財政、社会、あるいは政治が抱える問題に対して解決策を示してくれないものかと期待を寄せる一方で、事実、そうしたリーダーシップを発揮する人たちが現れた。

同じように、アフリカ系アメリカ人、ジョージ・フロイドが警察官に拘束され死亡し、抗議運動が巻き起こると、多くのアメリカ人は人種間の敵対意識を鎮め、国民の誰もが抱いた苦悩を解消してくれるリーダーの出現を期待し、そしてここでもまた、敢然と難局に立ち向かう人たちが現れたのである。

リーダーシップは同じ形をとるわけではなく、様々なやり方で発揮される。

あるリーダーは紛争が起こると部隊を動かし、あるリーダーは小さな会社を起ち上げて巨大企業にまで育て上げる。科学分野で成功を収め、数百万もの人々の生活を向上させるかと思えば、人間を死に至らしめる新たな病気に対し、人々を正しい方向に導くために、自らの専門知識を活用するリーダーもいる。視覚芸術あるいは舞台芸術分野で人間が成し得る最高の表現方法を追求し、人々の深い共感を生むような作品を生み出す者もいるだろう。アスリートとしてひとつの競技に秀でることで、世界中のファンと繋がるリーダーがいれば、現状の組織を改革したり、複雑な問題に対する解決策を生み出したりするリーダーもいる。さらには新たなコミュニケーション方法や考え方を生み出す能力を備えた者も存在する。

何が人を良きリーダーにするのか

私が長く興味を抱いてきたのは、タイプの異なる多種多様な人間がいかにリーダーに成長し、リーダーであり続けるのかという点だ。様々なリーダーシップに共通する人間的特性に目が向きすぎるあまり、私にはひとつの習慣――悪い癖と言ってもいいだろう――が身についてしまった。リーダーと呼ばれる人たちに初めて会うと、どうやってリーダーになったのかと聞かずにいられないのだ。**リーダーになった最大の要因は何か？　運、欲望、才能、訓練、経験、あるいはそれ以外の要因があったのか？**　どうやってリーダーとしての能力を見出し、それを育てていったのか？　どうやって具体的に行動を起こし、試練に直面したときどうしたのか？　こうした私の矢継ぎ早の質問に、すぐに答えられる人はそういない。

2008年にワシントン経済クラブの会長に就任し、ほぼ毎月のように政界、財界、あるいは文化界の著名なリーダーたちにインタビューするようになってからは、この悪癖はさらに広く知られるようになった。私は依然として何がリーダーたちを突き動かすのか、そこに大きな興味を抱き続け、結果として良かったのか悪かったのかは分からないが、２０１６年にはブルームバーグ・テレビジョンで『ピア・トゥ・ピア（Peer to Peer）』というインタビュー番組を担当するようになった（２０１８年からは公共放送サービスでも放映されている）。

こうした様々な分野のリーダーたちの物事に対する考え方を伝えるために、つまり読者が刺激を受け、自らのリーダーシップをさらに高めていこうと思えるように、番組のインタビューをまとめたものが本書である。

どうやってジェフ・ベゾスやビル・ゲイツはあらゆる困難を克服し、世界的なテクノロジー企業を作り上げたのか。どうやってフィル・ナイトはビジネススクールの修士論文のテーマをもとに、世界最大のスポーツシューズ・カンパニーを築いたのか。どうやってルース・ベイダー・ギンズバーグは、男女平等という考え方に対する法的障害を克服し、ロックスターのように脚光を浴びながら最高裁判事に任命されたのか。どうやってティム・クックはあの伝説的なスティーブ・ジョブズのあとを引き継ぎ、企業の力をさらに伸ばすことができたのか。どうやってジャック・ニクラウスはゴルフ界の頂点に立てたのか。人種差別の根深い南部に生まれ育ちながら、どうやってコンドリーザ・ライスは政府のトップにまで上り詰めたのか。どうやってビル・クリントンやジョージ・W・ブッシュは、大統領として難局を乗り越えたのか。どうやってアンソニー・ファウチ博士は、エボラ出血熱、ＨＩＶ感染症／エイズ、そして現在の新型コロナウイルス感染症など、様々な感染症における世界的な権威として認められるようになったのか。

リーダーになるには、リーダーシップについて書かれた本を読むだけでは不十分だ。しかし現在活躍している世界的に知られたリーダーたちの物語には、いかにリーダーシップが人生やキャリアのなかで育まれていくのかが示されている。

本書で取り上げたリーダーたちの多くが当初手にしていたのは理想や動機だけで、決して恵まれた環境のなかでスタートを切ったわけではない。彼らの言葉を読み進めていくうちに、旧態依然としたシステムに立ち向かおうと、彼らリーダーたちが伝統にとらわれない独自の価値観をもって対抗してきたことがよく分かる。そうした新たな理想は今を生きる人々に、より前向きな人生を生きるきっかけを与えてくれるだろう。いずれも読む者の心に響く話ばかりだ。

なぜ人はリーダーになりたいのか

おそらく多くの人が、こんな疑問を抱くだろう。

「なぜ人はリーダーになりたいと願うのか?」

第一にリーダーは、人間としての生き方を向上させる、ある種の変化や効果を生み出す。

第二にそうした影響を与えることで、人々に自分も同じようにリーダーになるのだという気持ちを抱かせ、結果的に彼らもまたより良い人生を歩んでいく。

そして第三にリーダー自身も、そうした彼らの姿を目にすることで、人々にやりがいや幸せを与えられたのだという達成感や成果が得られるのだ。

私が本書を著したのは、強靭な精神と決断力を持ち、才能にあふれるリーダーたちが、社会にいったいどんな良い影響を与えるのかという点に大きな関心があるためだ。だが私個人のリーダーシップにまつわる話は、正直に申し上げて人を啓発するほどではない。傑出した本当のリーダーたちが語る、インタビューを通して得られた率直な話こそ、はるかに参考になるだろう。

とは言えそんな私自身でさえ、今日に至るまでささやかながらも様々な経験を経て、物事に対する幅広い視野を養ってきた。

ブルーカラーの家庭にひとり息子として生まれた私は、学生時代には奨学生として勉学に勤しみ、その後は弁護士、大統領副補佐官、投資ファンドの共同創業者となり、同時に慈善活動家、非営利団体の会長職、講演者、テレビ番組のインタビュアーや評論家、さらには作家として活動してきた。それはいわばリーダーシップを養うための旅路だった（様々な分野で努力はしたと思うが、残念ながらいずれの分野でも優れたリーダーだったとは言いがたい）。

子どもたちは小さいころから、幼い自分たちでさえ感動する大人の存在に気づいている。実際、たいていの子どもたちはリーダーを――「ヒーロー」と言い換えてもいいだろう――尊敬し、かくありたいと願うものだ。

私自身を振り返れば、そういう大人はたとえば歴史上の人物ではジョージ・ワシントンやエイブラハム・リンカーン、セオドア・ルーズベルト、フランクリン・ルーズベルト、そしてウィンストン・チャーチルであり、近くはジョン・ウェイン、ジョナス・ソーク、マーティン・ルーサー・キング・ジュニアが挙げられる。故郷で過ごした少年時代なら、地元ボルチモアのスポーツ選手――ボルチモア・オリオールズの三塁手、ブルックス・ロビンソンやボルチモア・コルツのクォーターバック、ジョニー・ユナイタスだろう。

だが少年時代の私にとって、若く、はつらつとして魅力的であり、しかもカリスマ性に富むジョン・F・ケネディに勝るほどのリーダーはいなかった。１９６２年のキューバ危機では強力なリーダーシップを発揮し、アメリカとソビエト連邦を核戦争の危機から救ったのである。もし対立が回避できなければ、1億人以上の命が（私もそのなかのひとりだ）失われたかもしれない。私は当時中学3年生で、クラスの先生はその数日間、宿題を出さなかった。それは彼女が核をめぐる対立は避けられないと確信したためで、私たちはもうこの世から消えてなくなるからという最も悲観的な理由からだった。

そのときに――今もそうだが――私の心に浮かんだのが、人はどんなことで奮起し、傑出したリーダーになるのだろうという疑問だった。

そのままでは起こり得ないような物事を、彼らはどうやって成し遂げたのか？　それは彼らの人格、精神、あるいは身体的スキルによるものなのか？　あるいはタイミングよくその場に居合わせたというわが身の幸運のせいなのか？　さらに、後に偉大なリーダーになった人たちの多くが、若いころにはそうしたリーダーシップをまったく発揮できていないのはなぜか？　どうして彼らは生徒会長でもなければばローズ奨学生でもなく、スポーツクラブのキャプテンでもなかったのか？

当時私はこの疑問を、ある種の希望を抱いてとらえていた。**優れたリーダーになるには、何か他の要素があるのではないか。だとすれば、それほど優れたリーダーではない私にも、この先チャンスが巡ってくるかもしれない**――**そう考えたのである。**

人生は3つの時期に分けられる

学生や20代前後のリーダーたちと語る機会があると、私はしばしば、人生は三つの時期に分けられるという話をする。

最初の3分の1で将来に向けた教育を受け、訓練に励み、次の3分の1で自らのキャリアを築くことを念頭にスキルを磨き、管理職、あるいは責任のある、リーダーシップが求められる何らかの立場に就く。そしてこの第2段階の達成度合いに応じて、最後の3分の1で経済的または精神的な見返り、あるいはそれまでの功績が認められるといった社会的な恩恵を享受するというわけだ。

これまで私は学生たちに、最初の人生の3分の1で成功を収められれば愉快で満足を覚えるだろうが、この段階での勝者はその実績から誰もが予想するようなリーダーにまで成長するケースは少ないのだと語ってきた。この第1段階のリーダーシップよりも、実は人生の第2あるいは第3段階で発揮されるリーダーシップこそ、その人自身にとっても社会にとっても、有意義であり長続きするものなのだ。

なぜ第1段階のリーダーたちはそれほど将来を嘱望されながら、誰もが期待するような世界的なリーダーにならないのだろう？　彼らはローズ奨学生、生徒会長、新聞社の編集長、スポーツのアメリカ代表選手、最高裁書記官、あるいはそれらに匹敵するような優れた人たちだが、もしかしたら最初の3分の1が過ぎるまでにエネルギーを使い果たしてしまったのかもしれない。あるいは優れたリーダーになるのは思ったほどたいしたことではないと見切りをつけた可能性もある。そんな人たちが、どうして残りの2段階も頑張り続けられるというのだろう？

もちろん明らかな例外はある。だがそれに対し、第2あるいは第3段階でリーダーに成長した人たちの多くは、たいてい第1段階ではスーパースターではなかった。なぜか？

なかには成熟する速度が遅い人がいるだろう。若い時分に家族の問題を抱えていたり、経済的に豊かでなかったり、健康面に課題があったり、十分な教育機会が与えられなかったりと、育った環境に恵まれなかった人もいる。依然としてロールモデルが現れないか、あるいはチャンスが見つからず、やる気や熱意を失っていった人もいるだろう。

リーダーに求められる特性に欠けていた若いころ

私の場合、いささかの素質はあったが、他に抜きんでるほどではなかったようだ。人生の最初の段階でリーダーを目指し、努力も重ねた。**やる気も十分あった。だが実際に同僚たちに指摘されたことだが、私には才能や能力など、本当のリーダーに求められる特性（具体的には社交的な性格、運動能力、家庭の経済力、あるいは特定分野における傑出した技能といったもの）に欠けていた。**

後年、第2段階から第3段階への移行期に、思いがけず自分には不釣り合いなほどの幸運が舞い込み、金融サービスや慈善活動、そして非営利団体のリーダーにもなったが、そうした人生の半ばを過ぎてからの成功は、かつてのクラスメートや幼馴染みに驚き（あるいはショック）をもたらしたのは間違いない。もちろんみな礼儀正しい人たちばかりで、誰ひとりそんな言葉は口にしないが。

若いころは優秀な学生だったが、成績やテストの点数を基準にすれば、誰もが目を見張るほどの秀才ではなかった。運動で目立ったのは8歳までで、それ以降は体の大きさや運動能力でもあっという間に周りに追い越され、気がつけば平凡な選手になっていた。多くの課外活動にも参加した。ボルチモアでは誰もが一目置く地域の青年会に入っていたが、そうした能力あるメンバーの一員ではあっても、彼らを引っ張っていける力のあるリーダーではなかった。

それでもデューク大学では、学費の一部が支給される一部給付奨学金（バスケットボールで有名な大学だが、決してスポーツ奨学生ではなかった）、シカゴ大学・ロースクールでは授業料が全額免除される完全奨学金の対象に選ばれた（私にはどうしても奨学金が必要だった。父は郵便局員で、その収入はささやかなものだったからだ）。そしてニューヨークでも名の知られた法律事務所、ポール・ワイス・リフキンド・ウォートン&ギャリソンに職を得た。そこにはケネディ大統領の特別顧問を務めたテッド・ソレンセンを彷彿とさせる、政府のために働く優秀な人材が数多く集まっており、私にとってこの法律事務所での仕事は魅力的だった。

当時ニューヨーク市が財政危機に陥り、まだ駆け出しの弁護士だった私は、特に腕のたつ上級弁護士と一緒に、ニューヨークのトップビジネスリーダーや官僚とともに働く機会が得られたからだ。

政府関連の仕事は楽しく、私は政府の組織のなかで働くことにやりがいを感じていた。報酬は低かったがまったく気にならなかった。仕事が一番で金銭は二の次だった。それまで財産など持ったこともなかったし、実際のところ、お金を稼ぐのに憧れをいだいていたわけでもなかったからだ。それよりも政治や社会政策で頭のなかはいっぱいだった。

もしそのままポール・ワイス・リフキンド・ウォートン&ギャリソンで働いていれば、専門分野における経験を積み、パートナーとなり、法律事務所が定める65歳定年まで40数年にわたり弁護士を続けていただろう。だがそれは法曹界一筋に生きようとする弁護士には良いだろうが、政府関連業務や政治問題に関わりたいと願う私にとっては、そうした機会に巡り合えるものではなかった。**そこで私は2年間働いたあとで法律事務所をやめ、連邦政府で働き、最終的にはホワイトハウス職員としてテッド・ソレンセンのように大統領顧問官になるという夢を追いかけることにした。**

だがそれはどう見てもはかない希望だった。私が口にできるのは、かろうじてロースクールを卒業したという事実だけで、政治家とのコネクションもなければ実績もなかった。それでも私は政治や行政事務、大統領が行う職務に魅了されており、頭のなかにビジネスという言葉はひとつも浮かんではこなかった。

国家のために働きたかった20代

私がこの夢を抱いたのは、１９６１年1月21日、ケネディ大統領が就任演説を行い、多くの人々を感動させる姿を目にしたときだった。彼は国民に対し、世界に目を向け、新たな困難に立ち向かうことを求め、さらに同じ時代を生きる人間として、政府と公共利益に関与しなければならないと訴えたのである。演説は散文体でありながらまるで詩のような美しさを持ち、国家のために何かを成そうとする彼の言葉は、青年時代を通じて私の頭を離れることはなかった。

チャンスは突然、降って湧いたようにやって来た。

ポール・ワイス・リフキンド・ウォートン&ギャリソンをやめ、テッド・ソレンセンの推薦状を手にした私は、「アメリカ議会上院司法委員会下の憲法小委員会主席法律顧問」になった。タイトルこそ長いが、要するにバーチ・バイ上院議員の立法補佐官として、司法委員会の問題に対応する役目だった。

このときバイ上院議員は大統領選に立候補する予定で、私の眼には十分その職務にふさわしい人物に映っていたし、当選すればホワイトハウスのスタッフに加わらないかと声がかかるのは間違いなかった。

だが運命は暗転する。バイ上院議員は候補レースから脱落し（幸い、司法委員会スタッフの人選を誤ったせいだとは言われなかった）、ホワイトハウスで働くという私の夢は頓挫した。だが上院で働くうちに、その時代に活躍する多くの偉人――スクープ・ジャクソンをはじめ、ウォーレン・マグナソン、フィル・ハート、ジェイコブ・ジャビッツ、ハワード・ベーカー、そしてテッド・ケネディといった上院議員たち――が、リーダーシップを発揮する様子を目の当たりにすることができた。

1976年の大統領予備選挙が終わりを告げると、私は別の候補者、すなわち民主党指名候補となったジミー・カーター知事のスタッフから電話を受けた。それは、正式に党の候補者に決まったら、政策スタッフの面接を受けないかという誘いだった。ピーナッツ農場主が大統領選を勝ち抜くとは思えなかったが、さしあたりそれ以外に道はなく、新たな職を得た私はアトランタに赴き、そこでカーター知事の政策リーダーであるスチュアート・アイゼンシュタットを補佐する仕事に就いた。

それまでカーターは現職のジェラルド・フォード大統領を30ポイントリードしていたが、私が選挙陣営で働き始めると、結果的には勝利したものの、その差はわずか1ポイントに過ぎなかった。

幸い私に、当初の勢いを失ったことに対する責めはなく、最終的に国内政策担当大統領副補佐官に就任したが、言うまでもなく私にはこの立場を全うするだけの資質はなかった。だがたいていホワイトハウスの職務には、選挙戦の運営スタッフがそのまま任命される。誰がその仕事にふさわしいかは問題ではないのだ。

31歳、ホワイトハウスからの転落

私はカーター政権下の4年間、副補佐官を務め、その仕事を大いに楽しんだ。**ブルーカラーの家庭に生まれ、家族のなかで初めて大学を出た人間が、大統領執務室のあるホワイトハウスの西棟で働き、大統領専用機、エアフォースワンや大統領専用ヘリコプター、マリーンワンで移動し、大統領や副大統領と顔を合わせ、上司であるスチュアート・アイゼンシュタットがホワイトハウスで国内政策チームを運営していくのを補佐する仕事を、しかも20代後半から30代前半という年齢で体験するのだ。**そんな生活に胸を躍らせない者がいるだろうか？　果たしてそれ以上の人生があるだろうか？

キャリアの第1段階と第2段階で真の「リーダー」になれるだけの経験が積めたかどうか、私には確信はなかった。だが純粋に才能、知性、そしてリーダーとしての資質を基準とするなら、私は何とか自分の人生を、本来たどるべき道よりも格段にレベルアップさせることができたと言えるだろう。

そうこうするうち、人生にはよくあることだが、非情な現実が私を待ち受けていた。私はカーター大統領が間違いなく再選を果たし、私自身も2期目の政権でさらに上級職に就き、真の「リーダー」になるのだと信じて疑わなかった。だが選挙の女神にはその考えは受け入れがたかったようだ。カーターはロナルド・レーガンに圧倒的な差で敗北した。

私はレーガンには到底大統領は務まらないと思っていた。大統領に就任すれば、すぐに70歳を迎える。私にはそんな老人を選んだアメリカ人の気持ちが理解できなかった。そのとき私は31歳。今は71歳である。どうやら70歳は、思ったほど老齢ではないようだ。

ホワイトハウスの次期最高幹部のひとりと目されたリーダーだった私は、一夜にして職を失った。弁護士としての経験はわずか2年しかない、31歳になる前カーター政権の大統領補佐官を進んで雇用してくれるような法律事務所などなかった。私は今さらながら自分の甘さに気づき、その苦い気持ちを決して忘れるまいと肝に銘じた。

そんな私にチャンスを与えてくれる法律事務所に出会うまで、数か月が必要だった（母親には、あまりにたくさんの誘いがあって対応に追われ、時間がかかっているのだと説明した）。ようやく受け入れてくれる企業が現れたときには、なぜそれほど敬遠されるか、その理由が理解できるようになっていた。私には弁護士の経験が不足していたし、レーガン政権下ではカーター時代の見識はすでに必要とされなかった。さらに専門分野も持たず司法研修も受けていない私は、この先定年まで法律事務所で働いたところで、大きな昇進は望めないだろう。

人生の第2段階での再出発

そこで私は、思い切って賭けに出ようと決めた。**弁護士は諦め、新たに**（本当に初めての経験として）**ワシントンD.C.に、非上場株式に投資し、その企業の成長や再生の支援を行う投資ファンドを起ち上げたのだ。**

私はやる気に満ちていたが、それには5つの理由があった。

①仕事上の成功は、自分がやっていることに情熱を持って取り組んでいるかどうかで決まる。だが私は、弁護士の仕事に楽しさが感じられなくなっていた。

②かつて財務長官を務めたビル・サイモンが、グリーティングカードを扱うギブソン・グリーティングス社を買収し、弁護士業務では及びもつかないほど大きな成功を収めたと何かの記事を読んで知った（30万ドルの投資が、わずか18か月で7千万ドルの価値を生み出していた）。

③私の眼には、弁護士の仕事が情熱をかける対象ではなく、単なるビジネスとして映るようになっていた。同じビジネスなら法律業務よりも楽しく、利益の上がるものに取り組みたかった（自分の家族を持った私は、若いころのように金儲けを卑しいとは考えなくなっていた）。

④ワシントンでの企業買収では競合することがなく――ワシントンにはそうした企業が存在しなかった――まだ誰も手を付けていない成長分野だと考えた。

⑤起業家のほとんどが37歳までに会社を起ち上げる傾向にあり、その年齢を過ぎてから創業するケースはほとんどない――この事実を知った私は、そのとき37歳だった。

企業買収を専門に行う会社を作ったところで、うまくいく保証はどこにもなかった。そうした企業はたいていニューヨークを拠点にしていたし、私のビジネスパートナーたちにはウォール街での経験や投資ファンドでの実績はなく、会社の明確なビジネスプランはもちろん、資金を調達する見込みさえ立っていなかった。

だが私はカーライル・グループと名付けたその投資ファンドを、どうにか順調にスタートさせることができた。投資経験を持つパートナーを3人迎え入れ、1987年には500万ドルの設立資金の調達に成功すると、その後仕事は順調に実を結んでいった。会社は周りから信頼され、一定の資金を常に確保しておけるようになり、企業買収だけでなくプライベートエクイティ投資（＊1）ができるまでに成長すると、さらにその活動を世界に広げ、グローバル企業へと発展を遂げた。

当の私を含め、多くの人たちが驚くように、気がつけば設立以来30数年、カーライル・グループは世界有数の著名なプライベートエクイティ企業となり、そのおかげで私も、若いころにはそれほど卓越したリーダーシップは発揮できなかったものの、今では人生の第2、第3段階で本当の「リーダー」になれたのである。

カーライルでの成功は、急成長するプライベートエクイティ投資の分野でリーダーを務める私に、経営手腕とともにおそらくは自分に対する自信を与えてくれ、それが慈善活動や非営利活動にも足を踏み入れるきっかけを与えてくれた。

何が私をリーダーにしたか

慈善事業の分野では、財産の半分以上を慈善活動に寄付するよう呼びかける「ギビング・プレッジ」（提唱者はビル・ゲイツ夫妻とウォーレン・バフェット）に当初から賛同し、署名を行った。また人々に、

＊1　主に未上場株（上場株の非公開化を含む）への投資のこと。投資家から資金を募り、未上場企業または事業への投資を行い、企業の成長、または再生を支援し、企業価値を向上させたうえで投資資金を回収する。

我が国の歴史や伝統遺産に目を向けさせる「愛国的博愛主義」とでも言うべき理念の醸成にも一役買っている。具体的にはマグナカルタの写本をオークションで落札し、引き続き国立文書館に展示できるようにしたり、今では貴重な独立宣言や奴隷解放宣言の複製を保存したり、ワシントン記念塔、リンカーン記念堂、ジェファーソン記念館、モンティチェロ（＊2）、モントピリア（＊3）、硫黄島記念碑などの修復を援助したりする活動に携わっている。

非営利活動分野では、これまでデューク大学の評議委員会議長とスミソニアン協会の理事会会長、ブルッキングス研究所の共同会長を務めてきた。昨今では舞台芸術のためのジョン・F・ケネディ・センターおよび外交問題評議会の理事会議長にも就任。その他、ワシントン経済クラブでは会長を、ハーバード・コーポレーションではフェローを務め、ワシントンにあるナショナル・ギャラリー・オブ・アート、ジョーンズ・ホプキンズ・メディシン、スローン・ケタリング記念がんセンター、そしてプリンストン高等研究所の理事も拝命している。またこれまで教育分野にも傾注し、デューク大学、ハーバード大学、シカゴ大学、そしてD.C.パブリック・チャーター・スクールの主要4大学の理事会メンバーとして、育英事業の創設に携わってきた。

リーダーに必要な13の要素

では人生の第1段階では目立たなかった私が、第2段階、第3段階でリーダーになったのは、いったい何が原因だったのだろうか？

人が自己分析を行うと、たいていい必要以上に自分を褒めたたえてしまう。**だが以下に挙げる、自分がリーダーになれたと思われる特性は、私が番組でインタビューした人たちが繰り返し口にしたのと同じものばかりである。**

＊2　アメリカ合衆国バージニア州シャーロッツビルにある、アメリカ合衆国第3代大統領トーマス・ジェファーソンの邸宅。1987年、世界遺産（文化遺産）に登録された。

＊3　アメリカ合衆国バージニア州オレンジの近郊にある、アメリカ合衆国第4代大統領ジェームズ・マディソンの邸宅。アメリカ合衆国国定歴史建造物に登録されている。

①**運をつかむ**　成功したリーダーたちは、誰もが今日に至る過程で幸運に恵まれたのはほぼ間違いない。私がスチュアート・アイゼンシュタットの面接を受けられたのも幸運のなせる業であり、さらにその出会いが私をホワイトハウスへと誘った。カーター政権の幕切れは芳しいものではなかったが、それでも与えられた職務を通じて私が得たのは、十分すぎるほどの知名度と自信、金融分野の経験がまったくないのにプライベートエクイティ企業を起ち上げるのだという確固たる信念だった。何より幸運だったのは、それまでまったく面識がなかったにもかかわらず、豊かな投資経験と周囲からの信頼も厚いビル・コンウェイとダン・ダニエロというふたりのパートナーを得たことだろう。30年以上にわたり、ともに手を携えてやってきたが、こうした関係はビジネスの世界では珍しい。わが身の幸運に感謝せずにはいられない。

②**成功を強く願う**　リーダーはまた、何か大きなことを成し遂げよう、世界にその足跡を残そう、人のためになる価値ある製品やサービスを生み出そうといった、成功への強い思いを持たねばならない。十分な社会的、経済的背景を持たなかった私は、おそらく似たような環境で育った人たちと同じように、あるひとつの願望を抱いていた。──それは、若いころに過ごしてきたよりも魅力的で、充実した人生を送りたいというものだった（私の両親は、大学はもちろん高校さえ出ておらず、住まいはボルチモアにあるブルーカラーのユダヤ系アメリカ人が暮らす一画にあり、25坪にも満たない、隣家と壁を共有する長屋造りの家だった）。

③**新しい、独自なものを追求する**　たいていリーダーは、何かを作り上げたり生み出したり──つまりまだ人が足を踏み入れたことのない場所を目指したがる。ウォール街での経験を持たない人物が、ワシントンにプライベートエクイティ企業を起ち上げると耳にすれば、多くの人がそれを非常識な行為ととらえるだろう。だが実際の反応はおおむね好意的だった。しかしそれも、対象は企業の買収だ

けでなく、あらゆるタイプのプライベートエクイティ投資を行う予定で、その舞台は世界なのだと聞かされるまでの話だった。当時はまだ、そうした分野まで手を広げていなかったのだ。

④**長い時間、懸命に働く**　リーダーになる近道はない。仕事に取り組み、その仕事で注目される本当のリーダーになるには、長時間、懸命に働き続けるしかない。週5日間、9時から5時まで勤務するだけでは、必要とされるスキルを修得するのは不可能だ。

自分よりも才能があり、頭の切れる人物などいくらでもいる。彼らと競い合う方法はただひとつ。彼らよりも長い時間、真剣に働くしかない——私は常に、自分にそう言い聞かせてきた。この「ワーカホリック」とも言うべき仕事の流儀は、これまで多くの人の関心を集めてきた。だがワーカホリックになればこそ、若いときはもちろん、大人になってからもつきまとう様々な誘惑から身を守り、自らのキャリアの幅を広げ、向上させられたのだ。これこそワーカホリックの持つささやかな利点だろう。だがこれは私が身をもって実感したことだが、ワーカホリックをプラスに作用させるには、その人が仕事とはまったく関係のない、日ごろの緊張をほぐしてくれるような経験や楽しみ、そして知的喜びを与えてくれるものに興味を持たなければならない。アインシュタインもまたそうした欲求に駆られ、毎日バイオリンを演奏し、毎年夏になるとボートを操って海に出ていたのだ。

⑤**集中する**　ひとつのスキルを完璧に修得するか、あるいはひとつのテーマについて完全に理解しようと努めること。**それについてはあなたが第一人者だと周りの誰もが認め、信頼されるようになったら次の分野に手を広げよう。**私がカーライルで取り組もうと決めたのは、アメリカ国内、あるいは世界で行う投資案件をさらに増やすための資金の調達だった。それがうまくできるようになったところで、企業に必要な別の問題に取り組むようにしたのである。

⑥**失敗を前向きにとらえる**　どんなリーダーでも一度ならず失敗を犯す。失敗とは道を踏み誤ったために起こるもので、今回の失敗もそうした理由によると証明すれば良い。私はホワイトハウスで過

ちを犯したが、だからこそ次の仕事では必ず成功しようと強く心に誓ったものだ。また失敗は、人に謙虚な姿勢をもたらすと同時に、次は成功するのだという強い思いを抱かせてくれる。

⑦ **粘り強く取り組む**　元来リーダーは、新しく、他では見られないものに取り組もうとしがちだ。そのため現状を肯定し、変化を望まない人たちから抵抗を受けやすい。**大切なのは、あなたが望む変化に対して、周りがそれを否定したり反対したりしても、最後までやり抜くことだ。**

カーライルはワシントンD.C.の有形固定資産などの非金融資産を扱う企業であり、決してグローバルな企業にはなり得ないと、誰もが口をそろえて語った。だが私はそう言われれば言われるほど、自分の夢と大いなる望みを追い続けようと深く心に決めたのである。

⑧ **説得力をもって話をする**　そもそもついてくる人間がいなければ、リーダーシップも発揮のしようがない。リーダーは3種類の基本的なコミュニケーション手段を用いて、人をリードしなければならない。すなわち、文章で読み手を発奮させ、言葉で聞き手をやる気にさせ、自ら範を示して人を引っ張っていくのだ。

言い方を変えれば物事をどうとらえ、いかに行動すべきか、その特長や利点をきちんと説明し、納得させてくれる人物に人はついていく。前述した3つの手段すべてに長けたリーダーなど、そういるものではない。だが私は何年も練習を重ね、試行錯誤を繰り返しながら、基本的な話し方や文章能力を向上させ、願わくは人を——特に慈善活動分野で——牽引できるような行動を心がけている。

⑨ **控えめに振る舞う**　権限が与えられているのを勘違いし、尊大な振る舞いに及ぶリーダーがいる一方で、自分は何でもでき、何でも知っているわけではなく、今があるのは運も味方してくれたからだと、謙虚な振る舞いや態度をとるリーダーもいる。リーダーシップに期待する人たちからより大きな敬意を得るのは、後者である。

世界的に名の知られたリーダーだからといって、誰もが好感の持てる人たちばかりとは限らない。

鼻持ちならないほど尊大な態度をとる者も、もちろん存在する。だが長いあいだ影響力を失わずに活躍できるリーダーには謙虚さが備わっている。**謙虚だからこそ彼らは自分の弱さを認識し、これまで幸運に恵まれてきたと実感できるのだ。**私も謙虚であれと願いながら自らの人生を送ってきた。だからこそこの考えはよく理解できるし、周りの人間にこの人についていこうと思わせる重要な要素にもなっている。

⑩ **仕事の成果を分かち合う**　力のある有能なリーダーは、仕事の成果を分かち合う気持ちさえあれば、偉大なことが成し遂げられると知っている。**「勝利には百人の父親がいるが、敗北は孤児である」とは、かのジョン・F・ケネディの有名な言葉だ。**人たるもの、仕事がうまく運んだときには自分も手柄がほしいと願うだろうし、そんなときに仕事の成果をみなで分かち合うのは当然だろう。ロナルド・レーガンにも同じような言葉がある。曰く「すすんで成果を分かち合おうという気持ちさえあれば、人間のやることに限界はない」と。物事がうまくいったときにはできる限り手柄を分け合い、失敗したときにはみなで責任をとる、あるいは自分が責任を引き受ける——これに勝るやり方はないと、私は身をもって体験してきた。

⑪ **学び続ける姿勢をもつ**　リーダーは日々、自分の知識を深めていく——すなわちたぐいまれな筋肉である、自らの脳を鍛えていく——必要がある。それを怠れば、世界の急激な変化や増え続ける膨大な情報量に対応していくのは難しく、到底、物事に精通したリーダーにはなれないだろう。私が続けてきた学びの方法は、ひたすら活字を読むことだ。新聞は毎日6紙に目を通し、雑誌は最低でも週に10数冊は手に取り、書籍は必ず週に1冊（たいてい3、4冊並行して）読むようにしている。決して良書だけ読もうと心がけているわけではない。

⑫ **誠実であれ**　人物の品位や倫理的行動に対する考え方はリーダーによって様々に異なるが、優れたリーダーほど高い倫理観をもって行動するよう心がけており、その姿勢はより強いリーダーシップ

へとつながっていく。

私が弁護士としてポール・ワイス・リフキンド・ウォートン&ギャリソンで働き始めたとき、元裁判官であるリーダーのサイモン・リフキンドは、新米の弁護士たちに向かってこう語った。「**名声を築くには一生かかるが、失うには五分もあれば事足りる。**諸君はくれぐれも倫理にもとる行為は慎まねばならない。さもなければ名声だけではない――その人生をも失うだろう」と。これに勝る言葉があるだろうか？　倫理観を決しておろそかにしてはならない。そうすればさらに有能なリーダーになれるだろう。

⑬**危機に立ち向かう**　リーダーが最も必要とされるのは、世の中が危機的状況に陥ったときである。**昨今なら新型コロナウイルス感染症が世界的な流行を見せたとき、あるいはアフリカ系アメリカ人、ジョージ・フロイドの死によってアメリカ中に反対運動が巻き起こったときがまさにそうだった。**危急存亡のときにこそ、リーダーの存在が長く歴史に記されるのだ。――リンカーンは南北戦争に直面したアメリカをひとつにまとめ、チャーチルはナチスの攻撃に対抗するために国民を結集した。比較するほどではないが、私もまた、期せずして会社の財政がひっ迫したときには必死に働き、よりコミュニケーションを図りつつ、社員たちのやる気を引き出そうと努めたものだ。

私は自分なりにリーダーシップの経験を積み、あるいは人がリーダーシップを発揮するのを目にしながら、こうした視点を身につけてきた。**だが経験は人によって異なるし、リーダーシップにも様々なタイプがあるため、リーダーたちのものの見方もそれぞれで違うはずだ。**

強いリーダーは世界を変えていける

プロとしてのキャリアを考えると、私のリーダーシップは投資会社を起ち上げ、運営し、成長させるなかで養われてきたもので、本書に掲載される多くのリーダーたちがインタビューのなかで語るリーダーシップの経験とは異なっている。

読者が理解しやすいよう、本書では彼らの経験を6つのカテゴリーに分類した。

1章　ビジョンを持つ：ジェフ・ベゾス、ビル・ゲイツ、リチャード・ブランソン、オプラ・ウィンフリー、ウォーレン・バフェット

2章　構築する：フィル・ナイト、ケン・グリフィン、ロバート・F・スミス、ジェイミー・ダイモン、マリリン・ヒューソン

3章　変革する：メリンダ・ゲイツ、エリック・シュミット、ティム・クック、ジニー・ロメッティ、インドラ・ヌーイ

4章　統括する：ジョージ・W・ブッシュとビル・クリントン、コリン・パウエル、デイヴィッド・ペトレイアス、コンドリーザ・ライス、ジェイムズ・A・ベイカー

5章　決定する：ナンシー・ペロシ、アダム・シルバー、クリスティーヌ・ラガルド、アンソニー・S・ファウチ、ルース・ベイダー・ギンズバーグ

6章　道を究める：ジャック・ニクラウス、コーチKことマイク・シャシェフスキー、ルネ・フレミング、ヨーヨー・マ、ローン・マイケルズ

それぞれのインタビューで私が聞きだそうとしたのは、いかにリーダーになり、どうやってリーダーを続けているのかということだ。**具体的な話はそれぞれ異なるが、彼らが語る成功の要因は、前述した有能なリーダーになるのに極めて重要な特質を中心に展開されている。**インタビューは本人と協議したうえで、長さと整合性を調整するために編集し、必要に応じて改訂を加えた。

本書を読み、リーダーになるのは難しいが、そこにはやりがいがあり、単にリーダーになることに興味を持つだけでは不十分なのだと気づいていただければ幸いである。**育った背景がまったく違ってもリーダーになれる——そして強いリーダーは、世界の一部をより良い場所に変えていけるのだ。**

2020年6月　デイヴィッド M. ルーベンシュタイン

VISIONARIES

ビジョンを持つ

1章

ジェフ・ベゾス
ビル・ゲイツ
リチャード・ブランソン
オプラ・ウィンフリー
ウォーレン・バフェット

ジェフ・ベゾス

アマゾン創業者、同最高経営責任者
ワシントン・ポスト紙オーナー

Jeff Bezos

「対象を分析したうえで判断できる物事なら、その通りに実行すればいい。だが人生における重要な決断は、**常に本能や直感、感覚、あるいは感情をもとに下している**ものなのです。」

1994年にアマゾンを設立。その使命は、世界で最も顧客中心の考えが徹底された企業になることだ。何百万という商品を低価格かつ最短納期で届けることを基本に、プライム・ビデオを通じて数千本の映画やテレビ番組を提供し、キンドル対応電子ブックリーダーのキンドルファイアや、音声認識機能を持つAIアシスタントのアレクサを搭載したスマートスピーカー、アマゾン・エコーを設計・構築し、さらには世界の190か国を超える企業や政府機関の業務効率の向上を支援するために、アマゾンウェブサービスを通じてクラウドコンピューティング・インフラストラクチャーを確立しようと努めている。ベゾスはまた、宇宙飛行のコストの低減と安全性の向上に取り組んでいる航空宇宙会社、ブルーオリジンの創業者であり、『ワシントン・ポスト』紙のオーナーでもある。彼はさらに2018年、ホームレスの家族を支援する非営利団体への資金提供と、最低所得コミュニティにある幼稚園のネットワーク構築に焦点を当てたベゾス・デイワン・ファンドを設立した。ベゾス個人は1986年にプリンストン大学で電気工学とコンピュータサイエンスの学位を取得。最優秀の成績であるスンマ・クム・ラウデで卒業し、権威ある学生クラブ、ファイ・ベータ・カッパにも選出されている。1999年には『タイム』誌の「今年の人」に選ばれた。

アイデアが独創でなくても世界的成功を収めた

インターネットを通じて書籍の販売を行うというアイデアは、ジェフ・ベゾスの独創ではない。1994年にアマゾンを起ち上げたときには、すでにオンラインによる書籍販売を手がけている人たちがいた。だが彼にはより良いソフトウェアを使い、販売プロセスを効率化していくという明確なビジョンがあった。**何より重要だったのは、ベゾスは最終的にあらゆる品物をインターネットで――そのときはまだ産声を上げたばかりだったにもかかわらず――販売しようと考えていたことだった。**

私が初めてベゾスに会ったのは1995年。当時アマゾンはまだ小さなスタートアップ企業で、私はシアトルにある質素なオフィスで顔を合わせた。カーライルの所有する企業のひとつにベイカー＆テイラーがあり、このアメリカで第2位の規模を持つ書籍卸売業者は、その2年ほど前からベゾスと取引をスタートしていた。私はその契約形態を変更するため、再交渉の席に臨もうと、彼のオフィスを訪れたのだ。当初、ベイカー＆テイラーは取引を開始するにあたり、北米で出版された文献・電子書籍の在庫のあるオンライン総目録の使用と、インターネットによる書籍販売を認めたのである。

ベゾスが最初にベイカー＆テイラーに話を持ちかけたとき、事業はまだ順調とは言いがたく、彼が提案したのは企業の持分所有権だった（当時を覚えている者によれば、ベゾスは20パーセントから30パーセントの所有権を提案したという）。ところが交渉に臨んだベイカー＆テイラーの担当者が現金を望んだため、最終的には年間10万ドルの5年契約で落ち着いた。

だが現金取引よりも持分所有の方が良いのではないかと思い始めた私は、ベゾスに会おうとシアトルのオフィスを訪ねたのだ。彼は丁寧な口調ながら、もはや総目録は必要ではなく、業績もかなり伸びていると語った。だが彼は続けて、当初はベイカー＆テイラーにもずいぶん助けてもらったので、現金払いの代わりにアマゾンの株式の一部――およそ1パーセント――を譲渡しようと言ったのである。残念ながら私たちは、アマゾンの将来に十分な確信が持てず、1996年のIPO（新規公開株式）直後に持ち株を8000万ドルで売却してしまった。

これはビジネスにおける私の最大の失策である。この株を持ち続けていれば、株式分割によって新たな株が発行され、その価値はおよそ40億ドルになっていたはずだ。

それ以来ベゾスは小売業、コンピュータ関連、宇宙開発の各分野における歴史を塗り替え、彼自身も世界の長者番付で第1位となり、世界で最も名の知られた人物となった。一方アマゾンの時価総額は1兆ドルを超え、2020年初頭にはフルタイムとパートタイムを合わせて84万人の従業員を雇用し、世界で最も認知された企業にまで成長した。アメリカ国内ではどこに行っても当たり前のように目にするアマゾンは、今や世界の国々でも同様の存在になりつつある。

ベゾスにしかない「何か」とは

私は年月を重ねるにつれてベゾスと親交を深め、これまでも何度か彼にインタビューしている（そのうちの1回は個人的に行ったもので、ビル・ゲイツも同席した。同じ地域に住むふたりのビジネスリーダーが一緒にインタビューを受けるのは初めてで、今さらながらインタビューを録音するか記録しておけば良かったと悔やんでいる。いずれにせよこれが今までで、そしてこれからも、私のお気に入りのインタビューのひとつであり続けるのは間違いない）。**彼は傑出したリーダーであるだけでなく、取材対象としても並外れた存在である。**気さくで控えめ、思慮深く示唆に富み、そして面白い。人を惹きつける魅力がこれだけ揃った人物はそういないだろう。

ベゾスはどうやってアマゾンを起ち上げ、これほどの短期間に大きな成功を収めたのか、誰もが知りたいと願っている。

彼はこのインタビューでいくつかの秘密を明かしてくれた。——チャンスだけでなく失敗も受け入れること。長期的視点に立つこと。顧客第一を最優先すること。十分な睡眠をとること。その日の朝早く、あるいは夕方遅くに重要な決断をしないこと。そして常に応援してくれる親がいること。

それらを踏襲するだけで良いなら、この先も多くのジェフ・ベゾスやアマゾンが現れるはずだ。だが私には他の要素があると思わずにはいられない——ジェフ・ベゾスにしかない、何かが。

長者番付第1位よりも「発明家」と呼ばれたかった

デイヴィッド・ルーベンシュタイン（以下「ルーベンシュタイン」） 今年、アマゾンの株は、実に70パーセントも値上がりしました（2018年現在）。そこには何か特別な要因があると思われますか？ あるいはいくつかの要因が重なった結果なのでしょうか？

ジェフ・ベゾス（以下「ベゾス」） アマゾンでは社員全員が参加する会議を開催していますが、この20年、その会議に出席するたびに、いつもこんな話をしています。**『株式が月に30パーセント値上がりしたからといって、30パーセント頭が良くなったと思い込んではいけない。では月に30パーセント下がったら、それだけ頭が悪くなったのだろうか。そう思って気分が良いはずがない』と。**

それが現実に起こったわけです。『株式市場は、短期的に見れば人気投票のための投票箱のようだが、長期的に見れば、いわば企業の価値を計る計量器に近くなる』――ウォーレン・バフェットはいつも、プロの投資家、ベンジャミン・グレアムのこの言葉を口にします。大切なのは、いつか自分の会社も計量される日が来ると肝に銘じて、日々会社の運営にあたることです。そのときに計らせればいいんです。毎日の株価を気にしながら時間を過ごすなんて馬鹿げています。私はごめんです。

ルーベンシュタイン 結果として、世界の長者番付で第1位になりました。このタイトルは最初から狙っていましたか？

ベゾス 考えもしませんでした。2番で十分。どうせなら、『発明家、ジェフ・ベゾス』、『起業家、ジェフ・ベゾス』、あるいは『創始者、ジェフ・ベゾス』と呼ばれたかった。その方が私にとっては意味があります。

私はアマゾンの株式の16パーセントを保有しています。アマゾンの企業価値はざっと1兆ドル。つまり周りの人たちに８４００億ドルの富を築いた計算になります。

私は企業家資本主義や自由市場が持つ力は強大であり、世界が抱える問題の多くを解決に導いてくれると強く信じています。もちろんすべてとは言いませんが、それでも多くの問題は解消されるでしょう。

ルーベンシュタイン　ワシントン州のシアトル近郊にお住まいですね。およそ20年にわたり世界一の資産家であり続けた人物――それはビル・ゲイツです。世界有数の富豪であるおふたりが同じ国の同じ都市、しかも同じ地域に住んでいるわけですが、こんな偶然が起こる確率は果たしてどれくらいあるものでしょう？　その一角には私たちの知らない何かが隠されているのかもしれませんね。近くに売りに出されている物件はありませんか？

ベゾス　ビルにはつい最近会いました。世界で一番のお金持ちだとかなんとか、そんなジョークを交わしましたよ。私がひと言、『あなたなら大歓迎です』と言うと、彼はすぐに私を振り返って言いました、『ありがとう』と。

メディナはシアトルにあるこぢんまりした、住むにはいい地域です。特別な水が出るわけではないと思いますよ。アマゾンの本拠をシアトルにしたのは、マイクロソフトがあったからです。テクノロジー分野に秀でた人たちが集まっていますから、いくらでも良い人材が獲得できると思ったのです。もちろん期待通りでした。ですから、同じ地域に住んでいるのはまったくの偶然というわけでもありません。

どんなに大きくなっても、小さいときのように扱う

かせてください。

ルーベンシュタイン どのように会社や組織を築いたり、意思決定を行ったりしているのか、ぜひ聞かせてください。

ベゾス 私は何事も、小さな規模から始めます。アマゾンは数人、ブルーオリジン（ベゾスが設立した航空宇宙企業）は5人でした。当初ブルーオリジンの予算はわずかでしたが、今では年間10億ドルに達しようとしています。来年は10億ドルを超えるでしょう。

今や50万人が働くアマゾンも、最初は10人からスタートしました。まるで昨日のことのようです。自分で車を運転して、荷物を郵便局まで運んでいました。いつかフォークリフトが買えるようになりたいと思いながらね。

この目で小さなものが大きくなっていくのを見てきました。**でもいくら大きくなっても、小さいときのように扱うのが好きなんです。**アマゾンがどれほど大きな会社になっても、小さな企業だったときの心と精神を持ち続けていたい。

デイワン・ファミリーズ・ファンド（2018年に設立されたベゾスの慈善基金で、ホームレスや幼児教育を支援する非営利団体に助成金を支給している）も同じです。私たちはこれからもまた、こんなふうに脇道にそれるでしょう。いくつか手がけたいものの具体的なイメージは持っていますが、私には本来のビジネスを外れることで得られる力の大きさも十分理解しています。これまで下してきたビジネスや人生におけるベストの判断は、いずれも感情、直感、本能によるもので、分析に基づいた判断ではありま

せん。**対象を分析したうえで判断できる物事なら、その通りにすればいい。だが人生における重要な決断は、常に本能や直感、感覚、あるいは感情をもとに下しているものなのです。**

CEOや創業者、あるいは起業家たちと話す機会がずいぶんありますが、彼らは顧客について話しているように見えて、その実、意識は常に競合他社に向けられています。**ライバル会社ではなく本当に顧客のことを考えられるようになれば、ライバル会社に対して圧倒的に有利な立場に立てるはずです。**

そのためには、あなたの顧客はいったい誰なのか、しっかり考えなければなりません。ワシントン・ポスト紙を例にとってみましょう。顧客は、紙面を買ってくれる広告主ですか？　違います。顧客は読者です。以上、おしまい。

では新聞の広告主が目指す場所は？　そう、読者をたくさん抱える新聞です。分かりますか？　単純な話ですよ。

学校では、誰が顧客でしょう？　親、それとも先生？　違います、子どもたちです。私たちがデイワンでやろうとしているのも同じ。子どもたちのために活動していくつもりです。科学的アプローチで決められるならそうすれば良い。でも感情や直感が必要なら、それらを用いるべきなんです。

ワシントン・ポストは社会的に重要な機関だと判断した

ルーベンシュタイン　なぜワシントン・ポストを買収されたのですか？　動機は何でしょう？　その分野の経験はお持ちでないはずですが。

ベゾス　新聞社を買うつもりはなかったし、それまで考えもしませんでした。小さいころに夢見たわけでもありません。

友人のドン・グラハムが――彼とは20年来の付き合いですが――仲介者を通じて、ポストを買う気はないかと訊いてきたんです。悪いが興味はないと返答しました。新聞に関してはまったくの門外漢ですからね。

何度か話を重ねるなかでドンは私に、ポストの社内には新聞に精通した有用な人材がたくさんいるから、知識や経験がないのはまったく心配ないと言うんです。足りないのはインターネットに詳しい人物なんだと。

私は自分の気持ちを素直に見つめてみました。**こういう場面では分析を重ねたうえで結論を出すわけではありません。いつも直感で決めます。**

そのとき――2013年でした――ワシントン・ポストの財務状況はかなり悪化していました。新聞は固定費が大きな比重を占めるビジネスなのに、5、6年のあいだにずいぶん売り上げを落としていたのです。私は自分に問いかけました。『これは本当に自分自身がやりたい仕事だろうか？ 取り組むならそれなりに心を傾け、仕事に向かうことになるが、それでもいいのか』と。そこで私は、もしそれが社会的に重要な機関であると確信できるならやってみようと決めました。

すぐにその視点から見つめなおすと、あとは簡単でした。『間違いなく大切な公共機関だ。世界で最も重要な地位を占める国家の、しかも首都にある新聞社なのだ。民主主義に対してワシントン・ポストの担う役割は、限りなく大きい』

今日、アマゾンではインターネットを通じて無料配信していますが、私たちはこのサービスを基本戦略としてうまく活用しています。**それまで比較的少数の限られた読者からたくさんのお金を頂戴していたのを、少ないお金を多数の読者からいただくようにしたのです。**これこそ私たちが創り出したビジネスモデルの転換、すなわちトランジションでした。

今では嬉しいことに、ワシントン・ポストは収益の上がる企業になりました。新聞売り場も増えています。

ルーベンシュタイン 買収に同意したとき、提示額は2億5000万ドルでしたね。価格交渉はしましたか？

ベゾス いえ、していません。ドンにいくらか尋ねると、『2億5000万ドル』だと。『いいだろう』と私は答えました。**価格交渉も、企業価値を査定するデューデリジェンス調査もしていません。**相手がドンでしたから、その必要はなかったのです。

物理学者の夢をなぜ諦めたか

ルーベンシュタイン それなら私にも売りたい案件があるんですが……。ところでテキサス育ちでしたね？

ベゾス 生まれは隣のニューメキシコ州のアルバカーキでしたが、3歳か4歳のときにテキサスに移りました。

ルーベンシュタイン 幼いころから、かなり優秀な学生だったのではないですか？

ベゾス 学業は優れていたと思います。でも年を経るにつれ、いろいろな優秀さがあるのだと知りました。まぁくだらない連中もたくさんいましたがね。微分積分学のテストでAプラス評価は取れなかったかもしれないけれど、信じられないほど頭の切れる人間はいつだってどこにでもいるものです。それはともかく、ええ、とても優秀な学生でした。

ルーベンシュタイン　卒業時には卒業生総代を務められましたね。どうしてプリンストンに行こうと思われたのでしょう？

ベゾス　理論物理学者になりたくてプリンストンに入学し、幸いにも工学部の物理学能力編成コースに入ることができました。当初は１００人の学生がいましたが、量子力学を学ぶころには、そうですね、およそ30人程度にまで減っていました。

そこで私は量子力学を学びながら、コンピュータ科学とエンジニアリングの授業もできるだけ多くとるようにしていました。実際、授業はなかなか楽しいものでした。あるとき、ひとつの偏微分方程式がどうしても解けません。かなりの難問で、ルームメートのジョーと一緒に挑戦しました。彼も数学が得意だったのです。

ふたりで3時間を費やしましたが、どうにもらちがあきません。私たちはテーブル越しに顔を見合わせ、同時に声を上げていました。「そう、ヤサンタだ」。ヤサンタはプリンストンで一番優秀な学生でした。

ふたりでヤサンタの部屋に行き問題を見せると、彼はそれをじっと見つめ、しばらくしてからこう言いました。『コサインだ』。『何だって？』と訊き返す僕らに彼は言います。『それが答えだ』。『それが答え？』『そうだよ、見ていてくれ』。そう言うとヤサンタは、数式をノートに3ページほど書き連ねていきました。式を展開するうちに、項はすべて消え、得られた解は確かにコサインでした。

『ヤサンタ、君はこれだけの計算を頭の中でやったのか？』と私が尋ねると、彼はこう言いました。『そりゃ無理に決まってる。3年前によく似た問題を解いたことがあってね、その問題とこれを引き比べたら、すぐに答えがコサインだと分かったのさ』。**これは私にとってとても重要な出来事でした。自分がこの先、優秀な理論物理学者にはとてもなれないと気づいた瞬間だったのです。**

理論物理学者になろうとしても、世界のトップ50人のなかに入れなければ、やっていける望みはほぼないに等しい。自分の限界を知った私はすぐに、電気工学・コンピュータ科学に専攻を変えました。

ルーベンシュタイン　それでもスンマ・クム・ラウデ（＊1）、つまり最優秀の成績で卒業されましたね。

ベゾス　スンマ・クム・ラウデです。

ルーベンシュタイン　しかも全米最古でしかも権威ある学生クラブ、ファイ・ベータ・カッパのメンバーに選出されています。

ベゾス　ええ、ファイ・ベータ・カッパでした。

ルーベンシュタイン　その後、最も価値ある職業――金融業に就かれましたね。

ベゾス　その通りです。ニューヨークへ赴き、デイヴィッド・ショーという才気あふれる人物が経営するクオンツ・ヘッジ・ファンド（定量分析を基本として運営するヘッジ・ファンド）、D.E.ショー＆カンパニーで働きました。入社当時は30人ほどの会社でしたが、退職するときには300人程度にまで膨

＊1　ラテン語で最優等の意味。

れ上がっていました。
デイヴィッドはこれまでに出会ったなかでも特に優れた人物のひとりで、私は彼から多くを学びました。人事や採用活動、あるいはスタッフの雇用基準などに関する彼のアイデアや指針は、アマゾンを開業するときに大いに活用させてもらいました。

頭ではなく、心で決断した

ルーベンシュタイン　あなたは職場でもスターのような存在だったのでしょうね、よく分かります。そんなあなたが、『都合があって退職します。インターネットを通じて書籍を販売する会社を起業するので。シアトルで始める予定です』と口にするわけですが、いったい何があなたの背中を後押ししたのでしょう？　そのアイデアはどこから生まれたのですか？

ベゾス　1994年でした。**当時はまだインターネットなんて言葉は誰も聞いたことがありません。**知っていたのはごくごくわずかな人たちで、実際に使っていたのは科学者や物理学者だけです。私たちもD.E.ショー&カンパニーで使いましたが、用途は限られており、まだ特殊なものでした。
そんなとき偶然私はワールド・ワイド・ウェブが、年間2300パーセントもの伸び率を示していると知りました。1994年のことです。それほどの勢いで普及していくなら、間違いなく世界中に広がるでしょう。それを見て私は考えました。『**何か良いビジネスアイデアを考え、インターネットを使って展開しよう。インターネットは放っておいても世の中に広がっていく。あとはそのままやっていけるはずだ**』
私は早速、オンラインで販売できる品物のリストを作り、商品をランク付けし、そこから選び出したのが書籍でした。書籍には他の商品にはない、ひとつの大きな特徴があります。それは膨大な数のジャンルがあることです。世界に常時300万冊もの書籍が出回っているのです。世界中のあらゆる本が選べるというのが、アマゾンの企業アイデアでした。扱ったのはそのうちのわずか15万冊ですが、それでも世界最大の書店です。

私は実行に移しました。スタッフを採用し、小さなチームを作り、ソフトウェアを開発すると、シアトルへ向かいました。

ルーベンシュタイン シアトルを選んだのはなぜでしょう？ マイクロソフトがあったからですか？

ベゾス ふたつの理由からでした。当時世界最大の書籍倉庫が隣のオレゴン州のローズバーグという街にあったのがひとつ。もうひとつはマイクロソフトで、人材募集に困らないからでした。

ルーベンシュタイン D.E.ショーでは将来を期待されていましたし、おそらくかなりの収入があったはずです。両親には会社をやめると言い、奥さんのマッケンジーには、国土を横断して西へ行くと告げたわけですが、そのときみなさんは何と言いましたか？

ベゾス すぐに応援してくれました。もっとも、『インターネットって何？』とまず訊かれましたが。愛する人たちが理解し、応援してくれるなら、彼らに賭ければ良い。**ビジネスの可能性ではなく、愛する人たちの気持ちに賭けるのです。**

温めていた事業構想を上司であるデイヴィッド・ショーに話したのは、ふたりでセントラルパークを散歩していたときでした。私の話にじっと耳を傾けたあとで、デイヴィッドはようやく口を開くと、こう言いました。『おそらく悪いアイデアではないだろう。だがこれが君ではなく、いまだに仕事に恵まれていない人の話だったら、大いに賛成するところなんだが』。彼の言葉は率直であまりに当然すぎる話であり、最終的な決断を下す前に、私はもう2日間考えざるを得ませんでした。

これは頭ではなく、心で判断した決断のひとつです。私は常々、『80歳になったときにああすれば良かったと後悔するなら、なるべくその数は減らしていきたい』と考えています。私たちはたいてい、なぜ行動しなかったのかと悔やみます。自分が通らなかった道と言っても良い。つまり自分が試みなかったことに対する後悔です。それが私たちを悩ませるのです。

「アマゾン」は最初は「カタブラ」だった

ルーベンシュタイン　以前、外であなたに会ったとき、これから本を発送しに郵便局まで行かなきゃならないんだと言っていたのを覚えています。

ベゾス　何年間かは、自分でやっていました。始めたころは、郵便局の固いセメントの床の上に手と膝をついて、箱を梱包していました。隣で同じように作業している人がいたので、私は声をかけました。「何が必要か分かりますか？　膝当てです。無いと膝を痛めますよ」。ところが隣の男性はこう言ったのです。『いや、荷造り用のテーブルだよ』。これだと思いました。『今まで耳にしたなかで、一番素晴らしいアイデアだ』と。早速翌日、テーブルを買いました。作業効率が倍になりましたよ。

ルーベンシュタイン　アマゾンという社名はどこから思いついたのですか？

ベゾス 地球上で最も大きな川の名前です。**地球最大のものは何か考え、そのなかから選びました。**

ルーベンシュタイン 分かりやすいですね。すぐに決めましたか、それとも他に候補があったのでしょうか？

ベゾス 最初は『カタブラ』でした。いかに小さなところからスタートしたか、そんな印象を与えたかったのですが、そういう名前はなかなかありません。車でシアトルまでやって来ると、すぐに行動を起こしました。法人格を取得し、銀行口座を作ろうとしたのです。

そこで友人に電話をすると、弁護士を紹介してくれました。彼の離婚調停を担当した弁護士だったとあとから分かりましたが、とにかく彼は私に代わって会社を設立し、銀行口座を開設してくれたのです。そのとき彼に、『申請書類に記入するのに、どんな会社名にするつもりなのか教えてほしい』と訊かれた私は――電話でのやりとりでした――言いました。『カタブラだ』。アブラカタブラの『カタブラ』ですね。ところがすぐに訊き返されました。『カダヴァー？（Cadaver、死体という意味）』私はすぐに、別の名前を考えるべきだと分かりましたが、とりあえずもう一度言いました。『カタブラです。今はそれで構いません。後で変えますから』。3か月後、私は社名をアマゾンに変えました。

何を商品として扱うか、顧客に教えてもらった

ルーベンシュタイン もし扱っているのが本だけだったら、とても今のような世界一のお金持ちにはなっていなかったでしょうね、おそらく。いつごろから、書籍以外の商品も扱おうと思い始めたのでしょう？

ベゾス　本のあとは音楽の販売、それからビデオでした。そのころには私も経験を積んでいたので、無作為に選んだ千人の顧客にメールを送り、尋ねました。『今、販売している商品以外に、何を取り扱ってほしいですか？』と。

彼らの返事に書かれた品物の数は予想をはるかに超え、しかもかなり多岐にわたっていました。**要するに彼らは、そのときに買おうとしていた品物のリストを送り返してきたのです。**今でも覚えていますが、なかにはこんな回答までありました。『どうか車のフロントガラスのワイパーブレードを販売してください。なくて困っています』

これなら何でも取り扱えそうでした。そこで私たちは電化製品、玩具から始め、徐々に取り扱う品物を増やしていきました。でもあくまで本来のビジネスプランは書籍だったのです。

企業は株価で評価できない

ルーベンシュタイン　アマゾンの株は、ひところ100ドルまで値上がりしましたが、その後は6ドルまで下がりましたね。金額は正確ではないかもしれませんが、そんなところでしょうか。

ベゾス　インターネットバブル全盛のころは、最高で113ドル。その後バブルがはじけると、6ドルまで下がりました。1年も経たないうちに113ドルから6ドルまで値下がりしたんです。その年の株主向け年次書簡の冒頭は、『やられた！』のひと言でした。

ルーベンシュタイン　**ドットコム時代のインターネット関連企業のほとんどが廃業に追い込まれてい**

ます。アマゾン以外ほぼ全滅と言って良い状況ですね。どうして御社だけが生き残れているのでしょう？

ベゾス　インターネットバブルは、今から見れば非常に興味深い現象でした。株価は企業を評価しているわけではなく、企業は株価で評価できません。私は株価が113ドルから6ドルまで下落するのをこの目で見ながら、会社内部の評価指標、顧客数、商品単位当たり利益など、考えられる限りのあらゆる要素をチェックし続けましたが、いずれの項目も右肩上がり、しかも高い上昇率で推移していました。

つまり株価は誤った方向に進んでいても、会社の内部はすべて正しい方向に進んでいたのです。株価を気にする必要もなければ、資金を調達する必要もない。インターネットバブルの崩壊などによる金融不況下では資金調達は困難でしたが、私たちにはすでに必要な資金が手元にありました。今まで通りに進んでいけば良かったのです。

ルーベンシュタイン　ウォールストリートは言い続けています。『アマゾンには儲けというものがない。顧客数は増えているのに、お金はどこに消えているのか？』と。彼らはこの観点からずっとあなたを批判し続けています。**それに対して、あなたはこう返していますね。『どう思われても気にしない』。**

ベゾス　ニュースキャスターのトム・ブロコウに呼ばれてテレビ出演したことがあります。そこにはドットコム時代を象徴するインターネット関連事業の起業家たちが、6人ほど集められていました。ちょうどインターネットバブルがはじける直前、もしかしたら直後だったかもしれません。

彼は私たちひとりひとりにインタビューすると、最後に私に向かって言いました。『さてベゾスさん、あなた、プロフィット（profit、利益）という単語の綴りくらい分かりますよね』念のために言っておきますが、彼と私は今では仲のいい友人です。そこで私はこう答えました。『もちろんですよ。p-r-o-p-h-e-t（預言者）』。とたんに彼は声を上げて笑い出しました（訳注：株主たちが現在の利益にこだわるのに対して、ベゾスはアマゾンのビジネスは今後必ず成長する、将来価値のあるものだと私は約束すると言うつもりで、預言者と言った）。

人々はいつも、私たちが1ドル札を90セントで売ると非難しては、こう言います。『そりゃ誰だってそうすれば、売り上げくらいあげられるさ』とね。もちろん私たちが実際にそうしているわけではありません。事実、売上総利益は上がっています。固定費の高いビジネスであるのは間違いありません。でも内部の評価指標を見れば分かりますが、ある一定の売上高さえ確保できれば固定費はカバーでき、会社は利益を生み出します。

アマゾンプライムはチーム内部から出たアイデア

ルーベンシュタイン　アマゾンプライムは、会員に商品を発送したりサービスを提供したりする前にお金が徴収できる、実に素晴らしい方法だと思いますが、その発想はどこから生まれたのですか？

ベゾス「多くの新たなプログラムはたいていそうですが、これもチーム内部から生まれました。チームで何かを考案していくのは実に楽しい。大好きなプロセスのひとつです。このとき私は、2、3年先を見越して判断するようにしています。**ひとりがアイデアを思いつき、別の人間がそれを具体化する。さらに他の誰かから、その案がうまくいかない理由が提示され、みんなでその問題を解決しよう**

と取り組んでいく。わくわくします。

アマゾンプライムについては、いくつかの問題を抱えていました。取締役会のメンバーのひとり、ビング・ゴードンはいつも、一定期間に頻繁にサービスを利用した優良顧客に対し、何らかのサービスを提供すべきだと主張していたので、我々も『ロイヤルティ・プログラム』はどうあるべきか、ずっと考え続けていました。そんなとき、ひとりのまだ経験の浅いソフトウエア・エンジニアが、送料をとらないというまるで食べ放題のバイキングのようなプランを思いついたのです。

早速ファイナンス・チームがこの案を具体的な形に落とし込みましたが、結果は恐ろしいものでした。配送料は高くつきますから、無料になれば顧客が喜ぶのは当然ですが、損益分岐点を割り込んでしまう可能性が高いというのです。12ドルの品物をひとつ買おうが、10ドルの品物をひとつ買おうが配送料は無料で、翌々日に受け取れます。(実際に) 設計してみたら、ビジネスモデルとしては、あまりよいものだとは思えませんでした。**ですがそのアイデアが感情と直感を必要とするなら、そこにはリスクを甘んじて受け入れるだけの価値があり、そのまま直感に従って進めていくべきだと考えました。**的確な判断は、どんなときでもそのようにして決定されます。

それはグループで、謙虚な気持ちをもって取り組むべき問題でした。間違った方向に進もうが悪いことではありません。それはまた別の問題なのです。私たちはたとえばファイアフォンをはじめとして、それ以外にもうまく機能しない、とんでもない品物を作りだしたことさえありました。これまで失敗に終わった実験をいちいち書き連ねるような余裕は、私たちにはありません。**ですが小さな失敗をいくらしたところで、何かひとつ大きな成功を収めれば、すべての失敗などたちどころに補ってくれます。**

誰もが、プライム会員のようなチャレンジをしてみれば良いのです。もちろん最初はコストがかかります。プライム会員も相当な負担を強いられました。食べ放題プランを始めたら、実際にはどんなことが起こるでしょう？　最初にレストランに現れるのはいったいどんな人でしょう？　大食漢ばかりなら、先行きが心配になります。『そらみたことか、めいっぱい食ってやろうっていう馬鹿な連中が大勢押し寄せるぞって言ったじゃないか』

でも私たちにはある程度の予測がついていました。いろいろなタイプの顧客がやって来て、それぞれがサービスに満足してくれるだろうと。アマゾンプライムはまさに、その通りの結果をもたらしたのです。

1日で3つ決断できれば十分

ルーベンシュタイン　午前10時より前には会議はやらないそうですね。

ベゾス　ええ、やりません。

ルーベンシュタイン　睡眠時間は8時間以上とると伺いました。

ベゾス　夜は早めにベッドに入って、朝早いうちに起きます。朝はのんびり過ごすのが好きなんです。新聞は十分に目を通したいし、コーヒーもゆっくり飲みたい。子どもたちが登校する前に、一緒に朝食を摂るのも好きです。

朝はゆっくり過ごす――それが私にとって大切なんです。これが、その日の最初の会議を10時にしている理由です。**ハイーＱミーティングと呼んでいるような、高いＩＱが必要とされる会議は昼食前が好ましい**。ほんとうに頭を使う事柄なら、午前10時から始めるミーティングにかけます。

夕方5時になるころには、『もうそれについて今日は考えるのは無理だ。明朝10時の会議でもう一度検討しよう』と指示します。睡眠時間は1日8時間必要です。しっかり眠れば体調も万全だし、体にエネルギーが行き渡る。気分も良い。

こう考えてみてください。あなたは上級管理職です。報酬に対するあなたの役割は何でしょう？　それはいくつか質の高い決定を下すことです。毎日、たくさんの決定を行うのが仕事ではありません。**私の場合なら、毎日およそ3つの案件に的確な決定が下せれば、それで十分です。ウォーレン・バフェットは、年に3件ほど良い決断が行えれば上出来だと語っています。まったくその通りだと思いますね。**

当社の上級管理職たちは、私と同じやり方で会社の運営に当たっています。**彼らは未来のために働いていますし、未来を見つめて生きています。私の直属の管理職で、今の四半期を気にしながら仕事をしている者はひとりもいません。**

私たちはおそらく電話会議で、この四半期で業績が順調に推移しているのを確認し合い、ウォールストリートはその結果に満足するはずです。人々は私を呼び止め、『おめでとう、この四半期は素晴らしかった』と言い、私はそれに『ありがとう』と答えるでしょう。でも私の本心は違います。四半期の業績は3年前にすでに決まっている——これが私の考えです。

現在私が働いている四半期の結果は、2021年に初めて形になって現れます。**あなたもそう考えて取り組むべきです。来るべき2年先、3年先のために、今を働いているのです。**

ルーベンシュタイン　インターネットを通じてアマゾンから品物を購入したときに、間違った品物が届いたことはありますか？　そんなときには電話をかけて苦情を言いますか？　あるいは問題など、これまで起きたことはありませんでしたか？

ベゾス　私もアマゾンの顧客のひとりですよ。願わくは、ここにいらっしゃるみなさんもまたそうでありますように。

ルーベンシュタイン　あなた宛のアドレスに来たメールに常時答える専任の担当者の方がいらっしゃるんですか？

ベゾス　もしこのなかに、アマゾンを利用されていない方がいらっしゃれば、あとで私を訪ねてください。ひと通りご説明申し上げます。

さて、アマゾンの件でしたね。ときには問題に出くわします。**そんなときは、私がお客様から指摘された問題に対応するのと同じやり方で対処します。**

私のeメールアドレスは、多くの人が知っています。Jeff@Amazon.com のまま変えていません。メールはいつも読んでいますよ。すべてのeメールに目を通せるわけではありません。今ではあまりに多くて、全部は受信できていませんからね。でもいただいたメールはたくさん見ていますし、そのなかから興味を引いたものを選び出すようにしています。お客様から送られてくるメールには何かの不具合、つまり私たちが何か誤りを犯した、その内容が書かれています。ほとんどが何らかのオーダーミスに関するものです。

私はチームにケーススタディを行い、根本的な原因を明らかにし、それを是正するよう指示します。改善できれば、不具合を指摘してくれたお客様だけでなく、すべてのお客様に対してひとつの問題が解消されたことになります。そうしたプロセスは、私たちの日ごろの取り組みの大きな部分を占めています。私に間違った品物が届いたり不愉快なサービスを受けたりしたら、同じように原因を究明して是正するでしょう。

ルーベンシュタイン オンライン販売に大変革をもたらしたあなたが、今度はオンラインではなく店舗販売を始めています。ホールフーズ・マーケットを買収しましたね（訳注：2017年に137億ドルで買収）。

ベゾス ここ何年も、実店舗は持たないのかと訊かれ続けてきました。もう20年近くになるでしょうか。そのたびに私はこう答えています。**『持たないわけではありません。持つ場合もあるでしょうが、それは他店とは違う何らかの差別化ができる場合だけです』と。**他の物真似をするようなビジネスを展開しても、勝てる公算は小さい。所詮はうまくいかない。私たちのカルチャーは、パイオニアやイノベーターであるときに力を発揮するのです。

宇宙時代への信念

ルーベンシュタイン あなたが情熱を傾けるもののひとつが、宇宙であり宇宙旅行です。ブルーオリジンは秘密裏に始め、あとから公開しましたね（訳注：ブルーオリジンは、2021年7月に自社の新型ロケット「ニューシェパード」で、4人が乗った宇宙船を打ち上げ、旅費を支払う顧客を乗せた世界初の宇宙旅行に成功した）。毎年10億ドル、もしくはそれ以上の自己資金を注ぎ込まれています。そこから得られるものは何でしょう？　人々を宇宙へ行かせようとしているのでしょうか？

ベゾス **私が携わっている仕事のなかで、一番重要です。私はこの仕事に大きな信念を持っています。**

理屈は至って簡単です。

地球は素晴らしい惑星です。私たちは現在、この太陽系にあるすべての惑星に、ロボットを搭載した宇宙探査機を飛ばしました。これは本当に素晴らしい。だが私たちは今後、様々な種類の問題に直面していきます。なぜならここ数千年の歴史を振り返っても、この地球の大きさに比べて、私たち人類の数はこれまでにないほど大きくなっているからです。

もちろん私たちは、この問題を解決できます。ただしそのためには、太陽系の他の惑星に出ていくしか方法はありません。この問題に対する私の役割は、繰り返し使用できる宇宙船を開発することです。アマゾンを作り上げるのにＵＰＳ（アメリカ合衆国郵便公社）や物流大手のフェデックスを利用したのと同じ方法で、宇宙時代のインフラストラクチャーを作り上げ、次世代の人たちがそれを利用できるようにしたいのです。それがブルーオリジンの本来の姿です。

人生で偉大な贈り物は父と母

もしよろしければ少し時間をいただき、私の両親についてお話ししたいと思います。**人生の過程で、誰もが様々な贈り物を与えられますが、私に与えられた偉大な贈り物のひとつが父と母でした。**ここではふたりに最大の賛辞を贈るのは控えます。というのも、虐待を受けたりして両親に恵まれなかった人も――実際、私もそういう例を知っています――いるだろうからです。なかにはそんな境遇から抜け出し、見事に立ち直った人たちもいます。

幸い私はそういう環境にはなく、両親は無条件で、いつも私に愛情を注いでくれました。

母はあまり詳しくは語りませんでしたが、私を産んだとき17歳で、ニューメキシコのアルバカーキの高校生でした。これは確信をもって言えますが、１９６４年当時のアルバカーキでは、高校生が妊娠して母親になるのは、決して褒められたことではありませんでした。祖父――私の人生で非常に重要な役割を果たすもうひとりの人物――は母を助け、学校と掛け合おうとしました。というのも高校生が妊娠するのは認められず、高校はそんな母を退学させようとしたからです。

祖父はこう主張しました。『娘を追い出すのは認められない。ここは公立学校ですよ。彼女は高校に通わなければならないんだ』と。しばらく交渉を重ねた末、校長はようやく言ったそうです。『わかりました。そのまま在籍して、卒業できるようにしましょう。ただし課外活動は認められませんし、ロッカーも使えませんよ』

祖父はとても賢い人で、こう答えたそうです。『結構です。その条件で申し分ありません』と。母は高校を卒業し、私を産み、それから父と――生物学上の父ではなく、私の本当の父と――結婚しました。彼はマイクという名のキューバ移民で、奨学金をもらいながらアルバカーキの大学に通っていました。母とはそのアルバカーキで出会ったのです。

そんなわけで、私の人生にはちょっとしたおとぎ話のような趣があります。私の両親がまだとても若かったからでしょう、毎年夏になると、祖父が私を自分の牧場に連れていってくれました。4歳のころからだと思います。それは私にとって思い出の詰まった素晴らしい時間でした。4歳から16歳までほぼ毎年、夏の間は牧場にいて、祖父のそばで過ごしました。

彼はとても器用な男で、獣医のような仕事まで自分でこなします。針さえ自分で作っていました。針金を何度もたたいて、小さな穴をあけ、先を尖らせて針にするのです。それを使って牛の傷を縫っていましたが、何頭かはちゃんと生き残りましたよ。

彼は素晴らしい人物で、私たちの人生にとってその存在は実に大きなものでした。**人は過去を振り返ることができるようになるまで、両親がどれほど大切か気づきません。**本当に大きな存在です。そして祖父――彼は私にとって第2の両親のようなものでした。

ビル・ゲイツ

マイクロソフト共同創業者
ビル＆メリンダ・ゲイツ財団共同会長

Bill Gates

『私には、自分が達成した何らかの業績を覚えていてもらいたいという願望はありません。それよりも心から私が望むのは、**感染症が撲滅され、世の中の問題がひとつ消えてなくなること。**そうすれば誰もそれについて話す必要がなくなり、みんなが他の問題に目を向けられますからね。それこそ何より素晴らしい、偉大な一歩です。』

ビル & メリンダ・ゲイツ財団の共同議長。1975年、ビル・ゲイツはポール・アレンとともにマイクロソフトを設立すると、同社をパーソナルソフトウェアとサービスにおける世界的企業へと成長させた。2008年には、世界の恵まれない人たちに多くの機会を広げようと財団の活動に専念し始め、もうひとりの共同議長であるメリンダ・ゲイツとともに財団の戦略開発を主導し、進むべき方向性を指示している。2010年、ビル、メリンダ、そしてウォーレン・バフェットの3人はギビング・プレッジを設立。これは、国内のみならず世界有数の資産家として知られる一族、あるいは個人に対し、存命中もしくは遺志として、その富の少なくとも半分以上を慈善活動や慈善団体に寄付することを公表していこうとする取り組みである。ビルはまた2015年に、クリーンエネルギーの革新に取り組む個人や団体を集めてブレークスルー・エネルギー連合を創設し、2016年には、最先端のクリーンエネルギー企業を支援するための寛容資本の投資に焦点を当てた、投資家主導のファンドであるブレークスルー・エネルギーベンチャーズを設立した（寛容資本とは、金銭的利益の追求だけを目的とするのではなく、リスクがあっても、長い目で見れば社会に貢献していけるようなビジネスの成長を見守る投資法のことである）。2021年にメリンダ・ゲイツとは離婚。

ゲイツの「先見の明」

過去四半世紀にわたり、マイクロソフト共同創業者であるビル・ゲイツは、世界の長者番付のトップを守り続けてきた。さらにこの10年ほどは、主にビル&メリンダ・ゲイツ財団を通じ、妻のメリンダとともに世界一の慈善事業家として活動を続けている（訳注：妻のメリンダ・ゲイツとは2021年に離婚）。その結果、世界で最も有名で、最も尊敬を集める人物のひとりとなった。

彼の話はすでによく知られているが、今でも依然として人を惹きつける。コンピュータとソフトウェアに関してはずば抜けた知識を持つものの、1975年にハーバードを中退。（ポール・アレンとふたりで）会社を設立し、コンピュータを作動させるソフトウェアを供給し始めると、すぐに誰もがコンピュータを持つ時代を迎えた。ゲイツには明晰な頭脳と目標に対するワーカホリックとも言うべき献身的姿勢、そしてビジネス手腕があり、そのおかげでマイクロソフトは世界で最も影響力のあるソフトウェア会社へと成長を遂げた。今や時価総額は1兆ドルを超え、ほぼすべてのパーソナルコンピュータにその技術が搭載されている。

ゲイツは今、その持てる力を慈善活動に注いでいる。後発開発途上国では人々の健康増進を――パンデミックに関してゲイツが発する正確な警告は、彼の強い関心を物語っている――アメリカ国内ではK－12（幼稚園から高校3年生）における教育の向上を自ら先頭に立って押し進める一方で、妻のメリンダとウォーレン・バフェットらとともに、世界的な富裕層に対してギビング・プレッジと名付けた新たな活動を始めている（ギビング・プレッジとは、純資産10億ドル以上の大富豪に、生前もしくは死後、少なくともその資産の半分を寄付すると公言してもらう、いわば寄付宣言である）。

今日のような高いIQと意欲的な取り組みは、ゲイツがまだ若いころにはその片鱗も見られなかった。パーソナルコンピュータやソフトウェアの台頭に歩みを合わせ、世界で最も成功した企業を作り上げたり、あるいはジョン・D・ロックフェラーの時代以降に現れたどんな大富豪よりも大きな個人資産を築いたりするだろうなどと、誰が予測できただろうか。

まずゲイツ自身も認めるだろうが、それは不可能だ。ではどうやって今日にまで至ったのか？　**彼のずば抜けた成功は、どうやら先見の明、知性、意欲、そして集中力によるものらしい。そのうちのひとつかふたつを備えた人物は多いが、同時に4つはまずいない。**

ではその4つのうちで、最も重要な要素はどれだろう？　**ゲイツの場合は、パーソナルコンピュータが世界中に普及し、それに伴いソフトウェアが必要になっていくだろうという先見の明だった。**彼は、この先必要とされるのはハードウェアではなくソフトウェアだろうと看破していたのである。

彼は明らかに才気に溢れ、やる気に満ちている。どんな道に進んでも、生来の知的処理能力、ハードワーク、そして集中力を発揮して成功したに違いないと思わせる人物だ。だが他の分野に進んでいたら、今ほどの財を成すこともなく、また、これほど大々的な慈善活動もしていなかったかもしれない。分かっているのは、少なくともこの四半世紀の間、世界で最も尊敬され、尽きることのない興味の的になり続けてきたという事実だろう。

ゲイツは２０１０年3月11日、ワシントンにある私のオフィスにやって来た。それが初めての出会いで、慈善活動と、近々発表する予定のギビング・プレッジについて語り合った。ビル・ゲイツをオフィスに呼び、チーズバーガーひとつでもてなしたわけだが、さすがにこのときは彼の姿に社内の注目が集まった。

ゲイツは世間の注目を浴びたり、自分の成し遂げた業績について、そこに至る過程を得々と語ったりするようなタイプの人間ではない。だが２０１６年にシアトルにある彼のパーソナルオフィスで行われたこのインタビューでは、彼なりの見識を披露してくれた。

マイクロソフトからビル&メリンダ・ゲイツ財団へ

デイヴィッド・ルーベンシュタイン（以下「ルーベンシュタイン」）　あなたは、世界的なテクノロジー企業を、いや、世界有数の企業をこれまで築いてこられました。さらには世界有数の財団まで設立し、運営にあたられています。マイクロソフトという企業を作り上げるのと、ビル&メリンダ・ゲイツ財団を運営されるのとでは、両者を比較して何か違いがありますか？　どちらの方が難しく、どちらの方が楽しいと感じておられますか？

ビル・ゲイツ（以下「ゲイツ」）　周りが思うほど違いはありません。**イノベーションの可能性を探し、決して諦めず、そこにチームを作り、成功と失敗を繰り返す――変化を生み出すときに必要なセオリーです。**

マイクロソフトとは若いころからの付き合いで、始めたのは17歳のときでした。それ以来、マイクロソフト一筋にやってきましたが、53歳になったのを機に財団の活動に軸足を移し、フルタイムで働くようになりました。マイクロソフト創業当時は仕事にのめり込みすぎて、少し行きすぎたところもあったようです。結婚もしていなければ、子どももいなかったし、30歳まで、週末も働くべきだと信じていました。長期休暇なんてもってのほかです。

そのころは自分でコードを書き、周りに指示を出し、徹夜して働きながら、信じられないほど充実した毎日を過ごしていました。20代から30代に入ったころには、マイクロソフトの動きは隅から隅まで把握していました。でも財団を起ち上げ、そこで自分の役割を果たすだけの知識はまだ十分に持ち合わせていませんでした。言わば必要な準備期間だったのです。

その後メリンダと出会い、結婚し、子どもが生まれます。**それを機に以前よりも広い視野で世間が見られるようになり、富がどこへ流れていくべきか考えるようになっていました。**私の喜びは依然として科学者たちと会って話すことでした。ですが人生もこのころになると、興味の範囲はソフトウェア関連だけでなく、生物学やその他の分野にまで広がっていました。それはある種、私にとってあるべき人生の姿でした。

ビジネスも慈善活動も、難しいのに変わりありません。人はいつも、自分はもっとうまくできるはずだと思うものです。そのためには今以上に学び、チームを作り上げ、もっと上手に物事をとらえていかなければなりません。

コンピュータがめずらしかった時代の大発見

ルーベンシュタイン　少しの間、マイクロソフトについて話したいと思います。始められたのは高校生のときでしたね。どうしてもコンピュータに関わる仕事がしたかった。当時はコンピュータについて知っている人はたくさんいたのでしょうか？

ゲイツ　私がまだ若いころは、何しろそれは高価な代物でしたから、コンピュータをいじる機会なんてそうありませんでした。ワシントン大学にコンピュータがあって、夜は使っていないだろうと、友人のポール・アレンとふたりで忍び込んだこともありました。いったいどんな機能があるのか興味があったのです。ところがコンピュータは、ほんのわずかな人の手にしか触れられないようになっていました。それでも私たちは八方手を尽くして、何とかコンピュータを動かす機会を得たのでした。

ところがしばらくして、あることに気づきました。**コンピュータプログラムを、インテルが作ろう**

としているマイクロチップに移せば、私たちが今使っているよりも何百倍も安いコンピュータが作れるのではないかと。そうすれば多くの人が、よりパワフルなものを個人使用できるようになるかもしれません。これは大変なことです。もしそれが現実のものになれば、どんなソフトウェアを使うかでコンピュータ業界の行く末が決まるのです。そんな時代に居合わせた私たちは本当にラッキーでした。ポールはチップを眺めながら私に言いました。『こいつはすごいぞ。何で誰もこんな事実に気がつかないんだろう？』私たちはまだ若かったし、ソフトウェアの重要性を十分知っていたので、他の誰とも異なる道を進んでいきました。

ルーベンシュタイン　ご家族はどう考えておられたのでしょう？

ゲイツ　まだ幼いころ、両親は私に本を読み聞かせてくれましたし、私自身にも読書を勧めてくれました。教育に対する理解もあり、高い学費は家計に大きな負担を強いたでしょうが、それでも私をプライベートスクールに通わせてくれました。おかげで私は素晴らしい教育を受けられたのです。通ったのはレイクサイドスクールで、そこにはコンピュータではありませんが、電話回線を通じてコンピュータに接続できる、初期のテレタイプ端末が導入されていました。これは私にとっては大きな幸運でした。

私はあまりにコンピュータに夢中だったので、体育の授業をさぼったり、夜通しコンピュータに張り付いたり、ときには夜になると家を抜け出して仕事をしたりしていました。両親はそれを知っていましたし、夜外出するのも好ましくは思っていませんでした。私はちょっと変わった子どもだと思われていたようです。

このまま大学3年生を続ける代わりに、ソフトウェアの開発を手がける会社で働きたいと両親に話

したのが、私の人生の大きな転換期でした。ＴＲＷ社はネットワークの電動化という驚くべきプロジェクトを推進しており、私はそこで働きたいと考えたのです。またもや両親は寛大で、私の趣味の一環だと許してくれました。ハーバードを離れるときには――戻る可能性があったにもかかわらず――さすがに不安そうでしたが、そのときにはすでに私は自分で生計を立てていたので、ふたりとも成り行きを見守るしかありませんでした。

ハーバードからのドロップアウト

ルーベンシュタイン　ハーバード大学以外にも出願したのですか？

ゲイツ　プリンストン、エール、ハーバードの３校でした。

ルーベンシュタイン　全部合格したのですか？

ゲイツ　合格しました。成績は問題なかったし、ＳＡＴ（大学進学適性試験）の点数も良かったので。

ルーベンシュタイン　ＳＡＴは満点だったそうですね？

ゲイツ　ええ、テストは得意なんです。

ルーベンシュタイン　そしてハーバードに入学し、２年次でドロップアウトしたわけですね？

ゲイツ　そのあたりの経緯はちょっと複雑です。マイクロソフトを始めるのに半年ほどかかりましたが、そのあとの半年は大学に戻っています。ですから大学を離れたときは3年次まで修了していて、そこで中断したことになります。友人に会社の運営を任せ、何とかその間に卒業しようと思ったのですが、ビジネスチャンスが巡ってきたり、業務も複雑だったりして、そのあとはもう戻れませんでした。

ルーベンシュタイン　ハーバードを卒業して学位を修めていたら、もっと良い人生が送れたかもしれないと思ったりはしませんか？

ゲイツ　私はドロップアウトした学生としては、ちょっと変わっていました。というのも、実務コースばかり選んでいたのです。授業は楽しく、学生生活も好きでした。

ハーバードには頭の良い連中がたくさんいて、そこで刺激を受けましたし、優秀な成績を修めることもできました。**そこにいられなくなるのは残念でしたが、知識が得られなくなるとは思いませんでしたね。必要なら何でもどん欲に学ぼうという姿勢がありましたから。**

ルーベンシュタイン　あなたがもし大学を去らずに学生を続けていたら――ドロップアウトするとかしないとか、それがあなたの人生にとって最も大切だと言いたいわけではありません――コンピュータ革命が起こってもあなた自身はそのチャンスを逃し、マイクロソフトは今のような姿になっていなかったのではないかと思われますか？

ゲイツ　そのころは今がチャンスだと思っていました。『**やはり間違いない、ソフトウェアの重要性は今後ますます高まるだろう。絶対にこのソフトウェアを仕上げ、そして誰よりも先を走るんだ。そうすれば他には真似のできない会社になるはずだ**』**と**。とにかく自分でも驚くほど気持ちが急いているのが分かりました。もし1年後に始めていたら、それほどの違いがあったか？　それは私には何とも言えません。

なぜならソフトウェア産業の歩みは、かなりゆっくりしたものだったからです。当時私たちは、チップの性能はこれからまだまだ向上するだろうと考えていました。パーソナルコンピュータにはまだそれほどの機能は備わっておらず、ディスクもなければ画像も見られませんでした。私たちが常に心がけていた、迅速に行動しなければならないという考えはとても重要でしたが、翌年であっても特に大きな問題はなかったかもしれませんね。

ただの若い連中か、天才か

ルーベンシュタイン　会社がスタートした当時、あなたは単なる大学中退者でした。職を探したり雇用されたりするのは難しかったですか？　あなたは声も高い方だし、実年齢よりも若く見られたことでしょうね。かなり年配のビジネスマンには、まともに取り合ってもらえなかったのではないですか？

ゲイツ　**反応は両極端でした**。ある人たちにとっては、まだ若い、いわゆるオタクを目にすると、こんな感情を抱きます。『ねぇ、あいつらを信用できると思うかい？　今まで見たことのないような連中だよ』。でも私たちが書いたコードを目にしたとたんにその力を認め、ソフトウェアに対する私たちの熱狂的な話に耳を傾けてくれるようになります。私たちが予想以上に素早く仕事をこなすのを見ると、今度は過大評価をし始めます。『見てくれ、ちょっと普通じゃないぞ。もしかしてこのふたりの子どもたち、ちょっとした天才かもしれない』。ときには力以上の仕事を期待される場合さえありました。

とにかく、受け入れてもらえるように努力しましたよ。若かったのでレンタカーも借りられなかったし（訳注：アメリカではレンタカー利用は25歳以上の年齢制限が設けられている場合が多い）、そこいらを走っているタクシーを使わなければなりませんでした。**なかなか認めようとしない人たちもいました。でもちょっとした成果を上げるたびに、みなソフトウェアに対する私たちの深い信念に惹かれていったようです。**

ルーベンシュタイン 真偽のほどは分かりませんが、こんな話があります。ＩＢＭが、自社のパーソナルコンピュータにオペレーティングシステムを調達する予定だという情報が広まったときのことです。あなたも契約を取ろうと他社と競合していましたね。あなたのお母様は、アメリカの代表的慈善福祉団体であるユナイテッドウェイの理事を務められていて、同じ理事会メンバーにＩＢＭのＣＥＯがいました。彼女はあなたの会社をＣＥＯに推薦しておくと言い、その後、今度はＣＥＯがあなたをＩＢＭに推薦しておくと言ったそうです。あなたが契約を勝ち取ったのは、実際にはそういう経緯からだったのでしょうか？

ゲイツ 『今度、夕食を食べにいらっしゃい』と母が言うたび、いつも私は『今、忙しいんだ』と断っていました。そこで私たちは話し合いを持ち、少なくとも週に一度は訪ねるようにしました。そうした会話のなかで、私は母に言いました。『実はＩＢＭの大きな契約の話があってね、僕たちは次世代のパーソナルコンピュータにつながる、ものすごく重要な案件になると見ているんだ』と。そこで母はユナイテッドウェイのミーティングに出席し、ジョン・オペル——当時、ＩＢＭのＣＥＯを務めていました——に会うと、『ちょっと失礼、おたくの会社の仕事で、息子がお世話になっているようね』と、声をかけたそうです。彼の反応を見て、どうやら私の名前を知らないらしいと気づいた母は、帰って来て言いました。『あなたの話、聞いてなかったみたいよ』。そのあとフロリダの研究チームが本社にやって来て機能の確認を行い、『ソフトウェアはこの小さな会社のものが良い』と判断したそうです。皮肉なことにそれを見たジョン・オペルは思わずこう言ったといいます。『あぁ、それはマリー・ゲイツの息子の会社のやつだ』。

30歳で大富豪になったけれど

ルーベンシュタイン　新規株式公開を決断したのは——。

ゲイツ　１９８６年です。

ルーベンシュタイン　この時点で、すでに億万長者でしたか？

ゲイツ　そう言っていいかもしれません。１年も経たないうちに『フォーチュン』誌が、『ビル・ゲイツ、株式公開で３億５０００万ドルの大富豪に』というタイトルの特集記事を掲載しました。

ルーベンシュタイン　若くして財を成したわけです。公開時には何歳でしたか？

ゲイツ　30歳でした。

ルーベンシュタイン　新たな富を手にされ、たちまち世間に名を知られるようになりましたね？　それを機に友人がたくさん増えましたか？　高校時代の友人が電話をかけてきて、『君をもっと知りたい』なんて言ったりしませんでしたか？　人生はどう変わりましたか？　あるいは何も変わっていないのでしょうか？

ゲイツ　そのころはとにかく大変でした。できるだけ早く人材を確保しようと懸命だったのです。何しろこの分野でトップを走るんだという緊迫感がありましたから。オペレーティングシステムに詳しいスティーブ・バルマーに加わってもらい、とても助かりましたね。私たちがやりたかったのは、ウィンドウズにグラフィカルインターフェイス機能を取り入れることで、私自身は素早く人材を確保し、投資を行い、世界的な企業を作り上げていくのに大きなやりがいを感じていました。

でもとにかく忙しかった。仮に友人が連絡をとったとしても、ほとんど時間的な余裕はなかったと思います。会社を作り上げていくのに必死でした。外に出かけては、会う人ごとにソフトウェアの素晴らしい機能について語っていました。**マイクロソフトのためにやっていましたが、それは同時にソフトウェアが、そしてゆくゆくはソフトウェアとインターネットがデジタル時代に大きな変革をもたらす可能性を示唆し、彼らにとってもチャンスなのだと知らせる行為でもありました。**仕事は楽しく、素晴らしいものでしたが、私はいつも、『油断すればすぐに追いつかれる。引き続き頑張らなければ』と考えていました。

ルーベンシュタイン　でもそのときには、同じ年代の人たちに比べれば、相当お金があったはずです。

『良い車を買って、飛行機を買って、船を買って、ぱっと派手にお金を使おう』とは思いませんでしたか？　あるいはそういうことには無頓着だったのでしょうか？

ゲイツ　ある買い物をして、ちょっとした散財はしましたよ。買ったのはポルシェ911です。中古車ですが、素晴らしい車でした。ちょうどアルバカーキで、気分的に落ち込んでいるときでしたね。ときどき夜、考え事をするのに、車を飛ばして走り回りました。幸い、それで命を落としはしませんでしたが。

同胞でありライバルであったスティーブ・ジョブズ

ルーベンシュタイン　若いころ、スティーブ・ジョブズとはどういう間柄でしたか？　年とともに変わっていきましたか？

ゲイツ　最初は一緒にやっていました。アップルワンは、スティーブ・ウォズニアックが設計した部品単位から組み立てるマイクロコンピュータで、ウォズニアックはジョブズと開発にあたっていました。彼らは様々なコンピュータクラブの会議に参加して、アップルワンを販売していましたね。私たちもあちこちのクラブに参加していたので、彼らの姿をよく目にしていました。

アップルコンピュータは、私たちが最初に開発したコンピュータ、MITSアルテアと競合していました。ウォズニアックはBASICインタプリタ——プログラムをコンピュータに入れるための非常に重要なものでした——を自分で書いていましたが、ジョブズと袂（たもと）を分かったあとは、アップルIIのBASICソフトウェアは実際には私が担当しました。そんなわけで、スティーブ・ジョブズとはほんの短い間ですが、一緒に働きましたね。

私たちはふたりとも、パーソナルコンピュータに対する揺るがぬ信念を持っていて、それを世間に広く認知させようとしたいわば同胞であり、同時に競争相手でもありました。ふたりが緊密に連携して働いたのは、IBMのパソコンが市場に現れたあとです。ジョブズはアップルで、マッキントッシュを開発する小さなグループを率いていました。彼は早くから私たちのもとを訪ねて、互いの技術を共有しないかと提案してきました。私たちはアップルよりも多くの人員をプロジェクトに割き、マウスによるグラフィカルインターフェイスを可能にするアプリケーションソフトウェアの開発に取り組んでいたので、マッキントッシュが大いに成功を収めましたが、それはマイクロソフトとアップル両社の大きな成功だったと言っても良いでしょうね。

ルーベンシュタイン　当時注目を集めたIBMのオペレーティングシステムを開発する契約を獲得したとき、なぜIBMは、『あなたのこのオペレーティングシステムを買いたい』と言わなかったのでしょう？　**なぜあなたに実質的な権利を持たせ、彼らがライセンス生産を行ったのでしょう？**　それは彼ら側のミスだったのでしょうか？

ゲイツ　まだ画面に文字が表示されているだけの時代です。私たちが開発したMS－DOS（＊1）がカギを握っていたのです。IBMが初めて私たちを訪ねてきたとき、彼らはディスクさえ組み込む必要はないと考えていました。私たちは16バイト（訳注：128ビット）マシンにして、より性能の高いコンピュータを目指す必要があると主張しました。それは、実際、IBMの他部門の業務を侵食することになりました。

MS－DOSを組み込むことで、単なる性能が高いコンピュータ以上のものをつくらなければと考

＊1　Microsoft disk operating systemの略。マイクロソフト社がIBM社の16ビットパーソナルコンピュータ用に開発したオペレーティングシステム。MS-DOSの登場によってコンピュータの操作やアプリケーションソフトウェアの開発が容易となりパーソナルコンピュータが急速に普及した。

えていたのです。彼らにはこのマシンがどれほど大きな意味を持つか、理解できておらず、法務部門もソースコードに対して責任を取りたくはなかったようでした。それで、彼らは限られたライセンスしか持ちませんでした。それでもこのマシンの影響力は大きく、他社も同じような商品を販売しようとするのは目に見えていました。先行すれば、私たちはかなり有利な立場に立てるのです。

彼らにはソフトウェアの持つ価値が分からなかったのでしょうね。重要なのはハードウェアであり、ソフトウェアはそこに組み込まれるべきパーツのひとつだという程度の認識しかありませんでした。もし彼らが私たちと同じように、そのうちにハードウェアではなくソフトウェアが重要な地位を占めるようになるだろうという考えを持っていたなら、おそらくもっと違った交渉をしてきたに違いありません。

成功した実業家から慈善活動家へ

ルーベンシュタイン　その後マイクロソフトは成長し、成功を収め、ある時点で世界で最も高い価値を持つ企業となったわけです。いつごろから、『これまでずいぶんたくさんのお金を稼いだ。もうこれ以上は必要ない。この先の人生では何か違ったことがしたい』と口にされるようになりましたか？　そういう気持ちになったのは40代ですか、それとも50代に入ってからでしょうか？　いつごろから、企業経営以外に何かやってみたいと思われ始めたのでしょう？

ゲイツ　１９９５年が大きな転換期でした。発売年が分かるように『ウィンドウズ95』と名付けた製品を販売すると、ソフトウェアは順調に売り上げを伸ばしていきました。私たちは誰よりも深く技術を追求してきたので、他社よりもほんの少しですが優っていました。そして成功した企業として認められるようになったのです。

このころからこんなふうに考え始めました。**『もうマイクロソフトは、十分大きな価値を持つ会社に成長した。では慈善活動家は、歴史的にどんなことを成し遂げているのだろう？』** 90年代を通じて、私はそんな思いを抱き続けていました。私が結婚したのと同じ１９９４年に、不幸にも母が他界しました。一方父は今でも、慈善活動として何をすべきか、私たちが考える手助けを進んで引き受けてくれています。

その後、マイクロソフトの役員、パティー・ストーンサイファーが引退し、財団に戦力として加わります。おかげで２０００年、『さぁ、本格的にスタートするぞ』と決意を固め、加わったときには、すでに財団は素晴らしい勢いで活動を展開していました。その年、私が２００億ドルを寄付すると、その時点で世界最大の規模を持つ財団になりました。

ルーベンシュタイン １９９４年に結婚されたとおっしゃいました。お相手はデューク大学の卒業生ですね。ご自身の会社経営にあたりながら、交際する時間をどうやってつくられたのでしょう？ どのくらいお付き合いされましたか？

ゲイツ そうですね、まず彼女はマイクロソフトの社員でした。出会ったのはニューヨークです。一緒に会社の夕食会のテーブルに着いたのがきっかけでした。素晴らしい女性でしたね。何しろ私の意表を突くのです。周りのマイクロソフトの社員たちは大いに盛り上がっていましたが、私は彼女が気にかかっていました。私たちは時間のあるときにデートを重ねるようになり、5年が過ぎるころ、結婚しようと決めたのです。

バフェットとの予想外の友情

ルーベンシュタイン　当初は200億ドルでしたが、今ではそれを上回る額を寄付されていますね。財団に入るお金のほとんどは、これまであなたがマイクロソフトから得たものです。ところがある日、ウォーレン・バフェットが電話をかけてきて、こう言います。『私のお金の大半を君にあげることにしたよ』と。資産の多くをあなたの財団に寄付したいという彼の言葉に驚きましたか？

ゲイツ　とにかくびっくりしました。ウォーレンは最高の投資家で、信じられないほど素晴らしい会社を運営しています。彼とは1991年に知り合い、友人になれて実に幸運でした。親しくお付き合いをさせてもらい、何かとアドバイスをいただいています。彼から多くを学びましたね。しかし、彼の資産は彼の奥さんが管理していた財団に寄付されています。それほど多くを預けているわけではありませんが、いずれはそのすべてがバフェット財団のものになるはずでした。

残念ながら彼女が他界してしまったので、ウォーレンの当初の計画は見直さざるをえなくなったのでしょう。**それでも驚いたことに、彼はその資産の約80パーセント強を私たちの財団に寄付しようと決めてくれたのです。**さらにバフェット財団にいる彼の子どもたちも、彼の資産の一部を年払いで受け取ることになりました。

これは大変栄誉であると同時に、大きな責任を担うものであり、そして信じられないような出来事でもありました。私たちは彼の善意によって、当初抱いていた大きな望みをさらに大きく膨らませられるようになったのです。どう考えても、これまでに見たこともないほど気前の良い贈り物でした。

ルーベンシュタイン お母様に『夕食を食べに家にいらっしゃい。ウォーレン・バフェットも来るのよ。彼に会うといいわ』と、彼女の口から初めてウォーレンの名前を言われたとき、それほど気乗りしていなかったようですが。

ゲイツ 私はウォーレンを、単に株式の売り買いをするだけの人物と考えていました。株式取引は誰かが儲ければ他の誰かがその分を失うという、結局、誰も儲からないゼロサムゲームに過ぎません。病気が治るわけではなく、ソフトウェアのようなすごい機能があるわけでもない。出来高のグラフを見ているくらいで、何物も生み出しません。互いに世界に目を向けてはいますが、より良い世の中を作ろうとし、問題にぶつかり解決をはかろうとする私のやり方と、物事に対する彼の視点の間に何かの接点が見出せるとは到底思えなかったからです。

それだけに、彼と会ったときの衝撃は大きかった。ソフトウェアはどういう機能を持ち、それはどうやって価格設定するのか。なぜＩＢＭは持てる力を発揮して、マイクロソフトを潰しにかからないのか。**そしてソフトウェアに世界を変える力があるなら、いったいこれから、世の中はどんなふうに変わっていくのか――真剣にそういう質問を向けてくる人間に会ったのは、ウォーレンが初めてだったのです。**

彼はまた、なぜ特定の業界に投資をするのか、他の銀行よりも収益の高い銀行が存在するのかといった、私の質問にも耳を傾けてくれました。**彼は明らかに、広い視野からシステム思考ができる人間でした。**会話は楽しく充実したものとなり、そこにはまったく予想もしなかった友情も生まれていました。

ルーベンシュタイン そしてブリッジまで教えてくれましたね。それともブリッジはすでに知っていたのでしょうか？

ゲイツ　遊び方は知っていましたよ。家族で楽しんでいましたからね。でも私にとってはウォーレンと時間を過ごす良いチャンスだったので、ブリッジの腕を磨こうとしました。最初のころはひどかった。でもゴルフとブリッジは、お互いに仕事を忘れて過ごせるまたとない時間でした。ウォーレンは数年前からゴルフを止めてしまったので、ゴルフをしに出かけるからという外出の一番の理由付けは、もう使えなくなってしまいましたが。

コントロール・オルト・デリートキーの再起動機能

ルーベンシュタイン　あなたはマイクロソフトを起ち上げるとき、あることをしました。前にもお訊きしましたが、それは再起動のやり方です。コンピュータを再起動させるのに、コントロールとオルトとデリートキーにそれぞれ指を置かなければなりません。操作するときに少し不安になるのですが、なぜそういう設定にしたのですか？　そしてコンピュータを起動させるのになぜそうする必要があるのでしょう？

ゲイツ　ありがたいことに今のマシンは、その必要がないものがほとんどです。キーボードにはひとつのプログラムが組み込まれているため、その時点で機能しているソフトウェアを回避できるある一定の単一信号を検知できるようになっていて、その信号を使えば、まったくゼロからマシンが再起動するのが分かります。パスワードを問うメッセージが現れれば、それは偽物ではなく、ソフトウェアからの本当の質問です。

その操作法はインターフェースのなかでも、操作しにくいもののひとつでしょうね。もしもう一度その機能を組み込めと言われても、私たちはやりません。マイクロソフトとIBMの考え方の隔たりが、そうした操作を生み出してしまいました。ユーザーが、『ねぇ、もうちょっと簡単にできなかったの？』と思うコンピュータの操作法の代表格のようなものになってしまったようですね。

ルーベンシュタイン　マイクロソフトをスタートさせた当時は自分でコードを書いていたそうですが、おそらくコードについては誰よりも精通していたのではないでしょうか。とは言え、今では多くの責任ある立場にあり、一方マイクロソフトも新たなソフトウェアを手がけています。あなたは今、あなたの20年前と同じレベルにあるソフトウェアエンジニアと対等に話ができると思いますか？　彼らはあなたの技術的専門知識をはるかに超えてしまい、すでにあなたよりも一段上のレベルにいるのでしょうか？　あるいはそんなことはないと思われますか？

ゲイツ　確実に言えるのは、コードを書いたり、そのプログラマーが書いたコードに目を通して採用の可否を決定したり、実際に陣頭指揮をとっていた当時に比べれば、今はその足元にも及ばないでしょうね。**ひとりのプログラマーからマネージャーへ、そしてマネージャーを管理するマネージャーへ、さらに広範にわたる戦略を立てる立場へと変わっていくなかで、もうコンピュータを意のままに動かせるようなスキルはないという寂しい事実に、少しずつ慣れていくものです。**

クエリオプティマイザ（＊2）やコードジェネレータ（＊3）のように、あまり深くは掘り下げないような非常に複雑な物事も存在します。しかし、どんな機能を組み込むべきか、基本設計はどうあるべきなのかといったことに対して発生する矛盾を把握するため、ソフトウェアをきちんと理解しようという努力は怠っていません。そういう議論はいまだに楽しいものです。

＊2　多くのデータベース管理システム（DBMS: database management system）の持つ機能であり、クエリ（データに対する問い合わせ）を実行する最も効率的な方法を決定する。

＊3　特定の種類のコードまたはコンピュータプログラミング言語を生成するツールのひとつ。なお、フェイスブックアプリ用のセキュリティ機能でこの名称のものがあるが、それとは別。

現在でもマイクロソフト社内で、『次のマイクロソフトオフィスの機能をどうするか？　いかにウィンドウズの機能を向上させるか？　スピーチやハンドライティングに対してユーザーインターフェースをどう対応させるべきか？』といった話をする機会があります。私も参加できますが、もうその方法はより複雑になっていて、実際にはコードをすべて自分で書くのはもう無理だと思います。

財団で取り組んでいる感染症撲滅

ルーベンシュタイン　ここ20年以上、あなたは世界一の資産家であり続けています。その事実は、楽しさよりも負担の方が大きいですか？　ひっきりなしに人がやって来ては、お金を無心されたり、何かを買ってほしいと頼まれたりするでしょう。世界一の資産家として、それをどう感じていますか？　そういう事実に嫌気がさしたりしませんか？

ゲイツ　幸いにも多くの人が、私の資産は財団のために使われていると分かっているので、感染症対策や教育の向上という財団の領域に対するアイデアを持っています。ですから、そういった人たちと話をするのは、非常に興味深いものがあります。特定の原因を取り上げ、「そう、それが私たちのやろうとしていることなんです」と話をしますし、私たちもそういう話題に限定するようにしています。そういう意味では誰かがやって来て話しかけられても、それほど大きな負担にはなりません。

人に知られるのは、良い面もあります。**外出先で面白い人たちに会えますし、そこで私の考えを理解してもらい、私たちの活動に関心を持ってもらえます。**それこそ私たちが得られる、言うなれば純利益です。一方で子どもたちとでかけるときには十分なプライバシーが保てないという、ちょっとした難点もあります。ですが全体的に見れば、成功したおかげで自分のできることが増え、協力関係が築け、会うべき人に会えるようになりました。

ルーベンシュタイン 持ち歩くのはクレジットカードですか？ それとも現金ですか？ 買い物したいときはどうされていますか？

ゲイツ 外に買い物に行きますよ。映画も見に行きます。

ルーベンシュタイン やたらと人が寄って来て、一緒に写真を撮ってくださいとせがまれたりしませんか？

ゲイツ 気になりませんよ、ええ、すぐに終わりますし。みなさん、たいていとても親切です。

ルーベンシュタイン 財団は永久的な団体ではありません。あなたか奥様、いずれかあとに残された方が亡くなられて20年ほど経過すれば、財団の活動は終わりますか？

ゲイツ おっしゃる通りです。私たちは財団を運営して活動を続け、課題に対処し、その根本的な解決を目指します。現在取り組んでいるのはマラリアです。私たち財団は特定の人たちを苦しめる感染症、特に経済的に豊かな国に比べて、子どもたちが死にさらされる危険性が50倍も高くなるような貧しい国での感染症の根絶に参加すべきだと考えています。

30年、あるいは40年後には、そうした問題は解決されているでしょう。**慈善活動家たちがそのあとに取り組むべき新たな課題に対しては、その時代に生きている人たちが力のあるリーダーを選び、組**

織を作り、解決にあたれば良いのです。我々よりもより良い成果が上げられるよう、私たちは彼らに対して何らかのアドバイスを書き記しておかねばなりません。最初の質問の答えに戻りますが、いずれにしてもその通りです。**財団の使命や存在は限定的なものです。**

浪費ではない、賢いお金の使い方

ルーベンシュタイン　いつの時代も、世界には大富豪と言われる人たちが存在します。歴史的に見ればそうした世界的な資産家たちは、お金にものをいわせて派手な行いをたくさんしてきました。あなたはまったく、そういう振る舞いはしていません。ですが何か物を買うとき、あなたがやって来るのを見ると、高く売ろうと値段を上げる人がいると思われた経験はありませんか？　どうやってお金の価値、自分に与えられた資産の価値に対する感覚を保っておられるのでしょう？

ゲイツ　**賢いお金の使い方をしようと努めることでしょう。私はあまり物をたくさん買いません。**私の最大のぜいたくは、いつでもジェット機で移動できることです。世間の常識から見ればとんでもない行為かもしれません。でもおかげで私は、物事に柔軟に対応できるのです。

私は無駄なものにお金を使いたくありません。こうした姿勢は、財団の運営に確実に良い影響を与えています。財団がお金を使い、支出が収入を上回れば、私は自分の資産リストからどんどん取り崩していかなければならないからです。

ルーベンシュタイン　あなたは財団の方向性として、主にアフリカ諸国における健康の増進と、アメリカの幼稚園から12年生（高校3年生）までのいわゆるK－12教育の向上を目標にしています。どうしてそのふたつに取り組んでいこうと決められたのでしょう？　そのふたつにしたのは間違いのない、確かな選択だったと思われますか？

ゲイツ　それはメリンダと何度も話し合いを重ね、ふたりで下した結論でした。**私たちは世界のなかで最も不平等な状況に置かれているもの、大きな差異が生じているものに取り組みたかった。**そのひとつが健康でした。私たちは、さらに農業や衛生などにも対象を広げています。

次に取り組もうとしたのが、アメリカの国力をできるだけ向上させることでした。そこで私たちは、教育機会を増やすための援助を行おうとしました。私たちにとっては、このふたつに対処するだけで精一杯です。というのも、健康に関しては対象とすべき疾病は数多く存在しますし、教育を向上させるために取り組まなければならない要素もたくさんあるからです。

このふたつの問題を深く掘り下げ、対処するのは大きなやりがいがあり、これを選択したのは間違いなかったと満足しています。もちろん私たちが扱っているものだけがすべてではありません。特定の病気や制度など、私たち以外の慈善活動家のみなさんが取り組むべき課題は数限りなく残されています。私たちは私たちの目標にやりがいを持って臨んでいます。

資産家による寄付宣言「ギビング・プレッジ」

ルーベンシュタイン　あなたはメリンダとウォーレン・バフェットと一緒に、ギビング・プレッジという活動を始められましたね。それはどんなもので、どう機能していくのでしょうか？

ゲイツ　私たちはウォーレンと一緒にブレーンストーミングをし、慈善事業家のなすべきことは何か、これまでは銘々がばらばらに行ってきた活動を、どうしたらこの先、お互いに共有していけるのか、まずそれを明確にするところから始めました。そこでウォーレンは私たちふたりに、すでにこれまで偉大な——たとえばデイヴィッド・ロックフェラーのような——活動をしてきた人たちと夕食をともにし、彼らの話に耳を傾ける必要があると言ったのです。

実際にそうした夕食会を重ねていくと、慈善事業家と言われる人たちの多くが、いかにスタッフを揃え、どうやって寄付や慈善活動の対象となる物事を決めたのか、互いに学び合い、話し合える何らかの場を持つべきではないかと口を揃えて主張したのです。**そうすればそれぞれが同じことをせずに済み、活動のクオリティを高め、場合によっては最初にお互いが連携して活動の幅を広げることもできます。**そのために人々が集まり、自分の資産の多くを寄付すると公に宣言するというのはどうだろう——それがギビング・プレッジというグループへと発展していったのです。

ルーベンシュタイン　現在では160名ほどでしょうか？（2022年現在で231名）。

ゲイツ　ええ、あなたもメンバーのひとりですね。毎年、全員で集まっていますが、多くの皆さんにおいでいただいています。若いころから慈善事業について考える、本当に良い機会になっていると実感します。それだけでなく、実際に行動に移そうという気にもさせてくれるでしょう。慈善事業には、他者から良いアイデアがもらえるという、実に大きなメリットがあります。

ルーベンシュタイン　関心はあるが取り組む時間がないというような、何らかの問題はありませんか？　たとえば地球温暖化をずいぶん気にかけてこられましたが、財団ではそれに正面から取り組んでいらっしゃいますか？

ゲイツ　私たちの財団では、気候変動の影響を緩和する取り組みをしています。人々により一層の省エネルギーを呼びかけたり、生産性の高い種を提供したりすれば、温暖化に付随して生じる影響をわずかでも遅らせられます。ですが、エネルギーや交通輸送システムの分野では、原子燃料サイクルを含む、様々な有害ガスを排出せずに済む技術を利用しなければなりません。これは巨大な利益をもたらすビジネスになるでしょうが、同時に高いリスクを伴う投資でもあります。そうした分野におけるスタートアップやイノベーターに対する支援は、私個人で行っています。**企業や個人への投資活動は利益を伴うものであり、財団ではなく個人が行うべきものだと考えるからです。**

死ぬまでに、世の中の問題をひとつでも減らしたい

ルーベンシュタイン　あなたは多くの人が望むような人生を歩んでいます。世界一の資産家であり、最も成功したビジネスマンのひとりであり、最大の慈善活動家です。これまでの人生で後悔したことはありますか？

ゲイツ　私は本当に運が良かった。このうえ時間をさかのぼって人生のどこかを変えたいなどと言ったら、なんだか後ろめたい気もします。マイクロソフトではもっと良い携帯電話か検索機能が作れたら良かったですね。他の会社の方がうまくチャンスを手にし、素晴らしい仕事を成し遂げたものはたくさんあります。マイクロソフトは多くの業績を残した驚異的な会社です。そうですね、ありませんね。**後悔の念をもって振り返るようなものはありません。失敗は学びにつながりますから。**

ルーベンシュタイン　同じ失敗は再び繰り返さないようにするわけですね。

人々が20年前、30年前を振り返り、ビル・ゲイツはこれを成し遂げたと言うとしたら、何を取り上げてもらいたいですか？

ゲイツ　私には、自分が達成した何らかの業績を覚えていてもらいたいという願望はありません。**それよりも心から私が望むのは、感染症が撲滅され、世の中の問題がひとつ消えてなくなること。**そうすれば誰もそれについて話す必要がなくなり、みんなが他の問題に目を向けられますからね。それこそ何より素晴らしい、偉大な一歩です。

私たちの力で、少しでもアメリカの教育を向上させられれば、これもまた素晴らしい。そしてさらに重要なのは、私が良い父親であり、自分の人生を切りひらいていけるチャンスを与えてくれたと、子どもたちに思ってもらえることでしょう。

ヴァージングループ創業者

リチャード・ブランソン

Sir Richard Branson

『ベンチャービジネスはアイデアが大切です。**初めから儲けようと思って取り組んだことはありません。**その分野で最高の結果が得られたとしても、一般的にはまず費用の支払いを済ませ、利益はそのあとで手にするものなのです。』

ヴァージングループ創設者。1970年に創設された同グループは、携帯電話、旅行と運輸、金融サービス、レジャーとエンターテインメント、そして健康とウェルネスなどの分野でビジネスを手がけ、成長させてきた。ヴァージンは今や、世界をリードする国際投資グループであり、世界で最もよく知られ、信頼されたブランドだ。リチャードは16歳で、若者向け文化雑誌の『スチューデント』を創刊して以来、これまで世界に新たな変化をもたらすようなビジネスを起業し、展開してきた。2004年には、ヴァージングループの非営利団体組織であるヴァージンユナイトを設立し、現在ではその時間のほとんどを、ヴァージンユナイトやエルダーズ、Bチーム、そしてオーシャンユナイトなどと協力しながら、さらに世界をより良い方向に向かわせるような事業を構築することに費やしている。彼は妻のジョアンとネッカー島に住んでおり、ホリーとサムというふたりの子どもと、現在では5人の孫がいる。

冒険心と謙虚さ

多様なビジネス（すべてヴァージン・ブランド）を成功させ、大きな事故に遭遇しても奇跡的に生き残り、ビジネスリーダーとして資産を成し、世界的な慈善事業家として名を知られ、40年に及ぶ結婚生活を送り、パートナーや子どもたちと親密な関係を築き、カリブ海に浮かぶ美しい島にオーナーとして住み、世界中のお金持ちや有名人と友達で、エリザベス二世女王からナイトの称号を授かり、その顔や姿を世界中の人たちに知られ、しかも尊敬され、そして誰が見ても幸せな男――リチャード・ブランソンのこれまでの人生は、多くの創業者たちが憧れ、どんな人でも夢見るものだ。

人は人生に、これ以上何を望むというのだろう？

リチャード・ブランソンは、常に新しい――そしてときには危険な――冒険を追い求め、飽くことなく人生に挑み続けている。今彼が取り組んでいるのは、短時間の宇宙旅行だ。乗客から代金を徴収し、運営にあたるのは、ヴァージン・ギャラクティックという企業である。彼が初めて宇宙旅行を発表したとき、多くの人が、試す価値はあっても成功する見込みは極めて低いと感じていた。事実、ビジネスとしてスタートするにはまだ解決すべき多くの問題が残されている。だが何年もの間、リチャード・ブランソンは苦難を乗り越え、その期待に応えてきた。

なかには、当初の障害さえ乗り越えるのは難しいと考えた人たちもいただろう。**彼には強度のディスレクシア（失読症）があり、15歳で学校を中退し、ビジネスをスタートするときにはほとんど資金もなかった。**だがブランソンは生来の事業家だった。これまで数百に及ぶ会社を起こし、たとえばヴァージン・レコードやヴァージン・アトランティックなど、その多くが信じられないほどの成功を収めた。そうした企業はすべて、彼の理念をもとに起ち上げられている。その理念とは――大胆であること。そしてそれが製品であろうがサービスであろうが、これまでにないわくわくする感動や経験を提供し、それを消費者に購入してもらうというものだ。

ブランソンに起業家として、そしてリーダーとして成功をもたらしたのは、何が大きな要因だったのだろう？　彼自身は、周りに才能があり、創造力と冒険心に富む人たちが多くいたためだと考えている。

起業家のなかには、そうした人たちに囲まれていたいと話す者は多い。**だがブランソンが彼らと異なるのは、そうした賢明な人たちの話を進んで聞こうとし、当初の卓越したアイデアに対して何らかの提案があれば、事業の途中でも迷わず変更していこうとする姿勢があることだった。**彼は非常に現実的な人物であり、自分のアイデアがすべてものになるとは考えていなかった――これこそ彼を成功に導いた、ブランソンの持つ本当の強みなのだ。

才能豊かで、創造力と冒険心にあふれることが、こうした世界観を持つための大きな助けになるのは間違いない。さらに好感を持たれ、謙虚で控えめな姿勢を持つことも欠かせない。

2018年5月、サンフランシスコでギビング・プレッジの集まりがあった際、ブルームバーグ・テレビジョンのインタビュー番組である『ピア・トゥ・ピア』で会ったとき、私は彼にそういう人柄を感じることができた。自分の腕ひとつで大きな成功を収めた他の多くの起業家たちは数多くいるが、なぜリチャード・ブランソンは彼らよりも人気があり、周りの人たちに好かれるのか、インタビューを通じてその理由を理解するのは容易(たやす)かった。

ディスレクシア（失読症）は学校では問題だった

デイヴィッド・ルーベンシュタイン（以下「ルーベンシュタイン」） あなたにはディスレクシア（失読症）があり、若いころはあまり良い学生ではなかったようですね。そのために何か問題はありましたか？

リチャード・ブランソン（以下「ブランソン」） 総じて学校では、ディスレクシアは大きな問題でした。教室の後ろの方の席にいて、そこから黒板を眺めても、まったく理解できないのです。周りからは怠（なま）け者か頭が悪いか、あるいはその両方だと思われていました。

興味さえ持てば、たいていの物事はうまくできます。とりわけ関心を引いたのは、世界で起こっている出来事でした。そのなかで間違っていると思ったものがベトナム戦争で、それに反対する雑誌を発行しようと決めました。

ルーベンシュタイン 15歳かそこいらで学校を中退され、雑誌を発行するようになり、有名人にインタビューしていますね。そのうちのひとりがミック・ジャガーでした。15歳で彼にインタビューを申し込むのは、難しくなかったですか？

ブランソン **30歳、40歳、あるいは50歳の人に比べたら、かえって15歳くらいの方がインタビューしやすいかもしれませんよ。**平気で家まで押しかけていきました。相手も、ついつい私の若さと熱意にほだされてしまったのでしょう。

ルーベンシュタイン その後、レコード会社を始めました。このアイデアはどこから出てきたものですか？ ヴァージンの名前はどうやって生まれたのでしょう？

ブランソン 15歳か16歳だったと思います。そのとき私は、たくさんの女の子たちと一緒に家の地階にいて、いろいろなアイデアを出し合っていました。レコード盤はたいてい傷がついて針が滑ってしまうことから『スリップド・ディスク・レコード』、あるいは逆に『ヴァージン』のどちらかにしようという段になって、ひとりの女の子が笑いながら言ったのです。『ねぇ、私たちはみんなヴァージンなの。それにあなたはビジネスの未経験者だからやっぱりヴァージン。だからヴァージンって名前にしたら良いよ』と。

ルーベンシュタイン 彼女に命名手数料を支払いましたか？

ブランソン もし彼女が観ていたら、喜んでお支払いします。それにしても良い名前でした。**というのも、私たちはたくさんの分野に進出して、様々なビジネスを展開しましたが、いずれも例外なく未経験者、ヴァージンだったからです。**まさかスリップド・ディスク・エアラインじゃ様になりませんからね。

ルーベンシュタイン おそらくうまくいかなかったでしょう。ところでレコード会社を起ち上げましたが、最初はレコードの小売店だったのでしょうか？

ブランソン 最初は通信販売で、他よりも安い価格で販売していました。当時、レコードのディスカウント販売は私たちが初めてでした。その後6週間、注文が殺到したので、ロンドンのオックスフォード・ストリートに、とにかく安い楽器店を探しました。

ルーベンシュタイン その後あなたは、イギリスをはじめあちこちに、ヴァージン・メガストアを展開していきます。全部で何店舗ありましたか？

ブランソン タイムズスクエア、シャンゼリゼ大通り、オックスフォード・ストリートなど、世界中の主だった場所に全部で300店舗ほどありました。今、若者たちが夢中になっているようなビデオゲームや携帯電話はまだ普及していませんでした。その代わりに音楽が多くの若者の心をとらえていました。まさに絶頂期でしたね。

ルーベンシュタイン 成功の理由はヴァージンという名前とあなたのセルフプロモーションによるものでしょうか、それとも他よりも安い価格で販売したせいでしょうか？

ブランソン ヴァージンは音楽の代名詞のような存在で、そのブランドに大きな信頼が寄せられていました。

ある日、ひとりの若いアーティストがデモテープを手に私のもとを訪ねてきました。彼の音楽は素晴らしく、私はそれを持ってレコード会社を何社も回りましたが、興味を持ってくれたところはひとつもありません。

『どこもだめだ。こうなれば自分でレコード会社を作るしかない』、そう考えた私は、自分で販売を始めました。それはマイク・オールドフィールドの『チューブラー・ベルズ（Tubular Bells）』で、アルバムは大きな成功を収めました。

ルーベンシュタイン　そしてさらに、『航空会社も始めよう』と決意しますね。この発想はどこから来たのでしょう?

ブランソン　ちょうどプエルトリコからヴァージン諸島へ向かおうとしていたときでした。そのとき私は20歳、あちらに素敵な女性を待たせていました。

飛行機1機のチャーターから始まった

ルーベンシュタイン　ヴァージン諸島へ行ったのは、ヴァージンという名前が好きだったからでしょうか?

ブランソン　確かにそうかもしれません。とにかく航空会社による予約過剰で、私たちはアメリカン航空から搭乗を拒否されてしまいました。彼女とは3週間も離れたままです。そこで私は空港の裏手に回り、クレジットカードがパンクしないように願いながら、飛行機を1機、チャーターしました。**そのあと黒板を借り、そこに『ヴァージン・エアラインズ、BVI（イギリス領ヴァージン諸島）行、片道39ドル』と書くと、その便に乗り損ねた人たちを回り、チャーターした航空機の座席を埋めることができたのです。**

ヴァージン諸島に到着すると、隣の乗客が私に向かってこう言いました。『もう少しサービスを磨くといい。そうすれば君、エアラインビジネスができるよ!』

なるほどと思った私は、早速翌日、ボーイング社に電話をかけて尋ねました。『売りに出されている中古のボーイング747はありますか？』

私たちはこの中古の747、1機を手に、英国航空の300機、パンナムとTWA合わせて300機という大きな勢力に対抗し始めました。すると英国航空は私たちをビジネスから撤退させようとあらゆる手段に訴えてきたのです。彼らが仕掛けた妨害工作、ダーティ・トリック・キャンペーンもそのひとつで、**私たちは名誉棄損で告訴したのですが、結果としてイギリス史上最大の賠償金を手にしました**。ちょうどクリスマス時期でもあり、私はこの賠償金を社員全員で平等に分け合いました。おそらく従業員たちは、こんなことなら毎年、ダーティ・トリック・キャンペーンをやってくれないものかと思ったでしょうね。

ルーベンシュタイン　あなたが既存勢力である航空会社に対抗したという事実に、多くの人が共感しましたね。以前私は、今ではロンドン・アイと呼ばれているロンドンの大きな観覧車に対して、あなたがとった行動を取り上げた記事を読んだことがあります。ロンドン・アイは英国航空がスポンサーでしたが、大きな車輪状のフレームをうまく立ち上げられないのを見て、飛行船を借りたそうですね？

ブランソン　ロンドン郊外に飛行船を扱う会社を持っていました。ホイール部分が横になったままだったので、すぐに1機、ロンドン・アイの上空に飛ばしました。立ち上がる様子を報道しようと、世界中のメディアがそこに集まっています。その上空を飛ぶ飛行船の機体に、私たちは大きな文字でこう書いておいたのです。『BA（英国航空）には起こせない』。してやったりでした。

ルーベンシュタイン さぞ溜飲が下がったでしょうね。その後、さらに会社を起ち上げています。ヴァージンという名前とあなたの創造力が、新規事業を軌道に乗せるのに一役買っていると思われますか？

ブランソン 私たちが新たな分野に進出する理由はひとつです。**この人たちではうまく経営できないだろうと感じるからです。**鉄道業を始めたのは、政府が経営にあたっていたから。イギリス国鉄は鉄道業を荒廃させてしまいました。サービスもひどいものです。そこに介入し、株価を上げ、従業員にやる気を起こすことができれば、大きく改善できると思ったのです。

そうすれば利用者のイメージも変わります。私たちが取り組んできた新たなマーケットには例外なく、経営母体が大きければ何事もうまくいくという誤った考えがありました。私たちはそこに手を入れ、業界を活性化させることができるのです。

航空会社から宇宙事業まで

ルーベンシュタイン これまでヴァージンという名の企業を、どれくらい起ち上げてこられましたか？

ブランソン 優に300社は超えるでしょうね。

ルーベンシュタイン おそらくすべての経営が順調というわけではないでしょう。会社を起こして、もしそれがうまくいかなければ、数年したらたたんでしまうのでしょうか？　これまで倒産したという会社はありませんよね？（訳注：新型コロナウイルス感染症のパンデミックの影響を受け、２０２０年４月にヴァージン・オーストラリア・ホールディングスが、同年８月にヴァージン・アトランティック航空が破産手続きに入った）。

ブランソン　幸いにも倒産した会社はありません。何か問題があってうまくいかなければ、負債はすべて清算したうえで、次の会社に移行します。

ルーベンシュタイン　これまでの人生で、やろうとしてできなかったことは何かありますか？

ブランソン　**ここ14年間、宇宙事業に取り組んできました。これはなかなか大変です。**宇宙は簡単には受け入れてくれません。難しい問題なのです。でもようやく夢がかなうところまで漕ぎつけました。今年中には（２０１８年現在）、宇宙へ向かうヴァージン・ギャラクティック社のスペースシップに座っていられたら良いなと思っています（訳注：２０２１年７月11日ヴァージン・ギャラクティックによる有人宇宙船「ユニティ」の試験飛行が成功し、リチャード・ブランソンを含む６人の搭乗員が無事に帰還した）。

ルーベンシュタイン　申込者はすでに20万人、いや、もうそれ以上いらっしゃるかもしれませんね。みなさん、今でも楽しみにしているのでしょうか？

ブランソン　実際には、申し込みをして支払いまで済ませているのは、だいたい８００人です。

ルーベンシュタイン　費用はどれくらいですか？

ブランソン　25万ドルですね。そう聞いて50パーセントの人が宇宙に行きたいと思うかもしれません。残りの50パーセントは、そんな人たちの気が知れないと思うでしょうね。『いったい何が面白くて、宇宙になんか行きたいと思うんだろう？』と。でも行きたいと思う人たちのマーケットは限りなく大きいのです。

ルーベンシュタイン　最終的には、ビジネスとして収益が得られると見込んでいますか？　あるいは単純にこの事業が好きなのでしょうか？

ブランソン　**ベンチャービジネスはアイデアが大切です。初めから儲けようと思って取り組んだことはありません。**その分野で最高の結果が得られたとしても、一般的にはまず費用の支払いを済ませ、利益はそのあとで手にするものなのです。

これまでも精いっぱい冒険してきた

ルーベンシュタイン　初飛行には同乗されますか？

ブランソン　もちろん同乗する予定です。私たちには、とても勇敢な宇宙飛行士がいます。実際にはテストパイロットですが、彼らは私や一般参加者の方たちが搭乗する前に、機体に不具合が発生しないか何度もテスト飛行を重ねています。今年はテストパイロットのうちの5名が、スペースシップ、ユニティの宇宙飛行士になりました。

ルーベンシュタイン 安全には問題がないのでしょうね。ですが以前、熱気球で飛行したときには、あなた自身でさえ命があるかどうか分からない事態に遭遇しています（1987年に大西洋を横断しようと試みた際、最後は何とか不時着したものの、目を覆いたくなるような惨状だったという）。

ブランソン 熱気球での冒険は、それまで誰もやったことのないものに挑戦したかったからです。熱気球に乗って、大西洋か太平洋を横断するか、あるいは世界一周に挑戦するつもりでした。

同乗者のパー・リンドストランドと一緒に、偏西風に乗って4万メートル上空を飛行しましたが、そのとき熱気球の安全性はまったく証明されていませんでした。私たちはテストパイロット同然だったのです。物事がうまく運ばなければ、私たちも過ちを犯します。

ルーベンシュタイン しかしあなたはそうした冒険で、ギネス記録もたくさん持っています。振り返ってみて、熱気球で大きなリスクを冒したことに対して、何か後悔の念を抱いていますか？

ブランソン 私たち家族は、みなで精いっぱい生きてきました。**完璧に冒険に集中しているときは心構えもしっかりできているし、頭も冴えていて、物事にどう対処すべきか分かっているので、ある意味、死ぬ可能性はほとんどありません。**

ルーベンシュタイン これまで世界を舞台に成し遂げてきた数々の業績から、あなたの名前は大変有名です。しかし同時に、あなたのヘアスタイルとあごひげもよく知られています。そのあごひげは大人になってから、ずっと伸ばしているのですか？　髪の長さはいつもそれくらいですか？

ブランソン　昔は伝統に反抗して自由を求めようとする、いわゆるヒッピーでした。ええ、15歳からこの通りです。あごひげを伸ばし始めたのは15歳か16歳で、一度だけ剃ったことがあります。ヴァージン・ブライドというブライダル企業を起ち上げたときです。花嫁衣装を着た私を見て、みんな大笑いしていました。

ルーベンシュタイン　今ではナイトの称号をお持ちです。もともと、そういう期待はありましたか？

ブランソン　私たちは、エリザベス女王の戴冠25周年を祝う式典の前に、セックスピストルズの『神よ、女王陛下を守り給え』というアルバムを発売しています。その後25年が経ち、私はナイトの称号をいただきました。女王陛下がその曲の歌詞を覚えておられるだろうかと、ひやひやしたものです。叙任式では、陛下が相手の肩に剣を置かれるのですが、肩などではなく頭をばっさり切られるのではないかとまで思いました。何事もなかったところを見ると、陛下は私たちを許してくださったようです。

夢のような島、ネッカーアイランド

ルーベンシュタイン　１９７０年代後半には、イギリス領ヴァージン諸島にあるひとつの島が買えるチャンスがありました。

ブランソン　その美しい島の値段は、５００万ドルでした。何とか10万ドルはかき集められそうだったので、10万ドルでどうかと交渉したところ、１年後に12万ドルなら譲ろうと言われました。運の良いことに、私の他にはその島を買おうという者が現れなかったのです。私は考えられる支援先をすべて回り、頭を下げ、何とか12万ドルを捻出し、ヴァージン諸島にある世界で最も美しい島を手に入れることができました。

ルーベンシュタイン　そこに家を建てられましたね。リゾート施設も。

ブランソン　その島――ネッカーアイランド――が私たちの家になりました。まるで魔法のような魅力的なところです。そこにみんなで集まり、素晴らしい時間を過ごしています。ときには世界的な問題を解決しようと、会議も開催します。あるいは島全体を予約できるので、そうした人たちが休日を過ごすためにやって来る場合もあります。

ルーベンシュタイン　バラク・オバマとミシェル・オバマもスケジュールをやりくりして、ネッカーアイランドを訪ねてきましたね。

ブランソン　とても気持ちの良い方です。大統領を退任する3か月前、オーヴァル・オフィスで昼食に招待していただきました。素晴らしい食事でした。お互い人生に対して、基本的に同じ考え方を持っていると分かりました。

ルーベンシュタイン　島では良いゲストだったのでしょうね。

ブランソン　おふたりとも、心の底から楽しそうでした。前大統領とはちょっとした競争をしました。

彼がカイトサーフィン、私はフォイルサーフィンを選び、どちらが早くうまくなるか競ったのです。結果は私の負け。彼とそんな時間を過ごせて、大変光栄でした。

リーダーたちはみな、優れた聞き手である

ルーベンシュタイン 数多くの偉大なリーダーたちと会われていますね。なかでもネルソン・マンデラを始めとする同時代の偉大なリーダーたちの多くを、エルダーズと呼ばれるグループに参加させました。ネルソン・マンデラとはずいぶん親しくされているようですね。

ブランソン ええ、その通りです。ここ10年ほど、大変懇意にしていただいています。ふたりで話をして、エルダーズを結成する準備をしました。**様々な対立や紛争に臨み、その解決にあたろうと努力を重ねる、勇敢な12人の男女からなるグループです。**対立や紛争は早急に解消されるべき最も重要な問題であり、そのままではすべてを破綻させてしまいます。

ルーベンシュタイン 偉大なリーダーシップを生み出すものは何だとお考えですか？

ブランソン **優れた聞き手であること――それが重要な要素のひとつでしょう。**会議に同席し、エルダーズの議論を聞いていると、彼らが人の話にじっと耳を傾け、それを吸収し、注意深く言葉を選んでしゃべっているのがよく分かります。だからこそ、彼らはエルダーズのメンバーになったのです。

もうひとつは人を愛し――すべての人に対する心からの愛情を持ち――そしてその人のなかにある最も尊いものを見つけることです。たとえその人物が、何らかの問題を引き起こしている当事者だと

しても、その人の素晴らしい面を見つけるのはそう難しくはありません。

ルーベンシュタイン　サー・リチャード・ブランソンのようになりたいと願うビジネスリーダーがいたら、何が大事だとアドバイスしますか？

ブランソン　**自分の周りに素晴らしい人たちを揃えなさいと言うでしょうね。**すべて自分でやろうとせず、早いうちから人に任せることを学ぶべきです。チームを批判するのではなく、周りの人を褒めるようなタイプの人をメンバーのなかに入れること。さらに進取の気性に富み、大胆で、会社のために働く誰もが誇りに思うような何かを創り出そうとする人も必要です。

ルーベンシュタイン　あなたの人生で特筆すべきは、素晴らしい家庭生活を送られてきたことです。結婚されて40年以上になりますね。奥様にはどちらで出会われたのでしょう？

ブランソン　ヴァージンがイギリスに持っていたマナーというレコーディングスタジオでした。

ルーベンシュタイン　一目ぼれというわけですか？

ブランソン　私からすればそうなりますね。紅茶を淹れている姿を部屋の端から見たとたん、もう夢中でした。彼女は誰かと一緒でしたが、私はこのチャンスを逃してはいけないと思いました。

彼女の女友達がヴァージンで働いていたので、その社員に、ふたりで夕食にいくときに一緒に連れていってほしいのだがとお願いしました。それ以来私は、『金魚のフン』と呼ばれるようになりました。

ルーベンシュタイン　それでも努力は実を結び――ふたりのお子さんを授かりました。おふたりとは今でも仲が良いそうですね。私は常々、成功した人間が、ご両親が健在でいる間にそうした姿を見せられるのはとても重要だと思っています。お父様は数年前に亡くなられましたが、確かそのとき――。

ブランソン　93歳でした。

ルーベンシュタイン　93歳ですか。お母様はご健在ですね。ご両親にあなたの成功を見てもらって、どんなふうに感じられましたか？

ブランソン　両親と成功を分かち合えて幸せでした。事業資金の200ドルは母が作ってくれたものです。たまたま拾って警察に届けたネックレスに持ち主が現れず、それをなんとか売って作ってくれた200ドル。これがビジネスを始めるのに必要なお金だったのです。

幸運に恵まれ、こうして素晴らしい生活を送れるようになり、この幸せを両親とも分かち合おうと努めてきました。幸い母には、まだ楽しんでもらっています。

人生は、毎日が学びの連続

ルーベンシュタイン　大人になって資産を築き、驚くほどの額のお金を渡せるようになると考えたことはありましたか？

ブランソン　人生に思い描いた信じられないほどの大きな夢が本当に実現し、実際に世の中を大きく変えられるだけの地位に就けるなんて、まったく考えもしませんでした。

ルーベンシュタイン 経済的に成功を収め、その結果名を成しても、何らかの理由で幸せな人生が送れていない人たちは多いものです。でもあなたはとても幸せそうで、満ち足りて見えます。この見方は間違いありませんか？

ブランソン もしこれが幸せでないなら、幸せになどなれません。これ以上ないほど素敵な女性に出会えました。性格はまったく反対ですが、とても仲良くやっています。幸いにも、これまで人生の大半をともに過ごしてこられました。素晴らしい子どもたち、孫たちにも恵まれました。

そして毎日が学びの連続です。私は大学には行きませんでしたが、人生は言ってみれば、長きにわたる教育の場です。そこへ行き、周りの人に耳を傾け、聞いた話を書き留めながら、新たなことを学んでいます。まるで一生学び続ける学生のような気分です。

ルーベンシュタイン これはビル・ゲイツにも尋ねたのですが、同じ質問をさせてください。もし大学に行って学位を取得していたら、もっと大きな成功を収めていただろうと思われますか？ もちろん、それ以上の成功などあり得ないでしょうが。

ブランソン 思いません。40歳を迎えたとき、妻に向かって言いました。『すべて放り出して、大学に行こうと思うんだ』と。すると妻は私に顔を向け、こう言葉を返したのです。『大学に行きたいなんて、どうせ若い女の子と話がしたいだけでしょう。そのまま仕事を続けたらどう？』それはまったく正しいアドバイスでした。

オプラ・ウィンフリー

オプラ・ウィンフリー・ネットワーク（OWN）CEO
女優、プロデューサー

Oprah Winfrey

『あなたの生きた証は、あなたが関わるすべての人の人生にあります。社会に影響を与えたり、世界を変えたりするには、そういう慈善活動をするべきだと私たちは思いがちです。でも生きた証というのは、私たちが毎日積み重ねていく小さなことでできています。

この小さな積み重ねが、誰かの人生の灯りになるのです。』

グローバルメディアのリーダーであり、プロデューサーであり、そして女優である。ウィンフリーは献身的な慈善家だ。2002年12月にネルソン・マンデラのもとを訪問しようと南アフリカを訪れた際、彼女は南アフリカに学校を建設することを約束し、学問的に才能がありながら、恵まれない背景を持つ女子に教育を提供するため、２億ドルを超える額を寄付したのである。2019年、ウィンフリーはモアハウス奨学金プログラムを支援するためにモアハウスカレッジに寄付を行い、男性に対する教育支援額は、総額で2000万ドルにのぼった。さらに、スミソニアン国立アフリカ系アメリカ人歴史文化博物館の創立寄付者であり、2018年６月、博物館は「オプラ展：オプラ・ウィンフリー・ショーとアメリカ文化」を開催した。これはテレビ番組の舞台セット、映画で使った衣装、インタビューの様子などを展示することで、トークショーの歴史を彼女の人生とともに振り返る展示内容だった。2013年、民間人にとって最も大きな栄誉である大統領自由勲章を授与された。さらに2018年、ハリウッド外国人映画記者協会から、ゴールデン・グローブ賞の部門のひとつで、長年にわたってエンターテインメントの世界への傑出した貢献をした人物に贈られる、生涯功労賞である、セシル・B・デミル賞が贈られた。

アメリカで最も有名なサクセスストーリー

アメリカの数あるサクセスストーリーのなかでも、オプラ・ウィンフリーのそれに匹敵するものはない。極貧のなか祖母に育てられたオプラは、19歳で初めてナッシュビルのテレビ局の仕事に就く。その後ボルチモアのローカル放送局でニュースキャスターを担当するが、現地レポーターに降格。その後シカゴに移ると、テレビ番組の司会を務めた。この番組はおよそ30年続き、オプラはアメリカで最も高く評価され、最も視聴されたパーソナリティになった。２０１１年5月25日の最終回を迎えるころには、オプラはエミー賞を何度も受賞した司会者となり、彼女のトーク番組は世界１５０か国で放送されるようになっていた。**アメリカ中のテレビタレントを見渡しても、彼女ほどテレビ画面を通じて多くのアメリカの家庭で親しまれた人物は、まずいないだろう。**

オプラはまたこの番組を通じて、アメリカにおける人々の生き方やものの考え方など、社会に対して大きな影響力を持ち、アフリカ系アメリカ人女性のなかで最も裕福であり、しかも自ら起ち上げた慈善団体であるエンジェル・ネットワークを通じて５１００万ドルを超える寄金を募るほど有数の慈善家となった。ハリウッド映画にも、これほどのサクセスストーリーを描いたものは存在しない。

毎日放送されるトークショー以外にも、オプラは雑誌の刊行を手掛け、自らの名前を冠したケーブルネットワークを率い、さらには世界的に知られたブッククラブを主宰している。彼女は多くの人に読書を推奨し続け、その結果、この活動を通じて５５００万冊を超える書籍が購入されたという。２００7年にはバラク・オバマの大統領選挙キャンペーンでオバマへの支持を表明。２０１8年のゴールデン・グローブ賞の受賞スピーチは広く知られるところとなり、次期大統領候補の期待を込めて、ソーシャルメディア上に #Oprah2020 というハッシュタグまで登場した（彼女はこれまで公職に立候補する気持ちはないと言い続けているが)。

オプラはどうやって、これだけのことを成し遂げたのだろう? どうやって、アメリカンライフを体現するような重要な役割を担うまでになったのだろう?

オプラが貧しい境遇から身を起こそうと固く心に決めたのは間違いない。これまで同じ夢を抱いた者は数多くいたはずだ。だが誰もオプラのようにはなれなかった(彼女に苗字は不要だ。エルビス、シェール、マドンナ、ボノと同じ——オプラのひと言だけでことたりる)。

2016年12月、観客が見守るなか、私はブルームバーグスタジオでオプラにインタビューをし、桁違いのキャリアや波乱に富んだ来し方から得た、いわゆる彼女の人生観というべきものを引き出そうと試みた。インタビューの達人にインタビューするのは容易ではなかったが、なぜか私は幾分の心地良ささえ感じていた。私は2009年にワシントンD.C.にある「舞台芸術のためのジョン・F・ケネディ・センター」の会長に就任。オプラとはこのときに面識をもち、この年、彼女はケネディ・センター名誉賞の受賞者のひとりに選ばれたのである(訳注:実際に受賞したのは2010年)。それまでテレビ番組の司会者やインタビュアーが受賞者になったことはなかったが、彼女はもちろん、受賞に値する人物だった。

観客や視聴者と気持ちを通じ合わせる才能

インタビューのなかで彼女の経歴について触れる際、当時家を離れて大学に通っていた私に母が語ってくれた話を持ち出した。今度ボルチモアのローカルテレビを担当するようになったニュースキャスターがとにかく素晴らしく、間違いなくすぐにもっと大きな街で大きな仕事を任されるようになるだろうと言うのだ。私は母に、ローカル局のニュースキャスターなどたかが知れているし、そんなことはあり得ないと言葉を返した。今思えば母の話に真剣に耳を傾け、オプラの将来に賭けておくべきだった。

インタビュアーとして重要なスキルは、相手が何を語ろうとしているのか、そしてその話にはどんな影響力があるのか理解しようと努めることだとオプラは言う。私もできる限りそうした姿勢を貫こうと努力してきた。**だがオプラが出演者や観客の話に共感する場合、常に彼女にしかできないやり方でその気持ちを表現する。**観客や視聴者と心の底から気持ちを通じ合わせられるこの才能こそ、オプラを魅力的で、ユニークな、そして影響力のある存在にさせているのだ。

実際のところ、オプラには話のきっかけを作ってくれるインタビュアーなど不要だ。

インタビューは常にオプラのスタイルとペースで進められる。このときも彼女は終始、卓越した技量を示してくれた。私は彼女に、もしそうしたければこれからもテレビで十分活躍できるはずだと語った。さらには大統領になれる可能性さえあるだろうとも言ったが、それは彼女が大統領候補として十分人を惹きつけるだけのスキルを持っていたからだ。だが私はあとからはたと思い至った。**彼女自身も無意識のうちに気づいていたように、オプラは大統領になるよりも自分自身であり続けたいのだと。**

観客と話す時間が何よりも好きだった

デイヴィッド・ルーベンシュタイン（以下「ルーベンシュタイン」）　まさかたくさんの観客の姿に怖気づいたりはしませんよね？

オプラ・ウィンフリー（以下「オプラ」）　もちろんです。まるで自分の家にいるみたいな気がします。トークショーが終わって失ったもののひとつがこの感覚ですね。ときどき誰かがこう尋ねます。『番組が終わって寂しくない？』って。特にそうは思いません。**恋しいのは人間ですね。仲間に会えなくなったことでしょうか。**

毎日収録のあとでやっていたのは、観客とのいわゆるアフターショーです。番組が終わるたびにだいたい30分から40分くらい、観覧席のみなさんと話をします。始めたのは、番組がスタートして10年目くらいですね。

当初は毎日サインをしていました。あの辺に立って、顔も上げずにひたすら列ごとにサインして回って、350人分は書いたと思います。でもある日、こう決めたのです。『こんなのはもうたくさん。私が本当にやりたいことは何？　それは、観客と話をすること。どんな人たちで、どこから来たのか聞くこと』と。それからというもの、アフターショーは1日のなかで、私のお気に入りの時間になりました。

ルーベンシュタイン　そうでしたか。

オプラ 観客は、私個人のためのマーケティング・リサーチで言う『フォーカスグループ』だったわけです。25年もの間、私たちがトップを走り続けられたのも、観覧席のみなさんのおかげです。**私が毎日手にしていた情報は、最大の供給源である観客がもたらしてくれたものなのです。**視聴者である彼らは叔母さんやお嬢さんやいとこ、場合によってはご主人を連れて、わざわざ時間を割いて観に来てくれます。ご主人はだいたいこんな感じでしょうか。『さて、オプラ・ウィンフリー・ショーを一緒に見に来たんだから、この先少なくとも2か月は安泰だろうよ』

ルーベンシュタイン トークショーはシカゴで25年続きました。あなたもエミー賞を50回近くも受賞され、アンケート調査ではテレビ史上、最高の番組のひとつに選ばれました。にもかかわらず他のことに取り組みたいとその番組に終止符を打たれたわけですが、番組を終えるにあたって後悔はありませんでしたか？

オプラ 後悔のかけらもありません。**『次は何をやろう、次は何をやろう？』ってアイデアを追い求めて、リングの上でパンチドランカーになるボクサーみたいになりたくありませんでした。**番組が続くにつれて、最大のライバルは自分たちになっていったのです。１９８６年に全米に向けて放送されるようになったころは、別のトークショーが始まるたびに、いつも『自分たちは何をしよう？』と考えていました。

でも何年か過ぎるころ、他の誰かと競争するのではなくて、自分を相手に自分のペースで走れば良いのだと気づきました。周りのみんなが何をしているのか、それにばかり気をとられていたら自分を見失ってしまいます。**他の誰かじゃなくて、より良い自分になっていこうとすべきなのです。**自分を他の誰かと引き比べる必要なんてありません。

それが分かったとたん、番組が生き生きとし始めました。**私はそれが単なるショーではなく、世界に向けて言葉を発する舞台なんだと気づいたのです。**だいたい1989年くらいだったと思うけれど、そこで私は自分自身に問いかけてみました。『オーケー、それじゃ世界に向けて何が言いたいの？　テレビに使われるのではなく、自分をどう使っていきたいの？　テレビをどう利用すべきだと思う？』と。

人間として本当の自分、最高の自分になりたい

ルーベンシュタイン　何があなたをそれほど一所懸命に取り組ませたのでしょう？　あなた自身、なぜ以前にもまして頑張ろうと決意したのでしょう？

オプラ　長年私を突き動かしてきたものはトークショーであれ、あるいは雑誌であれ――こちらはいまだに刊行し続けているけれど――人間として経験を重ねるなかで多くの人のなかに生まれてくる共通認識のようなものです。私もあなたと同じものがほしい。それはまた別の人のほしいものであり、さらにまた別の人のほしいものでもあります。

私たちの誰もが求めているのは、人間として本当の自分、最高の自分を表現したいということじゃないでしょうか。おそらくこの気持ちは最後に息を引き取る瞬間まで続くのでしょうね。ではあなたが抱く本当の、最高の自分の姿とはどんなものでしょうか？　**人生のどのあたりの位置にいるとしても、あなたには常に一歩上のレベルが存在します。常に、次に目指すべきレベルがあるのです。息を引き取るその瞬間までです。**

私が常に心に抱いていたのは、こんなふうに思うようになったら番組は終わりだということでした。『あぁ、この舞台ではもうすべてを言い尽くした。これ以上、私に何ができる？』って。

ルーベンシュタイン　これまではあなたの数々の業績を振り返ってきました。今日ここからは、あなたの望みをすべて成し遂げるにはまだ長い道のりが残されていると考えましょう。さてそこで、あなたが最も誇りに思うことは何ですか？

オプラ　私は南アフリカで女子のための学校を運営しています。ちょうど10周年を祝ったところです。今ではブラウン大学、スタンフォード大学、エルロン大学、アメリカの様々な大学に通っている卒業生もいます。

女の子を援助するのは、そもそも私が貧しかったし、それが人にどんな気持ちをもたらすのか分かっていたからです。心を揺さぶられたのです。子どもたちの人生を変えるのは、彼女たちだけでなく、コミュニティ全体を変えることでもあります。女の子は家族に報い、コミュニティに尽くそうと努めるものですから。

番組が全米に向けて放送されるようになってから1年ほどしたころ、私にとって大きな出来事がありました。ミシガンに住むアン・アーバーという女性が手紙をくれたのです。墓碑銘にしたいくらい素晴らしかった。実際には墓石を作るつもりはないけれど、もし火葬にせず墓石を作るなら、そこに刻みたいくらいです。手紙にはこう書かれていました。『**オプラ、毎日あなたがあなたらしく振る舞っているのを見ると、私も自分らしく過ごしたいと思わずにいられません**』**と。**私にとってもこれ以上の言葉は思いつきません。

あなたの生きた証は、あなたが関わるすべての人の人生にあります。社会に影響を与えたり、世界を変えたりするには、そういう慈善活動をするべきだと私たちは思いがちです。でも生きた証というのは、私たちが毎日積み重ねていく小さなことでできています。

この小さな積み重ねが、誰かの人生の灯りになるのです。具体的に何であれ、それがあなた自身を表現するために行動していくということです。

貧しい子どもだったという事実

ルーベンシュタイン　あなたは質素な環境のなかで育ちましたね。豊かな家庭の出身ではありません。

オプラ　**『質素』は的確な言葉ではありません。私は貧しかったのです。**私の学校にいる女の子たちは――率直に言えば生徒全員が――みな貧しい子どもたちです。このあいだ彼女たちにこんな話をしました。卒業式のために南アフリカにいましたからね。『あなたたちはみな、同じ境遇にあります。つまり貧しいのです』

そしたら、ひとりの女の子が手を挙げて、こう言いました。『私はそういう言葉を使いたくありません』って。私は言いました。『なるほど、もしあなたが貧しいのでなければ、この学校にいる理由をもう一度考えなければならないわね。私がみなさんのためにお金を払っているのは、みなさんが貧しいからです』

私は貧しいという言葉を使われても抵抗はありません。別に恥ずかしいとも思わない。人生やキャリアのうえで、その言葉は私を悩ませたかもしれません。でも私が貧しかったのは事実です。水道なんてなかったのです、デイヴィッド、電気もですね。トイレは屋外に穴を掘って屋根をつけただけ。そういう環境で生活する――それが貧しいっていうことです。

ルーベンシュタイン　しかもあなたは、母親と父親、そして祖母のもとを転々とします。行ったり来たり、さぞ心細く大変だったでしょう。自分にはこの先、ひとりでやっていけるだけの才能があると気づいたのはいつごろでしたか？

オプラ　幼稚園のころにそう思いました。1エーカーほどのささやかな土地で育ったのですが、小さかったせいか私にはそれがやけに広く見えたので、よく農場と呼んでいました。あるとき帰ってからよく見たら、やっぱり農場じゃなくて小さな土地でした。読み書きは祖母が教えてくれました。彼女に教えてもらって大きくなったのです。一緒に聖書を読んだりもしました。そうして読むことを覚えながら成長していきました。

6歳を迎えるころにミルウォーキーに引き取られました。誕生日があと1か月早かったら、もう一年早く小学校に上がれていたのだけれど、ひとつだけありがたかったのは、差別の厳しい学校で過ごさずに済んだことですね。**それまで私は、人より劣っていると教えられたことなど、たとえわずかだろうがありませんでした。**初めて幼稚園の教室に足を踏み入れると、そこで初めて目にしたのが、私の祖母さえ仕えたことのないような白人の子どもたちの姿でした。

全員がABCを習っていました。『なぜここにいる子どもたちはABCなんてやっているんだろう』、そう思った私は、幼稚園のヌー先生に手紙を書きました。『しんあいなるヌーせんせいへ。わたしはここにはいられません。だってわたしは、むずかしいことばをたくさんしっているからです』。それから私はそのあとに続けて、知っている限りの難しい言葉を書いていきました。みなさん、聖書をお読みになるでしょう？　私はまず『シャデラク、メシャク、アベド・ネゴ、ネヘミア、エレミア』と綴(つづ)り、まだまだ難しい言葉があるとばかりに、『エレファント、ヒポポタマス』と書いていきました。ヌー先生はそれを見て驚いていました。

エルビス、イエス、オプラ

ルーベンシュタイン 難しい言葉や聖書で思い出しましたが、あなたの名前も聖書に由来したものですね。それは確か――。

オプラ オーパです。

ルーベンシュタイン それがなぜオプラになったのでしょう？

オプラ 初めて学校に行ったときに間違えられて、それからはオプラのままです。出生証明は『オーパ』です。

ルーベンシュタイン でも『オプラ』で十分通ります。名前だけ言って分かる人は、世界的に見てもほんのひと握りです。オプラ、エルビス、イエス。本当に少ない。もしあなたの名前がメアリーとかジェーンだったらどうでしょう？

オプラ うまくいかなかったでしょうね。初めてボルチモアで仕事を始めたとき、ニュースディレクターがこう言ったのを覚えています。『その名前を何とかした方がいいだろうな。覚えにくいし、何と発音するのか分からないしね』

そう言われるまで、私はいつも自分の名前が人と同じようだったら良いのにと思っていました。でも上司に名前を変えた方が良いと言われたとき、私は決めたのです。『いいえ、名前は変えない』って。**仕事がスタートしたときには、『オプラって何？』っていうテーマを掲げて、何て発音するのか説明するところからキャンペーンを始めたのです。**

ルーベンシュタイン　あなたの経歴を知らない人のためにお話ししますが、テネシー州立大学を卒業後、しばらくの間、テネシー・ブロードキャスティング・オペレーションに勤務されました。そのとは仕事のオファーを受けてボルチモアへ移ります。ボルチモアは私のホームタウンで、母もよくあなたの番組を見ていました。母は私に電話をかけて言ったものです。『地元の番組にすごい人が現れたのよ。間違いなく全米に名前を知られるようになるわ』と。私は言いました。『冗談はよしてくれ。ボルチモアから全国的に名前を知られる人なんて出るわけがないよ』。でも正しかったのは母でした。

オプラ　お母さんはそう思ったのですね。

ルーベンシュタイン　母はたいしたものでした。みなさんもお母さんの言うことは聞くべきです。さて、ボルチモアで担当されたのは、まず――。

オプラ　ニュース番組のメインキャスターですね。

ルーベンシュタイン　あまり評判は良くなかった。

オプラ　メインキャスターを降ろされました。**降格人事でした。**

ルーベンシュタイン　降格ですか。契約があったので、これで終わりというわけにはいかなかったわけですね。そのあと、アフタヌーンショーではインタビュアーを担当されました。仕事はいかがでしたか？

降格や契約打ち切りは次へつながるステップ

オプラ　**年齢を重ね、世間を知るようになってよく分かりました。つまり降格されたり、契約を打ち切られたりするのは、多くの場合、それは次へのステップだということです。**何年にもわたってインタビューしてきた人たちの多くが同じように、それまでになかった最高のステージへ、さらに大きな舞台へと送り出してくれたと語っています。私はテレビのレポーターは合っていませんでした。自分の気持ちを抑えきれないのです。誰かに何かのテーマでインタビューしても、あとからその人の抱える問題を何とかしてやりたいとつい世話まで焼こうとしてしまうのです。

ルーベンシュタイン　しかもあなたはとても若かった。まだ21歳か22歳でした。

オプラ　ええ、でも感情移入しすぎたのです。他人の問題に首を突っ込みすぎるとよく人事評価に書かれていました。当時の私の年収は2万2000ドル。親友のゲイル・キングもそこで働いていて、こう言っていました。『何てことなの、22歳で2万5000ドル稼いでいるなんて。25歳になったら、まして三十歳になったらどうなっているかな』。そのまま働いていたら、おそらく今ごろは6万ドルくらいでしょうか。6万2000ドルなら上出来ですよね。

でもそうならなくて良かったです。彼らはキャスターではなくなった私に、契約通りの給料を支払いたくなくなったわけです。そこで契約を継続する代わりに、『トークショーに移ってもらうつもりだ』と言ってきました。

ルーベンシュタイン　そしてアフタヌーンショーを担当されます。番組のコーナーには、電話をもらった視聴者がうまく答えられれば賞金がもらえる『ダイヤリング・フォー・ダラーズ』もありました。ご自身で電話をされていたんですよね？

オプラ　よく調べましたね、驚きました。

ルーベンシュタイン　ボルチモア出身ですからね、どんな番組かくらいは知っていますよ。

オプラ　話の途中、たとえば今この場でおもむろに立ち上がってこう言います。『さぁ、ダイヤリング・フォー・ダラーズの時間がやって来ました』。それからセットに移動して、誰かに電話をかけます。電話帳を開いて番号を選んで、電話をして、相手が出たら言います。『ダイヤリング・フォー・ダラーズです。この番組をご覧になっていたら、パスワードと賞金の額を答えてください』。今ならあり得ないですね。

直感で、ボルチモアからシカゴへ

ルーベンシュタイン　番組は人気でした。すると突然誰かが現れて、『シカゴで番組をやらないか？』

とあなたに告げます。そしてボルチモアを離れる決意をする、そうですね？

オプラ　ええ、そう決めました。そのとき私の契約はまだ切れていませんでした。**でもみんな分かっているると思いますが、私は直感で自分の人生における決断をしてきました。そのまま続けてもそれ以上成長が見込めなくなれば、自然に次のステップへ進むべき時期だと分かるものなのです。**

そのときも、どこか別の場所へ移るべきときだと感じ始めていました。ニューヨークは人が多すぎて、やっていくのが難しそうでした。シカゴはマーケットとしては一番だし、みんなが行きたいと思う場所だったのです。

そのとき私には代理人がいて、その人に相談しました。『ジョーン・ルンデンの代役がやりたいの』って。覚えていますか、ジョーン・ルンデン？　『彼女が休みで休暇をとるときには代わりが必要でしょう？　その代役の仕事をとってきてくれない？』　そう言うと、代理人は私に言いました。『それは難しいな。もう黒人スタッフがひとりいるからね。ブライアント・ガンベルさ』『それは局が違う、彼がいるのは別の局。もうひとり必要なはず』。すると彼はこう言いました。『いや、いずれにしてもそれは難しい』。**私は代理人を変えました。**

結局そのあと、私はシカゴに行くことになります。当時私は、いろいろな人のオーディションテープに入れてもらっていました。すると、シカゴに移った以前のプロデューサーから『デニス・スワンソンがあなたのことテープで見たんだけど』と電話がかかってきたのです。彼女はシカゴでもプロデューサーとして雇われていました。『こっちの『A.M.シカゴ』という番組で仕事をする気はないか、知りたいらしい』。これが事の顛末です。

ルーベンシュタイン　当時続いていた番組ですね。シカゴに移り、番組を引き継ぎ、そこで大きな人気を博しました。実際、そのあとでタイトルも『オプラ・ウィンフリー・ショー』に変わりました。

オプラ　視聴者が『オプラ・ショー』と言い始めたのです。『今日のオプラ・ショー見た？』という具合で、みな『A.M.シカゴ』と呼ばなくなっていました。

シカゴに移るときに問題だったのは、友人のゲイル――彼女は今でもボルチモアにいます――を除いてひとり残らず、『シカゴでは失敗するぞ』と口を揃えたことでした。有名な司会者、フィル・ドナヒューが相手だったのです。

私は気にしていませんでした。決して勝てない相手ではないと思っていたからです。だから上司のデニス・スワンソンにそう言いました。彼はテレビの仕事で数々の実績を上げてきた人物で、私にこう声をかけてくれたのです。『**最初から彼に勝てるなんて思っていないよ。だから何も気にしなくていい。君らしくやってくれれば良いんだ**』

ずいぶん気が楽になったのを覚えています。考えてみてください。髪の毛をジェリーカールにした小柄でぽっちゃりした私が、『さぁ、頑張ってフィル・ドナヒューを倒してこい』なんて言われたら、どうなっていたと思いますか？　その代わりにデニスはこう続けました。『所詮、ローカルテレビだよ。番組の視聴率が出る。その数字を受け入れる。それで構わないんだ』これで肩の力がだいぶ抜けたし、放送が始まっても落ち着いて取り組めました。

ルーベンシュタイン　結局、フィル・ドナヒューはシカゴを離れ、ニューヨークへと向かいます。おそらくあなたとの競争の結果だと思いますが。

オプラ　いつも言いますが、もしフィル・ドナヒューがいなければ、『オプラ・ショー』もなかったと思います。彼はある特定の層の視聴者――家庭にいる賢い主婦たち――に訴えかける力を持っていました。多くは家庭で子どもたちの面倒をみている専業主婦で、一部には、私が番組を始めた80年代半ばごろに職場復帰を果たした主婦も交じっていました。**彼は、人生における目的や意義について語り合いたいと望んでいた彼女たちに、新たな扉を開いたのです。**

「視聴者の代表」としてした質問で大失敗をした

ルーベンシュタイン 他人に比べて、自分にはインタビュアーとして高いスキルがあると、いつごろ気がつきましたか？

オプラ インタビュアーとしての力が人よりも優れていると思ったことはありません。**それよりも、自分にしかできない『私ならでは』の特別な能力は、観客や視聴者を互いに結びつける力だと思います。**これは、インタビュアーとしての力量がもたらしているわけではありません。その根源は人の話を聞く能力であり、それ以外の力は、周りにいるどんな人たちとも、基本的には変わらないでしょうね。

多くの人が、マイクを持って番組を進行するのは司会者の持つ大きな力であり特権だと感じるでしょう。でも私自身は、その力は視聴者の代表だという思いがもたらすものだと感じていました。インタビューのとき、自分ではまず訊かないような質問をよくしたものです。

一度、本当に失礼な質問をしたことがありました。それは答えが知りたいと思ったからじゃなくて、視聴者のみなさんがぜひ訊きたいことだと思ったからです。私はサリー・フィールドがバート・レイノルズと付き合っていたとき、彼女に、バートは寝るときもかつらをつけたままかと訊いたのです。

ルーベンシュタイン　サリー・フィールドは何と答えましたか？

オプラ　私はあくまで視聴者の気持ちを代弁して訊いたつもりでした。でも彼女は口を閉ざしてしまった。私の質問は、大勢の観客の前で彼女に恥をかかせたようでした。それからというもの、彼女は何も話さなくなってしまったのです。私は心のなかで思いました。『なるほど、どうやら私が間違っていたみたい』

私はこの出来事から学びました。今ならそんなことは絶対にしません。でもそのときは、プロデューサーたちに言われて無理をしていたのでしょうね。――『みんなが知りたがっている、みんな知りたがっているんだぞ』ってね。

念願の『カラーパープル』で女優に

ルーベンシュタイン　シカゴでショーを担当する一方で、映画『カラーパープル』で女優になる機会も巡ってきました。

オプラ　機会なんて言葉では足りません。ああ、神様。この話をし始めたらいくら時間があっても足りないくらいです。だって私にはそれ以上の望みなんてなかったのです、デイヴィッド。『カラーパープル』に出演できればもうそれだけで十分。他には何もいらないと思っていたくらいでした。

ニューヨークタイムズ紙で書評を読み、書店に行ってその本を買い、午後ずっと読み続けました。それからもう一度その書店へ行き、さらに8冊買い求めました。もちろん、ブッククラブを始める前の話です。それはだいたい、１９８３年か84年のことでした。

それからその本をみんなに配りました。**私は面白いものや分け合えるものがあると、みんなに知ってもらいたいと思う性分なのです。**だからまたその書店へ行って、今度はそこにある在庫をすべて買い占めました。次の日、職場にその本を持っていって、手渡しながら言いました。『この本を読まなきゃだめ』って。

そうこうするうちに映画になるらしいという噂を耳にするようになりました。経緯は端折るけれど、要するに音楽プロデューサーのクインシー・ジョーンズが偶然、テレビで私を見かけたというただそれだけの理由で、私はその映画のオーディションを受けることになりました。移動中たまたまシカゴに立ち寄ったときに、私の出演していた『A.M. シカゴ』が放送されていたというわけです。

彼らはある役にぴったりの女優を探していたらしいのです。そのとき私はクインシー・ジョーンズを知りませんでした。

でもとにかく彼はシカゴにいて、シャワーから出てきたら偶然テレビがついていて、『A.M. シカゴ』に出ていた私の姿を目にしたのです。彼はこう思ったそうです。『この子は映画で使える』って。

彼のその話を聞いたある人が、私に電話をしてきました。

私は映画化の話を聞いて以来、出演できないものかと強く願い、祈り続けていました。ある日、オフィスにいた私に電話がかかってきました。キャスティングエージェントで、『今取り掛かっている映画の件で電話をしました。オーディションに参加するお気持ちはありませんか？　「ムーンソング」というタイトルの映画です』と告げられたのです。

私は言いました。『そうね、あいにく私がぜひにも出演したいと願っていたのは「ムーンソング」じゃない、「カラーパープル」なのよ。もしかしてそれって「カラーパープル」かしら？』『いえ、「ムーンソング」です』と、彼。当時、監督が「カラーパープル」を撮っていると知られたくなかったので、みんなわざとそう呼んでいたのです。私はオーディションに参加しました。もちろん、それが「カラーパープル」だと分かっていました。監督はスティーブン・スピルバーグでした。

ルーベンシュタイン 役はもらいましたか？

オプラ もらいました。

ルーベンシュタイン その映画でアカデミー賞にノミネートされました。受賞されてもおかしくはなかったのですが、残念ながらその年は選に漏れてしまいましたね。

オプラ 別に気にしてはいません。ドレスのサイズは合わなかったし、きっと椅子に腰がはさまって、名前を呼ばれても立ち上がれなかったでしょうからね。

ルーベンシュタイン バラク・オバマは大統領に選出された初めてのアフリカ系アメリカ人でした。今のトランプ大統領のように、メディアによく登場する人物が選ばれる例もあります。もちろんその表現が適切かどうか、議論の余地はあるでしょうが。アメリカでは、女性が大統領になった例はまだありません。女性に対する見えない壁を打ち破る意味でも、あなたほどの知名度なら、大統領選に立候補したら当選するかもしれない、そう思ったことはありませんか？

オプラ これまでそんな気持ちはもちろん、可能性さえ考えたことはないですね。

ルーベンシュタイン 今の大統領（訳注：インタビューが行われた前月、ドナルド・トランプが大統領として当選したばかりだった）を見れば、政治の経験が不要なのは明らかですよ。

オプラ 確かにこれまでは『私には経験がない。私には知識がない』と思ってきました。なるほど今は『ふん、そうでもないみたい』と思っています。でもそれはないです。あり得ませんね。

誰もが聞きたいこと『私の話を聞いている？』

ルーベンシュタイン 今日あなたの行動を見る限り、最も力を入れていらっしゃるのが、ＯＷＮ（オプラ・ウィンフリー・ネットワーク）を育てることであり、俳優として、またエグゼクティブ・プロデューサーとして活動することだと思われますが、いかがでしょう？

オプラ 演技の仕事は続けるつもりです。それから、見る人の人間性に訴えかけられるような番組を作っていきたいです。それを見た人がより素晴らしい人生を送りたい、少しでも良い行いをしたいと思えるようなもの。**人生の勝利を褒め称え、自分自身が世界にとって重要であり、意味のある存在なんだと実感してもらえるようなものです。**『オプラ・ウィンフリー・ショー』は、私にとってセラピーと同じだったのです。毎日番組を続けながら、私は人の話に耳を傾け続けました。私はセラピストに通ったことはありません。でも当時は毎日、番組のなかで人の話を注意深く聞き続けたのです。そうすることで、『私じゃない、私にはセラピーは必要ない』と思っている大勢の人たちに、知らず知らずのうちにセラピーの必要性を実感させたのかもしれません。

番組に出演した誰もが、インタビューの終わりに同じ言葉を口にするのに気づくようになったのは、90年代の半ばから後半にかけてのことでしょうか。それは、『大丈夫だった？　どんな具合だった？』

という、インタビューの出来についての質問でした。

それからというもの、その言葉を追いかけるようになりました。ふたりの娘を殺した罪で終身刑の宣告を受けて、刑務所で暮らす父親にインタビューしたときも、話が終わると、彼は鉄格子の向こうから私にこう尋ねたのです。**『大丈夫かな？　ちゃんと話せたかな？』**

バラク・オバマも初めてその椅子に座ったときにそう言いましたし、ジョージ・ブッシュも口にしました。ビヨンセもですね。彼女は膝をまげ、腰を低くして、音楽に合わせて腰を振るというセクシーなダンスを教えてくれたけれど、その後で言いました。『大丈夫だった？』って。

ルーベンシュタイン　それは明らかに先天的なものではなく、誰もが後から修得したスキルですね？

オプラ　そう、そのダンスみたいなものですね。でもそれこそ私が25年もの間、その椅子に座って学んだことでした。どちらがインタビューする側でどちらがされる側であろうと、その人の仕事が何であろうと、その人が何歳であろうと、互いにどんな関係性にあろうと、あなたが出会ったすべての人たちは、その日1日の終わりにすべての出来事を振り返って、こう問いかけるのです。『大丈夫だったかな？』って。

誰もが本当に訊きたいのは、『私の話を聞いている？　私の話はあなたの心に響いている？』ということです。**何より重要なのは、その人が確かにここにいて、私に話しかけ、そのために時間を割いてくれているという現実なのです。**なぜならその人は私にとってかけがえのない存在だからです。私は常にそれを心に留め、その事実を立証するつもりで、人の話を聞くようになりました。それは誰にでもあてはまります。**あらゆる議論、あらゆる出会いのなかで、その人たちが知りたいと願うのも、『私の話を聞いている？　私の姿は見えている？　あなたの心に響く話ができた？』ということなのです。**

ウォーレン・バフェット

バークシャー・ハサウェイ創業者、CEO

Warren Buffett

「たとえ今は仕事をする必要がないとしても、自分でやり続けることのできる何かを見つけ出すべきだ。人生はおそらく一度しかない。夢遊病者のようにぼんやりと過ごしたくはないだろう。（中略）**やりがいのある仕事を探すことだ。情熱が持てるようなものをね。**」

1930年8月30日、ネブラスカ州オマハで生まれた。持株会社バークシャー・ハサウェイの取締役会会長兼CEOである。バークシャー・ハサウェイは63の傘下企業があり、『フォーチュン』誌の「世界で最も称賛される企業」トップ5にランクインしている。一方で、ビルとメリンダのゲイツ夫妻とともにギビング・プレッジを立ち上げ、アメリカの資産家たちに、純資産の少なくとも50パーセントを慈善活動に捧げるよう奨励し続けており、自分自身では、バークシャー・ハサウェイのすべての株式――純資産の99パーセント――を慈善活動に寄付することを宣言している。バフェットはペンシルベニア大学のビジネススクールであるウォートン校に通い、1950年にネブラスカ大学で理学士号を、1951年にはコロンビア大学で経営学修士号を修得した。スーザン・T・バフェットと結婚生活を送るが2004年に死別。2006年にアストリッド・メンクスと再婚した。前妻スーザンとの間に、スーザン、ハワード、ピーターの3人の子どもがいる。

最も偉大な投資家

ウォーレン・バフェットは世界的な——少なくとも広く世に知られた——偉大な投資家である。およそ70年にわたるキャリアのなかで、投資家たちに（もちろん彼自身も含めて）、歴史上のどんな財務担当者もかなわないほど大きな収益をもたらしてきた。90歳を迎えた今も変わらず元気で、主要な投資機関であるバークシャー・ハサウェイの時価総額はおよそ5000億ドルを超えている。

ウォーレンは若いころから、誰よりもビジネスと投資に強い興味を抱いてきた。ハーバード・ビジネススクールに入学しようとして断られた彼は、コロンビア・ビジネススクールを修了し、その後数年を経て、ニューヨーク金融業界の寵児、ベンジャミン・グレアムのもとで働き始めた（彼の著書『証券分析』は、ウォーレンのバイブルだった）。

その後ウォーレンは故郷のオマハに戻り、世界的に例のないほど素晴らしい投資実績を残すことになる。彼のやり方は独特だ。スタッフの人数は少なく、オフィスにコンピュータはなく、投資銀行の業務アドバイザーを置かず、商取引に対しては迅速な決断を行い、競争入札や価格交渉はせず、敵対的取引も行わず、バリュー投資（基幹産業における企業の株価が企業価値、利益水準に対して割安なものに投資すること）に主眼を置くという手法だった。**また彼には彼なりの信条があった。富があっても虚飾を嫌い——いまだに1958年に買った家に住み続けている——謙虚な姿勢を忘れず、自分の功績を自虐的なユーモアで表現するのだ。**加えて、不健康と言われる食習慣を続けていたが、90歳を迎えた今でも頭脳の冴えに衰えは見られない。ごく最近のことだが、自身の資産である750億ドルのほとんどをビル&メリンダ・ゲイツ財団に寄付すると宣言し、世界有数の慈善事業家にもなった。

成功の秘訣を知ろうと投資家の周りには多くの取り巻きが集まるが、ウォーレン・バフェットの信奉者ほど熱心な人たちはいないだろう。何しろバークシャー・ハサウェイの年次株主総会には、彼が6時間あるいはそれ以上にわたって語る最新の展望や予測を聞こうと、毎年何万人もの人たちが集まってくるのだ（2020年はパソコンを通じてオンラインで行われた）。彼の投資活動についても多くの書籍が著され、あまたの分析がなされてきたが、それらは世界中にいる莫大な数のフォロワーたちにむさぼるように読まれてきた。

私がウォーレンに初めて出会ったとき、彼はまだ今ほど有名ではなかった。その後、ギビング・プレッジのミーティングや、様々な投資や慈善事業に関する集まりを通じて、少しずつ彼の人となりを知るようになった。私はこれまで様々な機会を得て彼にインタビューしてきたが、そのたびに大きな喜びを感じ、様々な学びを得ることができた。

タップダンスをしながら仕事に行く

今回のインタビューは2016年、オマハにある彼の行きつけのレストラン、ゴラッツで行った。彼はそこで、それほど経済的に恵まれない環境で育ったこと、そして投資分野における世界的なリーダーになるまでの経緯を語ってくれた。**彼によれば、自身の成功とリーダーシップは、生涯を通じて取り組んできた投資に対する情熱が育んでくれたものだという。**その投資法とは、株式の評価はそれほどではないが、この先成長して利益をもたらしてくれそうな企業を探し出し、投資することだった。

ウォーレンは若いころからそうしたやり方に忠実であり続け、本来持っている価値や将来性よりもずっと低い価格で売られている株式や企業を買い取り、いくつかの例外こそあったが、基本的には仲介手数料や譲渡益課税を避ける意味でも、その株式や企業を長く保有し続けようとした。ウォーレンが喜びを感じるのは、ブリッジをしたり、資産を寄付したり、一族の慈善事業を手助けしたりするときだが、何にもまして心躍るのは年次報告書を読み、安い投資先を見つけ、彼の深い見識と能力によって様々な資産がひとつに結びついているバークシャー・ハサウェイに投資させるときだった。ウォーレンはすでに高齢だが、株主たちが満足しているのは、何も彼がバークシャー・ハサウェイを率いているからだけではない。１９６５年に会社の株を買った株主であれば、２０１９年にはその価格は2万倍にまで膨れ上がっているのだ。

この世にウォーレン・バフェットはひとりしかいない。彼は「タップダンスをしながら仕事に行く」とよく口にするが、私たちは、そんな彼が築いてきた実績に匹敵するだけの結果が残せる人物に、そう易々と会えるものではないと分かっているのだ。

高校の卒業アルバムに、『株式仲買人になるだろう』と書かれた

デイヴィッド・ルーベンシュタイン（以下「ルーベンシュタイン」） あなたはオマハで育ち、お父様が下院議員に当選されたのを機にワシントンD．C．へ移りました。あなたご自身はワシントンへ行きたいと思われましたか？ それとも嫌々ながらお父様に連れていかれたのでしょうか？ まだ幼かったので、嫌だというわけにもいかなかったでしょうが。

ウォーレン・バフェット（以下「バフェット」） そりゃ行きたくなかった。オマハでの毎日、それは楽しかったからね。中学2年生で友達もたくさんいたし、すべてがこれ以上ないほどうまくいっていた。なのに、見ず知らずの土地に行かなきゃならないんだからね。

最初はバージニア州のフレデリックスバーグに落ち着いた。父はワシントンをいわゆる悪の巣窟だと思っていたから、物理的に離れた場所に置いておけば、子どもたちが汚染されることはないだろうと思ったらしい。だが、6週間ほどそこで暮らすうちに体調を崩してしまってね。

奇妙な病気に悩まされたんだ。父に言ったよ。『夜になると息が苦しいんだ。でも心配いらない。夜の間くらい我慢できるから。僕のことは気にしないで、ぐっすり休んで』ってね。

この話が祖父の耳に入ると、『帰ってこい』と言うんだ。オマハに戻って、しばらく祖父と一緒に暮らしたよ。その後、私たちはいよいよワシントン市内に引っ越した。祖父も含めて、家族全員で暮らそうと決めたんだ。

ルーベンシュタイン その後は、ウッドロー・ウィルソン・シニアハイスクールへ通います。そこで

あなたはアルバイトを始めますね。ワシントンではどうやってビジネスキャリアをスタートさせたのでしょう？

バフェット　**一番儲かったビジネスは、ウィルソン・コインオペレイテッド・カンパニーで、ピンボールマシンを扱ったビジネスだった。**その会社の名前は、高校卒業後にパートナーと一緒に考えたものさ。

　ピンボールマシンを理髪店に置いてもらうようにしたんだが、彼らはどうせ置くなら、当時新しく導入されたボールを打ち返すフリッパーが付いたものが良いと言うんだ。でもそのマシンのコストは350ドル。従来通りの旧式のものなら25ドルで済む。私たちはいつも、ウィルソンさんに相談してみるよって返事をしていた。ウィルソンってのは屈強な男でね、正直言うと、架空の人物なんだ。

ルーベンシュタイン　高校を卒業されたとき、成績は確か――16番だったでしょうか。もし勉学に時間を注がれていたら、おそらくはトップだったかもしれません。でもそのころは、勉強に興味が持てなかったのですよね？

バフェット　興味はなかったね。

ルーベンシュタイン　卒業アルバムのメッセージには、『株式仲買人になるだろう』と書かれていました。その後、ペンシルベニア大学のビジネススクールであるウォートン校に入学されます。なぜウォートン・スクールを選び、そして2年しか通わなかったのでしょう？

バフェット　**大学には行きたくなかった。でも父がそうしろと言うんだ。**当時はまだSAT（大学進学適性試験）はなかったが、言ってみれば、父が私にとってのSATのようなものだった。私はいつも父を喜ばせたいと思っていたからね。**私にとって父はヒーローだった。もちろん今もだが。**

彼は私を脇に呼んで言った。『ちょっと試しにこの用紙に記入してみないか？』それはウォートンの願書だった。私はそれを書いて出願すると、大学は私を入学させてくれたんだ。

1年後、私はもう大学はやめてビジネスの世界に行こうと思っていた。でも父はこう言うんだ。『もう1年続けようじゃないか』。仕方なく1年通ってから、また言った。『やっぱりやめたい』。父は、今度はこう言った。『ふむ、十分単位は取ったようだし、もし故郷のネブラスカ大学に編入するなら、3年で卒業できるかもしれないな』。私は1年なら何とかなると思っていたから、ネブラスカ大学へ行き、その通り卒業したんだ。

ルーベンシュタイン　ウォートン校はあなたに電話をかけてきて、『うちにも在学していたおかげで卒業できたわけですから、少しお支払いください』と言いませんでしたか？

バフェット　今のところ、そういう話はないね。

ルーベンシュタイン　卒業後、何をしたいと思われましたか？　ビジネススクールに行こうと考えられましたか？

バフェット　私はネブラスカ大学で、額は少ないけれど奨学金の対象者に選ばれていたんだ。500ドル支給されて、希望する大学院に行けるようになっていた。父はハーバードを勧めたがね。

ルーベンシュタイン ハーバードには入学なさらなかった？

バフェット 入学しなかった。大学の面接担当者がシカゴの近くにいて、電車に乗って10時間もかけて彼に会いに行ったのに、面接試験はほんの10分程度。私をひと目見てこう言った。『駄目だな』って。

ルーベンシュタイン その後、その人に偶然会ったりしませんでしたか？

バフェット いいや。でも彼はそうなったときの用心くらいはしておいた方がいいかもしれないね。

コロンビア・ビジネススクールで出会った人

ルーベンシュタイン コロンビア・ビジネススクールへ行ったのは、何かわけがあったのでしょうか？

バフェット オマハ大学の図書館でカタログのページを繰っていると、たまたま、ベンジャミン・グレアムとデビッド・ドッドのふたりがコロンビア大学で教えていると知ったんだ。彼らの本は読んでいたけど、まさか教壇に立っているとは思わなかったからね（1934年、グレアムとドッドは『証券分析』を出版。同書は後に、バリュー投資として知られる投資手法に大きな影響を与えた）。

ドッドは副学部長、グレアムは週に一度だけ教えに来ていた。私は副学部長宛てに手紙を書いたよ。

『親愛なるドッド副学部長、私はあなた方がもう死んでいるとばかり思っていましたが、幸いご存命と分かりました。もし入学させてもらえるなら、ぜひコロンビアに入りたいと思っています』ってね。

ルーベンシュタイン そして入学された。自分がヒーローのように思い描いていた人物にいざ会ってみると、ときにはがっかりするものです。グレアムは考えていた通りの人物でしたか？

バフェット もちろんだ。ドッド副学部長も素晴らしい方で、亡くなるまで大変親しくしていただいた。

ルーベンシュタイン コロンビア・ビジネススクールではかなり熱心に勉強されたのでしょうね。卒業後はグレアムとパートナーシップで働きたいと考えるわけですが、実際、いかがでしたか？

バフェット **自分にとってヒーローのような存在と一緒に働くわけだから、そりゃ嬉しかった。**でもベン（グレアム）はそれから2年も経たずに引退してしまった。私もそこにいたのは1年半だけだったね。でも彼のもとで働けて、毎日楽しかったな。

ルーベンシュタイン **あなたが得意だったのは、割安感のある会社を選択するという彼の基本原則に従い、実際に銘柄を選ぶことでした。現在、その手法はバリュー投資と呼ばれています。**彼は、彼ならではの独自な理論を持っていたと思われますか？

バフェット 彼のもとで働き始めたときには、著者のベンよりも『証券分析』の文章が頭に入っていたよ。何度も読み返していたからね。**私にとっては彼から何か新しいことを学ぶというよりも、彼から刺激を受けることの方が大事だったんだ。**

オマハへ戻り、家を購入した

ルーベンシュタイン　結局、彼は引退を決意し、グレアムとのパートナーシップは終わりを告げます。そのままニューヨークに留まり、ご自身のパートナーシップを始めようとは思われませんでしたか？　ニューヨークの水は合っていたように思うのですが。なぜオマハに戻られたのでしょう？

バフェット　オマハで暮らしたかったんだ。確かにニューヨークには友達が大勢いた。そのころには子どももふたりいて、自宅のあったホワイト・プレインズから電車に乗って職場に行き、電車に乗って帰るような毎日を送っていた。でもそういう暮らしは、オマハでの生活に比べて刺激が少なかったんだ。祖父母もまだ元気だったし、おじやおばたちもオマハにいたから、そこで暮らす方が楽しいと思ったのさ。

ルーベンシュタイン　そしてこちらに戻られたわけですね。当時、あなたは奥様のスージーと結婚されていて、スージーとホーウィーのふたりのお子さんがいらっしゃいました。こちらで家を購入されたんですね？

バフェット　最初は、毎月の家賃が175ドルの家を借りていたよ。

ルーベンシュタイン　当時購入されたご自宅に今もお住まいですが、購入されたのはいつですか？

バフェット　1958年かな。ちょうど3人目が生まれるときだった。

最初の資金集めは知り合いから始まった

ルーベンシュタイン　そしてパートナーシップを始められます。どうやって資金を揃えたのですか？　あなたの知り合い、あるいはお父様の知り合いの方たちからですか？　最初のパートナーシップをスタートさせるのに、どうやって資金を捻出されたのでしょう？

バフェット　オマハに戻ってきたとき、私の手には17万5000ドルあった。残りの人生をやっていくには、それだけあれば十分暮らしていけると思っていた。学校にも本気で行こうと考えていたよ。法科大学院だ。

まずオマハ大学でいくつかコースを受講した。パートナーシップを始めようとは、まったく考えていなかった。ところがオマハに戻って数か月したころ、親族の数人が尋ねて来てこう言うんだ。『**ちょっと教えてくれないか？　投資ってどうやるんだ？　何をしたら良いんだ？**』**ってね。**

私は言った。『もう僕自身は株式ブローカーをやるつもりはありませんが、ニューヨークでニューマン&グレアムという名のパートナーシップを運営したことがあります。もしみなさんにその気があるなら、同じようなパートナーシップを始めても良いですよ』

オマハに戻ってきたときには、そんなつもりはかけらもなかった。話があったのは1956年の5月、オマハに戻ってきたのはその年の1月の終わりだったと思うね。

ルーベンシュタイン 法律の道に進んでいても、弁護士として大成していたかもしれませんね。

バフェット そうなんだ。それだけはいまだに後悔しているよ。

ルーベンシュタイン 最初のパートナーシップでは、どのくらいの資金が集まりましたか？

バフェット 全員が顔を揃えたのは1956年の5月のある晩だった。私を除いて7人、全部で10万5000ドル。私は100ドル出したから、スタートしたときは10万5100ドルというわけだ。それから1枚の紙を全員に渡した。基本原則と呼んでいたものだ。
私は全員に向かってこう言った。『**みんなの気持ちがひとつになっていると感じ、そして共通の認識に立ち、この基本原則に目を通し、全員がそれに同意するなら、パートナーシップに参加してください。**パートナーシップ同意書は読まなくても構いませんが、基本原則には同意が必要です』

ルーベンシュタイン そのとき10万5000ドルを預けた人たちは、パートナーシップが現在まで続いていれば、おそらくその収益は――。

バフェット そりゃ計算できないよ。とんでもない額――としか言いようがないかな。

ルーベンシュタイン まさに『とんでもない額』ですね。そんなふうにスタートしたパートナーシップですが、あなた自身で株を買っておられた。しかし結局、パートナーシップは解消されますね。安く買える企業や株が見つからなくなったのが原因ですか？

バフェット　1956年の5月に始まり、1962年の1月1日まで続いたかな。その間、これとは別にさらに10組のパートナーシップを運営していた。私はやり方を間違ったんだ。誰かは覚えていないが、友人のひとりだったと思う。彼が新聞に掲載された最初のパートナーシップに関する公示を見て、『これは何だ？』と、新たにパートナーシップに参加しようとした。ヴァーモントに住む数人が、彼に続いて加わった。

つまり私は、そうして複数のパートナーシップを同時に運営していたんだ。秘書もいなければ会計士もいない、誰もいない。**私は株を買うたびに、自分で11組のパートナーシップに分け、11枚の小切手を書き、同時に11冊のノートを管理し、11枚の納税申告書を保管していたよ。**

ルーベンシュタイン　それは大変ですね。

バフェット　全部、自分でやっていた。株式の受け取りもね。何といっても人様のお金だから、いい加減にはできない。受け取ったらすぐに銀行へ行って、すぐ全員に送っていた。結局、自分がいかに面倒なことに関わっていたかに気がつくと、1962年1月1日、それまで運営してきた11のパートナーシップをすべてバフェット・パートナーシップに集約した。しばらくこのグループで運用を続けたんだが、その後、1969年の終わりに解消したよ。

バークシャー・ハサウェイでの大きな失敗

ルーベンシュタイン いったん、バフェット・パートナーシップは清算されましたが、新たに別のパートナーシップを始められたのでしょうか？

バフェット いや、やらなかった。そのときパートナーシップには1億5００万ドルの資金があった。そのうちおよそ7０００万ドルは現金で、それぞれに分配し、残りは3つの株式に分け――ほとんどはバークシャー・ハサウェイだったが――それぞれに案分して、これも全員に送ったよ。

ルーベンシュタイン その後はバークシャー・ハサウェイという企業を通して、さらにたくさんの株式を買っていったわけですね？

バフェット 株式と、それにビジネスもだ。

ルーベンシュタイン バークシャー・ハサウェイはニューイングランドにあった紡績工場です。

バフェット ニューベッドフォードだね。

ルーベンシュタイン 今では大変によく知られています。何しろあなたの会社の名前ですからね。でも実は、あなたの投資のなかでも大きな損失を招いたもののひとつでした。そうですよね？

バフェット よくあれほどひどい決断が下せたもんだよ。

ルーベンシュタイン なぜご自分の会社に、投資に失敗した紡績工場の名前をつけられたのでしょう？　なぜその後、社名を変更されなかったのですか？

バフェット 実に馬鹿な決断をしたもんだ。彼らにはそれまでにも工場を何か所も閉鎖していて、株式の買い戻しに資金を投入するだろうと思ったんだ。だからバークシャー・ハサウェイの株を相当数、買い増しした。**会社の株を安く手に入れて買い戻してもらう、つまり「吸い殻」を拾って最後の一服を楽しもうとしたんだ。**私はそれを「吸い殻」投資と呼んでいた。

10パーセント近くまで株式を買い進めたころだったか、工場を何か所か売却した後で、『いくらなら公開買い付けに応じるつもりか』とCEOから打診があった。『11・5ドル』と答えると、彼は『いいだろう』と。その後、彼は公開買い付けを発表したが、その値段は11・38だった。私はそれが我慢ならず、さらに会社の経営権を握るまで買い進めていった。これは大きな間違いだったね。

ルーベンシュタイン 今からおよそ50年前のお話ですね。あなたがバークシャー・ハサウェイを買収したときに一緒に投資した人がいるとしたら、この50年あるいは51年、毎年19パーセントか20パーセントの利回りが受けられた計算になりますか？

バフェット それくらいかな。

ルーベンシュタイン **投資の歴史を見ても、それほどの金額をそれほど長期にわたって生み出し続けた人は、誰ひとり見当たりません。**

バフェット　もっといい利率を出した人がいるはずだ。

ルーベンシュタイン　でもそれほど長期間、続けた人はいないでしょう？

バフェット　ああ、確かに期間としては長いかもしれないね。

納得できる金額か、良い経営者がいるかで判断する

ルーベンシュタイン　ご自身のその能力は、どこから来るものだと思われますか？　誰よりもたくさんの会社を研究しているからでしょうか？　常に基本原則に則っているからでしょうか？　あるいは他の人よりも賢いからですか？　それとも流行に左右されないから？　ご自身の成功の理由をどうお考えでしょう？

バフェット　**私たちは、まずまずの企業で、納得できる金額であり、そこに良い経営者がいる場合に取得してきた。**有価証券も買った。でも徐々に有価証券の購入から企業の買収へと軸足を移してきたんだ。最初は私たちも株式を買っていたが、１９６７年には、地元の保険会社を８７０万ドルで買収した。

ルーベンシュタイン　ナショナル・インデムニティーですね？

バフェット　そう、ナショナル・インデムニティーだ。関連会社が2社あったが、ナショナル・イン

デムニティーが中心だった。これは素晴らしい取引だったが、紡績工場の傘下に組み入れたのは浅はかだった。まったく異なる企業にすべきだった。

ルーベンシュタイン あなたはさきほど『私たち』とおっしゃいました。もちろん決断を下すのはあなたでしょうが、パートナーがいるので『私たち』と表現されたのでしょう。チャーリー・マンガーのことですか?

バフェット 確かに私にはパートナーはいた。それ以外に事実上、様々な意味でのパートナーもいて、何人かはいまだに身近にいるよ。

ルーベンシュタイン チャーリー・マンガーとはどのような経緯でビジネスをともにされるようになったのですか? 確かオマハの方ですよね?

バフェット オマハの出だ。良い人物だよ。彼は私と同じように、祖父の営む食料品店の手伝いをしていた。彼の住まいは今の私の家から半ブロックばかりいったところで、私の子どもたちも彼と同じ中学と高校に通っていたよ。でも彼には会ったことがなかった。

1957年、当時26歳だった私は、医師のデイヴィス先生とその親族の方たちとパートナーシップを運営することになって、まず先生にこう尋ねた。『なぜ私に10万ドルを預けようという気になられたのですか?』とね。10万ドルと言えばかなりの大金だ。先生はこう言うんだ。『それはだね、君がチャーリー・マンガーに似ているからだろうな』。そこで私は言ったよ。『チャーリー・マンガーがどんな人か知りませんが、きっと彼と気が合うでしょうね』。それから数年の後、デイヴィス先生は私たちを引き合わせてくれたんだ。

ワシントン・ポストへの出資を決めた理由

ルーベンシュタイン　何年にもわたって、あなたはたくさんの会社を買い、出資してこられました。特によく覚えているのが『ワシントン・ポスト』紙です。何年も前のことですが、ワシントン・ポストの株を入手して買収されましたね。当時私はワシントンに住んでいましたし、何しろ妻がワシントン・ポストで働いていたんです。どうして出資しようと思われたのでしょう？

バフェット　ワシントン・ポストは1971年に株式公開したんだが、そのころはちょうど、ベトナムにおける政策決定の歴史について触れた非公式の報告書、ペンタゴン・ペーパーズが世に問われた時期だった。そこで1973年、ニクソン政権はフロリダにあるテレビ局のうち、ポスト紙が持つふたつの局のライセンスの正当性に異議を唱えようと考えたんだ。

ワシントン・ポストの株価は37ドルから16ドルまで値下がりした。当時のワシントン・ポストの発行済株式数は500万株で、企業価値は4つの巨大なテレビ局にニューズウィーク誌、その他の資産を含めて8000万ドル。負債はひとつもなかった。

つまり本来なら4億ドルから5億ドルの価値があるワシントン・ポストが、市場では8000万ドルで売られていたことになる。これはどう見てもおかしい。ポストのビジネスに対する実勢価格は紛れもなく、時価総額の4、5倍あるはずだった。しかもニクソンは、彼らをビジネスから閉め出そうとしていたんだ。

ルーベンシュタイン　そこであなたはその株を買ったというわけですね。当初、社主のキャサリン・グラハムは嫌な顔をしませんでしたか？

バフェット　不安そうだったね。私は手紙を書いて送ったんだ。彼女はそれを、『親愛なるグラハム夫人宛ての手紙』と呼んでいた。こんな文面だった。『私はバークシャー・ハサウェイという会社を運営しており、御社の株式もその10パーセント程度を所有しています。御社はグラハム氏によって所有され、グラハム氏によって管理される会社であると重々承知しておりますし、またそれを何ら疑うものではありません。私は何年にもわたり、ポスト紙の熱烈なファンであり続けてきました。だからこそ私は今回、その株を買わせていただいたのです』。

ルーベンシュタイン　どうやら『グラハム（Graham）』という名前がお好きのようですね。パートナーシップを組んでいたベンジャミン・グレアム（Benjamin Graham）しかり。

バフェット　なるほど、違いない。

投資は、良い記事を書こうとするのと同じこと

ルーベンシュタイン　今も変わらず、様々な分析をなされると思いますが、コンピュータはお使いにならないのですか？　使われる資料は印刷物だけですか？　これまでワシントン・ポストに関する資料はどうやって手に入れてこられたのでしょう？　現在も印刷物というのは変わりませんか？

バフェット　これまでと何も変わらない。ひとつだけ違うのは、昔ほどのチャンスは巡ってこないということだね。当時、ボブ・ウッドワードと会ったんだ。『大統領の陰謀』が出版されると、たちまち彼は――まだ30歳前だというのに――大きな富を得ていた。

私たちはワシントンD．C．にあるマジソンホテルで、朝食か昼食か、まぁどちらかを一緒に取ったんだ。彼が『このお金をどうするのが一番良いだろう？』と言うので、私はこう言った。『**投資というのは、言ってみれば、良い記事を書こうとするのと同じことさ。**ベン・ブラッドリー（当時のポスト紙の編集主幹）が今朝、こう尋ねてきたとしよう。「ワシントン・ポストの時価総額はどれくらいだ？」ひと月以内に記事を書かなきゃならん。そしたらどうするね？　**出かけていって、テレビやラジオの情報通やオーナーに会ってインタビューを重ねて、資産価値を割り出そうとするだろう。私も同じさ。**私も良い記事が書きたいんだ。それ以上もそれ以下もない』、そう言ったんだ。さて、自分がまったく知らないことで記事を書かなきゃならんとしよう。魅力的だが、儲けは度外視すべきものについて記事を書いてくれと頼まれたとする。予備知識はまったくない。たとえばポトマック電力の資産価値について書いてくれとか、そんなところだ。もちろんすぐには書けない。私は毎日そんなことをしてるんだ。記事を書こうと、外に出て、調べてくるのさ。

ルーベンシュタイン　なるほど、それで年次総会報告書を入手しては読むわけですね。ちょうど他の人たちが小説を読むように。

バフェット　そういうことだ。

ルーベンシュタイン　では、どこに価値があるのか、頭のなかで計算したりしますか？

バフェット　もちろん。

ルーベンシュタイン　困ったときに、コンピュータは使いませんか？

バフェット　使わないな。もし少数第4位まで計算する必要があるなら、計算しない方がいい。

ルーベンシュタイン　今はコンピュータを使っていますか？

バフェット　ブリッジで遊ぶときに使うし、調べものにも使うよ。オフィスにはないが、自宅に1台置いている。

ルーベンシュタイン　誰かがあなたと連絡をとるとしましょう。あなたが使われているのはスマートフォンですか、それとも普通の携帯電話でしょうか？

バフェット　いえ、スマートフォンは私にはスマートすぎるね（2020年、バフェットはもう携帯電話は使っていないと発表した。今はアイフォーンを使っているようだ）。

ルーベンシュタイン　コンピュータはほとんど使っていないと？

バフェット　聴衆の前でビル・ゲイツと対談をしたとき、観覧客に向かってこんなひっかけ問題を出したことがある。『eメールを使う時間は別にして、どちらがパソコンに向かい合っている時間が長いでしょう？』答えは、『私』だった。私はコンピュータで、週に12時間ほどブリッジを楽しんでいるし、それ以外にも調べものにずいぶん時間をかけているからね。

ルーベンシュタイン　ブリッジはどなたとやるのですか？

バフェット　私は『Tボーン』というプレイネームを使っている。相手はサンフランシスコにいる女性で『サーロイン』。彼女は世界チャンピオンに二度、輝いたことがあるプレーヤーだ。私は彼女に二度勝っているから、私も二度、世界チャンピオンになった計算だね。互いにちょうどいい対戦相手なんだ。もう10年以上も続けているがね。

ルーベンシュタイン　腕前は世界レベルなのですか？

バフェット　いや、とてもそんなレベルではないよ。ただ、彼女ほど優れた先生はいない。単に生徒はそれほどブリッジの才能があるわけではないからね。

「株式ブローカーに会いになんて行かないよ」と言われたが

ルーベンシュタイン　さきほどビル・ゲイツの名前が出ましたが、どうやってお知り合いになられたのでしょうか？　あなたが彼のパートナーだったり友人だったりするとは到底思えません。ゲイツはパソコンに詳しく、あなたはまったく逆です。彼はテクノロジーに興味を持ち、あなたより25歳も若い。すべてがこんな調子です。

バフェット　1980年代も終わるころ、ワシントン・ポスト紙の論説委員長を務めていたメグ・グリーンフィールドが電話をかけてきて、こう言った。『ウォーレン、私はずっと太平洋側の北西地域沿岸に住めたらと思い続けてきたの』。彼女はそこで育っていたからね。さらに続けて、『シアトルの近くにあるベインブリッジアイランドに、休暇を過ごすための別荘のような家が欲しいんだけど、自分にそれだけの経済的余裕があるのか知りたいのよ』

私は言った。『メグ、私のところに電話をかけてきて十分な資金があるか尋ねてくるのは、たいていそれだけお金を持っている人なんだ。もし電話をかけてこなければ、ないってことだよ』。そして彼女は家を買い、1991年に今度はこう言った。『ぜひこの家を見てほしいの。あなたがうんと言ってくれて、買おうという決心がついたのだから』

メグは私とキャサリン・グラハム、そしてあと数人を家に招いてくれた。彼女はゲイツ夫妻も知っていたから、早速メアリー・ゲイツに電話をかけたんだ。『私たち今、こっちにいるのよ』。メアリーは言った。『フッドカナルまでいらっしゃいませんか？　ぜひ家までお越しください』』。**それからメアリーはすぐにビルに連絡して、彼も来させようとしたんだが、ビルの返事はこうだった。『わざわざ株式ブローカーに会いになんて行かないよ』**

『いえ、いらっしゃい』とメアリー。彼女はこうと決めたら譲らないタイプなんだ。でもビルの返事は、『いや、行かない』。ふたりはそれから話し合いを始めた。『じゃあ4時間だけってのはどう？』とメアリー。ビルは『いや、1時間だ』。その後は押し問答で、結局、ビルはやって来た。顔を合わせると、なんとその後11時間も飽くことなく話は続いたね。どうやら私たちは馬が合ったのさ。

ルーベンシュタイン　でもあなたは、彼の株式は買いませんでしたね？

バフェット　この若者がこの先どうなるか興味があったので、100株ほど買ったよ。

ルーベンシュタイン　あなたの手元にあるものは将来が見込めるものばかりで、取るに足らないものは少なかった。

バフェット　その通り。

全く予想外だった不正の発覚

ルーベンシュタイン　その『取るに足らないもの』のひとつが、ソロモン・ブラザーズへの投資でした。

バフェット　あれは考えものだったな。

ルーベンシュタイン　あなたがそこに投資をすると、そのあとに不正が発覚し、経営危機に陥りました。彼らが短期国債市場でとった行動によって、あなたは同社のＣＥＯを交代させなければならなくなりましたね。あなたはどんな思いでそれに取り組まれたのでしょう？　ソロモンのＣＥＯになりたかったわけではありませんよね？

バフェット　もちろんさ。経緯を話せば、まず金曜の朝に電話がかかってきた。7時くらいだったな。とにかく1991年の8月の金曜日の朝、その電話で起こされた。電話の主はCEOのジョン・グッドフレンドと、社長のトミー・ストラウスだった。

彼らによれば、昨晩、ニューヨーク連邦準備銀行総裁のジェリー・コリガンから、事態は到底容認できず、株式市場での取引とコマーシャルペーパーの償還は停止、取締役を辞職するよう言われたというんだ。私の驚きは分かるかな？

『ちょっと考えさせてくれないか』と私は返事をした。彼らによれば、ニューヨークタイムズの一面に、彼らの『死亡記事』つまり辞任についての詳細が報道されていると言うんだ。すぐにオフィスに行って、ニューヨークタイムズを手にしたね。

対抗馬なしの就任――おそらく政治家なら誰もが夢見るだろう。**適任者は誰もおらず、一方、私には急を要する職務はなく、ビジネスの何たるかくらいは理解していた。**一連の不祥事にはまったく無関係だった私は、すぐその日のうちにニューヨークへ飛び、日曜日には役員会からCEOに選出されていた（バフェットは同社を9か月間指揮している）。

ルーベンシュタイン　多くの人が、信頼性といったあなたの資質が、危機に陥ったソロモン・ブラザーズを救ったのだと評価しています。でもそれは、あなたのビジネスキャリアにとっては、ひとつもプラスになるものではありませんでした。その仕事はあなたの意にまったく沿わなかったからですね。

バフェット　面白くなかった。でもなんとかやり遂げた。あれはデリック・モーンがいてくれたからだ。ソロモンを動かしたのは彼だった。他にも、たくさんの人の助けがなければやり遂げることはできなかった。

企業調査のために投資銀行家を雇ったことはない

ルーベンシュタイン それでは逆に、バークシャーならではの将来が見込める、つまり最も誇るべきものは何を挙げたら良いでしょう？ 総額370億ドルという、最近あなたが行ったこれまでで最大の案件、プレシジョン・キャストパーツの買収でしょうか？

バフェット 現金で320億ドルから330億ドル、それに負債が40億ドルほどあるはずだ。

ルーベンシュタイン 370億ドルの出費になるわけですから、会社の調査に1年くらいかけられたのでしょうか？

バフェット 記憶に間違いなければ、昨年の7月1日にCEOに会ったよ。たまたま彼が一部の株主を招集したところ、オフィスに集まったなかに、以前バークシャー・ハサウェイの株主だった人物が交じっていたんだ。**彼に出会ったのは、まったくの偶然だった。**もし私がゴルフか何かに出かけていたら、おそらく会うこともなかっただろうね。

でも私はオフィスに顔を出し、そして彼に会ったんだ。私は彼のことを悪からず思っていた。私は彼の話を30分ほど聞いていたかな。それからオフィスのスタッフにこう言った。『明日彼に電話をして、バークシャー・ハサウェイが現金で買収したいと思っているので、応じるつもりがあるなら、手配するよと伝えてくれないか。もし必要ないと言うなら、電話をしたことはきれいさっぱり忘れてくれ』とね。

ルーベンシュタイン　なるほど、そういう経緯でしたか。企業を調査するときに、投資銀行家を雇ったりはしないのでしょうか？

バフェット　しないね。

ルーベンシュタイン　企業調査のために、これまで投資銀行家を雇った経験はおありですか？

バフェット　調査の目的で雇った試しはないが、取引の場面に同席してもらうことはある。コミッションは、いつも十分に支払うつもりでいるよ。

ルーベンシュタイン　これは以前お聞きした話です。ある買収予定の相手企業担当者が投資銀行家を雇うと、その後彼らは1週間ほどあなたのもとに現れ、少しでも買収額を上げようとあれこれ働きかけてきたそうですね。結局、彼らの努力は、ほんのささやかな増額という形でしか報われなかったわけですが。

バフェット　それはこういう話だ。あるアメリカのエネルギー会社に、1株あたり35ドル支払うと言ったところ、相手企業は投資銀行家を雇ったんだ。彼らは1週間ほど私のもとに日参して、分かると思うが、買収額を何とか上げようとしたんだ。『買収相手が少しでも優良企業に見えるように、あなたも買収額を増額すべきです』とね。私は言った。『**君たちが良く見えようが見えなかろうが、そんなことは私にはどうでもいいことなんだ**』と。彼らは1週間ほどつきまとっていたが、最後に電話をかけてきて、半ば懇願するような口調でこう言った。『私たちの努力に対して、企業から適切な報酬が受けられるように、多少なりとも増額していただけませんか？』　そこで私は言った。『分かりました。あちらに35ドル5セント支払うとお伝えください。その5セント分があなたたちの取り分だと言えば良い』とね。

ルーベンシュタイン　いつもなら買収額を指定されますから、珍しいケースですね。敵対的買収をしたことはありますか？

バフェット　いやいや、それはないな。

ルーベンシュタイン　なぜでしょう？

バフェット　それでもバークシャー・ハサウェイがやっているのは、基本的には敵対的買収じゃないかと、人は言うかもしれない。私たちはそういうことに興味がないんだ。敵対的買収が必ずしも悪いわけではないよ。**変えなければならない経営陣がいる場合にはね。**

買うか買わないかは、すぐに判断できる

ルーベンシュタイン　あなたのもとには『お願いしたい案件があるんですが』と、毎日電話がかかってくるのでしょうね。うまくいくのは、そのうちのどれくらいですか？

バフェット　毎日電話があるわけではない。かなり厳密な基準を設けているので、ほとんどないと言ってもいいくらいだ。誰かが電話してきても、それが実現するかどうかは、たいてい2、3分もあれば分かる。判断基準は5つか6つくらいだし、すべてクリアできるかどうかはすぐに判断できるのさ。

ルーベンシュタイン　一度、イスラエルの人から手紙をもらったという話を聞いたことがあります。手紙には『私の会社案内を見てください』と書いてあったそうですね。頼まれてもいないのに一方的にイスラエルから企業案内が送られてきて、それが買収につながる可能性というのは、果たしてどれくらいあるものでしょうか？　しかも現実に買収されたとも伺いましたが。

バフェット　本当さ。まず会社の80パーセントを40億ドルで買い、その後、残りの20パーセントを買ったんだ。

ルーベンシュタイン　買収する前にイスラエルに行って、会社はご覧になりましたか？

バフェット　いや、行ってないな。会社がそこにあってほしいがね。

ルーベンシュタイン　会社を見て買われたわけではないと？

バフェット　会社を売ってくれた家族に、会社を買ったらイスラエルに行くよと約束したんだ。

ルーベンシュタイン　買われた会社には満足しているわけですね？

バフェット もちろんだとも。

鉄道業はビジネスとして悪くない

ルーベンシュタイン 世界最大の鉄道会社も買収されました。このところ経営は順調ですか？

バフェット 順調だ。

ルーベンシュタイン 鉄道会社を買おうと思われたその根拠は、どんなところにありますか？　ビジネスとしては、鉄道業は過去の遺物だと考える人が多いようですが。

バフェット 現在、アメリカには4つの鉄道会社がある。そのうちのふたつはカナダを拠点とする会社だ。この100年は鉄道業界にとって厳しい時代だった。だがそれはシカゴ・カブスと同じなんだ。誰にだって悪いときはある。

鉄道業界はかなりの程度まで合理化され、近代化された。鉄道業はビジネスとしては悪くない。素晴らしいとまでは言わないが、それなりに良いビジネスだ。

2009年の秋、BNSFのかなりの株式を手に入れたのは知っているだろう。かつてのバーリントン・ノーザン・サンタフェ（BNSF）鉄道だ。フォートワースで取締役会議を開くことになり、我々は当時BNSFのCEOだったマット・ローズを訪ねた。その日、彼から2009年第4四半期の収益報告書を手渡された。覚えているだろうか、その前の第3四半期は景気の谷間だった。私には

ＢＮＳＦが良い鉄道会社だと分かっていたし、進む方向性も間違ってはいないと分かっていたんだ。我々にとっては、買収価格は適正な値段だと思われた。ローズに会ったのは木曜日。翌日の金曜日には、経営陣が納得するなら１株当たり１００ドル払おうと彼に告げた。彼は土曜日に取締役会に諮り、我々は日曜日に契約書にサインをした。

アメリカほど投資に適した国はない

ルーベンシュタイン　もし誰かが対抗しようとあなたより高い金額を提示したら、あなたも買収額をつりあげますか？　あるいはそういう価格競争からは手を引こうとする方でしょうか？

バフェット　これまでそういう目に遭ったことはないね。かつてはそういうやり方もあったんだろうが。

ルーベンシュタイン　世界金融危機では、みな財政面で苦労を強いられました。どうにか財政支援を仰ごうと、ゴールドマン・サックス、バンク・オブ・アメリカ、ゼネラル・エレクトリックなど、多くの人たちがあなたのもとにやって来ました。成立させた取引は、どれもうまくいっているのでしょうか？

バフェット　断った企業ももちろんあったよ。だが今挙げてもらった企業はうまくいっている。どの会社も金融危機に大きな打撃を受けてはいなかったからね。世間は突然、彼らがドミノ倒しにものすごく近い場所にいるんじゃないかと思い始めたんだ。ドミノは次々に倒れたが、彼らはそのまま立っていたよ。

ルーベンシュタイン 私たちはここしばらく、不況から遠ざかっています。この7年ほどは不景気という言葉は耳にしませんでした。ですが、好不況の波は平均して7年周期で巡ってきます。だからと言って必ず7年ごとに不況が訪れるわけでもありませんが、この先数年間の経済成長には、明るい見通しがあるとお考えですか？ 経済状況に対するあなたの見通しはどのようなものでしょう？ （このインタビューは、2020年に新型コロナウイルス感染症が世界に蔓延し、経済が低迷し始めるその4年ほど前に行われたものである）。

バフェット 今日アメリカで生まれている乳児ほど恵まれた世代は他にない。アメリカ経済はこの先活況を呈し、世界全体としても経済は好調を維持するだろう。もちろん明日になれば、あるいは来月、来年になれば、何が起こるか誰にも分からない。**今私に分かるのは、この先10年、12年、あるいは30年先まで、アメリカで暮らす人々の生活はより豊かになるだろうということだ。**

ルーベンシュタイン もしどこか他の国に生まれていたら、今ほどの幸運には恵まれなかったかもしれないとあなたはよくおっしゃいますが、依然として、アメリカほど投資に適した国はないとお考えですか？

バフェット 私が知っている国のなかではアメリカが一番だ。しかも素晴らしい。**1776年の独立宣言以来、誰もアメリカを軽視せず、その後に生じた物事も自分たちで受け入れてきたからね。**

ルーベンシュタイン　ここ数年の経済成長率はおよそ2パーセント、もしくはそれを切るくらいです。現在のような経済状況下で、3パーセント、4パーセント、あるいは5パーセントの成長は可能だと思われますか？

バフェット　数年はかかるだろうが可能だろう。人口増加率が1パーセント以内なら、成長率を2パーセント引き上げるのに約1世代、すなわち25年間で、国民ひとり当たりのGDPを1万8000ドルから1万9000ドル、4人家族であれば7万5000ドルアップさせる必要がある。

アメリカがすでに好況を迎え――アメリカのみならず、世界全体がかつてないほどの好況を迎え――そしてそれが長い間続いていけば、人々はそれまでよりも数段良い生活を送るだろう。

年に数百万ドル稼ぐ人は税金を多く支払うべき

ルーベンシュタイン　ここ数年アメリカ大統領は、あなたにアドバイスをもらおうと電話をかけてきています。次期大統領が誰になるかはまだ分かりませんが、彼もまた例外ではないでしょう。今現在よりも経済活動を活発化させるか、あるいはほんの少し成長させるには、あなたは次期大統領に何とアドバイスをしますか？　何か推奨できるようなものはありますか？

バフェット　電話を受けたときの経済状況にもよるだろうし、そもそもそんな電話自体かかってこないと思うが、話すとすればふたつある。

まず、我々の腕のなかには世界の誰も見たことがないほど立派な金のガチョウがいるということ――つまり我々には人間の限りない可能性を解き放つシステムがあり、隣に暮らす人が、私が生まれたときに世界一の大金持ちだったジョン・D・ロックフェラー・シニアのような生活を、突然送り始める可能性さえあるのだと話すだろう。我々はまず、ここをきちんと認識することだ。

次に、そうした豊かな国に暮らす人間が、週に40時間働きたいと願うなら、それなりの生活が送れるようにしてやらなければならない。すべてを平等に分け合うべきだという意味ではない。**我々は大事な金のガチョウにより多くの卵を産ませながら、週に40時間働こうという人間に対しては、彼自身のために、そして家族のために、十分な生活が送れるようにしてやらねばならないんだ。**

ルーベンシュタイン あなたの秘書はおそらく、世界的に有名な秘書のひとりになりました。それはあなたが、自分の給与税よりも彼女のそれの方が高額だと発言したからです。

バフェット 給与税を計算すればその通りなんだ。今もそれは変わらないよ。

ルーベンシュタイン つまりその仕組みを変えたいわけですね。

バフェット そうだ。数年前、給与税に関する私のコラムを目にしたホワイトハウスの担当者が——大統領ではないよ——私に電話をかけてきた。『あなたの名前にちなんだ税金にしても構いませんか？』と言うんだ。そこで私は言ったよ、『もしもあらゆる病気にかかって、それでも生き残ったら構わんよ』とね。

いずれにしても私は、1年間で数百万ドルを稼ぎ出すような者は誰であれ、所得税と給与税を連動させた税金を少なくとも30パーセントは支払うべきだと強く感じている。私のオフィスでは、私を除いてみなそれだけの額を支払っているんだ。

ルーベンシュタイン　そうですか。ところであなたのお父様は保守派の共和党下院議員を務められました。

バフェット　そう、かなり保守的だった。

ルーベンシュタイン　あなたはリベラル派の民主党支持者ですね？

バフェット　私はおそらく、社会問題に対してはリベラルな考えを持っているが、民主党のリベラル派というわけではない。かといって保守派でもないがね。

ルーベンシュタイン　あなたは、お父様が共和党議員なのに民主党支持者となり、大変保守的な州にお住まいですね。どう思われますか？

バフェット　公民権が何より重要だ。12歳や14歳のころにはそんなことは考えもしなかった。通っていたアリス・ディール中学校からわずか数百ヤード離れたところに黒人のための学校があったが、彼らがいかに自分たちと違う生活をしているか、私はまったく気づかなかった。**世界に目を向けるようになるにつれて、ようやく世の中には不平等な物事がたくさん存在していると気づき、民主党の方が、そうした問題に対して少しばかり真剣に取り組んでいるように見えたんだ。**

大事なのはお金よりも時間

ルーベンシュタイン 今日、ビジネスに関心のある人たちなら誰もが、あなたのことを尊敬しています。それはこれまでのあなたの投資実績、作りあげてきた会社、誠実な姿勢、そしてユーモアによるものです。そんなあなたが、彼らに伝えたいことは何でしょう？

バフェット **誰よりも長生きしたいね。**毎年、学校を出たての多くの若者が入社してくる。私は彼らに教えるのが好きだし、教える力量もそれなりにあると自負している。教えるのを楽しんでもいるよ。年次総会を見てもらえば分かるだろう。あのスタイルは教えるということがベースになっているんだ。

ルーベンシュタイン まだやり遂げていないいけれど、やっておきたいことはありますか？ まだ行っていないけれど、ぜひ行っておきたい場所はありますか？

バフェット 特にないな。やりたいことがあったら、もうやっているだろうね。**私にとって大切なのはお金ではない。時間だ。**お金は旅行がしたい、もっと家を持ちたい、船が欲しいといった願望を持つ人に対して力を発揮するんだ。だから私はギビング・プレッジに署名している。

ルーベンシュタイン あなたくらいの年齢の方なら、たいていシャフルボード（細長いコートの上にディスク〈円盤〉を押し出して得点を競う、いわばカーリングのようなニュースポーツ）をやったりしてのんびりと過ごしています。あなたがいまだに精力的に会社経営にあたられているのは、何か理由があるのでしょうか？

バフェット　たいていそういう人たちは、その週ずっと頭のなかで、いつ散髪しようかとばかり考えているものだ。私は毎日したいことを、愛する人たちと一緒にやりたいと願っている。私にとってそれに優るものはないんだ。

ルーベンシュタイン　つまり今のような生活をずっと送っていきたいと？

バフェット　元気でいられる限りね。

ルーベンシュタイン　どうやらあなたの後任者は、あなたが今の仕事ができなくなったときに指名されるようですね。まだそれを誰にするか、決められてはいないのでしょうか？

バフェット　**後任は、バークシャーの役員会のメンバーたちが決めることだ。**私が死んだらその翌朝に何をすべきか、役員たちはきちんと理解している。

ルーベンシュタイン　なるほど。つまり人生における最大の喜びとは、こうしたインタビューを除けば、新たな会社に注目し、投資を行い、慈善事業に勤しむことだというわけですね？　あなたに一番の喜びをもたらしてくれるものは何でしょう？　お孫さんですか？

バフェット　さきほど話した通りだ。実のところ、私にとってバークシャーは、画家にとっての絵画のようなものだ。ひとつだけ違うのは、キャンバスは描けるスペースが限定されている点だろうね。**バークシャーには完成という到達点がない。永遠に続けられるゲームと同じだ。**

もし私がプロゴルファーなら、あるいはフットボール選手、もしくは何らかのスポーツ選手だとしたら、そこには体力の限界というものが存在する。だが私がやっていることには限界がない。これまでずっと、有能な人々を組み合わせて素晴らしいチームを作ってきたし、メンバーの多くは私の友人たちだった。おかげで何事も気兼ねなく進めることができたよ。

ルーベンシュタイン　あなたは、自分のやりたいように人生を歩んでこられた。つまりこれ以上の幸せはなく、いまだに『タップダンスを踏みながら』仕事に行かれているというわけですね？

バフェット　いやまったくその通り。その通りだ。

自分がやり続ける何かを見つけることが人生で一番大切

ルーベンシュタイン　最後に、あなたに倣おうとする若い投資家のみなさんに向けて何かひと言、もしくはアドバイスをお願いします。

バフェット　たとえ今は仕事をする必要がないとしても、自分でやり続けることのできる何かを見つけ出すべきだ。人生はおそらく一度しかない。夢遊病者のようにぼんやりと過ごしたくはないだろう。

ある人の収入がこれだけあって、別の人はその120パーセント稼いでいても、ほとんどの場合、両者に大した違いはない。**それよりも自分に合った人と結婚したり、お金がさしあたり必要でないと**

しても、自分が取り組んでいける何かを見つけたりすることの方がはるかに大事なんだ。私は今の仕事を50年、いやそれ以上にわたって続けてきた。人生の早い時期に、自分がこれほど関心を持てる何かに巡り会うことができた私は幸せだった。

だからといって、意に沿わないものに妥協してはいけない。今週も、あるいは来月になっても、大きな儲けが見込めないとしても、気にする必要はない。**私はベン・グレアムに、そこで働かせてくれと頼んだとき、『ただで構わない』と言ったものだ。**やりがいのある仕事を探すことだ。情熱が持てるようなものをね。

BUILDERS

構築する

2章

フィル・ナイト
ケン・グリフィン
ロバート・F・スミス
ジェイミー・ダイモン
マリリン・ヒューソン

フィル・ナイト

ナイキ創業者、名誉会長

Phil Knight

「ハリウッド映画に出てくるリーダーは、たいてい背が高くてハンサムで、意志の強い人物に描かれます。しかし本当に優れたリーダーは、必ずしもそうではありません。最初は誰もがリーダーシップを得ようとしますが、そこにはいろいろな種類や様々な形が存在します。」

1968年以来、ナイキ社の取締役を務め、いまでは取締役会名誉会長職に就いている。ナイトは同社の共同設立者であり、握手とわずか500ドルで生まれたパートナーシップを、スポーツシューズ、アパレル、競技用具を取り扱う世界最大の企業へと導いた。彼は1983年6月から1984年9月までの期間を除き、1968年から1990年、2000年6月から2004年11月まで、同社の社長兼CEOを務めている。ナイトは1959年にオレゴン大学でビジネスの学士号を取得する一方、有名なコーチであるビル・バウワーマンのもとで、中距離ランナーとして大学の陸上部に所属していた。1962年にスタンフォード大学経営大学院でMBAを取得すると、彼はその後も引き続きオレゴン大学とスタンフォード大学に関わり、学術プログラムとスポーツプログラムの開発に大きな貢献を果たした。ナイトはベストセラーとなった、ナイキが発展を遂げるまでの回想録、『SHOE DOG（邦題：シュードッグ——靴にすべてを）』の著者でもある。ナイトは現在、一家でオレゴンに住んでいる。

どうしたら世界中の人たちにナイキの製品を買ってもらえるか

フィル・ナイトは１９６４年、スタンフォード大学経営大学院での修士論文で得た着想をもとに、日本製のランニングシューズの輸入を始めた。わずかな資金を元手に少ない人数でスタートした事業が、その後、世界最大の規模を持ち、世界最高の利益を生みだす、世界で最もよく知られたスポーツシューズ会社、ナイキにまで成長を遂げた。

企業の創業者やＣＥＯには珍しく、内気で恥ずかしがり屋のフィルは、数年前にナイキの草創期を描いた『ＳＨＯＥ ＤＯＧ（邦題：シュードッグ――靴にすべてを）』を上梓した。彼はそのなかで、ナイキが成功したのは多分に時代の巡り合わせと、周りの人たちの助力やリーダーシップのおかげだと述べている。彼の性格や普段の姿勢を考えれば、そう言うだろうことは容易に想像できる。**だがフィル・ナイトは間違いなく、時代を見る確かな目と、ナイキをスポーツアパレル分野で圧倒的シェアを誇る企業へ押し上げようという意欲と規律を持った優れたリーダーだった。**

彼は２００４年11月にナイキのＣＥＯを、続いて２０１６年６月には会長を退任したが、名誉会長、筆頭株主、そしてナイキの生みの親として、引き続き経営に関わり続けた。彼はブルッキングス研究所の理事でもあり、かつ歴史マニアでもあったので、私は研究所の理事会を通じて彼と知り合いになった。

フィルは何年も定期的に理事会に出席していたが、常にナイキのシューズを履き、色の濃いサングラスをかけていた。そのサングラスのせいで、そのとき話に本当に集中していたのかどうか、話し手のウィンクをしっかり受け止めていたのかどうか、判断するのは難しかった。しかし彼は頭のなかで、どうしたら世界中の人たちに自分の人生の情熱を注いだ会社、ナイキの製品を買ってもらえるのだろうかと、それればかり考えていたのではないだろうか。

フィルはたいてい長時間に及ぶインタビューは好まなかったが、私は何とか彼を説得し、今回の2017年3月に行われたこのインタビューに漕ぎ着けた。収録中は私もナイキのシューズを履き続けると請け負ったのも、彼が首を縦に振ったひとつの理由になったのかもしれない。それは何年も前に、もしかしたらバスケットが少しでもうまくなるかもしれないと、かすかな期待を抱いて買った、マイケル・ジョーダン・ブランドのナイキだった。現実はそうはいかなくても、シューズを見るたびに希望は湧いてくる。

フィルは、ナイキの成功を彼自身の努力があったからだと認めるのは気が進まないようだった。**だが彼が描いたリーダー像は、生い立ちや学歴、容姿、知性はどうであれ、必ず成功に導くのだという固い決意を持ち、必死に働く人物だった。**そしてこれこそが、フィルの持つ資質だったのである。

彼には、ナイキを世界的なスポーツシューズと衣料品を扱う会社にするのだというビジョンがあり、それを現実のものにするためには長時間働くことも、さらには失敗を犯したり危機に遭遇したりすることも厭《いと》わなかった。しかも近ごろでは、経験を積んだマネージャーに会社の運営を託すことさえあるようだ。

製品は最も重要なマーケティングツール

デイヴィッド・ルーベンシュタイン（以下「ルーベンシュタイン」） ナイキの創業時には、シューズのデザインなどまったくの素人で、マネジメントのノウハウもなければ資金もありませんでした。ところが現在では企業の時価総額はおよそ1000億ドル、収益は約400億ドル、従業員数は7万4000人にのぼります。60年代前半にナイキを起ち上げたころ、これほどの成長は予想されましたか？

フィル・ナイト（以下「ナイト」） ときどきそういう質問を受けると、いつも『計画通り』と適当に答えますが、あなたの番組ですから、きちんと答えないといけませんね。ええ、誰ひとり予想もしなかったような、素晴らしい経験でした。

私たちが営業を始めた当時は、アメリカ国内でのブランド物スポーツシューズの売り上げはおよそ20億ドル。昨年は90億ドルでした。**現在の我々のマーケットシェアは、開業当時の4・5倍（450パーセント）です。**時流も優位に働きましたね。まずランニングブームが起こり、それがジョギングブームへと続き、さらにフィットネスブームに火がつきましたが、我々は常にその恩恵を受けることができました。

ルーベンシュタイン 恩恵を受けたとおっしゃいますが、それは会社がテクノロジーとマーケティングのどちらに優れていたからだとお思いですか？ つまり素晴らしい製品を開発していたからでしょうか、それとも卓越したマーケティング能力を備えていたからでしょうか？ あるいはその両方があったから？

ナイト　**我々はマーケティング会社であり、製品は最も重要なマーケティングツールです。**

ルーベンシュタイン　あえて言うなら、ご自身にはどんなスキルがあったと思われますか？　それは知性でしょうか、旺盛な意欲でしょうか、それとも強いリーダーシップでしょうか？

ナイト　全部ですね――いや、それは冗談。**ひとつあるとすれば、人を見る目でしょうか。**（テーブルの上にあった、彼の回顧録である『SHOE DOG』を指して）私がその本で伝えたかったことのひとつは、草創期に苦労をともにした職場のチームメイトたちが、いかに尊敬できる大切な同僚であり仲間であったかということです。彼らは本当に素晴らしかった。

『心の底から靴を愛する人』

ルーベンシュタイン　正直に告白しますが、この本を読むまで『シュードッグ』とは何なのか知りませんでした。みなさんに説明していただけますか？

ナイト　**10文字前後で答えるなら、シュードッグとは、『心の底から靴を愛する人』という意味、つまり私のことです。**私はランナーでした。コースに何かの障害物があるわけではありませんが、すべてはシューズが頼りなんです。私はそれを嫌というほど思い知らされたので、それ以来、シューズのことが頭から離れませんでした。

ルーベンシュタイン　オレゴンのご出身ですね。お父様は新聞の編集者でした。一度、そこで夏休みのアルバイトをしたいと言ったら、お前はだめだと言われたそうですが、なぜでしょう？

ナイト　父は私のことをよく分かっていましたからね。当時、ポートランドにはふたつの大手新聞社がありました。父は『ジャーナル』紙の発行人でしたが、雇ってもらえなかったので、通りを渡って『オレゴニアン』社に行き、そちらに応募して採用してもらいました。3年間、夏休みになるとそこで働いていました。

ルーベンシュタイン　高校時代はスポーツをされていましたね。トラック競技でした。有名選手でしたか、それともごく普通の選手でしたか？

ナイト　平均よりは上でしたが、スーパースターとまではいきませんでしたね。

ルーベンシュタイン　でも、オレゴン大学で特別奨学金をもらうほどだったとか？

ナイト　いえ、もらっていませんよ。チームの選抜テストを受けて入りました。

ルーベンシュタイン　あなたのベストタイムは――記憶によれば――1マイル4分10秒でしたね。

ナイト　4分13秒です。でもほぼ正解ですね、素晴らしい。

ルーベンシュタイン　4分13秒でしたか。では、3秒負けておきましょう。

ナイト　そりゃ結構。今度から4分10秒ということにしますよ。

ルーベンシュタイン　今日はあなたにふたつのうちのどちらかを選択してもらおうと思います。さて、ナイキを起ち上げるのと3・56マイル走るのとでは、どちらが良いですか？

ナイト　3・56マイル走とナイキの起ち上げ？　……まぁナイキでしょうね。それにしても、答えるのに少し間があきましたね。

日本製のランニングシューズが通用するのではと考えた

ルーベンシュタイン　あなたは1年間のアメリカ陸軍勤務を経たあと、さらに数年間、陸軍予備役に就かれます。その後、スタンフォード・ビジネススクールに進まれるわけですが、スタンフォードを選んだのには、何か理由があったのでしょうか？

ナイト　そうですね、昔から変わらず良い学校ですし、入学が許可されたので。

ルーベンシュタイン　なるほど、許可された。確か、起業家コースもありましたね。

ナイト　担当教授も生き生きとしていて、大いに触発されました。学期末にレポートを書かされ、それで成績が決まるんです。学生は一時的に、サンフランシスコのベイエリアにある中小企業に所属するか、もしくは何らかの事業を起ち上げるよう求められます。教授は我々に、『そこで君たちが知り得たことを書くように』と指示しました。

クラスメートのほとんどは、電子工学関連のプロジェクトについて書いていましたが、私にはそういう知識はありません。でもそのとき、シューズ作りに関心を持っていた陸上競技のコーチを思い出したのです。私は彼の試作品を履く、いわば実験用のモルモットだったので、シューズができるまでのプロセスは詳しく知っていました。

その当時、ランニングシューズはドイツ製が良いとされ、世界中のマーケットを独占していましたが、私にはそれがどうしても理解できなかった。**そこで私は考えました――日本製でも通用するのではないか、かつて日本がドイツ製のカメラを凌駕していったように、日本製のランニングシューズもドイツ製に対抗できるのではないかと。**これが論文の大前提でした。私は必死に論文に取り組み、教授はそれを気に入ってくれました。

ルーベンシュタイン　評価はAでしたか？

ナイト　ええ、Aでした。

ルーベンシュタイン　そして卒業されたわけですね。それだけ素晴らしい論文をまとめたにもかかわらず、どのシューズ会社も雇ってはくれません。しかもシリコンバレーのベンチャーキャピタルに縁もなく、ベイエリアで職を得ることはできませんでした。地元に帰ったあなたは、会計士になりますね。仕事は楽しかったですか？

ナイト　気がついたら15年も会計士をやっていました。自分が何をすべきか、たくさんの人の意見を聞きましたよ。スタンフォードではファイナンスも学んでいたので、それを聞くとみな口を揃えてこう言いました。『天職なんてものはありゃしない。まず公認会計士の資格を取るべきだ。これはなかなか役に立つし、最低限の収入は保証してくれるよ』と。それで私はその忠告に従ったのです。

「ブルーリボン」から始まった

ルーベンシュタイン　しかしその前に、あなたはひとりで世界中を旅して回りました。

ナイト　最初はふたりで旅していたんですが、そいつがハワイで女の子につかまったんです。私はそんなこともなかったので、あとはひとりで旅を続けました。

ルーベンシュタイン　日本に滞在しているあいだ、靴の製造業者を視察しに立ち寄ったりはしなかったのですか？

ナイト　それは例の論文を書いたときに、頭に浮かんだ計画の一部でした。――**つまり日本の靴のメーカーを訪ねて、アメリカに輸入する手はずを整えようと思っていたのです。実際に訪問したのは1社でしたが、彼らは非常に乗り気で、そこからビジネスがスタートしました。**

ルーベンシュタイン　そして帰国されると、彼らは約束通りショーズを送り始めます。受け取る会社は、ブルーリボンでした。この名前はどこから着想を得たのでしょう？

ナイト 彼らに訊かれたんですよ、『会社の名前は？』ってね。何か名前を考えなきゃいけなかったんです。

ルーベンシュタイン それでとりあえずブルーリボンと。日本からシューズが送られてくるようになると、今度はあなたがそれを売らなければなりません。確か緑色のクライスラー・ヴァリアントを持っていらっしゃったはずです。シューズをトランクに入れ、あちこちの陸上競技会を回り、セールスに励まれたわけですね。

ナイト その通りです。

ルーベンシュタイン そのころはまだ、世界規模の企業を作ろうという思いはありませんでしたか？

ナイト 会社もスタートしたばかりで、大きくしようとは思っていましたが、今のようになるだろうとまでは思っていませんでした。

有名なロゴマークは学生が考えた

ルーベンシュタイン **ある時点まで来れば、輸入元の日本企業も競合相手になってきます。**そこであなたは新たにナイキという名を会社につけ、会社の成長を図っていくことになるわけです。会社のロゴマークが必要となり、誰かがスウッシュを思いつきます。あなたはその対価として35ドルを支払ったそうですね？

ナイト　ポートランド州立大学でグラフィックデザインを専攻していた学生が考案したものです。彼女はお金が必要だったので、私たちはこう言いました。『デザインが出来上がるまで、1時間に対して2ドル支払うよ』。結局、完成まで17時間半かかりました。

ルーベンシュタイン　ほう、35ドルですか。考えられないような値段ですね。

ナイト　お互いにハッピーエンドでした。

ルーベンシュタイン　株式をいくらか分けてあげましたか？

ナイト　株式を公開したときには、500株渡しましたよ。まだひと株も売っていないと聞いています。今では100万ドル以上になっているはずです。

ルーベンシュタイン　それは良かった。日本のタイガー社と袂を分かったあとで、ご自分の会社の経営に専念されるようになったわけですね。あなたはご自分でシューズのデザインをされたのですか、それともどんな形のシューズになるのか確認する側だったのでしょうか？

ナイト　それを聞いて、ジョン・F・ケネディの逸話を思い出しましたよ。どうやってヒーローになったのか聞かれたとき、彼はこう答えたと言います。『**簡単だよ、あいつらが私の船を沈めてくれたからさ（だから仲間を助けてヒーローになれたんだ）**』と。タイガー社は我々に、『合意書になんて書いてあろうが、そちらが会社の簿価の51パーセントを売却するか、それとも我々が他に販売会社を設定し直すか、そのどちらかだ』という新たな提案を突きつけてきたのです。だからこそ私たちは、これを機に製造委託先を変えるべきだという結論に至りました。私たちは急いでいました。最初のシューズは東京のオフィスで、週末いっぱいかけて作り上げましたよ。

良いシューズは足を速くするのか

ルーベンシュタイン　良いシューズを履けば、速く走れるものですか？　あるいはそれほどの違いはないのでしょうか？

ナイト　シューズは重要な要素です。**1マイル競争では軽ければ軽いほど良く、シューズはタイムに影響します。**あくまでひとつの譬えですが、ドレスシューズを履いて1マイル競争に臨んでも、スパイクを履いたときより速く走れることはまずありません。

昔の話ですが、オレゴン大学で走っていたころは、まだキャンバス地のトレーニングシューズが主流で、6マイルも走れば、戻ってくるころには足は血だらけでした。これは問題でしたね。

ルーベンシュタイン　ナイキがスタートしたとき、ランニングシューズのシェアはドイツ勢が、つまりアディダスとプーマが占めていたわけですが、彼らはあなたがたの参入を快く迎えてくれましたか？　それともビジネスから閉め出そうとしたのでしょうか？

ナイト　それほど気にしていないようでしたね。気づいたときにはもう遅かったのでしょう。言ってみれば我々の方が忍び寄っていったというところでしょうか。

ルーベンシュタイン　オレゴン大学には、伝説的なトラック競技のスター選手、スティーブ・プリフォンテーンがいました。あなたは彼と親しい関係を築いていきましたね。どうやってナイキのシューズを履いてもらったのでしょう？

ナイト　**使ってもらえるように努力して、努力して、そしてまた努力しました。**プリフォンテーンはそれまでアディダスしか履きませんでしたからね。彼はオレゴン州のユージーンにいました。私たちはそのユージーンに小さなオフィスを構え、そのオフィスを運営していた男が彼と信頼関係を築き、なんとかナイキに乗り換えさせたんです。我々にとって、彼はナイキを履いた最初の優れたランナーでした。

ルーベンシュタイン　あなたは他にも選手を探していきます。それはどれくらい大変な仕事でしたか？　シューズを履いてもらうためにお金を払わなければならなかったのか、それともナイキが気に入って、自然とそうなったのでしょうか？

ナイト　みんな気に入って、履いてくれました。

ルーベンシュタイン　本当ですか？

ナイト いや、嘘です。製品が気に入ればそれを身に着けてくれますが、彼らは我々だけでなく、どんなメーカーに対しても推薦料を求めてきます。これは当然です。プリ（スティーブ・プリフォンテーンのこと）以外ですぐに思い出すのは、1996年のアトランタオリンピックのマイケル・ジョンソンでしょう。彼は金色のスパイクを履いてくれたので、かなり話題になりました。

ゴルフ用品、スポーツウェア、カジュアルウェアへ

ルーベンシュタイン タイガー・ウッズもいましたね。彼がまだそれほど有名ではなかったころから契約を結んでいました。彼を説得するのは難しかったですか？

ナイト タイガー・ウッズね――彼は最初からすごかった。確か15歳から20歳までの6年間でしたか、全米ジュニア・アマチュア選手権を3連覇、そのあとで全米アマチュア選手権も3連覇しています。**ときどきポートランドでプレーしていて、いつも父親と一緒にランチに招待していましたよ。契約するまで、そんなことをだいたい3年ほど続けていました。**

ルーベンシュタイン 契約後は、ナイキのシューズを独占的に履いていましたね。

このころからゴルフ用具の製作を手掛け始めましたが、今はそのビジネスから撤退されました。これはシューズに専念しようという意味でしょうか？

ナイト 答えは簡単。**この20年、ゴルフ用品やボールの販売は赤字続きだったからです。**来年もこの

方針に変わりはありません。

ルーベンシュタイン　しばらくはカジュアルウェアも扱われていましたね。エアロビクスに力を注ぎ、そしてカジュアルウェアへ移行されたように、スポーツシューズをカジュアルシューズに仕立てようとされていますね。うまくいきましたか？

ナイト　ええ、スポーツウェアとカジュアルシューズ、カジュアルウェアは、依然として我々のビジネスの大きな部分を占めています。

ルーベンシュタイン　**つまり、対象はスポーツ選手だけではないということですね。**現在では自分で好きな色や形を選べるカスタムシューズに取り組まれていますし、しばらく前からは、カジュアルに履きこなしたり着こなしたりしようとする人たちを念頭に置いてこられました。スーツに合わせてスポーツシューズを履くというのもお好きですよね（このとき私はスーツを着て、ナイキのシューズを履いていた）。

ナイト　とても似合っていますよ。

ルーベンシュタイン　ナイキ以外のシューズは履かれますか？

ナイト　履きません。

ルーベンシュタイン　タキシードなどのフォーマルウェアでも、やはりナイキを履かれますか？

ナイト　黒のナイキを履きますよ。

「NBAで禁止」という宣伝文句

ルーベンシュタイン　バスケットボールについて伺います。マイケル・ジョーダンという名の人物と関わりがあるはずです。バスケットボール選手としての彼の噂は耳にしたことがありますよね？

ナイト　聞いたことがありますよ。

ルーベンシュタイン　彼と契約を結ぶのは大変でしたか？　なぜ彼のシューズがあれほどの成功を収めたのでしょう？　たくさんのアスリートがいるなかで、彼のシューズほど人気を集めたものは他にはありません。

ナイト　契約は大変でした。誰だってそうしたい。我々が競争に勝ち、勝利を収めたんです。

ルーベンシュタイン　それはあなたのパーソナリティによるものですか？

ナイト　もちろんです。

ルーベンシュタイン　お金ではなく、純粋にあなたの人間性がものをいったと。

ナイト　いや、冗談です。かなりの額を提示しましたよ。それまでたくさんの優秀な選手たちと契約してきました。でも我々にはまだ、偉大なプレーヤーと呼べる選手はいませんでした。彼がそういう存在になるだろうと予想はしました。でも彼は明らかに、我々の予想をはるかに超えるほど素晴らしかった。**とにかく彼が履き始めると、シューズが躍動して見えるんです。**メインの色は赤と黒と白の3色。加えて、彼はエキサイティングなプレーヤーでした。高くジャンプし、動きは素早く、そしてゴールを狙います。どのプレーも一級品。しかもハンサムでしゃべりもうまい。さらにシューズは個性的ときている。

そこへもってきて、NBAコミッショナーのデイヴィッド・スターンが、素晴らしい決定を下してくれました。そのシューズの着用をNBAで禁止したのです。**我々は『NBAで禁止』という宣伝広告を大々的に打つと、大勢の子どもたちがジョーダンのシューズを買い求めてくれました。**

ルーベンシュタイン　マイケル・ジョーダンは、20年以上にわたりNBAでプレーしましたが、彼のシューズを超えるほど売れたバスケットボールシューズは、いまだにありません。それはなぜでしょう？

ナイト　マイケル・ジョーダンがバスケットボールプレーヤーとして現役を退いたときには、ジョーダン関連商品は7億ドルを売り上げていました。今ではひとつのブランドになり、売り上げも30億ドルに達しています。いまだに彼の活躍を知る子どもたちがいることからも、彼が史上最高のプレーヤーであると分かります。だがその一方で、彼がどんな人か知らない子どもたちも現れてきていて、単なるブランド名になっているのも事実です。**つまり宣伝広告からブランドへと変化を遂げてきたわけ**

です。

ルーベンシュタイン　彼のシューズを履けば、もっと高くジャンプできますか？　私が履いても、それは期待できませんよね？

ナイト　いや、たぶん飛べますよ。

ナイキは芸術作品のようなもの

ルーベンシュタイン　ご自身のキャリアのハイライトだと思うのは、ナイキが株式公開を果たしたときですか？　あるいは今のような成功を遂げたときでしょうか？　これまでで最もうれしかったとき、あるいは一番の思い出は何でしょう？

ナイト　いうなれば、ナイキは私にとって芸術作品のようなものです。**どれかひとつではなく、全体を完成させるのが大切なのです。**

ルーベンシュタイン　リーダーシップについて伺います。あなたは生まれついてのリーダーですか、それともリーダーの血を受け継いだのでしょうか、あるいは教育によってリーダーになったのでしょうか？　何が偉大なリーダーを生み出すのでしょう？

ナイト　ハリウッド映画に出てくるリーダーは、たいてい背が高くてハンサムで、意志の強い人物に描かれます。しかし本当に優れたリーダーは、必ずしもそうではありません。**最初は誰もがリーダーシップを得ようとしますが、そこにはいろいろな種類や様々な形が存在します。ですからひと言で表現できるものか、私には分かりません。**

ルーベンシュタイン　あなたはサングラスが好きなことで知られています。このインタビューにサングラスをかけていらっしゃらなかったのは幸いでした。元来、恥ずかしがり屋なのでおかけになるのでしょうか？　人から見られるのに抵抗がありますか？

ナイト　コンタクトレンズをすると太陽光線が眩しく見えるからです。しかも私の将来が光輝いているせいもあって、常にサングラスが手放せないんです。

ケン・グリフィン

シタデル創業者、CEO
シタデル・サービス創業者

「マーケットは、まず間違った方向には行きません。
歴史の本には、「マーケットよりも自分の方が賢い」と思い込み、手持ちの資金をすべて失った人間の話がたくさん載っています。投資をしてうまくいかなければ、一歩うしろに下がり、こう考えるべきなんです。『この状況にあって、自分は何を見逃しているのだろう？』とね。あらゆる状況をきちんと把握し、見逃していたものを理解し、すべて解消できたなら、そのまま待てば良い。ファイナンスにおける歴史を振り返ると、人はマーケットを侮ったときに間違いを犯すんです。」

シタデル創業者、CEO。1987年、ハーバード大学２年の19歳から、大学寮の自分の部屋に設置したファックス、コンピュータ、電話を使い、取引を始めた。彼は、ヘッジファンドのパイオニアであり、シカゴを拠点とするグレンウッド・パートナーズのフランク・マイヤーから注目され、その後、シタデルへとつながるそのささやかな出発点を得ることができた。ケンがシタデルを設立したのは1990年で、それ以来CEOを務めている。熱心な慈善活動家で、シカゴ大学、アン＆ロバート・H・ルーリー・シカゴ小児病院、フィールド自然史博物館、シカゴ美術館、近代美術館、アメリカ自然史博物館など、多くの団体や組織に10億ドル以上を寄付してきた。ハーバード大学で学士号を取得しており、母校に対して誇りを持ち、援助を続けている。2014年には、学資援助などを行うときに低所得層の人を優先するための財政支援を行おうと、ハーバードに１億5000万ドルを寄付したが、これは当時の大学史上最高額の寄付金だった。

自分がしていることに情熱を持って取り組む

ケン・グリフィンはまだ若い時分から株式市場に魅力を感じ、興味を抱くようになっていた。周りの学生たちが、誰もが抱くような関心事に心を奪われているころ、すでに彼は、ハーバード大学の学生寮にいながら、オプション取引を始めていた。もし彼が今の仕事で大成していなければ、間違いなく他の職種についていただろう。

だが誰の目から見ても、彼は申し分のない成果を上げていた。ハーバードを卒業したあと、すぐに自分で投資会社を起ち上げ、最終的にはシタデルを、シカゴを拠点とする世界で最も成功したヘッジファンドのひとつにまで育て上げ、さらにシタデル・サービスを世界有数の証券会社へと成長させたのだ。

これらの会社を成功に導いたことで、投資業界および証券業界における彼の評価は揺るがぬものとなり、また同時に、アメリカで最も慈善活動に積極的な——特に教育分野における——慈善事業家のひとりと評価されるまでになった。また国内有数の美術品収集家でもあり、視覚芸術に対する最大の支援者でもある。

彼も私もシカゴ大学の理事を務めており、長年にわたり互いに親交を深めてきた。だが残念ながらビジネス面では、これまで彼の会社と関わることはなかった。ケンはあまり長時間にわたるインタビューは好まない。だからこそ私は、観覧者の前で行われるインタビュー番組、『ピア・トゥ・ピア』への出演に応じてくれたことが嬉しかった。これは2019年3月、ニューヨークのブルームバーグスタジオで収録されたものだ。

インタビューのなかでケンは、自分がしていることに情熱を持って取り組んでいる人たちをいかに

高く評価し、雇用したいと思っているか、具体的に語っている。その話の内容を聞けば、ケンの切れ味の鋭い、素晴らしい頭脳の働きがはっきりとうかがえるはずだ。彼によれば、そうした情熱ある人たちこそ、彼が携わる分野でリーダーとしてやっていける人物なのだという。

それは何も驚くにはあたらない。というのも、ケン自身が自分の会社に大きな情熱を注いでいるからだ。**彼はまた同じように、教育と自由の重要性も十分認識しており、そのための活動にも懸命に取り組もうとしている。**時が経てば、そうした教育分野に対する彼の情熱は、投資や株式の世界に対する情熱をおそらく上回っていくだろう。しかもアメリカのサブプライム住宅ローン危機に端を発した世界的金融不況に見舞われながらも、会社を存亡の危機から見事に救ったその彼のリーダーシップは、すでに伝説の域に入ろうとしている。

もしできるなら、もっと古くから彼のことを知り、彼に賭けてみたかった。彼に十分投資することができた幸運な人たちは、今では美術蒐集家や慈善事業家になるだけの経済的恩恵を受けているのだから。

初めての金融取引での成功体験

デイヴィッド・ルーベンシュタイン（以下「ルーベンシュタイン」）　あなたは、大学の学生寮にいながら転換社債の売買をしていたという伝説があります。それは真実ですか、それとも単なるデマですか？

ケン・グリフィン（以下「グリフィン」）　本当の話ですね。**ホームショッピング・ネットワークの株価は実際の企業価値に比べて高すぎるという記事が、『フォーブス』誌に掲載されていたんです。**ハーバードの1年生のときでした。それを読んだ私は、株が値下がりすると見込んで、同社の株のプットオプション（＊1）を2単位分買ってみたんです。いやあ、驚きました。そのあとすぐに株価が暴落して、大学1年生にして数千ドルを手にしたわけですから、大手柄でしょう。こういうのが、まさに夢のような瞬間というんでしょうね。これをきっかけに、トレーディングに興味を持ったんです。

ルーベンシュタイン　それが初めての取引ですか？

グリフィン　それまで金融資産の売買なんてしたことはありませんでした。

ルーベンシュタイン　ハーバードのクラスメートはおそらく他のことに夢中で、転換社債の裁定取引を気にかける学生などいなかったでしょうね。周りはあなたのことをどう見ていましたか？

グリフィン　いささか変わった存在でした。政治についてクラスメートと議論を交わしたり、日が暮

＊1　期日内にその株を決められた数量、決められた価格で売る権利。株価が将来値下がりしたとき、その値下がりに関係なく最初に決めていた価格で売れるため利益が出る。

れて薄暗くなるなか、庭の木にぶつからないようにサッカーをして過ごしたり、金曜の晩には、大いに遊んだり、そこまではごく普通の学生生活でした。でもそれ以外は、ベイカー図書館でかなりの時間を過ごしていましたね。ファイナンスをより深く学び、理解しようとしていたんです。

ルーベンシュタイン あなたは株式市況が分かるように、寮の自分の部屋に衛星放送の受信機を設置したという逸話も残っています。それは本当ですか、それとも単なる伝説なのでしょうか?

グリフィン これも本当の話です。当時ハーバードには、大学のキャンパス内でビジネスを行ってはいけないという決まりがありました。でも寮の管理人が寮の屋根にパラボラアンテナを設置するのを許可してくれたので、株価の値動きが詳しくつかめたんです。今から考えればおかしな話ですが、このときはまだインターネットが普及する前ですからね。**株式市況の情報を得るには、衛星放送アンテナを設置する以外に方法がなかったんです。**

寮の屋根にアンテナを設置すると、建物の壁からケーブルを這わせ、窓から室内、そして廊下を伝って自分の部屋まで引き込みました。おかげでリアルタイムで値動きが分かり、取引も順調に運ぶようになりました。

ルーベンシュタイン ルームメイトから、『君、それはまずいんじゃないか』と注意されませんでしたか?

グリフィン そういうこともあろうかと、ひとり部屋を選んでいましたからね。だからルームメイトを気にする必要はなかったんです。

好きと分かれば、あとはキャリアを築くだけ

ルーベンシュタイン　なかなかうまくやっていたようですね。卒業するまでには、『今の仕事をビジネスとして続けていくつもりだ』と口にしていましたか？

グリフィン　**きっとそれが好きになると分かれば、あとはそのキャリアを築くだけで、それにはタイミングが何より物を言います。**私が転換社債裁定取引を始めるようになったのは１９８７年――正確には１９８７年の９月でした。当時私はポートフォリオ（その人の保有する金融商品の種類と組合せ）が上げ相場ならどう動いていくか、たいてい予想がつきましたが、その一方で下げ相場での動きについては、もうひとつ自信が持てずにいました。数学的処理では、上昇よりも下降局面の方が見通しは難しいんです。私は、計算結果よりも、さらに多く空売り（株などの値段が下がる場合に利益がとれるような売買の方法）をしていました。**ひと月後に何が起こったか？　１９８７年のブラックマンデーです。**

そして私は、『天才少年』と呼ばれるようになりました。今になれば、自分が天才ではなく『幸運少年』だったのだと分かります。それしか方法がなかったんですから。でも周りの投資家たちの見方は違っていた。『見てみろよ、あいつ天才だよ。これだけ株価が暴落しているなかで稼いでいるぞ』。こうしてブラックマンデーは、私のその後を決定づけました。キャリアをスタートさせた早々に実績を上げたので、多くの投資家たちの注目を集めたんです。

ルーベンシュタイン　そうして投資家たちに利益をもたらしたわけですね。そもそもあなたは大学生のときに、すでに投資家を抱えていました。彼らから資金を預かっていましたか？

グリフィン　私にはソール・ガルキンという、小口投資家を相手にするリテールブローカーの友人がいて、あるときもうひとりの友人と一緒に私の部屋にやって来ました。その友人は、『転換社債マーケットに対するおまえの考えを話してやれよ』と言うんです。

そこで私が自分のアイデアを披露すると、ソールが言いました。『これから昼飯に行かなきゃならないんだが、その前に俺も5万ドルで入れてくれよ』と。私がどうした良いのか分からずに戸惑っていると、その友人は言いました。『これでめでたく、初めての運用資金、5万ドルを手に入れたわけだ』と。これが私のトレーダーとしての第一歩でした。

ルーベンシュタイン　あなたは大学を卒業し、『自分の会社を作るんだ』と周りに告げます。ご家族は、『自分の会社を持つには、少しばかり若すぎるな』とおっしゃいましたか？　それとも良い考えだと賛成されましたか？

グリフィン　私はとても運が良かった。7人家族のなかで初めて大学に行ったのは父でした。両親は常に、教育が何よりも大切だと考えていました。父方の祖父は鉄道で働いていました。母方の祖父は起業家でした。祖母の母親からお金を借りて小さなビジネスを始めると、最後は1950年代から60年代にかけて、重油の配送事業を手掛けるまでなりました。祖父は型破りな人間で、母はそうした祖父の築き上げた環境のなかで成長してきた。**つまり起業に対する熱い思いを身近に感じながら、人生を歩んできたんです。**ありきたりの人生ではなく自分の夢を追うつもりだと言う私の決断に、両親は躊躇なく応援してくれました。

「この人に自分のキャリアを賭けてみよう」

ルーベンシュタイン　たいてい、そうした金融取引をしようとする場合にはニューヨークへ向かうものですが、あなたはシカゴを選びましたね。なぜシカゴだったのですか？

グリフィン　なかなか難しい選択でした。確かに友人のほとんどは、東海岸で学生生活を終えるとニューヨークへ出ていきました。大学卒業後、私を雇ってくれたグレンウッド・パートナーズには、シカゴとニューヨークにそれぞれひとりずつ、合わせてふたりのパートナーがいました。ニューヨークのパートナーは典型的なウォールストリート出身者、とても洗練されていて、金融市場に精通した人物でしたね。

一方シカゴのパートナーはフランク・マイヤー。彼は……高校時代の物理の先生によく似ていて、信頼のおける人物だと漠然と感じていました。それは仲間意識、あるいは友情に近いものでした。**大学を出たての若者にはありがちですが、『この人に自分のキャリアを賭けてみよう』と思ったのです。私はフランクと近しくなりたかった。**それでフランクの住むシカゴを選びました。そして何たることか、大学を出て2年も経つうちに、気がつけばシカゴが自分のホームタウンのようになっていたわけです。

ルーベンシュタイン　起業したとき、従業員は何人いましたか？　設立は何年でしょう？

グリフィン　公式には1990年です。社員は確か、私の他に4、5人だったと思いますよ。

ルーベンシュタイン　起ち上げたばかりのころは、あなた自身が外に出ていって投資家たちに会い、なるべく多くの資金を募ろうとしましたか？　それともお金は自然と集まってくるので、金融取引だけに集中していれば良かったのでしょうか？

グリフィン　あなたとは何度か、空港でばったり鉢合わせすることがありましたね。このあいだは北京で――そうですよね？　世界中の何百人という人たちと一緒に働けるのも、自分で会社を経営する喜びのひとつです。もちろん資金の調達もしなければなりません。会社経営を始めたころ、その点ではフランク・マイヤーは素晴らしいパートナーでした。彼の名声には一点の曇りもなく、彼が保証してくれたからこそ資金が集まり、成功へと導いてくれました。そのおかげで今の私があるのです。

ルーベンシュタイン　取引の決断は誰が下すのでしょう？

グリフィン　最初のころは、取引における大事な決定は、一連のモデルや分析論をもとに下していたと思います。金融商品をよく知っていたり、判断に長けたりした社員が何人かいたのも幸いでした。

様々な見方はあるでしょうが、これまでの来し方のなかで最も重要だったのは、設立初日から24時間、取引を続けたことでしょうね。アメリカ国内の転換社債だけでなく、東京の新株予約権も扱ったし、ヨーロッパのマーケットにも注目していました。なぜそれがそんなに重要なのか？　自分が働ける時間は、せいぜい13時間、14時間、あるいは15時間程度しかありません。だから人に任せることを学ばなければならなかったんです。**過去30年以上にわたる我々の成功を振り返ると、その要因は人を信頼し、その判断を信じ、そのスキルに任せることを学んできた結果だと言えるでしょう。**

マーケットは間違った方向には行かない

ルーベンシュタイン あなた自身、トレーダーでもありますね。私にはその経験がないので分からないのですが、マーケットがトレーダーの予想に反して動くとき、『自分の判断の方がマーケットの動きとしては正しいはずだ。今のところその兆候は見えなくても、必ずその通りになる』と判断するトレーダーがいて、それを期待して待ち続けた挙句、そうならない場合があります。一方でこの場合、『なんてことだ、どうやら誤ったらしい。早く引きあげよう』と判断するトレーダーもいます。あなたはどちらのタイプですか？　マーケットがあなたの知識や知恵が予想する通りになるまで、そのまま保有し続けるタイプですか？　それとも予想が外れたらすぐに手放すタイプでしょうか？

グリフィン マーケットは、まず間違った方向には行きません。歴史の本には、「マーケットよりも自分の方が賢い」と思い込み、手持ちの資金をすべて失った人間の話がたくさん載っています。投資をしてうまくいかなければ、一歩うしろに下がり、こう考えるべきなんです。『この状況にあって、自分は何を見逃しているのだろう？』とね。あらゆる状況をきちんと把握し、見逃していたものを理解し、すべて解消できたなら、そのまま待てば良い。**ファイナンスにおける歴史を振り返ると、人はマーケットを侮ったときに間違いを犯すんです。**

ルーベンシュタイン 世界的金融大不況が起こる前までは、あなたの会社の従業員はどれくらいいて、運用資産はどれほどありましたか？

グリフィン　1990年の設立時から2008年までを考えると、従業員は3人でスタートして約1400人。資産は運用資産としておよそ250億ドルですね。

ルーベンシュタイン　大不況が訪れますが、どうやって生き延びてこられましたか？　経営危機はありましたか？

グリフィン　『生き延びる』――まさに適切な表現ですね。**シタデルの歴史のなかでも、会社の存続が問われるという危機に遭遇したのは初めてでした。**私自身、金融制度上の問題から、かなり大きな倒産の危機に直面するなどとは、まったく予想もしなかった。資金が調達できなくなり、価格を均衡に保つための裁定取引に誰も対応できず、資金調達資産のポートフォリオの価値も低下したため、非常に危うい状況に追い込まれました。我々は資本の10パーセントも失った経験はそれまでなかったし、16週が経過するうちに、今度は資本のおよそ半分を失っていました。

ルーベンシュタイン　もうだめだと思われたわけですか？

グリフィン　もう少し具体的に話してみましょう。私は金曜日の夜に帰宅して、モルガン・スタンレー証券が月曜日に開かなければ、私たちは水曜日にはお手上げになります。記憶にあるでしょうか、モルガン・スタンレーがどうなるのかは、日本人が資金調達を保証してくれるかどうかにかかっていました。彼らの存在そのものが危機的状況にあったのです。

もしだめなら、我々もすぐに息の根が止まるわけですが、その原因はある意味では外的要因によるものであり、我々はその事実を受け入れざるを得ませんでした。ではこの状況のなかで、生き残るために我々ができる最良の決断は何か？

それは今日まで我々が心に銘じてきた職務上の指針に従うことでした。――失敗する可能性があろうとも決して諦めてはならない。最後まで生き残るために戦うんだってね。

決断のほとんどは自分以外の人間に任せている

ルーベンシュタイン　今ではヘッジファンド分野でビジネスを展開しておられるわけですが、現在の規模はどれほどでしょう？

グリフィン　現在３００億ドル程度でしょう。その分野に進出してから3、４年経過していましたからね。

ルーベンシュタイン　投資の決断はご自身でなさっていますか、それとも様々な投資のプロたちに一任しているのでしょうか？

グリフィン　私がここで30分から40分程度インタビューに応じているあいだ、我々のヘッジファンドは、アメリカ全体の自己資本回転率の３パーセントから４パーセント相当の取引をすでに成立させているでしょう。私の手元にはブラックベリーもなければ、アイフォーンもありませんよ。

つまり我々の下す決断のうち、99・9パーセントは、私以外の人間が行っているんです。必要な情報に精通した適切な判断が下せる人間が決裁すれば良い。私がトップの座にいるからといって、ここ5年間ゼロックスに携わったり、10年ものあいだアムジェンを追い続けてきたアナリストたちよりも良い決断が下せるとは限りません。私が彼らよりも的確な判断が下せる保証はどこにもないんですよ。

ルーベンシュタイン　あなたはかなりの時間を割いて、優秀な投資専門家をリクルーティングしていると聞いています。シタデルに優れた人材を入れるのは、あなたの大きな仕事のひとつなのでしょうか？

グリフィン　私はこれまで、ざっと1万人の人間と面接してきました。実は今日もこのあと、2件面接を予定しているし、明日も2件。いつだって才能ある人材がどこかにいないかと目を光らせています。

自分の仕事を愛しているか

ルーベンシュタイン　もしこの番組を見ているなかに、『僕もケン・グリフィンの面接を受けるんだ』という人がいるとしましょう。あなたに気に入ってもらうには、インタビューでどうすれば良いでしょう？

グリフィン　**『誰かに気に入ってもらう』というのは、誤った認識からくる偏った考えですよ。**そういう思い込みに捕われないよう気をつけるべきでしょうね。私は面接相手には、仕事の推進力になるふたつの大切な要因があるかどうかを見ています。**ひとつは情熱。もうひとつは、自分の仕事を愛しているかどうかです。**

15年ほど前、ひとりの若い女性職員がいました。アイビーリーグを出てまだ1年か2年、大学名は忘れてしまったな。彼女の上司がやって来てこう言うんです。『彼女が辞表を出してきました。素晴らしく優秀なスタッフなんですが、医学部に行きたいと言うんです。彼女に思いとどまるよう、お話ししていただけませんか？』

私の返事はこうでした。『あなたには失礼ながら、彼女が私のオフィスに入ってきたら、推薦状を書いてあげようと言うだろうね』。彼女が医者になりたいのなら、世界がもうひとり、優秀な医師を必要としているということです。だから私は彼女が思いを叶える手伝いをしたい。私はこの分野で仕事をしようとする人たちの情熱がいったいどこにあるのか、それを見つけたいと望んでいます。その情熱こそ、我々を成功へと導いてくれるからです。

もうひとつの要素は明確な達成意識です。私が求めているのは、これまでの人生で良い決断をし、何かを達成した履歴を持つ人物なんです。

ルーベンシュタイン　あなたは良い大学を出て、良い成績を修めた人物には興味はないのですか？どんな学校を出ていてもかまわないのでしょうか？

グリフィン　私は今週、大学を出ていない人物の雇用書にサインしました。彼は非常に素晴らしいソフトウェアエンジニアです。そういう優れたソフトウェアエンジニアで、人生の早い段階から大きなチャンスをつかんだ人たちが、実際には大学に行っていなかったというケースが実は多い。優秀な大学を卒業していれば、採用活動上の人物判断の役に立つのは事実です。だがそういう大学の出身者でなくても、素晴らしい人物はいます。ビル・ゲイツやマーク・ザッカーバーグを見れば分かります。あなたもそのひとりなら、私は学歴を気にしない。**あなたが情熱と達成意欲のある人物かどうか、それを見るだけなんです。**

ルーベンシュタイン このインタビューをご覧になった人たちには、あなたがいかに切れ者であるかが分かり、こう言うことでしょう。『この人物に投資を任せたい』と。シタデルを通じて投資したい人はどうすれば良いのでしょう？　その人が合理的な範囲で期待できる最低限の、あるいは一定の収益率があるのでしょうか？　どのくらいの期間、資金を預けなければなりませんか？

グリフィン 私はその人たちに悪いニュースを届けなければならないようですね。我々のファンドはもう長いこと、外部資金の受け入れはしていません。新たな投資を積極的に勧誘しているわけではないんです。

国の発展にとって、教育以上に重要なものはない

ルーベンシュタイン あなたの資産は、他の多くの分野にも新たな機会を創出してきました。慈善活動ももちろんそのひとつです。あなたは自らの慈善活動がどうあるべきか、どのように決断しているのでしょう？

グリフィン **いいですか、アメリカの発展にとって、教育以上に重要なものはありません。**他にはないんです。教育は小学校に入学する前の幼稚園から始まり、我々に与えられた数々の偉大な大学がその頂点になっています。

私はK－12教育にずいぶん関わってきました。そこに流れ込む金額は驚異的です。シカゴのような大都市を見ると、K－12に約50億ドルを費やしています。しかし、実は信じられないほど残念なこと

があります。私たちはアメリカの若者をどのように教育すればよいかわかっているにもかかわらず、その通りにできておらず、その巨額の予算を有効に使えていないからです。

本当に心が痛みます。私はこの分野に関しては、政治の世界でのやりとりに多くのエネルギーを注いできました。なぜなら子どもたちをがっかりさせているのは、今の政治体制だからです。これはどう見ても弁解の余地はない。我々が今日、直面している問題の多くはここに原因があるのです。

高等教育の抱える問題に対する対応は、アメリカが世界をリードしています。高等教育は与えられたものではありません。**私たちが世界でも最高レベルの大学を持っているのは、自分たちでそうなるように努力して築き上げてきたからなのです。**

私はアメリカがその教育水準の高さを維持できるよう、援助を惜しまないつもりです。ハーバード大学やシカゴ大学の持つ新たなアイデアや新たなコンセプトが、時代の最先端を走っているようなものならば、それはアメリカのその他の高等教育に対して大きな刺激になります。

ハーバードが象徴するもの——それは学会や国家が生み出す最高の理想が集積した場であるということ。だからこそハーバードは常に私の心に寄り添う、大切な場所なのです。またシカゴ大学はふたつの理由で、私にとって非常に重要な機関です。ひとつは、シタデルの多くの同僚たちがシカゴ大学の出身者であること。彼らは世界的なフィナンシャルサービス会社を起ち上げるに際し、大いに尽力してくれました。それからもうひとつ、大学にボブ・ジマーがいるからです。

ルーベンシュタイン　学長ですね。

グリフィン　学長です。**彼は言論の自由を守ろうと、毎日戦っています。言論の自由があればこそ、アメリカは自由の国たりえます。**大学のキャンパス内で言論の自由のために戦わねばならないとは、にわかには信じがたいでしょう。だが実際、必要なことなんです。シカゴ大学の行動規範には——すでにあなたや私はそれを理解していますが——大学のキャンパス内での言論の自由に対する指針が含まれています。私は実に素晴らしいことだと、ある意味感動をもって見ているのです。

ルーベンシュタイン　あなたは誰がどう見ても、成功したビジネスマンであり、慈善活動家であり、そして美術品のコレクターです。ご両親はあなたのことをとても誇りに思っていらっしゃるでしょうね。ご両親は、あなたがいかに偉大な存在であるか伝えようと、電話をかけてきますか？　いまだにアドバイスをしてくれますか？

グリフィン　母は確かに、私のことを誇りに思っていると思います。でもそれは、私が自分の子どもたちを誇りに思うのと一緒です。我々夫婦はふたりとも、そう頻繁に口にするわけではありませんが、子どもたちを誇りに思っています。私は昨日、母に会いました。私は会議に出席するために、母は母で避寒のために、ふたりともフロリダのボカラトンにいたんです。ふたりで外出して少しばかり飲みながら、子育てについて母に相談しました。私にはまだ小さな子どもが3人いて、多少気がかりなことがあったからです。そのとき母は私に、どうしたらより良い親になれるのか、母親としてアドバイスしてくれました。**私が高校生のとき、より興味を持たせようとしてこんな方法をとったと、母は自分の経験から教えてくれたのです。**親にしかできないアドバイスです。

ルーベンシュタイン　お母様は、『マーケットはどう動いていくと考えているの？　どこに投資したらいいかしら？』といった質問はされませんか？　シタデルに出資しているのでしょうか、それともご自身で投資されているのでしょうか？

グリフィン 母には何の不自由もありませんし、この先も問題はありません。

ビジネスでも慈善活動でも、社会の役に立ちたい

ルーベンシュタイン あなたはいささか、政治の世界に関わりを持たれていますね。共和党のために、そして保守主義のために資金援助されています。政治に対するあなたの考えをお聞かせください。

グリフィン ここ何年も、共和党と民主党、両陣営の候補者に対して支援を行ってきました。私は今、イリノイに住んでいます。市長選を例にとれば、私は民主党支持者として、最もビジネスにやさしく、教育に深い関心を寄せている候補者を選び、支援したいと思っています。

おそらくご存知だと思いますが、私はオバマ大統領を当初から支持していました。というのも、彼は教育に力を入れるという名目で私のもとを訪ねていたからです。もし私のところへ来て、『アメリカの教育のために戦います』と言うなら、私は応援するつもりでした。そこが最も重要なポイントだったのです。

次に自由です。我が国の歴史を見る限り、政府が国民を思い、すべてを差し出そうとすればするほど、逆に我々の裁量が狭まり、自由が奪われてきました。ひとつの国として、言論の自由、機会の自由、合衆国建国の父たちが我が身を賭けた自由というものを尊重することが、私たちにとって大変重要です。つまり諸問題における個人の権利、個人の自由を本当に守ってくれる候補者かどうか、そこがポイントなのです。

ルーベンシュタイン　あなたはとても忙しいようですが、年齢とともに世の中にどんな影響を残していきたいか、考えていらっしゃいますか？

グリフィン　デイヴィッド、私はまだ50歳です。考えたこともないですね。

ルーベンシュタイン　分かっています、まだ十分お若い。でもビル・ゲイツは50歳で会社経営の第一線から退きました。ジョン・D・ロックフェラーが引退したのは40代後半です。あなたは50歳で引退など考えたこともなかったと？

グリフィン　ロックフェラーが生きたのは今とは違う時代です。ありがたいことに、私たちの寿命は延び、健康的な生活が送れるようになりました。**たとえそれがビジネスにおける分野であろうが、慈善活動における分野であろうが、あと数十年は、社会のために役立ちたい、社会にとって意味のある存在でいたいと願っています。**

チームをどう構築すべきか、物事をどう達成していくべきか、知ることができた私は幸運でした。それは私に与えられた天賦の才ではありません。何度も試行錯誤を続けたすえに得たものです。学び続けた結果なんです。

たとえ人がシタデルの成功を論理的に分析しようが、我々にはそれだけでは計れないものがあります。**適切なスタッフを集めてチームを構成し、そこに適切な課題を与えられれば、偉大なことが成し遂げられるんです。**

私が誇りに思うのは、シタデル・セキュリティーズが世界のファイナンシャル・マーケットを作り替えてきたことです。金利スワップを例にとれば、我々はこの10年で、ビッド・アスク・スプレッドを80パーセント小さくする競争環境の創出に貢献してきました。一般にビッド・アスク・スプレッド（ある資産に対する最も安い売値と最も高い買値の差）が小さいほうが、その資産はより多く売買される、つまり流動性が高まり、健全な競争環境にあるといえます。これによって、それまでウォールストリートに流れ、そのバリューチェーンの創出に寄与していたお金を、年金制度や企業資金、あるいは社会の何らかの分野における最終的な損益に直結させられるようになりました。競争環境を株式市場に持ち込むことで、我々はそうした商品のエンドユーザーが享受できる価値を大きく高めることができたのです。

ロバート・F・スミス

ヴィスタ・エクイティ・パートナーズ創業者、CEO
慈善事業家

『当時を振り返り、私たちがその社会のなかでどんな役割を果たしていたかを考えると、自分たちの時間、努力、知的能力、そしてエネルギーを惜しみなく彼らに捧げていた両親の姿が浮かんできます。**それはいつも私に、優れた人間になるために努力しなさいと語りかけてくるのです。**』

ヴィスタ・エクイティ・パートナーズの創設者で、会長兼CEO。現在、570億ドルを超える投資資本を管理し、60を越える企業アプリケーション、データ、およびテクノロジーを扱う企業のポートフォリオを監督している。2017年、『フォーブス』誌の「100人の最も偉大な生きたビジネスマインド」のひとりに選ばれた。スミスの両親は博士号を持っており、コロラド州で生まれた彼は、コーネル大学でエンジニアとして訓練を受け、化学工学の理学士号を得ると、その後、コロンビア・ビジネススクールでは優等でMBAを取得した。スミスはアフリカ系アメリカ人として受けた経験や、アメリカ人としての重要な価値観を維持することを目的として、ファンドII財団を設立し、現在は代表を務めている。2017年、スミスはアフリカ系アメリカ人として唯一、ギビング・プレッジに署名を行った。彼が寄付した2000万ドルは、国立アフリカ系アメリカ人歴史文化博物館への個人寄付者としては最高額である。2019年、スミスはモアハウス大学卒業生、約400人近くの学生ローンを肩代わりすると発表し、一躍話題になった。

エンジニアから経営へ

ロバート・F・スミスは、最も資産のある(今も、そしてこれからも)アフリカ系アメリカ人であり、自らの才覚を頼りに大きな成功を収めたビジネスリーダーである。彼が起ち上げたヴィスタ・エクイティ・ファンドは、企業向けソフトウェアを開発する会社に特化したビジネスを展開している。設立から20数年を経て、今や世界的に名を知られ、高い評価を受ける未公開株式投資会社となった。

ロバート・スミスはビジネスに新たな手法を取り入れた。それは一連のステップを綿密に組み立て、取得したソフトウェア会社に集中的に実行させることで、その後の企業の将来を劇的に変化させようとするものだった。これまで、彼が開発したこの方法を適用した企業は大きな失敗もなく順調に業績を伸ばしており、世界中の投資家たちが集まり、急速に大きくなりつつあるヴィスタに高い利益率をもたらした。

エンジニアとして経験を積んだロバートは、まずゴールドマン・サックスのテクノロジー・インベストメント・バンキング部門でそのスキルを発揮し、その後、未公開株式会社の世界に身を投じた。自らが起業した会社が急速に業績を伸ばし、収益を上げていくにつれ、慈善活動にも取り組むようになる。それは多分に、彼が育ったデンバーの、人種隔離地域にある市民団体のリーダーを務めていた両親の影響によるところが大きかったと言えるだろう。

スミスほど慈善活動に取り組んだアフリカ系アメリカ人はいない。彼は恵まれないアフリカ系アメリカ人に、より良い教育を受ける機会を提供しようと努力するとともに、アフリカ系アメリカ人が母国に対してどれほど寄与してきたか、アメリカ国民に対して知らしめることに情熱を注いだ。

2019年に、かつて黒人のために開かれたモアハウス大学の卒業式で行った彼のスピーチは、全世界の注目を集めた。**彼はそのなかで、卒業する学生と彼らの親、すべての学費のローンを肩代わりすると宣言したのである。**その額は最終的には、実に3400万ドルに上った。

私はスミソニアン協会、アメリカ合衆国国立公園局、そしてギビング・プレッジに対する彼の活動を通じ、彼がいかに明確なビジョンを持ったビジネスリーダーであり、なおかつ熱心な慈善事業家であるかを知った。2018年3月26日、『ピア・トゥ・ピア』のインタビュー番組で、私は彼と話をする機会を得た。お互いにスミソニアン協会に関わりがあったため、このインタビューは国立アフリカ系アメリカ人歴史文化博物館で行われた。

ロバート・スミスは、アフリカ系アメリカ人のみならず、すべてのアメリカ人にとってのロールモデルたりうる人物だ。彼は世界規模の企業を起ち上げ、その成功を世界規模の慈善事業に投じてきたのだ。

同じような成功を収めても、服装には無頓着な者もいる。だがロバートは外見を重視する人物で、常にスリーピースを着ていた。成功したビジネスリーダーがみなスリーピースを着ていた時代にこだわりがあるからだ。私も何着か着ていた時期もあった。だが何年か着続けるとどうしてもベストが縮み、体に合わなくなる。今では私は、もっぱらスーツを着用している。

「優れた人間になるために努力しなさい」

デイヴィッド・ルーベンシュタイン（以下「ルーベンシュタイン」）　デンバーで教員の子どもとして過ごしていたころ、あなたは今のように、アメリカで最も資産を持つアフリカ系アメリカ人になると想像していましたか？

ロバート・F・スミス（以下「スミス」）　私の父と母はどちらも教育学の博士号を持っています。私はそういう社会的に認められた両親のもとで育ちました。**ふたりとも、1．教育を受け、2．懸命に働き、3．その地域社会で最も成功した存在になる――そうすることの重要性を繰り返し語っていました。**

そのころを振り返り、私たちがその社会のなかでどんな役割を果たしていたかを考えると、自分たちの時間、努力、知的能力、そしてエネルギーを惜しみなく彼らに捧げていた両親の姿が浮かんできます。**それはいつも私に、優れた人間になるために努力しなさいと語りかけてくるのです。**

ルーベンシュタイン　デンバーで育った当時は、アフリカ系アメリカ人に対する差別は、まだたくさんありましたか？

スミス　私はデンバーでは、そのほとんどをアフリカ系アメリカ人が占める地域で育ちました。マイノリティを1か所にまとめて住まわせようとする『レッドライニング』の慣行が残っていたからです。実質的にアメリカに多くの富をもたらしたのは住宅販売事業ですが、私たちはまだそうした家を買うだけの経済的恩恵に浴する立場にはなかったのです。

成長するにつれ、私はコミュニティの持つ意味が理解できるようになっていました。人種間の差別をなくすために行われたバス通学を体験し、私が育ったのは人種隔離政策から生まれた地域だと知りました。人種差別撤廃のために行われたこの強制バス通学は逆に差別を、少なくとも学校制度における差別を生んだのです。

ルーベンシュタイン　祖父母のみなさんは何をされていらっしゃいましたか?

スミス　私の祖父は、ここワシントンD.C.にある3つの郵便局の局長でした。高校生のときには、ラッセル上院議員会館のラウンジで働いていたそうです。上院議員が入ってくると、帽子やコートを預かり、コーヒーや紅茶を運んでいたそうです。

私はそのとき93歳だった祖父を、オバマ大統領の就任式に連れていきました。ふたりで席に着き、厳粛な雰囲気に打たれていると、祖父が口を開きました。『いいかな、孫よ、あそこに上院議員会館があるだろう?』そう言うと彼は、ある旗の上に見える窓を指さしました。『昔はあそこで働いていたんだ。**窓越しにフランクリン・ルーズベルトの就任式を見たのを覚えているが、集まった人たちのなかに、黒い顔をした人間はひとりもいなかったもんさ**』

そして私たちは、同じ就任式の場に居合わせています。私は祖父のとなりに座り、初めて黒人大統領が就任するその一部始終を見ていました。彼が再び口を開きます。『アメリカは素晴らしい国だ。一所懸命になって働き、信念と理想を抱いて前進していこうとする限りはな。それが本当に大切なことなんだよ』。祖父のこの言葉は、今でも私の耳朶(じだ)に残っています。

素晴らしい仕事をしても、人種的偏見をもって判断される

ルーベンシュタイン　ビジネススクールに入学する前に3つ仕事を経験されていますが、アフリカ系アメリカ人だという理由で差別を受けたと感じられたことはありますか？

スミス　ええ、ありますとも。**アメリカではこれまでそうでしたし、今でも感じます。**エア・プロダクツ（＊1）に在籍していたときのことです。大きな催しがサンフランシスコで開催され、私はそこで講演の依頼を受けました。するとある男性が私のもとへやって来て、こう尋ねてきたのです。『これは米の保存期間を延ばすのに、どう役立つんだね？』そこで私は、微生物学だけでなく、力学、生物学、そして食品の評価の際の官能特性などに関しても説明しました。するとその男性はこう言ったのです。『君はなかなかの人物だな。だがビジネスで大成するには、惜しむらくはその人種的ハンデを克服しなければならんようだ』

その言葉はその後、私の頭を離れることはありませんでした。――いくら私が素晴らしい仕事をしたとしても、人は私の業績ではなく、人種的偏見をもって見るのだと。

ルーベンシュタイン　あなたはコロンビア・ビジネススクールに通われましたね。卒業後はゴールドマン・サックスに入社されていたところを見ると、おそらくかなり優秀な学生だったのでしょう。あなたは様々な会社のエンジニアリング部門で仕事を経験し、その後、ゴールドマン・サックスのファイナンシャル・エンジニアリング部門へ移られたわけですね？

＊1　アメリカ合衆国のペンシルベニア州に本社のある、産業用ガスの大手メーカー企業。

スミス　これはちょっと面白い話ですが、まず私の成績はかなり良かったのです。ビジネススクールの1年目、私は首席でした。夏の卒業式で表彰を受けるために学校に戻ると、そこに自分の会社を経営するジョン・ユーテンダールというひとりの紳士がやって来ました。彼はその日、基調演説を行う予定でした。

彼は私が表彰を受けたあとで、私のところにやって来るとこう言いました。『きみは本当に面白い経歴を持っているね。投資銀行業務を将来の仕事にしてみようと考えたことはないかな？』そこで私は言葉を返しました。『**私のクラスには、元投資銀行員だというクラスメートがたくさんいます。私は彼らが嫌いです。自分が知らないことはないと思い込んでいるし、態度も横柄ですからね。**私はエンジニアです。私たちこそ何でも知っているんですよ。まったく腹の立つ連中です』

すると彼は含み笑いを漏らしました。私は自分のジョークを不快と思わずに笑ってくれたことに幾分ほっとして、さらに言いました。『正直に言うと、投資銀行員のすることが何なのか、私には分かりません』。私は科学者です。科学技術者です。私は世の中をそうしたレンズを通じて見ているのです。

これは、第三者が私のために手を差し伸べてくれたケースです。いまだに私は、他の人にできるだけのことをしようと思っていますが、そのきっかけになった事例のひとつでした。『私のオフィスに来て、ひとつその件について話をしようじゃないか』。彼は私の言葉にこう答え、私を誘ってくれました。私たちはふたりでランチをともにしました。彼は電話を手にすると、当時のメリルリンチのＣＦＯで、その後、同社の経営にあたるスタン・オニールや、後にアメリカン・エキスプレスのＣＥＯに就任するケン・シュノールトといった人たちに電話をかけました。

初めて、テクノロジーに着目した買収・合併に特化した

ルーベンシュタイン　彼らはみな、有名なアフリカ系アメリカ人のビジネスリーダーたちですね。

スミス　みな私と面談してくれただけでなく、さらに他の人物に引き合わせてくれたのです。ビジネススクール2年生の秋を迎えるころには、その数は優に100人を超えていました。結局、投資銀行業務分野で私の興味を惹いたのは、企業の買収・合併だけでした。**この地球上で資産の移転を行うには、戦争行為を除けば、この買収と合併以外にはあり得なかったからです。**それはCEOレベルの交渉であり、役員会レベルの交渉であり、戦略的な交渉です。私にはそういうところがたまらなく魅力的に感じられました。特異なビジネスであるがゆえに、他にはない価値や見識を加えることができるだろうと考えたのです。

ルーベンシュタイン　ゴールドマン・サックスに入社したのはいつでしょう？

スミス　1994年ですね。

ルーベンシュタイン　そこでしばらく勤務されましたね。どうしてテクノロジー・バンキングにシフトしようと思われたのですか？

スミス　**どんなことでもそうですが、目の見えない国では、片目の見える者が王様です。**当時、テク

ノロジーという言葉は防衛産業を指すものでした。同じテクノロジーでも、私たちが株式公開まで導いた企業にマイクロソフトがありましたし、一方ではＩＢＭもそうでした。ゴールドマン・サックスが考えるテクノロジーにはそうした分野も含まれていたのです。

初めてサンフランシスコで、テクノロジーに着目した買収・合併に特化した銀行業務を取り扱ったのは私です。その後私たちは、テクノロジーグループを作ろうと決めました。こうしてできた新たな部門が、大きな利益をもたらすようになったのです。

いかにソフトウェア会社を経営すべきか、誰も知らなかった

ルーベンシュタイン　なるほど、サンフランシスコに住みながら、大きな成功を収めたわけですから、そこで示したあなたの手腕は素晴らしいものでしたね。投資銀行業務の平均的報酬から推し量るに、そこから得たものはずいぶん大きかったのではないでしょうか。そんなあなたに『すべてを放棄し、自分の会社を起こすつもりです』とまで言わせたものは何でしょう？

スミス　グッドイヤー・タイヤ・アンド・ラバー・カンパニー勤務当時にさかのぼりますが、私はエンジニアとして、ソフトウェアがビジネスに及ぼす影響の大きさがよく分かっていました。しかしソフトウェア会社のなかで、経営がうまくいっている企業はほとんどありません。さて、なぜでしょう？　原因の多くは、ソフトウェア会社を起こした役員たちのほとんどが自らコードを書くか、あるいはマーケットの動向をうまく読んでは、コードを販売しようとしていたからです。いかにソフトウェア会社を経営すべきか――これを教えてやれる人は誰もいませんでした。

そんなときに私は、テキサス州ヒューストンで、ある小さな会社と出会います。その会社は、それ

まで私が見たなかで最も効率の良い経営を行っているソフトウェア会社でした。思わず私は言いました。『**この会社の企業経営の基本的手法を体系化して他のソフトウェア会社に適用すれば、その会社も同じように、上手にビジネスが展開できるに違いない**。そうすれば、そこには計り知れない価値が生まれてくるはずだ』。その突飛な思いつきこそ、すべての始まりだったのです。

ゴールドマン・サックスを離れ、自分のビジネスへ

ルーベンシュタイン　そしてゴールドマンは言ったわけですね、『それは良いアイデアだ。自分でやったらどうだ』と。

スミス　まぁ、そういうことですね。私は言いました。『もし本当にそこからいくつかの手法を取り上げ、他の企業向けソフトウェア会社を買収し、それを適用して運営すれば、相当うまくやれるに違いない』と。すると彼らは、『それは面白い。それならひとつ、きみ自身がやってみたらどうだ？』と言いだしました。彼らは私に、非常に面白そうな提案を示してくれたのです。それを見て、私の弁護士はこう言いました。『これはあまり良い取引ではないだろうな。でもロバート、今はやってみる価値があるかもしれない』。

ルーベンシュタイン　そのオファーを受けたとき、あなたはお幾つでしたか？

スミス　39歳です。もちろん、リサーチはしてみました。**すると多くの人が、それまで手掛けていた仕事を離れて自分でビジネスを始めるのが、まさにこの39歳だったのです**。

ルーベンシュタイン　あなたはシステムをひとつにして、ご自分の会社がそのシステムに沿って運営されるようにしたわけですね。もう少し説明していただけますか？

スミス　いいですとも。要するに最も効率のいい方法を集めて、ひとつの体系的なアプローチに集約したのです。『このやり方をこう使えば、機能領域がどこにあろうと、会社の効率性が格段にアップしますよ』と示したわけですね。

私はこうイメージするのが好きなのですが、この最も効率のいい方法を彼らのビジネスに取り込むことで、最も利益の上がる成長を図るにはどうするべきなのかという、いわばルービックキューブのような複雑なパズルが解けるようになるのです。利益率が向上するのはもちろんですが、同時にビジネスの成長を一段と加速することができるのです。

慈善活動の大切さは両親に教わった

ルーベンシュタイン　ここ数年で多くの資産を得ると、慈善事業にもずいぶん力を注がれるようになりましたね。これはご両親からの影響が大きいのでしょうか？　なぜこの数年でそれほど、慈善事業に精力的にかかわるようになったのでしょう？

スミス　**私は物心ついてからというもの、母が毎月、黒人学校基金連合に向けて25ドルの小切手を書く姿を見てきました。**私が新しいコンバースのオールスターが欲しいと言うと、母は『お金を稼いで自分で買いなさい』と言います。私は言いました。『そこに25ドルの小切手があるじゃない。それだけあれば2足も買えるのに』と。母はそんな私に、地域に寄与することがどれほど大切か、こんこんと諭してくれました。

父は地元のYMCA組織、東デンバーYMCAで理事を務め、その運営に携わっていました。時間とエネルギーと知的能力を注いで寄付金を集めてくれたおかげで、地域の子どもたちはサマーキャンプに行き、野外活動を楽しみながら、そこで心と体を鍛えることがいかに重要かを学びました。

日々の暮らしのなかで慈善活動に汗を流すのは、私たち家族の生活の一部であり、精神的な拠りどころのひとつでもあったのです。

ルーベンシュタイン　あなたはギビング・プレッジに署名し、資産の半分を寄付すると宣言されています。それはあなたにとって大変なことですか？

スミス　特に大変だとは思っていません。ビル・ゲイツやウォーレン・バフェット、そしてあなたのような方たちが、そうした活動を熱心に行っておられるのは素晴らしいことです。

今私たちがいる社会には、自らの問題を解決していく力が備わっているのだと知る必要があります。私たちは富を積み重ねる一方で、私たちが生きているこの時代が抱える問題を解決していかねばなりません。

私には大切に思い、気にかけているコミュニティがあります。今日、彼らが直面する問題のうち、私が負担することで解決できるものがあればそうするつもりです。ギビング・プレッジの活動は社会にメッセージを――すなわち、『いいですか、これは資産の規模にかかわらず、大きな富を築いた者であれば、誰もがなすべき当然の行いなのです。それはギビング・プレッジに署名したかどうかではありません。私たちは実際に意味のある方法で、コミュニティを助けていくつもりです』というメッセージを送る、良い方法なんです。

ルーベンシュタイン 私たちは今、国立アフリカ系アメリカ人歴史文化博物館にいるわけですが、この博物館はあなたにとってどのような意味があるのでしょうか？

スミス ふたつの側面があります。まず、私たちには歴史上被った奴隷制度と現在も続く人種差別に苦しめられてきました。**私たちは、実際に国土の上に自らの血を流し、世界最高の国家を作り上げるのに尽力した人々を偲ぶ記念館を持つべきなのです。**これがまず第1点です。

第2点は、アフリカ系アメリカ人にとって、自分たちという存在やその未来に対して誇りを感じ、その歴史や将来に対して貢献できるような場所を持つことが重要だと考えたのです。

私がこの博物館に寄与したのは、アフリカ系アメリカ人たちの様々な資料をデジタル処理できるようにすることでした。どんな家族でも、家族の写真や体験談、映像などがあれば、たとえそれがどのようなものであってもデジタル化することができ、処理されたものはすべてこの博物館の一部になっています。来館者はそうした資料を呼び出せば、家族の来歴を学ぶことができるのです。

アフリカ系アメリカ人のコミュニティのためにできること

ルーベンシュタイン あなたはその他にも、非常に興味深い慈善事業プロジェクトを実行されていますね。コロラドにある牧場を作り替えようとしておられます。

スミス リンカーンヒルですね。アフリカ系アメリカ人たちによって作られた最古のリゾートコミュ

＊2 デューク・エリントン（1899～1974） アメリカ合衆国のジャズ奏者。デューク・エリントン楽団を率いてスウィング・ブームを牽引した。

＊3 ゾラ・ニール・ハーストン（1891～1960） アメリカ合衆国の作家、民俗学者。1975年、同じ黒人女性作家のアリス・ウォーカーに再発見され、再評価される。

ニティで、25ドルで土地の1区画を購入し、そこに小屋を建てたのが始まりでした。彼らは夏になるとそこにやって来ては、休暇を過ごしていたのです。

私は生後6か月で、初めてそこに連れていかれました。その歴史は古くまでさかのぼることができます。デューク・エリントン（＊2）からゾラ・ニール・ハーストン（＊3）、ラングストン・ヒューズ（＊4）、そしてカウント・ベイシー（＊5）に至るまで、多くの人たちがやって来ては滞在したものです。**というのも、当時のデンバーではアフリカ系アメリカ人がホテルに宿泊できない時代が続いていたからです。**

ところが人種差別撤廃後、多くのアフリカ系アメリカ人に関する法令や制度と同様、このリンカーンヒルも時とともに廃れてしまい、安い値段で切り売りされていきました。現在私たちは、コミュニティに様々な形で貢献できる素晴らしいプログラムを作り出しています。毎年夏になると、都市部に住む6000人の子どもたちがこの牧場にやって来ます。さらに毎年、200から300人の戦傷者の受け入れもしています。

しかし冬場に牧場が閉鎖されると、次に私たちは――実際には私の妻が――ひとつのプログラムの存在に気がついたのです。それは里子の養育を支援する『トゥギャザー・ウィー・ライズ』というプログラムでした。私たちは牧場に、16室の寝室を揃えた平屋建てのランチハウスを建て、30人の子どもたちが泊まれるような体制を整えました。クリスマス休暇には子どもたちを受け入れ、様々な楽しいイベントを催し、楽しんでもらっています。

ルーベンシュタイン　ご両親はご健在ですか？

スミス　母は元気にしています。

＊4　ラングストン・ヒューズ（1902～1967）　アメリカ合衆国の詩人、小説家。民族的覚醒と黒人芸術・文化の隆盛である「ハーレム・ルネサンス」の代表的な人物。

＊5　カウント・ベイシー（1904～1984）　アメリカ合衆国のジャズピアノ奏者。スウィング・ジャズ、ビッグ・バンドの代表奏者。

ルーベンシュタイン　お母様はおそらくあなたがこれまでやってこられたことを、心から喜んでいらっしゃるでしょうね。あなたのことを褒めようと、時間があれば電話をかけてこられるのではないですか？

スミス　母が電話をしてくるのは、たいてい、もう少しうまいやり方があるだろうと思ったときです。私たちのコミュニティが必要とするものは何か、母は常に深く考え、しかもその指摘は適確です。彼女は支援が必要な区域があると分かると、すぐさま電話をかけてきて、こう言います。『ロバート、あなたこれを考えないといけないわよ。このひとりの子どもを、あるいは何百人もの子どもたちを、どういう方法で、どうやって救えると思うかしら』と。

ルーベンシュタイン　あなたは今後、人々から、どんなふうに社会に貢献したと言われたいのでしょう？　その分、ビジネス面では少しペースダウンしているように感じます。何か他のことがやりたいとお思いですか？　政治活動に進んでいこうと思っていらっしゃるのでしょうか？

スミス　分かりません。たいてい人は、自分なりの方法で何らかの問題が解決できると思う分野に目がいくものです。**今私が取り組もうとしているのは、アフリカ系アメリカ人がアメリカの営利企業で働くことができるよう支援すること、つまり機会の平等化です。**

どうしたら私たちは、長く続けられる仕事への就業機会を――それは単に仕事や職場だけを指すものではありません――人々に与えられるのでしょう？　**私は、それは教育を通じて、あるいはインターンシップを通じてなされるべきだと考えます。**その対象となる人々を明確にし、一連の学校システムのなかで教育を受けさせ、適切なインターンシップを体験させ、彼らを単にクリエイティブなビジネスリーダーにするだけでなく、クリエイティブなエンジニア、もしくはテクノロジストへの道を歩ませる——今私は、そうしたできるだけ明確で持続可能な社会構造が確立されていくよう願っています。

ジェイミー・ダイモン

JPモルガン・チェース会長、CEO

「より良い世界を作るために私が貢献できるのは、JPモルガンをうまく経営していくことだ。私はいつもこう言うんだ。『JPモルガン・チェースで良い仕事ができなければ、私はこの会社で働く人たちの機会を奪うだけでなく、ともに仕事をする取引先2000社のチャンスまで損なってしまうのだ。企業には慈善活動を行ったり、人々の成長を手助けしたりする力が備わっている。だから私さえ良い仕事をすれば、そういうことがすべて実際に可能になるんだ』とね。**私は芸術家ではない。テニスプレーヤーでもない。ミュージシャンでもなければ、政治家でもない。これが私にできる社会貢献の方法なんだ。**」

3兆1000億ドルの資産を有し、世界中で事業展開しているグローバルな金融サービス会社、JPモルガン・チェースの取締役会長兼CEO。2006年11月にCEOに就任。アメリカン・エキスプレス・カンパニーでそのキャリアをスタートし、CFOを務めた後、コマーシャル・クレジット社の社長の座に就いた。1990年から1998年まではトラベラーズの社長兼COOを務め、同時にスミス・バーニー社の子会社のCOOを務めたあと、スミス・バーニーとソロモン・ブラザーズが合併すると、同社の共同会長兼CEOに就任した。1998年にはシティグループの社長に任命され、2000年には会長兼CEOとしてバンク・ワンに加わる。ダイモンはタフツ大学で学士号を、ハーバード・ビジネススクールでMBAを取得した。また、ビジネス・ラウンドテーブル、銀行政策研究所、ハーバード・ビジネススクールなど、多くの機関の役員も務めている。

最も成功を収めた銀行家

ジェイミー・ダイモンは2005年にJPモルガン・チェースのCEO兼社長に就任すると、世界で最もよく知られ、尊敬され、そして成功を収めた銀行家となった。以来、2020年6月初頭までの在任期間中、JPモルガン・チェースの時価総額は1320億ドルから4290億ドルまで伸び、受託資産は8280億ドルから2兆2000億ドルに増え、株価は38・57ドルから111・23ドルへと値上がりした。

ハーバード・ビジネススクールを卒業したてのころ、彼が銀行業界でこれほどの業績を達成しようとはいったい誰が予想しただろう。ハーバード卒業後は、ゴールドマン・サックスやモルガン・スタンレーからの誘いを断り、父親の友人だったサンディ・ワイルのもとで働こうと、アメリカン・エキスプレスへ入社した。しばらくは彼のキャリアはうまくいっているように見えたが、結局、シティグループ社長の座を追われることになる。**シティグループはジェイミーが手掛けた会社であり、しかも彼を放逐したのは、かつては彼のメンターを務めた友人のサンディ・ワイルだった。**

当時、私はジェイミーをカーライルに誘ったが、彼は大手銀行を経営するという、自分の経験に合った納得のいく機会をじっと待ち続けていた。バンク・ワンを率いるチャンスが訪れたとき、彼はそれを手にすると、バンク・ワンの業容を拡大し、JPモルガンに売却した。

その後彼は、バンク・ワンを世界的な銀行へ育てながら、銀行業務に邁進する。ジェイミーはどうやって大きな挫折を乗り越え、同時に、金融ビジネスの第一人者と言われる存在になり、世界的なリーダーシップを発揮するまでに至ったのだろう？

彼を知る人たちにとって、彼の持つスキルは明確だ。すなわち、一流の知性。細かなところまで把握し、有能なスタッフを揃えようとする情熱。リスクをとり、どしどし物を言うビジネスに対する姿勢。長時間勤務も厭わない献身性。そして世界的な銀行を構築し、リードしていこうとする大きな情熱である。これほど多様な特長を持つ人物は珍しい。

そのうちひとつの資質でも持っていれば、十分に素晴らしいビジネスリーダーになれる。だがジェイミーのようにすべてを兼ね備えているような人物は、一世代にひとりいるかどうかの稀有な存在だと言っていいだろう。

これほどの実績を残せる人物なら、こう口にしても不思議ではない。――どうせならこのままトップでい続けようじゃないか? いや、政府の高官としてやっていくのはどうだろう?

ジェイミーはJPモルガンに残ったが、それは自分が取り組んでいる仕事が好きだったし、少しでも他行に負けない銀行を築いていくのが楽しかったからだ。彼は大統領職に興味があると語ったが、その一方で自分自身が民主党支持者であり、その民主党が、およそ国内トップの市中銀行のCEOを候補者にするとは考えられないこともよく分かっていた。しかしこれは、JPモルガンの株主、一般顧客、取引先、そして従業員にとっては幸いだった。

（バフェットが見るように勧めたインタビュー

私は彼が金融業界に身を置き始めた当時から面識があり、これまで何度かインタビューを行っていた。彼はいつでもはつらつとして活力にあふれ、深い洞察力を持ち、率直な物言いをする人物だった。そして――これもまた稀有な才能だった。

このインタビューは2016年9月にワシントン経済クラブで行われ、その後、ウォーレン・バフェットが多くの友人たちにぜひ見るように勧めたものである。彼が特に称賛したのは、アメリカの国力の高さについてジェイミーが語った部分だった。

ジェイミーはインタビューの後、2020年3月に心臓の手術を受けた。4月の初旬にはオンラインで仕事に復帰できるようになり、多くの友人、同僚、そしてファンたちが喜んだのは言うまでもない。ジェイミー以外の人間がJPモルガンを率いるなど、想像できるはずがないのだ。当のJPモルガンでさえ、後継者にふさわしい人物が現れてくれないのだと間違いなく言うに違いない。

金融業は、何かを構築していく仕事

デイヴィッド・ルーベンシュタイン（以下「ルーベンシュタイン」）　お父様は株式ブローカーで、あなたもある程度、金融業に関する知識を持ってスタートされました。ご自身は最初から、銀行業務に携わることになるだろうと考えておられましたか？

ジェイミー・ダイモン（以下「ダイモン」）　いや、考えなかったよ。でも増えていくのはその分野の知識ばかりだ。弁護士になるつもりはなかったし、医者も嫌だった。**何かを作り上げていく仕事に携わりたかったんだ。**

ウォールストリートのそばで、株式ブローカーに囲まれて大きくなった。言ってみれば、金融業界のなかで育ったようなもんさ。**でも私にとっての金融業は、何かを構築していく仕事だった。**だから私はビジネススクールに入学したんだ。無理に金融業界に身を置く必要はなかったが、それでも魅力的に見えたんだ。新聞で読んだ記事はみな面白そうだったし、舞台は世界だし、たくさんの政策課題にも関われる。何かを構築していくには面白い仕事だった。だが正直に言えば、この仕事でなくてもそういう体験が積めたかもしれないね。

ルーベンシュタイン　一般的に言ってハーバード・ビジネススクールでは、ベイカー・スカラー——卒業者のなかの上位5パーセントに相当する、いわゆる最優等賞——であれば自分の希望する職種に就くことができます。あなたの場合は、ゴールドマン・サックスに行っていたかもしれません。何と言っても素晴らしい企業です。でもあなたは、サンディ・ワイルのもとで働くことを選択されました。

それはなぜでしょう？

ダイモン サンディが経営していた投資銀行、シェアソンは小規模だったが、アメリカン・エキスプレスの傘下に入っていた。私は彼に南半球で出会ったんだ。彼は私に、シェアソンへ来ないかと誘ってくれたが、私はそれを辞退した。ゴールドマン・サックス、モルガン・スタンレー、リーマンの3社からオファーを受けていたからだ。そちらの方が、シェアソンよりも多くを学べると考えたんだ。

彼らは私に電話をかけてきた。私はベイカー・スカラーで、それがサンディには重要だったんだね。彼はこう言ったよ。『うちへ来て、私のアシスタントをやらないか？ いろいろ勉強になるよ。何が起こるか分からないけどね』ってね。

彼はそれからさらに3年間、アメリカン・エキスプレス傘下にいたんだ。私もそこで、いろんなことを学んだよ。

ルーベンシュタイン 彼は職を解かれて、退社していますね。

うまくいったところで、急に解雇された

ダイモン 彼は会社を去り、そして私も一緒にやめたんだ。あちこちからずいぶん声がかかったが、そんな私にサンディは言うんだ。『手ごろな会社を見つけて、大きくしてやろうじゃないか』ってね。さっそく彼はコマーシャル・クレジットという名のボルチモアの小さな会社を手に入れ、私は私で市内のサイナイ病院で子どもを授かった。

私もボルチモアに腰を落ち着け、私たちはこの小さな会社の経営を始めたんだ。それは消費者金融

関連企業で、他にもイスラエルにあるリース会社、後発開発途上国向けの融資を行う国際銀行——最後は潰れてしまったが——、損害保険会社、生命保険会社を抱えていた。これがのちのシティの前身だ。

その後私たちは12年かけて、プライメリカ、スミス・バーニー、シェアソン、ソロモン・ブラザーズ、エトナ損害保険、トラベラーズ生命保険、トラベラーズ損害保険と、次々に企業を買収すると、それらを上手に切り回し、株主に対してもうまく対応しながら、最後はシティと合併するとコングロマリットを形成した。**それまでの苦労は並たいていではなかったが、なんと彼はそこで、私を首にした。**

1年後、私は彼に電話をかけてみた。——私からかけたんだ。念のために言っておくが、彼から電話がきたためしはなかった——そして私はこう言った。『サンディ、そろそろ昼飯くらい一緒に食べてもいいんじゃないか』とね。個人的に彼に会いたかったんだ。だが彼は言った。『会うならフォーシーズンズのレストランにしよう』。これはその後、ファイナンシャル・タイムズの一面になった。——『ダイモンとワイル、昼食をともにする』ってね。

彼はいささか緊張しているようだった。私は言ったよ。『サンディ、我々はこれまで顔を合わせようとしてこなかった。私がずっと言いたかったのは、君は会社に対して間違いを犯したってことだ。もちろん、私もたくさん過ちを犯してきた。そのなかにはこんなものもある——』。そして私は自分の過ちを語り、彼はそれを聞き終えるとこう言った。『打ち明けてくれてありがとう。感謝するよ』。私たちは素晴らしい昼食をともにすることができた。こうして人生は続いていくというわけだ。

ルーベンシュタイン 解雇され、次にやるべきことを探しているとき、あなたにはたくさんの誘いがありました。ホームデポから受けたのは、ＣＥＯ就任の打診でした——。

ダイモン　ホームデポからオファーがあったね。あとは何行か、国際投資銀行から誘われたが、いずれも本体の親会社ではなく、投資銀行の運営だった。

ＡＩＧのハンク・グリーンバーグも、『うちに来ないか？』と言ってくれたよ。サンディ・ワイルからハンク・グリーンバーグに乗り換える――人生は分からないもんだって、そう思ったね。

プライベートエクイティからは何社も声がかかった。ジェフ・ベゾスも連絡してきた。社長を探していたらしい。彼のことは好きだよ、それ以来の友人さ。『もうスーツは着なくてすむな。シアトルでボートハウスでも買って暮らすか』って思った。**でもそれまでずっと金融サービスの世界で生きてきた私はベゾスに言ったんだ。君と一緒に働くのは、テニス一筋に生きてきた人間が、ゴルフをやるようなもんだって。**

マーカス・バーニー、アーサー・ブランク、ケン・ランゴーンと食事もした。私は正直に言ったよ。『白状するとね、電話をもらうまではホームデポに行ったことさえなかったんだ』ってね。なぜ足を運んだかというと、ある人物がこう言ったからさ。『ジェイミー、夕食を一緒にするんだろう？　そしたらその前に一度は見ておくべきじゃないの』ってね。

彼らは気にしなかった。『我々は君という人間が必要なんだ。我々が探しているのは人の心であり、精神であり、魂だ。経営に関するノウハウやその手の経験や知識ではないんだ』と、そう言うんだ。

インターネット関連会社も数社、連絡してきた。『あなたなら数十億は稼いでくれるでしょう』って、彼らはだいたいお金の話だった。バンク・ワン（前ファーストシカゴ、訳注：２００４年にＪＰモルガン・チェースが買収）については、『これはチャンスだ』と思った。主要な金融会社は何社あるだろう？　30社？　では3年、4年、あるいは5年の間に、ＣＥＯは何人変わっただろう？　4人、それとも5人？　そのうち何社が外部からＣＥＯを雇った？　1社？　これはおそらくやっかいな仕事になるだろうと。でも私はこう言った。『コマーシャル・クレジット社の再建は、私がやるべき仕事に違いない。すべては、やり方次第だ』

私はまず自分のお金を会社の株式に注ぎ込んだ。株価が安いと思ったからじゃない。それが私のビジネスのやり方なんだ。会社の一員として、毎日汗を流そう、一時的に雇われた用心棒じゃない、会社のために血を流し、持てる力をすべて尽くして、次にバトンを渡すんだ――そう思ったんだ。単に会社に労働力を提供し、他人ごとのように会社を批評する人間は好きじゃない。私は他人ごとで仕事はしないよ。自分の取り組みそのものが会社の将来につながるわけだからね。報酬のためだけに働いているわけじゃないんだ。

まず国家のためになることをすべき

ルーベンシュタイン　バンク・ワンで仕事をすることになり、シカゴに移られます。もう一度ニューヨークに戻るつもりでしたか？　それともシカゴで骨を埋めようと思っていましたか？

ダイモン　そこまで考えていなかったな。シカゴは好きだよ。素晴らしい街だからね。でも風刺漫画が描かれていたなんて知らなかった。空港で座って待っている私に、ある人がこう言うんだ。『ダイモンさん、ニューヨーク行きのフライトはもうありませんよ』

シカゴに越したときには、誰も信じてくれなかった。『ここで暮らすんですか？　お子さんたちもシカゴの学校に通うんですか？』ってね。だから私は言ったよ。『もちろんですよ。ここで生活するつもりです』。でも当時はよくこうも言っていた。もしこのまま人生を全うしてシカゴで死んだら、私の灰はニューヨークに送り返してくれってね。それを聞くと、みんな笑ったよ。『ほら、ごらんなさい』ってね。

金融業界は吸収合併で大きくなっていく。今でもそうだ。いい業績を上げれば、おそらくそうした場面に遭遇するだろう。ただし、地域のなかでさらに大きな銀行になるために買収側に回るか、それとも吸収される側に回るか、それは分からないがね。

でも覚えていてもらいたい。それを決めるのは私じゃない、役員会なんだ。**私がすべきなのはできるだけ良い企業にして、会社の将来にあらゆる可能性を作り出していくことなんだ。**

ルーベンシュタイン　あなたはときどきワシントンを訪れ、政府の金融担当者や国会議員に会われていますね。それはあなたにとってどんな意味があるのでしょうか？

ダイモン　金融業界にはワシントンが関与している。そんなところに行く必要はないと言う人がいるが、私はそうは思わない。

方針はここ、ワシントンで決まるんだ。ここには、アメリカを少しでも良い国にしようと真剣に考えている人たちがたくさんいる。**もしそこに加わろうとしなければ、業界の方向は自分の知らないところで、自分以外の人たちが決めていくことになる。**だからワシントンを訪れるのは大切なんだ。

私はアメリカ国内をあちこち訪れるが、どんな都市に行っても、同じような考えを持つまったく異業種のグループに会い、様々な規則やルールについて話を聞かせてもらっている。これはとても大事なことだ。規制という重荷が減っていけば、実は経済は勢いを失っていくものなんだ。

ビジネスでワシントンを訪れるとしても、自分の会社や自分が携わる業界の利益よりも、まず国益を優先させなければならない。だが様々な企業の担当者たちは、ほんの些細なことでも自分たちに有利になるようにと、ワシントンを訪れては陳情していく。私はそうした恐ろしい話をいくらでも耳にしている。まず国家のためになることをすべきなんだ。そうすればうまくいく。国の経済力が高ければ、ビジネスは自然と上向きになるものなんだ。**だからビジネスは自分勝手にならぬよう、十分な注意が必要だ。**だがいくらそうしたところでアメリカ国民の目には届かないし、政治家の手柄にもならない。

近年、勤労貧困層の所得支援と勤労意欲の向上を目的として給付付き勤労所得税額控除が導入されたが、法人税を改訂してその適用範囲を拡大し、投資から得た企業のインセンティブ、すなわち成功報酬に少し課税すべきだと主張する理由はここにある。企業も多少負担することで、最下層の人たちに、たとえわずかでも教育機会の創出や収入の増加に寄与すべきなんだ。

アメリカは素晴らしいマーケットである

ルーベンシュタイン　あなたはJPモルガンが世界中から入手したデータをお持ちのはずです。今のアメリカ経済は実勢に見合っていると思われますか？　不景気は7年周期で来るというのが定説ですが、前回の景気後退からすでに7年が経過しています。今のところ景気後退の懸念は見られますか？

ダイモン　7年ごとに自動的に巡ってくるような規則性があるとは思えないな。**景気の状態を見る場合、ところどころに穴が開いていないか確認しようとするだろう。**2007年と2008年には、確かに借入資本利用と担保借入金に問題があったね。

今は明らかな穴は見られない。それどころかこれまでに加え、さらに1500万人の人々が職を得て働いているし、賃金も上昇を続け、株価は本来あるべき値段よりもかなり高止まりしている。住宅も不足気味だ。人々の消費意欲も高い。マーケットも好調、会社には現金があふれている。

景気に穴があっても、それが全体に影響するわけではない。自動車ローンはやや飽和状態だし、学生ローンにはかなり悪質なものもあるようだ。だがみな、アメリカの経済に大きな打撃を与えることはないだろう。

今日の政治は深刻な問題を抱えていると耳にする。だがそれに対して私は、違ったとらえ方をしているんだ。アメリカはこれまで、そしてこれからも、この地球上のいかなる国に対しても、最高の役割を担うだろう。私たちにはカナダとメキシコに、平和を愛する素晴らしい隣人がいる。自分たちが必要とする食料、水、そしてエネルギーを自らの手で賄うことができる。私たちは、地球上で最も優れた軍隊を保有しているし、このままの経済状況が続く限り、それは変わらないだろう。私たちには世界でも最高レベルの大学がある。素晴らしい大学は他の国にもあるだろう。だがアメリカにある大学はどれも最高レベルのものばかりだし、世界を舞台にビジネスをスタートしようという学生のほとんどは、いまだにアメリカで教育を受けている。さらに私たちは法の支配、つまり国民は民意を反映した適正・公平・合理的な法によってのみ支配されるという考え方を持っている。

また私たちには労働に対する素晴らしい倫理観があり、骨の髄までイノベーションがしみ込んでいる。生産性を上げるにはどうすべきか、ここにいる誰にでも尋ねることができる。何もスティーブ・ジョブズの専売特許ではない。アシスタントでも、現場の作業員でも構わない。訊けば答えが返ってくるだろう。誰にでも広く行き渡った感覚なんだ。私たちの金融市場は、世界に類を見ないほど広く、深い。私は今、その力の大きさを幾ばくか語ったが、それでもまだ、すべてを語り尽くせたわけではない。私たちが今日、享受しているのは、それほど素晴らしいマーケットなんだ。

ルーベンシュタイン 公職選挙に立候補しようと考えたことはありませんか？

ダイモン アメリカ大統領になりたいとは思いますよ、そりゃね。でもドナルド・トランプが今のような立場になるまで、誰もが、政治の経験もないような金持ちのビジネスマンが大統領になどなれるはずがないと思っていた。私は明らかに読み違えていたね。

たいていは上院議員か知事になって、その後何期か務めあげ、候補のひとりにならなきゃいけないんだ。いや、なかなか難しい。おいそれとはいかないね。

今日、私たちが耳にするのは『専門家は部屋から追い出せ』という言葉です。一度は聞いたことがあるでしょう。私たちに必要なのは、それを深く真剣に考える人たちによって定められた方針だ。分析が必要なんです。みんなで一緒に正しい施策に取り組まなければならない。

アメリカでは1億4500万人が働き、そのうちの1億2500万人が民間企業で仕事をしている。いかに政府といえども、そこから生じる問題をすべて解決できるはずがない。頼れるのは政府しかないと考えている人たちを見ると、郵政公社、退役軍人省、自動車局を思い出せと言うようにしている。唯一政府が上手に動かしているのは、軍隊だけでしょう。

全国を回れば、様々な都市や様々な州で、コラボレーションと呼ばれる共同作業を目にするが、何らかの理由で私たちは今、泥沼にはまり込んでいるのかもしれない。おそらく人間にとって、共同作業は複雑すぎるのかもしれないね。

JPモルガンの経営はダイモンにとっての社会貢献

ルーベンシュタイン 現在16年にわたり、CEOとして金融会社を——バンク・ワンとJPモルガンを——率いてこられましたが、経営者としての一番の喜びはどんなところにありますか?

ダイモン より良い世界を作るために私が貢献できるのは、JPモルガンをうまく経営していくことだ。私はいつもこう言うんだ。『JPモルガン・チェースで良い仕事ができなければ、私はこの会社で働く人たちの機会を奪うだけでなく、ともに仕事をする取引先2000社のチャンスまで損なってしまうんだ。**企業には慈善活動を行ったり、人々の成長を手助けしたりする力が備わっている。**だから私さえ良い仕事をすれば、そういうことがすべて実際に可能になるんだ』とね。私は芸術家ではない。テニスプレーヤーでもない。ミュージシャンでもなければ、政治家でもない。これが私にできる社会貢献の方法なんだ。

ルーベンシュタイン 私が思うに、あなたがずっと続けてくださる限り、株主たちは安泰でしょうね。現在の立場をいつまで続けるかという具体的な考えはありますか？

ダイモン そうだね、今の仕事は実にやりがいはあるし、続けるだけのエネルギーもある。とにかく実際に大きなエネルギーが必要なんだ。

マリリン・ヒューソン

ロッキード・マーティン取締役会長
元会長、社長、CEO

「**奨学金はもらっていなかったから、夜、働いていました。**一般に『墓地シフト』と呼ばれる、いわゆる深夜勤務ですね。午後11時から翌朝7時まで働いてから学校に行きました。授業は朝8時から午後の1時か2時まで。それから家に帰って眠りました。でもデートがあれば眠らずに出かけて、そのまま仕事に向かいました。18歳か19歳くらいのときって、そのくらいできちゃいますよね。フルタイムで働いて、学費は全部、自分で工面して、3年半で卒業しました。やるべき仕事をきちんとやる、そういうことです。」

ロッキード・マーティン・コーポレーションの会長。彼女は会長、社長、および CEO を7年以上務め、同社の歴史のなかに一時代を築いたあと、2020年に会長職に専念した。ヒューソンは1983年、インダストリアル・エンジニアとしてロッキード・マーティンに入社。『タイム』誌が選ぶ「世界で最も影響力のある100人の女性」のひとりに選ばれ、また『フォーチュン』誌の「ビジネス界で最も強力な女性50人」では2年連続で第1位に選出されている。これまでも、『チーフ・エグゼクティブ』誌から「チーフ・エグゼクティブ・オブザイヤー」に、『フォーチュン』誌から「トップ10ビジネスパーソン・オブザイヤー」に、そして『フォーブス』誌から「世界で最もパワフルな女性100人」のひとりに選ばれてきた。ヒューソンはアラバマ大学で、経営学の理学士号と経済学の修士号を取得している。

防衛関連企業の初の女性リーダー

2013年、マリリン・ヒューソンはロッキード・マーティン・コーポレーションのCEOに就任、さらに翌年には会長を兼任した。**事実上彼女は、アメリカ最大の防衛関連企業を率いる初の女性リーダーとなったのである。**

マリリンがロッキード社に入社したのは1983年。後に彼女がそうした立場になろうとは誰ひとり考えもしなかった（当時ロッキードはおろか、その他の防衛関連会社でも、女性役員の姿はほとんど見られなかった）。まして父親が、彼女が10歳になる前に、自分を含めて5人の子どもを母親に残して他界したときはもちろん、彼女自身がアラバマ大学に通う費用を捻出するため、フルタイムで夜勤の仕事をこなしていたころも、そんな未来の自分の姿を想像するなどできなかったに違いない。

会社が現在のようなロッキード・マーティンの姿に至るまでに、マリリンの責任は徐々に重くなり、リーダーシップが求められるようになっていった。主要部門の経営を担うために国内を飛び回るようになると、最高執行責任者（COO）に着任し、同時に役員会にも名を連ねた。同僚や顧客の目には、彼女は用意周到で結果を求める、有能な役員として映っていた。巨大企業の官僚機構のなかで物事を進め、そして会社の最大の顧客、すなわちペンタゴン（訳注：米国国防総省）とうまくやっていくにはどうすべきか――彼女にはそれがよく分かっていたのだ。

カーライルのパートナーのひとりがロッキード・マーティンの役員を務めていたし、ロッキード・マーティンもワシントンD.C.を拠点としていた。にもかかわらず私はマリリンと面識はなかったし、一方彼女自身も常に顧客、株主、そして従業員に目を向けていて人前に立つことに興味がなかった。そのためインタビューを実現させるには何度か交渉が必要で、ようやくワシントン経済クラブの昼食会の折に、インタビューに応じてもらえることになったのである。

インタビューが始まるとすぐに、マリリンはそのスタイルに馴染んでいった。**ロッキード・マーティンだけでなく、防衛関連企業全般の役員を男性が占めるなか、女性が頭角を現すのは容易ではなかっただろうと思っていたが、私はインタビューを通じて、彼女にはＣＥＯとして成功するために必要なスキルがすでに身についていたのだと感じていた。**

彼女がこれまで力を入れてきたのは、ロッキード・マーティン社の若い女性職員や今後入社するであろう女子学生たちのなかから、人材を見出していくためのタレント・パイプラインを構築し、彼女たちを最高幹部の地位に登用していくことだった。彼女は自分自身が今の立場に至るまで、大きな支援を受けてきたと知っていた。役員ともなれば頻繁に出張があり、ときには長時間勤務も求められる。そのために彼女の夫が専業主夫を務めてくれたのだ。彼女と同じ立場にある女性がみな、同じような支援が受けられるとは限らない。だが彼女自身は、それが家族にとって――さらにはロッキード・マーティンの株主たちにとっても――プラスに作用するはずだと考えていた。事実、彼女のリーダーシップのもとで、株価は4倍にまで跳ね上がっている。

マリリンは２０２０年、もう一度ＣＥＯに返り咲いた。彼女はすぐにその類まれな才能を、研ぎ澄まされたリーダーシップを、その業務に生かしていくことだろう。

会社はチームスポーツ

デイヴィッド・ルーベンシュタイン（以下「ルーベンシュタイン」）　CEOに着任以来、ロッキード・マーティンの株価はおよそ330パーセント上昇し、時価総額はおよそ280パーセント、アップしています。あなたのライバル企業であるジェネラル・ダイナミクスも女性CEOとしてフィービー・ノヴァコヴィッチを起用しました。やはり着任以来、株価は250パーセント、アップしています。防衛企業の経営は、男性よりも女性の方が向いているとお考えでしょうか、それとも企業経営全般、女性の方がうまいと言えるのでしょうか？

マリリン・ヒューソン（以下「ヒューソン」）　今、観覧席を見ていました。先ほどのあなたの言葉に、拍手で応えた女性がどれくらいいたでしょうと。**だけどデイヴィッド、会社はチームスポーツなのです。会社の業績はすべて私の力ってわけじゃありません。**確かにこの5年か6年のあいだ、私たちのチームが残してきた結果については十分満足しているし、誇りに思っています。今年でCEOになって6年目を迎えました。

ルーベンシュタイン　株主総会の壇上に足を踏み入れたとたん、参加者はみな、スタンディングオベーションで迎えてくれるんじゃないですか？　株主たちはとても幸せなはずですから。

ヒューソン　幸せに感じてくださる株主はいます、もちろんです。でもみなさん、私たちがコンスタントに企業価値を高めようとしているか、いつもそこを注意深く見守ってくださいます。『最近ではどんな取り組みをしたんだい？』という具合です。

ルーベンシュタイン　職務引継ぎの際、ドナルド・トランプは自身のツイッターで、ロッキード・マーティンの主力製品、F－35は高すぎると言っていました。あなたはそのとき、国外にいましたよね？

ヒューソン　ええ、イスラエルにいました。F－35を2機、初めて納入するためでした。

ルーベンシュタイン　あなたがたは政府に対して高額を請求しすぎるとツイートしたアメリカ大統領に対して、どう感じられましたか？

ヒューソン　私たちは機材を納入する場に立ち会う必要があって、イスラエルにいました。ネタニヤフ首相も同席していて、私にこう言うのです。あなたがたの大統領は今より安い値段で同じ戦闘機を手に入れるんだろう、それなら私もリベートをもらってもおかしくないなって。これにはちょっと困りました。

いずれにしても、次期大統領が誰に対して何を話そうとしているのか、理解しなければなりません。彼はアメリカ国民に伝えたいんです。設備や機材は自分が納得したうえで取引するつもりだと。防衛予算は増やす予定でも、国民の税金だから賢く使うんだと示したいんです。私は個人的にチームに対して、次期大統領としっかり対話するよう指示しています。

ルーベンシュタイン　少しはディスカウントしましたか？

ヒューソン　ええ、引き下げました。契約は成立しましたが、かなり急ぎました。彼はこの件に対して影響力を持っていましたからね。

母から節約の大切さを教えられた

ルーベンシュタイン　あなたはカンザス州で育ちました。9歳のときにお父様が亡くなられます。兄妹はあなたを入れて5人ですね。お母様はどうやって、子どもたちを育てられたのでしょう？

ヒューソン　とにかく大変でした。父は陸軍省に勤務していました。母は専業主婦で、5人の子どもをかかえて、それなりにお金もかかりました。

私が今日あるのは母のおかげです。ひとりで5人も育ててくれたのです。数年前に97歳で他界したけれど、本当に大変な生涯でした。

ルーベンシュタイン　アラバマのご出身でしたね。

ヒューソン　ええ、アラバマです。お金の大切さを教えてくれたのも母でした。私たち兄妹は、まだ若い時分から倹約することを学びました。**私たちはみな『料金の仕組みや払い方を学びなさい』と、電気料金の支払いに行かされたのです。**おかげで自立心が強くなりました。

ルーベンシュタイン　あなたのお母様が、よくあなたがたにこう言ったというエピソードを聞いたことがあります。**『食料品店に行ってきて。ここに5ドルあるから、戻ってくるときには7ドル分の食料品を持って帰ってきてちょうだい』**。

ヒューソン　本当の話です。小さいころから節約の大切さを教えられたのです。

ルーベンシュタイン　アラバマ大学に通われました。奨学金は受給されていましたか？　アルバイトをする必要はあったのでしょうか？

ヒューソン　奨学金はもらっていなかったから、夜、働いていました。一般に『墓地シフト』と呼ばれる、いわゆる深夜勤務ですね。午後11時から翌朝7時まで働いてから学校に行きました。授業は朝8時から午後の1時か2時まで。それから家に帰って眠りました。でもデートがあれば眠らずに出かけて、そのまま仕事に向かいました。18歳か19歳くらいのときって、そのくらいできちゃいますよね。**フルタイムで働いて、学費は全部、自分で工面して、3年半で卒業しました。やるべき仕事をきちんとやる、そういうことです。**

ロッキード社、最初の2年間で各部門を経験した

ルーベンシュタイン　卒業したあと、『ロッキード・マーティンのCEOになるんだ』と、公言しましたか？

ヒューソン　とんでもないです。まず仕事を探しました。大学卒業後、ここワシントンで、労働省労

働統計局のエコノミストとして働きました。ちょうど生産者物価指数を算出し直している真っ最中で、大学を卒業したばかりの新人には良い仕事だったのです。だから私のキャリアはここからスタートしたわけです。4年後、私は何社か面接試験を受けました。そのうちのひとつがジョージア州マリエッタにあるロッキード社で、上級インダストリアル・エンジニアとして働き始めました。

ルーベンシュタイン マリエッタへ行ったあなたは、その後、徐々に昇進していきます。その間、およそ22の異なるポジションを経験していますね。ずいぶんたくさんの部署を回られました。

ヒューソン マリエッタにはだいたい13年通ったと思います。1年と半年でインダストリアル・エンジニアのスーパーバイザーに、その後2年間にわたる統括経営開発プログラムの育成対象者になりました。私をプログラムに推薦してくれた人にとっても、面目を施す良い機会になったはずです。こうして私は2年間かけて、会社の各部門を経験していきました。2年が終わるころには、生産見積もりと予算部門を統括するマネージャーになっていたのです。

ルーベンシュタイン ご主人が失業されていた時期がありましたが、ある会社の採用面接を受けられています。それはどちらでしたか？

ヒューソン 勤めていた会社が倒産してしまったので、彼は仕事を探していました。私たちには5か月になる子どもがいたし、求人は買い手市場で厳しかったけれど、何とか仕事が見つかると良いねと話していました。そんなある日、帰宅すると彼はこう言ったのです。『聞いてくれ、仕事が見つかったよ』。私はすぐに訊きました、『どこなの？』って。すると彼はこう言ったのです。『ロッキードだよ』。

『ロッキードで働くの？　同じ会社ってこと？』

話を聞くと、彼が働くのは財務部でした。そのころ私は生産工学を担当していたので、同じ部署にはなりませんでした。彼は5年勤務した後、会社勤務から退きました。

ルーベンシュタイン　あなたが会社で成功したのは、ご主人に負うところも多分にあったようですね。普通なら奥さんが引き受けるだろうと思う役割を、退職されたご主人の方が担当されました。あなたが『退いた』という言葉を使ったのはそのせいですね。

ヒューソン　**ええ、なので私は『退いた』と言ったのです。**私の仕事の都合で、住まいもマリエッタからテキサスのフォートワースに越していました。当時、息子は3歳と6歳。家に子どもが何人かいると、かなり大変だってお分かりになりますよね。そこで私はこう言いました。『あなたが1年間、家で働くっていうのはどうかしら？』って。

そのスタイルが今日まで続いているというわけです。彼は父親として家にいてくれるようになりました。彼は子どもたちにとってコーチであり、ボーイスカウトのリーダーでした。郊外活動にもついて行ってくれました。私は仕事であちこち飛び回っていたから、彼が全部面倒を見てくれたのです。**今思えば私たちのそういうやり方は、今の時代を先取りしていたのかもしれません。でもそれが私たちには合っていたのです。**

子どもたちは今では20歳を過ぎたので、もう手もかからなくなりました。今のような生活スタイルを提案したころは、彼も5年をめどに考えていたようですね。最近、ロッキード・マーティンから老齢年金をもらったみたいです。

ルーベンシュタイン ではご主人も会社の業績に満足しておられるわけですね。

ヒューソン その通りです。

最新鋭のジェット戦闘機F－35

ルーベンシュタイン 冒頭で少し触れた会社の製品――戦闘機ですね、それについてお話を聞かせてください。これまでF－14、F－15、F－18と続き、F－22が開発されましたね。そして次がF－35です。22から35に飛んでいますが、何かあったのですか？

ヒューソン 飛行機のナンバーはロッキード・マーティンがつけているのではありません。決めるのはアメリカ政府なのです。Fは戦闘機（fighter）、Bは爆撃機（bomber）の頭文字です。こうした用語は一般的なもので、たいてい数字は順番通りに続きます。

私たちはX－35で契約を取りました。この時点では実験機や試作機なので、名前には仮にXもしくはYをつけます。ロッキードが入札に勝つと、空軍長官はこれを『F－35』と呼びました。みんなびっくりです。だってF－23だと予想していたからです。でも彼がそう呼べば、それが名前になるんですよ。

ルーベンシュタイン 契約が取れたところで、いきなりそれは間違いですと言うのは、さすがにはばかられますよね。

我が国の歴史を見ても、これまでで最大の国防契約でした。およそ１００億ドルほどだと思いますが、そうした航空機を作るのに、なぜそれほどお金がかかるのでしょう？　F－35のどこがそれほど優れているのでしょう？

ヒューソン　F－35Aは基本型通常離着陸機の派生型で、値段は9430万ドルです。2020年までには費用を抑え、8000万ドルで提供できるよう努力しているところです。考えてもみてください。メキシコ湾流上空を飛行するんですよ。

ルーベンシュタイン　時にはね。

ヒューソン　何に対する費用なのか、考えてみてください。世界でも最新鋭のジェット戦闘機です。それが8000万ドル――決して悪くない値段です。私はそう思っています。

世界の最先端をいく戦闘機です。レーダーに探知されにくいステルス性能に、コンピュータによる情報統合システム、センサーフュージョンを備えています。制空権を握るという意味では、まさに革命的な戦闘機です。でもそれだけではありません。作戦を展開する際、その場にあるすべての機材や装置と交信できます。**つまりF－35は、戦力を倍増させる航空機、フォース・マルチプライヤーなのです。**私が詳しく説明する必要はないでしょうね。実際にF－35を操縦するパイロットとお話しになるのが一番です。

ルーベンシュタイン　国内最大の防衛関連企業のCEOとは、どのようなものでしょう？　売り上げの70パーセントを占めるのがアメリカ政府ですが、政府のためにどれほどの時間を割いていらっしゃいますか？　1週間のスケジュールはだいたいどのようになっているのでしょう？

ヒューソン　だいたい60パーセントから70パーセントの時間をビジネスの戦略立案と顧客のため、さらに世界を回って実際に彼らと交渉するのに使っています。私の役割からすれば、議会や政府のリーダーに会い、彼らが何を必要とし何を優先しているのかを確認し、私たちの目指す方向性とすり合わせるのはもちろんですが、国外に出かけていくのも大切な仕事です。ビジネス全体の30パーセントは、国外にある世界中の政府が相手なのです。

世界で最も力のある女性22位

ルーベンシュタイン　あなたは昨今、世界で最も力のある女性は誰かという投票で、22位に選ばれました。アメリカの実業界のランクではありません。世界のなかでということです。あなたはそれを見て、『もっと上位じゃないの？』とは思いませんでしたか？　地球全体の36億人の女性のなかで、22番目に力があるというのは、どんな気持ちがするものなのでしょうか？

ヒューソン　その部分はあまり気にしていませんね、デイヴィッド。兄から短い手紙をもらったのですが、そこには『なんでオプラの方が上なんだ？』って書いてありました。そういうところにこだわりはありません。そんな番付は他にいくらでもあります。**大切なのは世界のなかで最も重要で、しかもやりがいのある仕事ができる会社を率いる機会を与えてもらっていることでしょうね。**

ルーベンシュタイン　働き始めたころは、女性は職場のなかにあなたひとりでしたか？

ヒューソン　私ひとりでした。その通りです。

ルーベンシュタイン　怖気づいたりしませんでしたか？　それともあなたが言ったように、『あなたたちに私の力を見せつけてやるわ』と思っていらっしゃったのでしょうか？

ヒューソン　新たにチームに加わろうとするときは、たとえそれがどんなチームであれ、まず自らの信頼を築かなければなりません。そこで実感するのが、自分の性別が周りとは違うということです。でも、いったん何らかの形でチームに貢献できれば、あとはもうそれは気にならなくなります。すぐにチームの一員になれたと実感できる。少なくとも私の場合はそうでした。

ルーベンシュタイン　でも当時と大きく異なるのは、今では社内のリーダーの22パーセントが女性だということですね。

ヒューソン　全従業員を見れば、そのうちの24から25パーセントを女性が占めているし、次の女性リーダーを輩出するための人材育成システムも確立されています。その場に女性がひとりだけ――そういう場面はもはや過去のものなのです。

35年前には、エンジニアやその他の部門からたくさん女性が現れて、グループのなかに定着していくなんて考えられませんでした。でも私たちの顧客を、つまり軍の内部に目をやれば、女性が制服を着て、リーダー的立場に立っているのが分かります。あとはそれに続く育成システムの問題でしょう。私たちは常により多くの女性を育てようと、意識して取り組んでいます。

ルーベンシュタイン　あなたのリラックス法は何ですか？　運動するのが好きなタイプですか？　旅行はされますか？　スポーツはいかがでしょう？

ヒューソン 夫と一緒にゴルフにでかけるのが、リラックスするひとつの方法でしょうか。家族みんなで集まって旅行もします。私は頻繁に出張していて、だいたい仕事の40パーセントから50パーセントは外に出ていますが、それとは違って、家族で旅行するのは本当に嬉しいものです。私はいつも、みんなが楽しいと思ってもらえるような旅行を企画しようとあれこれアイデアを練っています。親が費用をもって、しかもそれが楽しければ、みんな参加するものです。

TRANSFORMERS

変革する

3章

メリンダ・ゲイツ
エリック・シュミット
ティム・クック
ジニー・ロメッティ
インドラ・ヌーイ

メリンダ・ゲイツ

ビル&メリンダ・ゲイツ財団
共同議長

『**私たちがデータから学んだのは、私たちが収集する一般的なデータは客観的事実を述べているととらえることでした。**男性があまりに多いというデータは、明らかに性差別の存在を示唆しています。私たちには、女性がコンピュータサイエンスを学ぶことを諦める理由は分かっていません。でも私たちの持っているデータを眺めていると、ひとつの法則が浮かび上がってくるのが分かるのです。』

慈善家、実業家、そして子どもから大人まで女性に対する世界的な擁護者である。メリンダはビル&メリンダ・ゲイツ財団の共同議長として、世界最大規模の慈善活動の方向性と優先順位を決定している。彼女はまた、新規事業への投資や起業・育成を手がける企業、ピボタル・ベンチャーズを創設し、アメリカにおける女性や家族の社会的地位を高めるために活動を続けている。さらに、ベストセラーとなった『The Moment of Life（邦題：いま、翔び立つとき）』の著者でもある。テキサス州ダラスで育ったメリンダは、デューク大学ではコンピュータサイエンスの学士号を、デューク大学のフュークア・スクールオブビジネスでは、MBAを取得している。キャリアの最初の10年間はマイクロソフトでマルチメディア製品の開発を手がけ、その後会社をやめると、家庭や慈善活動に専念するようになった。2021年に夫のビルと離婚、ふたりのあいだにはジェン、ロリー、フィービーの3人の子どもがいる。

ロールモデルになったのはビル・ゲイツの妻だからではない

近年、メリンダ・ゲイツは女性を支援する活動を、特に後発開発途上国における女性の立場を代弁する活動を行ってきた。彼女には自分が目にした問題に対し、情熱を持って正していこうとする姿勢があり、それゆえに彼女は世界で最も力があり、尊敬され、名前を知られた女性のひとりとして認知されたのだ。

彼女はまた世界中の女性たちのロールモデルとなった――だがそれは過去四半世紀のあいだ、世界最大の資産家として君臨し続けたひとりのビジネスマンと結婚したためではない（＊1）。そうした伝説のような人物と結婚すれば、これまでの数十年間、常に世間の目にさらされ、気の休まる時間は少なかったことだろう。そうした環境のなかで子どもたちを3人も育てるというのは、それ自体が彼女にとって試練だったに違いない。

家庭の問題はさておき、ビル＆メリンダ・ゲイツ財団――世界最大規模を誇る民間慈善事業団体――の共同会長として情熱を持って活動を続けるメリンダは、男女を問わず、多くの人たちにとってのロールモデルでもある。メリンダは彼女の夫と対等な立場で財団の創設に奔走し、目標の設定を行い、さらに目標を達成するに足る資金があるか確認するため、世界中を飛び回ってきた。その影響力は世界規模であり、実際、世界を変えるのに――特に後発開発途上国における健康問題を改善するのに――十分な力を持っていた。

一方近年、世界中のあらゆる場所で、多くの女性が、たとえば子どもを育てるための基本的手段が欠落していたり、パートナーの虐待によって精神的、肉体的な苦痛に苦しんでいたり、避妊に対する知識が不十分なために不適切な対応になっていたり、あるいは賃金を得るのに十分な教育を受ける機

＊1　2021年5月、ビル・ゲイツと離婚。財団の仕事は共同で続けている。

会がなかったりといった様々な問題に直面している。メリンダはギビング・プレッジの活動に先導的な役割を果たすだけでなく、そうした諸問題に取り組むリーダーとしても活躍を続けていた。彼女は2019年に出版した『The Moment of Life（邦題：いま、翔び立つとき）』のなかで、そうした多くの問題について述べている。

また、メリンダはデューク大学の卒業生で、デューク大学評議委員会の委員も務めていたが、彼女よりもおよそ15年、大学の先輩だったにもかかわらず、私が評議委員に加わったときには、すでに彼女の任期は終了してしまっていた。当初からギビング・プレッジに賛同し、署名していた私は、彼女と長年にわたる付き合いがありながら、2019年4月にブルームバーク・スタジオで『ピア・トゥ・ピア』の収録を行ったのが、彼女に対する初めてのインタビューだった。

メリンダはそのなかで、高校生のときにコンピュータに興味を持ったのをきっかけにデューク大学へ、そしてその後マイクロソフトへと進み、最終的にはビル・ゲイツとの結婚に至る過程とともに、さらに慈善事業という、世界で最も頭を悩ませなければならない活動にいかに取り組んでいるか語ってくれた。だが、家族のほかに彼女が最も力を注いだものがインタビューを通じて明らかになった――**それは女性が、特に世界で最も開発の遅れている地域の女性が、満足のいく、健康的な、そして有意義な人生を送れるよう援助することだった。**メリンダはそうした方針に沿うべく、たゆむことなく、世界のなかでも訪れるのが大変な場所にまで足を運び、知識の豊かな専門家にいかに計画を立てるべきかを相談し、自分が取り組んでいる問題について世界的リーダーたちと対話を重ね、さらに周りの人たちにも、ともに問題に取り組んでいこうと啓蒙活動を続けているのだ。

これは世界で最も資産のある人物の配偶者が選ぶべき人生の姿ではない。たとえ自分のリーダーシップが他人に何らかの問題を与えようと（あるいは避妊薬の使用を擁護することが、彼女が信仰するカトリックの教義にそぐわないとしても）、これこそが自分の歩むべき道なのだと彼女は固く信じているのである。

世界最大規模の金額を慈善事業に使った

デイヴィッド・ルーベンシュタイン（以下「ルーベンシュタイン」）　まず財団について話したいと思います。世界最大規模を誇りますが、いったいどれくらい資金があるのでしょう？

メリンダ・ゲイツ（以下「メリンダ」）　およそ500億ドルですね。

ルーベンシュタイン　設立以来、どれくらい慈善事業にお使いになられましたか？

メリンダ　450億ドルくらいでしょうか。

ルーベンシュタイン　**慈善事業にそれほど使われた例は他にありませんね。**あなたはマイクロソフトが生み出した収益でその財団を作られました。そしてある日、ウォーレン・バフェットが訪ねてきてこう言います。『聞いてくれるかな？　これまで自分の資産をどうすべきか分からなかった。でも今は、あなたがたに渡したいと思ってるんだ。ふたりのやっていることに感心したんでね』と。

メリンダ　大筋はその通りですね。ウォーレンの奥さんのスージーは慈善活動に力を入れていました。だから当初、彼は自分の資産をバフェット財団に寄付する予定でした。だけど残念ながら思いがけず、彼女が早く亡くなってしまったのです。そこで彼はビルと私を驚かそうと私たちのところにやって来て、彼の資産は彼の子どもたちが運営する3つの財団と彼の妻の名を冠したスーザン・トンプソン・

ウォーレン財団に分割するが、でもそのほとんどを私たちの財団に寄付すると言ったのです。

ルーベンシュタイン　あなたがたのところにやって来て、『君たちに500億ドルか600億ドルの私の資産をあげる』と言うわけですが、彼はそのとき、他にどんな話をしましたか?

メリンダ　3人で話をしたあと、ビルと散歩に出かけました。周りには誰もいなかった。そしてふたりで泣きました。これまでふたりで世界中の人たちにしてきたよりも、もっと多くのことができるのです。ウォーレンの寛大な気持ちに触れ、信じられないほどの感動を覚えたとたん、大きな友情を感じました。

彼が理事でいてくれるのは本当に心強いです。**私たちと同じように、物事を長期的視野で考えてくれるからです**。でもそれだけではありません。時には私たちを後押ししてくれるし、困難な仕事に取り組んでいるときには、『君は正しいことをしているんだ』と個人的に励ましてもくれます。彼は自分の3人の子どもたちや私たちに、こんなふうに語ってくれました。『ホームランを狙ってフルスイングしなさい。社会が考えもつかない、周りが理解できないような選択をすることだ。そこにはリスクが伴うだろう。だがそういうリスクを恐れないでほしい』

なぜアメリカで得た利益をアフリカと東南アジアのために使うのか

ルーベンシュタイン　財団はいつごろ設立されましたか?

メリンダ　結婚したあとですぐにふたつ、財団を起ち上げました。2000年にそのふたつが合併してできたのが、今のビル&メリンダ・ゲイツ財団です。

ルーベンシュタイン　マイクロソフト社員として10年ほど勤務したパティー・ストーンサイファーが財団の運営にあたっていましたが、ビルがCEOを退いてからは、彼が財団の中心になりました。その後はあなたがたおふたりで、財団の資金をどう運用していくかを決められていますね。あなたはこうおっしゃいました。『取り組みたい問題がふたつあります。ひとつは後発開発途上国での保健医療問題を総合的に解決していく国際保健に対する取り組みで、主にサブサハラ・アフリカ（アフリカの内サハラ砂漠より南の地域）と東南アジアをターゲットにしています。もうひとつはアメリカのK－12教育です』

取り組むべき問題はたくさんありますが、どうやってそのなかから、このふたつを選択されたのでしょう？

メリンダ　**地球上に様々な国があるなかで、低所得国の人たちにとって成長の一番の足かせになっているのが、マラリア、HIV／エイズ、結核、子どもたちの無用な死を招く健康問題でしょう。**私たちは慈善事業として、この問題に取り組める余地があるのではないかと考えたのです。まず健康問題からスタートして、そのあとでK－12に入っていけば良いと。

アメリカでは誰もが平等な存在でありながら、チャンスは同じように与えられていません。私たちはその原因のひとつが、K－12に対する学校教育制度にあると考えています。

ルーベンシュタイン　『アメリカ企業として得たそれほどの収益を、なぜサブサハラ・アフリカと東南アジアに施す必要があるのか』とよく言う人がいます。いかがでしょう？

メリンダ　開発途上世界に対して幾ばくかの、たとえば50ドル、100ドルといったお金を寄付すれば、相当数の人の命が救われます。そうやって人を助け、彼らの自立を促していければ、世界中に平和で豊かな社会が築かれていくでしょう。**私たちはもちろんアメリカ国民ではあるけれど、それ以外の人たちも同じ人間なのです。**

ルーベンシュタイン　子どもが生まれると、彼らと過ごす時間を大切にしたいと、あなたはマイクロソフトをやめる決心をしますね。それを聞いたビルはどうでしたか？

メリンダ　『ほんとかい？』って、びっくりしていました。私はマイクロソフトで働くのが好きだったし、そもそも仕事そのものが好きなんだって彼は知っていたから、退職すると聞いて本当に驚いていました。

私が財団で働く時間は、子どもたちの年齢で決めていました。一番下の娘がプリスクール、つまり幼稚園に進むまでは、フルタイムで働くのは控えようと。幼稚園生になったらフルタイムで働こうと思っていたのです。

女性の状況を向上させるには、世界を変えなければならない

ルーベンシュタイン　財団の仕事で様々な土地へ足を運ぶなか、サブサハラ・アフリカも訪れていますね。そうした活動の結果として、もっと女性の抱える問題に意識を傾けようと決断されます。

メリンダ　財団の活動に携わったこの20年のあいだで分かったのは、もし女性の置かれた現状を少し

でも向上させようとするなら、私たちは世界そのものを変えなければならないということでした。今日、女性を貶めようとする力は至るところで見られます。世界の様々な国を訪れるたびに、嫌というほど目にしてきました。**もしひとりの女性の幸せを実現しようとしたら、周りの人たちも一緒に幸せにする必要があるのです。**それはつまり、コミュニティ全体を、そしてその国そのものを向上させなければなりません。

ルーベンシュタイン　最初にあなたが取り組もうと考えたのが、産児制限でした。あなたの宗教はカトリックです。『財団の活動をもっと産児制限に絞るべきじゃないかしら』とはなかなか言いにくかったのではありませんか？

メリンダ　家は代々カトリック教徒だから、そうした決断は難しいものでした。今でもカトリックを信仰しています。でもいろいろな国を訪ねて、そこに暮らす女性に会って様々な話を続けるうちに、彼女たちにとっては、母親になるのは文字通り死ぬか生きるかの問題なのだと分かってきたのです。『またすぐ妊娠したら、今度は出産で命を落とすかもしれない』とか、『もう子どもが5人もいる。またもうひとりできて食い扶持が増えたら、ただでさえ食べさせていけないのに、それこそ不公平。この子たちが可哀そう』という声は嫌というほど聞かされてきました。

だから私はカトリックに対する信仰と向き合い、自分自身にこう言い聞かせています。『私が信じるべきものは何？　それはまず、人命を救うこと』って。

自分が愛する子どもを連れて行ってほしいという母親がいる

ルーベンシュタイン　ときには相手の女性が『どうかこの子を連れていって。私には育てられないのよ』と言ったことさえあるそうですね？

メリンダ　一度どころじゃありません。これはウォーレンの奥さんのスージーから教えてもらったのですが、できるだけ名前を伏せて人に会いなさいと。目立たないようにカーキ色のパンツとシャツを着て、郊外の村落に行き、女の人たちと話すのです。スージーはこう言いました。『男性でも女性でも、その人たちと話をすれば、たくさんのことが学べる』と。

ひとつの例をお話ししましょう。インド北部のある診療所を訪ねたときのことでした。私たちは政府と一緒にその診療所で、妊婦が無事に出産できるよう支援を行っていました。それは彼女たちと生まれてくる子どもたち、双方の命を救う行為でした。

私はその村で、ある女性と話をしました。そのとき彼女の隣にはまだ幼い男の子とご主人が座り、彼女はその腕のなかに、生まれたばかりの赤ん坊を抱いていました。彼女はその診療所で、安心して子どもを産むことができたのです。私は彼女から、その話を聞こうとそこを訪ねていました。だいたい話も終わったところで、私は最後にひとつ質問をしました。私はこんなふうに尋ねたのです。『あなたが抱く将来の希望は何ですか？』と。彼女はマイナという名でした。

すると彼女は長い間うつむいたまま、ひと言もしゃべろうとはしませんでした。その目はじっと床の一点を見つめていました。私は、自分の質問が適切なものではなかったのだろうと思っていました。すると彼女は顔を上げ、私を見つめるとこう言ったのです。『正直に言えば、私に望みはありません。

この子も赤ちゃんも、食べさせていける望みがないんです。まして教育なんて無理な話です。どうか、この子を一緒に連れていってください』

そう言われたとき、私の胸は張り裂けそうでした。自分の子どもを心から愛しているのに、だからこそ見ず知らずの人に預けた方が良いと口にする女性を目の前にして、私は本当に胸が潰れる思いだった。**そしてこれが、世界中の多くの女性とその家族が抱える問題のうちの、ほんのひとつの物語なのです。**

ルーベンシュタイン　そうした地域の女性に対して、避妊ができるような処置はとられましたか？

メリンダ　私たちは2012年にパートナーたちと連絡を取り合い、26億ドルの寄付を集め、世界中の様々な手段による避妊の方法が受けられるようにしました。対象は、女性の身近にそうした方法が備わっていないような、まだ貧しい69の国々です。私たちは組織的に活動を展開しながら、それを彼女たちに教えていきました。今ではその方法に習熟した女性がどれほどいるか、それを知ったらきっと驚くでしょうね。**でも大切なのは、自分の体の構造を知り、そのうえで自分に合ったツールを選択すべきなのだと教えていくことなのです。**

コンピュータサイエンスを勉強したかった

ルーベンシュタイン　あなたが取り組む女性に関する問題について具体的に触れていく前に、あなたのこれまでの人生についてお話をしていければと思います。あなたはダラスで育ちました。お父様はエンジニアです。間違いありませんか？

メリンダ　航空宇宙エンジニアでした。早くからアポロ計画に携わっていました。

ルーベンシュタイン　ちょうど、アポロの月面着陸50周年を迎えるところでしたね。お父様はそこに関わっておられたと？

メリンダ　父はジョージア工科大学で工学の学士号を修得しているのですが、アポロ計画のおかげで、大学から表彰されています。

ルーベンシュタイン　お母様は大学を卒業されてはいませんでしたが、お子さんたちが私立学校に通えるように、ご自宅で不動産の仕事を始められていますね？

メリンダ　私たちは4人兄弟でした。父と母は、私たち全員が大学に行くことを望んでいて、アメリカ国内であればどの大学にでも行けるようにと、学費の捻出方法を考えてくれていました。そのために小さいながらも不動産投資ビジネスを始めたというわけです。**母は私たち4人を育てながら、日中はその経営にあたっていました。**夜や週末になると、父と私たちも加わって一緒に仕事をしたものです。

ルーベンシュタイン　あなたはカトリックの女子高に通われ、その後、デューク大学へ進まれましたね。他に通いたいと思った学校はありましたか？

メリンダ　高校の友達のお父さんにノートルダム大学出身者が多かったから、最初に行きたいと思ったのはノートルダムでした。でも父と一緒に大学を見に行ったら、コンピュータサイエンスは徐々に縮小、廃止していく予定だと言われました。一時的な流行に過ぎないから、学部の一科目に戻そうというわけです。私が勉強したかったのは、そのコンピュータサイエンスだったのです。高校の数学の先生が教頭になって、学校にコンピュータを導入しようとしていたせいかもしれません。コンピュータなんて、当時はまだ誰も持っていない時代でした。

とにかく大学でコンピュータサイエンスを学びたかった私は、精神的にひどく落ち込みました。だって私の夢は、ノートルダムに行くことだったのです。その後、デューク大学に見学しに行くと、IBMから贈られたコンピュータ研究室がふたつもあって、それを見た私は確信しました。『ここに行くべきだ』と。

なぜ女性はコンピュータサイエンスを学ぶことを諦めるのか

ルーベンシュタイン　面白いことに、数年前までに比べて今の方が、コンピュータサイエンスを学ぶ女性の数が少なくなっているようです。なぜでしょう？

メリンダ　私が大学で学んでいた1980年代後半には、コンピュータサイエンスを学ぶ学部生の37パーセントが女性でした。その後は法学や医学のように人気が上がるだろうと思っていたけれど、17パーセントから18パーセント程度にまで落ち込みましたね。最近またやや上昇傾向にあって、19パーセントといったところでしょうか。

私たちがデータから学んだのは、私たちが収集する一般的なデータは客観的事実を述べているとと

らえることでした。男性があまりに多いというデータは、明らかに性差別の存在を示唆しています。私たちには、女性がコンピュータサイエンスを学ぶことを諦める理由は分かっていません。でも私たちの持っているデータを眺めていると、ひとつの法則が浮かび上がってくるのが分かるのです。

パーソナルコンピュータは、最初は男の子が家庭で遊ぶゲーム機器として販売されたものでした。私たちが家庭用ビデオゲームで楽しんだのは、卓球ゲームの『ポン』か、せいぜい『パックマン』程度です。ところがコンピュータが現れると、それは男の子が使うものとして考えられ、男の子用のゲームが――射撃や暴力が中心のゲームが――次々に開発されていったのです。当然女性や女の子たちは『私は遠慮する』と足が遠のき、自ずと彼らだけの世界が築かれていくわけですね。

ルーベンシュタイン　あなたはご自身が書かれた本のなかで、コンピュータはどちらかと言えば女性のための機器であると考えるべきだと述べられています。なぜなら経理などの事務管理業務はコンピュータを活用すべきものであり、あなたの言葉を借りれば『女性の仕事だから』です。あなたがたはテクノロジー関連のスタートアップ企業を起ち上げたわけですから、そうした仕事をもっと魅力的で格好いいものにできれば、多くの男性がその分野に流れ込んでくるはずです。

メリンダ　確かにそうなれば自己強化型メカニズムが生まれてきますね。**私たちはもっと、女性のために新たな道を切り開かなければなりません。**国内で最も評価の高い大学に多くの女性やマイノリティ出身の学生が入学してきているけれど、大学側も実業界におけるより多くの問題に対処できるよう、一流のコンピュータサイエンスが学べるクラスを準備するべきです。

ルーベンシュタイン　あなたはカトリックの女子高に通ったあとで、デューク大学に入学されました。

クラスに異性がいるという環境はどうでしたか？

メリンダ　私たちの女子高では、物理学や微分積分学が学びたければ――私も実際に3年次に選択したけれど――学校の少し先にある男子校まで通いました。男の子たちは騒ぎましたね。

デューク大学に入ると、政治学や経済学の授業で教授が学生に質問をしてくるの。私はカトリックの女子高で習った通り、きちんと手を挙げて答えようとするんだけれど、男子学生は勝手に答えを叫ぶのです。それは驚きました。クラスのなかで自分の考えを聞いてもらいたければ、大きな声をあげること。私はこのゲームのやり方を理解しましたし、実際に――そうしました。

ＩＢＭか、マイクロソフトか

ルーベンシュタイン　あなたはデューク大学で5年間の特別プログラムを選択し、学士号とＭＢＡの取得を目指します。5年後、その資格を手に、あるコンピュータ企業の面接を受けます。あなたが入社したかったのはＩＢＭでしたね。

メリンダ　夏にＩＢＭでインターンシップを体験したからです。大学を卒業したら入社して働かないかという誘いでもあったから、とても嬉しかったです。

ルーベンシュタイン　別にもう1社、デューク大学で出会った小さな会社がありましたね。それがマイクロソフトでした。会社に面接試験を受けに来ないかと言われます。業界トップのコンピュータ企業であるＩＢＭからオファーをもらっていたのに、なぜ行ってみようと思われたのでしょう？

メリンダ　マイクロソフトの製品がちょうど世間の注目を集め始めていたころでした。面接を受けにマイクロソフト社を訪れると、とにかく驚いたのがそのエネルギッシュな雰囲気とスピード感でした。世の中を変えてやるんだという意気込みがひしひしと感じられました。『こんな活気あふれる職場で、こんな生き生きとした人たちと働きたい』——そう思ったのです。

私の面接に立ち会った人たちは、ひとりを除いて全員男性でした。でも大学の2年次と3年次には、コンピュータサイエンスに在籍している女性はほとんどいなかったから、私は男性が多い環境には慣れていました。マイクロソフトで初めて、MBAを取ろうという人たちが集まったクラスができたときも、9人が男性で女性は私ひとりでしたね。

ルーベンシュタイン　そしてマイクロソフトに入社されます。思っていた通りの会社でしたか？

メリンダ　私たちは世の中を変えつつありました。それが心地よかった。革新的な仕事をしているんだ、何かを生み出しているんだという昂揚感が何ともいえなかったのです。IBMに行った誰かが、『もしIBMで働いていたら、君は女性として目を見張るような出世を遂げていたかもしれないな』って言ってくれたけど、私はそれも嬉しかった。

でも私は2年も経たないうちに、マイクロソフトをやめようと真剣に考え始めていました。正直なところ、マイクロソフトの企業カルチャーが殺伐としたものだったからです。適当にあしらっていくことはできます。どうしたら自分のアイデアを理解させられるか、どうしたらチームのアイデアを通せるか、よく分かっていましたから。でも私は、そんな自分が好きではありませんでした。スーパーマーケットに行ったり、いろいろな場所に足を運んだりしたとき、世間の人たちに対しても、そんなふうに接している自分に嫌気がさしていたのです。

そんなわけで私は会社をやめようと思っていたのです。でもそのときはっと気がつきました。『**周りを気にせず自分らしくやってみて、うまくいくか試してみよう。もしだめなら、違う仕事を探せばいいんだ**』って。

そして私は自分を取り戻そうとし始めました。協調性をもって一緒に働けるようなチームを作り、ぎすぎすした雰囲気を解消しようと努めたのです。驚いたことに、会社のなかには私の考えに賛同する人たちが大勢いて、会社中から社員を集めることができました。

ルーベンシュタイン　ＩＢＭの採用担当が、もしマイクロソフトから採用したいと言ってきたら、受けるべきだと言ったそうですが。

メリンダ　本当です。彼女は採用部門の担当者で、入社したら私の上司になる人でした。私は『最後にもう1社、面接を受ける予定があるのですが、それが終わったらこちらにお世話になるつもりです』と言うと、どの会社かと訊いてきたのです。私が『マイクロソフトという小さな会社です』と答えると、彼女は私の眼をじっと見つめながらこう言いました。『ひとつアドバイスしていいですか。もし採用したいと言われたら、受けなさい』。私は思わず訊き返していました。『え、今なんとおっしゃいました？』

彼女は言いました。『ＩＢＭに入っても、あなたならきっとうまくやっていけると思います。でも昇進するには、管理職として一歩ずつ昇っていかなければなりません。**でもマイクロソフトのようなスタートアップ企業なら、私が思った通りの実力が本当にあなたにあれば、あっという間に会社を動かす立場にまでなれるはずですよ**』。そして彼女は正しかったのです。

ルーベンシュタイン　もしＩＢＭのオファーを受けていたら、あなたの人生はどうなっていたとお考えでしょう？

メリンダ　ビルも３人の可愛い子どもたちもいない生活なんて、想像するのも難しいですね。たぶんテキサスのダラスで暮らしているのではないでしょうか。今の財団での仕事のように、世界中を飛び回っているなんてことは、おそらくなかったでしょうね。

公私混同しないように

ルーベンシュタイン　周りの人が、ＣＥＯであり創立者である人物とデートしていると知っているなかで仕事をするのは、大変ではありませんでしたか？

メリンダ　ビルと初めてデートしたとき、せいぜい会ってももう一度くらいかなと思っていました。最初のうちは、『たぶん、興味をそそられるのも最初のうちに決まってる。マイクロソフトは今、世界のなかですごい仕事をやってのけているし、彼はそんな会社を引っ張っているのだから』と、それくらいに考えていました。それでも二度ほど会い、その後もデートに誘われて、『これはちょっと厄介なことになってきたかもしれない。私は本当に彼とデートしたいのかな』――そう思いました。なぜなら私は懸命に仕事に励んでいたし、コンピュータサイエンスも学んでいました。ＭＢＡを取得するために経済学も勉強していました。私は思ったのです。『こういう状況は、私にとって果たして良いことなのかな』と。

それでも私は彼とデートしようと決めました。でもそれを隠すつもりはありませんでした。**公私を分けるために明確な線引きをしているとチームにはっきり示したかったので、マイクロソフトを出て家に帰ってからは、ビルに仕事の話はしませんでした。**ビルを含む上級管理職とのミーティングがあれば、私はチームでその準備をしました。誰だって緊張しますよね？　私は彼らに用意をさせ、私自身も準備をしたのです。一番してはならないのは、プライベートな時間に彼と仕事の話をすることでした。ミーティングでは、私はあくまでチームの一員なんだとメンバーに知らせる必要があったのです。

ルーベンシュタイン　それはうまくいきましたか？

メリンダ　ええ、うまくいきました。

虐待は女性を沈黙させてきた

ルーベンシュタイン　ご自身の本のなかで——こういう話を書くかどうかは難しい判断だったと思いますが——ビルと出会ってご結婚される前に、虐待的な扱いを受けた経験があると明かされました。財団ではそうした虐待関係をなくすために、どんな取り組みをされていらっしゃいますか？

メリンダ　**虐待的な扱いを受けていたと書いた理由は、それが誰にでも起こる可能性があると知ってほしかったからです。**虐待を受けた人は、なかなかそれを口にしようとはしません。結婚生活、職場、あるいはコミュニティで虐待を受けた女性は、その口を固く閉ざしてしまうのです。

私の場合は、自信を失いました。私は世界中を飛び回り、多くの女性とワクチンについて、ベンチャーキャピタルについて語り合ってきました。そのたびに嫌がらせや虐め、虐待について何度も耳にしてきました。まして世界の国々では、程度こそ違っても、そういう話は次から次へと尽きることがないくらい起こっているのです。

何百万人という女性があらゆる場所で、嫌がらせなり虐待的扱いなりを受け続けているのです。繰り返しますが、それは女性を沈黙させてしまいます。アメリカ国内でさえこの2年間で、職場で嫌がらせを受けた女性の80パーセントが仕事をやめています。

こうした障害について話し合い、彼女たちを立ち直らせなければなりません。私たちにできるのはデータを収集すること。虐待に対しては、誰もデータを集めていないのです。私たちはそれに取り組み、話を集め、理解し、世界中のあらゆる場所を変えていくために全力を尽くしています。

ルーベンシュタイン 数年前になりますが、あなたとビル、そしてウォーレンの3人は、ギビング・プレッジの起ち上げを決意されます。その役割は何でしょう？ そして現在、それに賛同し、署名を行った人はどれくらいいますか？

メリンダ そもそも発案者はウォーレンなのですが、その目的はこうです――『もしもあなたがたくさんの資産を持っているなら、もしあなたがアメリカの、あるいは世界のいずれかの国の億万長者なら、その資産の半分を寄付することができるでしょう。それは社会にとって正しい行いなのです』

もしビルやウォーレンが、言ってみればマラウイやモザンビークにいたら、明らかに今のようなビジネスを起ち上げることはできなかったはずです。**インフラストラクチャー――つまり社会にきちんとした経済基盤があったからこそ、今のような資産が得られたわけですね。そう考えれば、資産の少**

なくとも半分は社会に還元すべきなのです。あなたにもずいぶん助けられました、デイヴィッド。おかげさまで、今では世界22か国、１９０組（２０２０年現在では２０７組）の人たちがギビング・プレッジに賛同してくれています。

ルーベンシュタイン　自分たちの資金をこの事業のために使おう、とか、この団体に寄付しようといった資産家たちの慈善事業に対する取り組みには、これまで何かと反発も多くありました。

メリンダ　**ビルもウォーレンも私も、今アメリカに存在する不平等は、本来あってはならないと確信している――これが真実です。**私たちはそれに対して何か行動を起こさなければなりません。私はこれまでこの国で、私たちの民主主義、私たちの資本主義体制のもとで暮らしたいと願う多くの人たちに出会ってきました。

でも実際には、彼らの認識とこの国の現実とのあいだには、残念ながらずれがあります。私たちは物事を本来の姿に戻すことで、そのずれをなくさなければならないのです。ビルと私が一番理解しようと努めたものが、慈善活動の役割でした。すべての慈善活動は物事にくさびのように打ち込まれ、そこで触媒の役割を果たしていくのです。私たちには物事を試すことが可能です。政府だと納税者のお金だからと躊躇しても、私たちは自分のお金だから、実験することもできるのです。

私たちがそれを証明し、政府がより一層大きな規模で実行していけば良い。慈善活動は政府、民間セクター、非政府組織とともにあるべきです。そういうパートナーシップ、そういうエコシステムこそ、世界にとっては一番良いやり方なのかもしれません。

エリック・シュミット

グーグル／アルファベット
元会長

「ゼネラルマネージャーと聞いて誰もが頭に浮かべるイメージは、今の世の中の動きに適っているとは思えません。これからのマネージャーは何かが得意であれば良く、そこから学んでいけばいいのです。**どこからスタートしても構いませんが、何かひとつ、特に秀でているものを持っている必要があります。**あとはそこからスキルを広げていけばいいのです。」

アルファベットのテクニカルアドバイザーであり、テクノロジー、ビジネスおよびポリシーに関する問題に対し、各リーダーにアドバイスを行っている。エリックは2001年にグーグルに加わると、シリコンバレーのスタートアップ企業を支援し、テクノロジーにおける世界的リーダーへとその成長を促した。2001年から2011年まではCEOを務め、2011年から2018年までは創設者のセルゲイ・ブリンとラリー・ペイジとともに会長職を担った。エリックはこの他、メイヨー・クリニックやブロード研究所などの役員も務めている。シュミットファミリー財団を通じた彼の慈善活動は主に気候変動に焦点を当てながらも、海洋および海洋生物の研究支援や、教育、特に自然科学と工学における最先端の研究と技術にまで及んでいる。彼はまたシュミット・フューチャーズを創設し、科学技術の使い道をよく考え、分野を超えて協力することで、優れた人々が他の人たちのためにより多くのことが行えるような支援活動も行っている。彼の共著に『New Digital Age（新デジタル世代）』、『How Google Works（邦題：ハウ・グーグル・ワークス―私たちの働き方とマネジメント）』がある。近著は、『Trillion Dollar Coach: The Leadership Playbook of Silicon Valley's Bill Campbell（1兆ドルコーチ シリコンバレーのレジェンド ビル・キャンベルの成功の教え）』

グーグルにとってのしかるべき「大人」

エンジニアになるべく教育を受け、訓練を受けたエリック・シュミットは、テクノロジー企業であるノベルのCEOに就任する。彼がシリコンバレーで培ったテクノロジー産業に対する知性と知識を考えれば、その業界のリーダーのひとりになるのは至極当然のことと思われたが、世間の大きな注目を集めるまでには至らなかった。だが後に、セルゲイ・ブリンとラリー・ペイジのふたりに会ったときには、世間は放ってはおかなかった。**ブリンとペイジは投資家たちから、まだ若い検索エンジン会社であるグーグルには、しかるべき「大人」が必要なのだと説得されていたのである。**

よほど過去20年のあいだに世間から身を隠していた人間でなければ、このグーグル（現アルファベット）の急激な成長とその革新的な検索アルゴリズムは誰もが知っているはずだ。会社の資産価値は1兆ドルを超え、2019年度の年間収益はおよそ1610億ドル、2020年初頭の従業員数は12万3000人、主力の検索ビジネスの利用頻度は年間推定1兆2000億回を数えている。あまり知られていないようだが、シュミットはCEOとして（およそ9年と少しの期間）、マネジメント、財務管理、企業運営における長年のノウハウを、ベンチャー企業であるグーグルにもたらした。一方グーグルのふたりの創業者は、シリコンバレーの投資資本家たちから相変わらず必要とされていた。

グーグルの――世界の至るところで日常的に見られるほどの――大きな成功は、まったく予想外と言って良かった。グーグルが創業したとき、すでに多くの検索エンジン企業が先行していた。グーグルの検索エンジンのマウストラップが他よりも優れていたからかもしれない。しかしだからと言って、それがシリコンバレーでの彼らの成功をもたらしたとも思えない。

グーグルが設立からそう間を置かずに大きな成功を遂げ、株式を公開し、公開会社としては前代未聞となる市場価値の高騰を招いたのも、まだ草創期にある会社のなかで、セルゲイやラリー、そしてその他の若い科学技術者やエンジニアたちに対し、エリックが経験に裏打ちされたリーダーシップを発揮したからに違いない。エリックは今では、グーグルやアルファベットにおけるCEOや取締役としての地位から退きはしたが、国内で最も尊敬を集めるコメンテーターかつ専門家として、アメリカ政府、州政府、大学、そして非営利団体に対し、急速に変化し続けるテクノロジーの分野に関するアドバイスを行っている。彼はまた、ベンチャーキャピタルに対する投資家として、また海洋や教育に関心を持つ慈善事業家としても知られている。

私が初めてエリックに会ったのは、彼がまだグーグルのCEOを務めているときで、それ以来、数多くの非営利活動や慈善活動に関する案件で、ともに汗を流してきた。私はまた、テクノロジー関連の問題に遭遇したときには、しばしば彼からアドバイスをもらっている。私は長年にわたり様々なフォーラムで彼にインタビューしてきたが、それは決して簡単な仕事ではなかった。——というのも、彼はインタビューの受け手としては、多くの経験を積んだスキルの高い人物だったからだ。今回のやり取りは2016年10月、ワシントンD.C.にあるグーグルのオフィスで、『ピア・トゥ・ピア』の収録として行ったものである。リーダーは何によって形成されるのかという議論のなかで、エリックは、あるひとつのスキルをマスターしてから別の領域に手を広げる重要性を強調しているが、私は今でもそのアドバイスを踏襲している。**キャリアを積み重ねていく場合、最初に何かひとつの分野のエキスパートになり、そのために周りの人たちが助けや指導を請いにやって来るようでなければならない。**いったんその領域で知識なり能力なりを身につければ、そこで習得したスキルや人から得られた信頼性は、その次の、そしてまたその次の専門性へと手を広げていく際の助けになるはずだ。

エリックは自らそれをはっきりと示している。彼はまずマネジメントとエンジニアの専門性を獲得すると、次に投資、そして社会政策、慈善事業へと徐々に手を広げていったのである。

ラリーとセルゲイと一緒に働きたくなってしまった

デイヴィッド・ルーベンシュタイン（以下「ルーベンシュタイン」）　グーグルに加わったとき、グーグルはまだ小さな会社でした。それが、世界のなかでこれほど市場価値の高い企業のひとつになると、当時から思っていましたか？

エリック・シュミット（以下「シュミット」）　おそらく誰も思っていなかったでしょうね。私自身がそうでしたから。**ラリーとセルゲイに会ったとき、彼らは信じられないほど知性的でした。**そのとき彼らは、技術的なことについて論争していたのです。私はそういうハイレベルの議論から、長いこと遠ざかっていました。『彼らと一緒に仕事をするべきだ』と思いました。しかも私は、ひとつのビルに収まるくらいの会社が理想だったんです。もちろん今では、たくさんのビルに分かれてしまいましたが。

ルーベンシュタイン　あなたはノベルのCEOでしたが、グーグルに移る準備もできていました。たくさんの選択肢をお持ちだったわけですね。そのなかでグーグルを選択した理由は何だったのでしょう？

シュミット　私は実際、どこかに移るつもりはありませんでした。そんなとき、ベンチャーキャピタリストのジョン・ドーアに、グーグルに行ってみるよう頼まれたのです。私は言いました。『検索エンジンなんて誰も気にしやしません。それほど重要なものじゃないですよ。そもそも誰が検索エンジンなんて使うんですか？』でも彼は言うのです。『そう言わずに、ラリーとセルゲイに会ってやってくれ』。彼らが取り組んでいることは面白そうでしたし、彼らが雇った人たちはみな、とても魅力的でした。結局、私はそこで一緒にやりたくなってしまったんです。

ルーベンシュタイン　検索エンジンを扱う会社は、当時すでにたくさんありました。なぜあなたは、グーグルの検索エンジンが世界を変えるだろうと思ったのでしょう？

シュミット　私はグーグルが今のような大きな成功を収めるとは、特別考えてはいませんでした。でもテクノロジーの力は傑出していました。アルファベットはランキングを行う別の方法を発明しています。それまでの検索エンジンはすべて、ビジネスで使う場合に簡単に操作できるようなランキングを使用していました。でもラリー・ペイジは、今日『ペイジランク』として知られる技術を発明したのです。**それは従来とは異なるアルゴリズムであり、異なる検索方法でした。**まるでウイルスのように、あっという間に広がっていきました。まずスタンフォード、それからベイエリアです。全部、口コミでした。でも私は思いました。『なんて素晴らしいプロジェクトなんだろう』と。

ルーベンシュタイン　グーグルには、ラリーとセルゲイという、『創設者』と呼ばれる人物がふたりもいました。ところが彼らは——少なくとも投資家たちは——経験豊かなＣＥＯが必要だと考えていました。ＣＥＯの肩書を持たない創設者ふたりと折り合いをつけていかなければならないわけですが、会社のなかで居心地が悪いと感じるようなことはありませんでしたか？

シュミット　彼らは一緒に働ける人物を16か月も探し続けていました。ある候補者が現れるとスキーに行ったり、別の候補者とスポーツをやったりして、週末になると一緒に時間を過ごしていました。

馬が合うか試していたようです。

私が彼らに会ったときは、3人とも同じようなバックグラウンドを持っていました。ある意味、全員、企業では研究者の立場にいたのです。でもすぐに（指をパチンと鳴らして）ピンときました。1980年代にジョン・スカリーとスティーブ・ジョブズの間に起こった出来事（＊1）を考えれば分かります。これは彼らの会社であり、私の仕事は彼らの会社を成功に導くことだったのです。

ルーベンシュタイン　ごく一般的な面接でしたか？

シュミット　彼らのオフィスは、実に人の多い雑多なビル――グーグルはいまだにこのビルを所有しています――のなかの小さな一画でした。彼らは私の履歴を壁に貼っていて、それに従ってひとつひとつ細かな質問をしてきました。これほど根掘り葉掘り訊かれたことはありませんでしたね。**話がノベルで制作した製品に至ると、彼らはこう言いました。『こんなくだらないもの、見たことないなぁ』。**もちろん、それに対しても答えなければなりませんでした。

ルーベンシュタイン　そこまで言われて、仕事のオファーが来るとは思わなかったでしょう？

シュミット　採用面接だとは思っていませんでした。私とすればただ彼らに会いに行っただけなのです。でも不思議なことに、何年も前にサンマイクロシステムズで働いていたときに通っていたのもまさにそのビルだったのです。**オフィスを後にしながら、つくづく歴史は繰り返すものだと実感しました。私には、もう一度ここに戻ってくると分かっていたのです。**

＊1　ジョン・スカリーはペプシコの社長だったが、スティーブ・ジョブズに「このまま一生砂糖水を売り続けたいのか、それとも私と一緒に世界を変えたいのか」と口説かれ、アップルのCEOに就任した。

ドレスコードは「最低、何かは身につけること」

ルーベンシュタイン 確かに戻られましたね。小さな会社でした。あなたが加わったとき、社員は100人——いや200人くらいでしょうか。広告が、実際に会社を成長させるためのメディアになるだろうという認識はありましたか？

シュミット なかったですね。ただ、彼らがそれまでとっていた広告手法がまったく機能していないのは、分かっていました。だからCEOになったとき、何か間違っているところがあるはずだと思っていました。私はふたりに、本当にこれらの広告が販売されているのか確認するため、現金口座を監査するよう依頼しました。

すると、たとえテキストのみの小さなものだとしても、ターゲット広告そのものは、信じられないほどうまく機能していると分かったのです。こうした事実が明らかになるのに加え、まだ若いけれど非常にクリエイティブなエンジニアたちに、一種の実験の一環としてその後に行わせたアルゴリズムの改善によって、オークションなども可能になり、これらが今のグーグルを生み出したのです。

ルーベンシュタイン 今でこそ追随する企業も現れていますが、当時の社会から見れば、グーグルの企業文化はかなり変わっていました。それは、『やりたいことをやる、着たいものを着る、眠りたければオフィスで寝る』、そういうものだという理解でよろしいでしょうか？

シュミット ドレスコードはありましたよ——『最低、何かは身につけること』です。私たちはある問題を抱えていました。エンジニアたちが簡易ベッドを持ち込み、そこで生活しようとするのです。そこで説明しなければなりませんでした。グーグル社内で何をやっても構わないが、ここに住むのだけはできない。どこか他の場所にベッドを用意しなければならないのだと。

私たちがペットを連れてくるのを推奨しているのは、よく知られた事実です。人間に対するルールはありませんが、ペットに関するルールはたくさん設けています。ペットを連れてくる場合には、身近に置いて自分で世話をしなければなりません。

ルールにはビジネス上の理由がある

ルーベンシュタイン 食事についてはどうですか？ 誰でも無料で食事がとれますが、その目的はなんでしょう？

シュミット これまでは、『無料で食事を出すようにしたら、すべてが変わりました』とコメントしてきました。**たいてい私たちの取り組みは、社員の大きな楽しみとしてとらえられがちですが、その背後には、明確なビジネス上の理由があるのです。**食事に関しては、セルゲイの発案によるものでした。家族は夕食をともにします。彼は会社をひとつの家族にしたかったのです。朝食、昼食、夕食にかかわらず、社員に栄養があって美味しい食事を提供してやれば、彼らは本当にチームとして仕事をするようになるのです。

それが理にかなうものなら、そのやり方は機能します。**ラリーとセルゲイは20パーセントルールというものを考え出しました。**これは社員――特にエンジニア――が何かに興味を持っている場合、その内容の如何にかかわらず、自分の業務時間の20パーセントをそれにあてても良いというものでした。

『何てことだ、そんなことをして会社が成り立つのか?』」、そう聞きたくなるでしょうね。ところが実際には、夕食のときにそこに座っていたエンジニアたちのあいだで、会話が生まれるようになったのです。『どう思う、君はどう思う、あなたどう思う?』という具合です。

他にこんな例もありました。ラリー・ペイジは画面に現れた広告を見て、それを子細に眺め、やがてオフィスの壁に大きな貼り紙を──『こんな広告は最低だ』という貼り紙を──掲げたのです。私はそれを見ながら言いました。『グーグルには愚かしい面があるが、これもそのひとつだ。だってそうだろう? こんなことをしたって無駄だ。何も起こりゃしない』と。会社には広告担当チームがあり、マネージャーもいて、そこには彼らの計画があったからです。

ラリーが貼り紙をしたのは金曜日の午後でした。私が月曜の朝に出社すると、その貼り紙を見たまったく異なるチームが、週末いっぱいかけて新たな広告システムを開発し、月曜日の朝に配信していたのに気づきました。グーグルならではの企業文化がなければ、そんなことは起こり得なかったでしょうね。

ルーベンシュタイン　あなたは以前、オフィスを出て戻ってきたら、誰かがそこを使っていたという話をしてくださいました。

シュミット　当時、グーグルの文化はかなり変わっているように見られていました。私には十分それが分かっていましたし、もしおかしな場面に遭遇しても、失礼な振る舞いをしないよう、いつも注意を怠りませんでした。ある朝出勤すると、アシスタントが、何か悪いことが起こったというように困った顔をしています。何事かと奥の自分のオフィスに足を踏み入れると──広さは縦2・5メートル、横3・5メートルほどでしたが──そこにルームメイトがいたのです。

彼は私のオフィスに移ってきて、そこで仕事をしていました。ルームメイトができるなんてひと言も聞いていません。私は一応、CEOです。そういうことは誰か前もって言っておくべきでしょう、そうですよね？

そこで私は言いました。『やぁ、おはよう。ところで君は誰かな？』『おはよう、僕はアミットさ。よろしくね』。そこで私は尋ねました。『なぜ君はここにいるんだい？』彼の答えはこうでした。『ここには誰もいなかったからね。僕のオフィスには6人いて、うるさいんだ』『さて、どう言えばいいだろう？』と、私は考えました。言い方次第では大きな問題になりかねません。『ここは私のオフィスだ。出ていきなさい』などと言えば、私の方が解雇されるか、少なくとも何らかの処罰を受けるでしょう。そこで私は、さらにこう尋ねたのです。『なるほど、じゃあ、許可は取ったのかね？』『上司にどうかと相談したら、そりゃ良い考えだねって』。『分かった』と、私は言いました。それからふたりで並んで座ると、彼はプログラミングを続け、私は自分の仕事に向かいました。**この状態はその後1年続き、私たちは親友になりました。**

建築家になりたくてプリンストンに入った

ルーベンシュタイン　あなたが育ったのはバージニアですね？

シュミット　バージニアの田舎町です。

ルーベンシュタイン　なぜエンジニアになろうと考えたのですか？

シュミット　私はごく普通の、科学に興味のある少年でした。当時は宇宙計画がさかんに取り上げられた時代で、誰もが宇宙飛行士になりたいと願っていました。私のいた高校には、コンピュータ用端末装置が置いてありました。テレタイプのASR33でした。父は家にも1台置こうというほど、進んだ考えを持った人でした。当時はそんなものがある家は、かなり珍しかった時代です。私は毎晩、それをいじってはプログラミングし直していました。もし今私が15歳なら、パソコンを5台持ってスーパーネットワークを作り、スピーカーから大音量を流していたでしょう。

ルーベンシュタイン　高校もバージニアでした。プリンストンに入られるわけですから、高校ではかなり優秀だったのでしょうね。

シュミット　ええ。今はそれほどではありませんが。

ルーベンシュタイン　そのころからエンジニアになりたいと思われていましたか？

シュミット　実は、**建築家になりたくてプリンストンに入ったのですが、実際に勉強を始めてみると、建築の勉強はあまり自分に向いていないと気づきました。**どちらかと言えばプログラマーの方が合っていたのです。プリンストンは親切な大学で、私に十分な知識があると分かると、入門コースを飛ばして上級コースに受け入れてくれました。そしてそのあと、大学院コースに進んだのです。

ルーベンシュタイン　かなり優秀な成績だったようですね。その後、奨学金を得てバークレーに行き、博士号を取得されています。大西洋側南部から東海岸まで、国土を横断するのは大変でしたか？

シュミット　それほどでもありません。当時の人たちがいかに純朴だったか、良い例をお話ししましょう。気候も良いし、太陽が眩しいビーチがあると聞いていたので、私はカリフォルニアに行こうと思っていました。でもカリフォルニアと言っても、着いたのはまったく違ったところ。グーグルマップもないころでしたから。

私は以前、ベル研究所に勤務していました。現在のコンピュータの活動上の基本になるユニックス（＊2）が開発されたところです。私はそこでジュニアプログラマーとして働いていました。その前には、ゼロックスのパロアルト研究所でプログラマーとして勤務していました。ここでは、今日でも私たちが利用している高性能コンピュータのワークステーション、スクリーン、各種エディタ、さらには様々なネットワークシステムなどが開発されています。そうした研究を行っていた人たちのアシスタントとして働けた私は、実に幸運でした。その後、私はサンマイクロシステムズに移ります。そこで私は数年にわたり、経営幹部を務めました。

グーグルのモットーは「検索」だけではない

ルーベンシュタイン　そしてノベルから誘われたのですね？

シュミット　ええ。私はサンマイクロシステムズに14年、その後ノベルで4年、そしてグーグルに入社してから17年目に入りました。

ルーベンシュタイン　会社が大きくなれば大きくなるほど、検索ビジネスを一手に握るようになって

＊2　コンピュータ用のマルチタスク・マルチユーザーのオペレーティングシステム（OS）の一種。互換性・安定性・セキュリティー能力が高く、パソコンにも利用されている。

いきました。今ではそのシェアは、およそ90パーセントにまで及んでいます。でもどうしてグーグルは『検索ビジネスで終わりたくない』と言うのでしょう？

シュミット　グーグルのモットーは、『ウェブを検索する』だけではありません。『全世界の情報を整理する』ことでもあるのです。情報は様々な方法で消費されます。私たちはできる限りの手を尽くしてスタッフを採用し、その才能をもって、新たに生じたいくつかの問題を解決しようとしていました。

私たちは地図に大いに興味があり、自分たちで制作してきました。これは主力商品となり、大きな成功を収めました。一方、私たちはユーチューブという会社を買収しました。ビデオやその他の形式で情報を伝達しようとする会社で、ご存知のように、今日、事業として大成功を収めています。法人向けビジネスも起ち上げましたが、こちらも非常に順調に推移しています。私たちはこのまま事業を継続していくつもりです。あるときは小さな会社を買収し、グーグルアースのように育てていきますし、またあるときは、自分たちでテクノロジーを開発していくでしょう。

私たちが抱いている構想は、情報を統合することなのです。**4、5年前のある時点から情報に付随するものだけでなく、様々な問題の解決にも興味を持つようになりました。**現実世界に大きな違いをもたらすようなデジタル技術もそのひとつです。端的な例はセルフドライビングカーで、私たちはこの技術に対して研究プロジェクトとして取り組んでいます。

今年、自動車に関連する事故が原因で、アメリカ全体で3万2000人を超える命が失われました。それがどういう人たちなのか、私たちは知りません。これは非常に悲しいことです。これを2分の1、3分の1、あるいは4分の1に減らすことができるとしたらどうでしょう？　事故の原因は、ほとんどが運転手に起因するものです。私たちは運転事故を、日常生活で目にすることがない出来事に変えていけると考えています。

リーダーは先天的な資質か、それとも後天的か

ルーベンシュタイン　あなたは明らかに科学やテクノロジー分野における、さらには実業界におけるリーダーと言って良いでしょう。あなたはリーダーとは、生まれたときから備わった資質だと思いますか？　それともあとから作られていく、あるいは教育によって形成されていくものだと思いますか？

シュミット　リーダーシップは両者の要素からなるものでしょう。生来のスキルを持っている必要がありますす。確かにあとから学ぶこともできますが、いずれにせよ、リーダーになるべき人物は、何かをうまくやり遂げる必要があると信じています。

ゼネラルマネージャーと聞いて誰もが頭に浮かべるイメージは、今の世の中の動きに適っているとは思えません。これからのマネージャーは何かが得意であればよく、そこから学んでいけばいいのです。**どこからスタートしても構いませんが、何かひとつ、特に秀でているものを持っている必要があります。あとはそこからスキルを広げていけばいいのです。**規律を持ち、一所懸命に働き、そして自分の仕事を愛することができさえすれば、あなたは自ずと大きく成長していけるはずです。

アップルCEO

ティム・クック

「**世界を見渡すと、問題の多くは、平等でないことが原因で生じると分かります。**これは事実ですが、ある一定の郵便番号でくくられた地域に生まれる子どもたちは、たまたまそこに生まれたために、良い教育が受けられません。レズビアン、ゲイ、バイセクシュアル、トランスジェンダー、クエスチョニング――いわゆるLGBTQのいずれかのコミュニティに属していると、それを理由に解雇される人がいます。多くの人とは異なる宗教を信仰しているために、何らかのかたちで仲間外れになる人がいます。」

アップル社のCEOであり、取締役会の一員である。2011年8月にCEOに指名される前は、COOとして、アップルのサプライチェーン全体のマネジメント、営業活動、サービスからサポートを含む同社における全世界の販売および運営の全責任を負っていた。彼はまた、アップルのマッキントッシュ部門を率い、サプライヤーと販売代理店間の関係を戦略的に捉え、その関係強化に重要な役割を果たしてきた。アップル入社前はコンパックのコーポレートマテリアル担当副社長を務めながら、在庫製品すべての調達と管理も担当した。ティムはまたIBMに12年間勤務し、最終的には北米全体のフルフィルメント担当役員を務め、北米およびラテンアメリカにあるIBMのパーソナルコンピュータ会社の製造および物流部門を率いた。オーバーン大学で工業工学の理学士号を修め、その後デューク大学ではMBAを取得し、上位1割の成績優秀者に与えられる「フュークワ・スカラー」の称号を授与されている。

誰も期待していなかったジョブズの後任

ティム・クックは、アメリカのビジネス史上、最も伝説的なリーダーのひとり、スティーブ・ジョブズの後を引き継いだ。誰もが代わりにやってみたいと思うような仕事ではない。ビジネス界の伝説的大立者の後任を務めようとすれば、たいてい最初か最後はうまくいかないものだ。期待は大きく、その一挙手一投足に厳しい目が注がれる。

かつてIBMで鍛えられ、その後、業務執行を専門とするようになったティム・クックがコンパックからアップルに加わったのは、ジョブズがCEOとしてアップルに戻った直後だった。その後アップルが世界で最も価値のある企業のひとつになり、ジョブズも自らの後継者としてクックを選ぶようになろうとは、そのときにはそう考える理由さえ見当たらなかった。だが2011年8月24日、それは現実のものとなったのである。その日、スティーブ・ジョブズは病気のためにCEOの座を退き、その後すぐにこの世を去ったのだった。

しかし後任のティム・クックに対しては、多くのアナリストがそれほど大きな期待を寄せることはなかった。スティーブは、アップルのパーソナルコンピュータ、アイフォーン、アイパッド、アイチューンズ、さらにアップルの小売店や、その他の創造的で革新的な製品やサービスの背後に見え隠れする、並外れて偉大な天才だった。だがティムはそれに対して、穏やかな、マニュファクチャリングとサプライチェーンの専門家だったからだ。そんな人柄とバックグラウンドを持った人物が、どうやってアップルをこの先、将来に向けて引っ張っていけるというのだろう？

だが結果はすべてを物語る。CEO就任以来10年目に入る今年、ティムのリーダーシップのもとで、アップルの時価総額は3590億ドルから1兆4000億ドルまで増加したのだ。アップルは1兆ドルの市場価値を持つ初の企業となり、今日もなお、非政府関連企業として最も価値のある企業であり続けている。

ジョブズと対照的なリーダー像

なぜそれほど多くの専門家たちが目測を誤ったのだろう?

それまでアップルが良好な経営状態を保つことができたのは、会社にいるたくさんの経営トップをまとめることはもちろん、スティーブの持つ卓越したリーダーシップによるところが大きいと考えられていた。一方のティム・クックはスティーブと違い、常に物静かで落ち着いた物腰がトレードマークの人物だ。**だが彼もまた、自分なりの効果的なやり方で――すなわち組織に細部にまで細心の注意を払わせ、互いにチームワークをもって連携させることで――会社をリードできるリーダーであると証明してみせたのである。** 彼が加わって以来アップルの業績は息をのむほど素晴らしく、ティムは一躍、世界で最も尊敬され影響力のあるCEOのひとりとして認められるようになったのだ。

スティーブ・ジョブズは斬新なものを生み出すクリエーター、才気あふれるイノベーター、常に驚きをもたらすデザイナーであり、アップルの中心的役割を果たしてきた。だがティム・クックが尊敬され、周りへの影響力を維持しているのは、彼が決してスティーブ・ジョブズの真似をしないという彼の決意によるところが大きいだろう。誰もスティーブ・ジョブズの代わりにはなれないと分かっているからこそ、ティムは前面に立つのではなく、自分の得意分野――組織やチームワークを確立し、仕事の効率性を求め、事業の動向をある程度予測すること――に主眼を置いたのだ。この手法がいかに機能したかは、彼の指示のもとでアップルの企業価値が3倍にまで跳ね上がったのを見ればよく分かる。

初めて、デューク大学のフュークア・スクール・オブ・ビジネス卒業生であるティムに会ったのは、当時私がデューク大学評議委員会議長を務めていたときだった。シリコンバレーで行われた大学のイベントでインタビューしたのだ。その後、中国の清華大学経済管理学院の諮問委員会のメンバーにともに名を連ね、それを機に、私は彼をよく知るようになったのである。

このインタビューは2018年5月、『ピア・トゥ・ピア』の収録としてデューク大学で行われたもので、ティムはこのあと、大学で卒業式のスピーチを行っている。聴衆は主に、デューク大学卒業生、保護者、教職員だが、そこには亡きスティーブ・ジョブズの妻であるローレン・パウエル・ジョブズや、ティムの熱烈な支持者たちも交じっていた。

ティムの控えめな態度は、インタビューからも伝わってくる。近年、アップルの業績は好調に推移しているが、それが彼ならではのスキルとリーダーとしての才能によるとは、どうしても考えにくいと言う向きもある。だがティムは、アップルが世界のビジネス界の潮流のなかでどのような位置を占めているか把握したうえで、いかにリーダーシップを発揮すべきか――すなわち自分ではなく、アップルの製品とサービス、そして顧客に対してフォーカスすべきだと、明確に理解していたのである。

長期的視点での経営

デイヴィッド・ルーベンシュタイン（以下「ルーベンシュタイン」）　２０１１年の8月から現在までアップル社のＣＥＯを務められていますね。利益は約80パーセントもアップしました。他の人間ではこうはいかないだろうと思ったりしませんか？　『もう十分役目は果たしたし、これからは自分の人生で何かやり遂げたいんだ』って言いたくもなるでしょう？

ティム・クック（以下「クック」）　**私たちは、株価や収益や利益は革新性や創造性が正しく発揮され、顧客が望む製品に目が向いているか、そして顧客を宝石のように大事に扱い、ユーザー体験に主眼を置いているかどうかに左右されると考えています。**実は私は、さきほどあなたが口にした数字さえ知りませんでした。正直に申し上げると、私の担当領域ではないのです。

ルーベンシュタイン　四半期ごとに利益を発表すると、アナリストたちはいつもこう口にします。『そうですね、この製品は私たちが予測したほど売れ行きは良くありませんでしたね』と。実際のところ気になりませんか？

クック　一時は悩みましたが、今はもう気にならなくなりました。私たちは長期的視点からアップルを経営しています。90日の期間をもとに販売数を見ていこうとするのは固定観念に過ぎません。私たちは数年間を基準に判断を下しているので、それを耳にするたびに理解しがたい思いにとらわれます。私たち**はっきりと申し上げたいのですが、私たちは手っ取り早く儲けたいという人たちのために会社を経営**

しているのではありません。長期的視点に立って経営にあたっているのです。

ルーベンシュタイン　最近、アップルの株式を7500万株買い増した株主が現れ、それがウォーレン・バフェットだと分かりました。彼が株主でいてくれるのは嬉しいですか？

クック　とても嬉しいです。わくわくします。ウォーレンは長い目で企業を判断しようとしますから。私たちも同じです。それが彼の投資哲学であり、私たちの経営方針でもあります。

ルーベンシュタイン　ウォーレンの携帯電話について考えたことはありますか？　いまだに昔ながらの携帯電話を使っていますよ。

クック　知っています。

ルーベンシュタイン　スマートフォンを持っていないんです。もし彼が使い始めたら、どれだけアップルの株価が上がるか考えたことはありませんか？

クック　使うように勧めていますよ。個人的にご自宅のあるオマハまで足を運び、使い方をお教えしますよとお話ししました（2020年現在、彼の努力は実を結んだようだ。ウォーレン・バフェットは、今ではスマートフォンを使っていると明かしている）。

ルーベンシュタイン　今日の立場を得るまでの来し方について、お伺いしたいと思います。アラバマ州で育ちましたね。

クック その通りです。メキシコ湾に面したモービルと、フロリダ州ペンサコーラの間にある、とても小さな田舎町です。

ルーベンシュタイン 高校時代はスポーツで鳴らした学生でしたか？ それとも勉学に秀でていましたか？ あるいはテクノロジーおたく？

クック 人に知られるほど何かに秀でていたかどうか、定かではありません。努力はしましたよ。成績もまずまずでした。幼いころ恵まれていたのは、愛情に満ちた家族に囲まれ、優れた公立高校制度のなかで育ったことでしょうか。これは大きな恩恵でした。正直に言って、今ではこれだけの恩恵が受けられる子どもたちはそういないと思います。

ルーベンシュタイン その後、オーバーン大学に進みました。大学生活はどうでしたか？

クック なかなか良い学生生活でした。本格的にエンジニアリングにのめり込みました。いわゆるインダストリアル・エンジニアリングですね。

ルーベンシュタイン そしてＩＢＭに入社します。

クック ええ、まず生産ラインの設計を担当するプロダクション・エンジニアからスタートしました。

当時はロボット工学が大きく成長し始めたころで、私たちも自動化に着目していました。必ずしもうまくいったとは言えませんが、ロボット工学から多くを学んだのは事実です。

ルーベンシュタイン そこに12年在籍し、次に移った会社がコンパックです。当時コンパックは、パーソナルコンピュータの製造分野では大手企業の一角を占めていました。

クック 業界トップでした。

スティーブ・ジョブズとの出会いの衝撃

ルーベンシュタイン そこで6か月ほど経ったころ、スティーブ・ジョブズ本人から、あるいは彼に頼まれた人物から電話があって、こう言われるわけですね。『アップルに来ないか』と。コンパックに比べれば、アップルはまだまだ小さな会社でした。なぜ面接を受けてアップルに移ったのでしょう?

クック 良い質問です。当時スティーブはアップルに復帰し、どうにか経営陣を入れ替えようとしているときでした。私は、『これは業界の先駆者と話ができる絶好の機会だ』と考えたのです。

スティーブと会ったのは土曜日で、数分話をしただけで『一緒にやりたい』という気持ちが湧きあがってきました。衝撃的でしたね。彼には、それまで会ったどんなCEOにもない目の輝きがありました。みなが右に曲がっていくのに自分は左に曲がろうとする――彼はそんな人物でした。話を聞くと、彼がやっているのは誰もが考える一般的通念とはまったく異なることばかりです。

多くの経営者が、無駄に経費ばかりかかる消費者マーケットから手を引こうとしていました。でもスティーブはまったく逆です。消費者に対するサービスをより強化しようとしたのです。彼の話だけでなく、彼の問いかけも普通の質問とは異なるものでした。面談を終えて帰るころには、私の気持ちは決まっていました。『本当にこの会社で働きたい。なんとか採用してくれないだろうか』ってね。

ルーベンシュタイン 友人たちは、考え直すべきだと言いませんでしたか？

クック 頭がおかしいと思われました。たいていの人はこう考えます。『世界でもナンバーワンのパーソナルコンピューターメーカーにいるのに、なぜやめようとするんだ？ 将来は約束されたようなものなのに』と。きちんと腰を落ち着けて、エンジニアリング解析のようにこれはプラス、これはマイナスと判断したうえでの結論ではないわけですからね。**そうした分析が導き出す答えは、たいてい『現状維持』です。**ところが私の頭のなかで鳴り響いていたのはこんな言葉でした。『西を目指すんだ、ティム。君はまだ若い、西を目指せ』とね。

ルーベンシュタイン あとから考えれば、それこそあなたがプロフェッショナルとして自らの人生に下したベストの判断でした。少なくとも私はそう思います。

クック おそらく人生におけるベストの判断だったのでしょう。そこに『プロフェッショナル』という言葉を付け加えるべきかどうか、確信はありませんが。

アップルは、大きな組織や官僚的体質とは無縁だった

ルーベンシュタイン　アップルに入り、スティーブと働き始めるわけですが、思ったよりやりやすかったですか？　やりにくかったですか？　それとも想像していたより困難だけれど、やりがいのある仕事だったでしょうか？

クック　ひと言で言うなら、自由がありました。何か大きな構想があれば、それをスティーブに話すことができます。もし彼がそれに共感すれば、『オーケー』と口にします。あとは自分で取り組めば良いのです。企業のシステムを麻痺させてしまう組織の階層や官僚的体質、あるいは必ずしなければならなかった事前調査などにどっぷりつかっていた私には、企業がこんな形で成り立つなんて信じられませんでした。アップルはその点、まったく異なった会社です。もし自分がその構想に対してうまく事が運べなければ、近くの鏡をのぞき込めば良いんです。**うまくいかないのは会社のせいではありません。その鏡に映っている人物に問題があるんです。**

ルーベンシュタイン　スティーブの健康状態は、これ以上ＣＥＯは続けられないほど悪化していました。彼が取締役会にそう告げると、２０１１年8月には、あなたがＣＥＯに着任すると発表されましたね。あなたがＣＥＯになったとき、スティーブは『私がやりたいと思っていたのはこういうことで、この目標を達成してほしい』と言ってくるだろうと思っていましたか？　あるいは自分が何をすべきか、自分なりの見解を持っていましたか？　このふたつのバランスをどう取りましたか？　何しろあなたは、伝説的人物の後を引き継いでいたわけですからね。

クック　物事はそんなふうに、ひとつひとつ順序だててやって来るわけではありません。アップルはとてもオープンな会社です。相手の意見に反対だったとしても、誰もが途中で遮らず、最後まで話を聞こうとします。たとえスティーブが腹の内に抱えていた秘密の考えがあったとしても、私は気にしませんでした。彼はいつも自分の考えは包み隠さず話してくれましたから。そのときの私には、彼が会長に収まり、永遠に会社を担ってくれるのだと思い込んでいました。私たちの関係は変わらずに続いていくのだと。しかし残念ながら、そうはいきませんでした。

ルーベンシュタイン あなたがたは、人類の歴史のなかで最も成功した消費者製品をお持ちです。すなわちアイフォーンですね。

クック **アイフォーンは非常によく考え抜かれた奥深い製品で、世界を一変させるほどの力が備わっているという実感がありました。**当時、スティーブが行ったプレゼンテーションをもう一度見てもらえば、製品は言うまでもなく、その説明の仕方にも、彼がアイフォーンに注ぎ込んだ大いなる情熱が実感できるでしょう。私には、まるで昨日のことのように思い出されます。

ルーベンシュタイン これまで何台くらい売れましたか?

クック 優に10億台は超えています。

平等でないことから多くの問題が生じている

ルーベンシュタイン あなたが大切にしてこられた価値観についてお話ししましょう。まずひとつはプライバシーです。

クック　プライバシーは基本的人権であり、私たちがアメリカ人でいるためには、その他の市民的自由と同じくらい大切なものだと考えています。私たちはそれによってアメリカ人たり得るのです。これは誰にとっても、ますます大きな問題になりつつあります。私たちはお客様からデータをお預かりします。——優れたサービスを提供するのに必要な最低限の情報です。あとはそれを保護するためにデータを暗号化するなどして、最大限の努力をもって対応していきます。

ルーベンシュタイン　あなたは平等の重要性についても話をされています。なぜあなたにとって重要なのでしょう？

クック　**世界を見渡すと、問題の多くは、平等でないことが原因で生じると分かります。**これは事実ですが、ある一定の郵便番号でくくられた地域に生まれる子どもたちは、たまたまそこに生まれたために、良い教育が受けられません。

レズビアン、ゲイ、バイセクシュアル、トランスジェンダー、クエスチョニング——いわゆるＬＧＢＴＱのいずれかのコミュニティに属していると、それを理由に解雇される人がいます。多くの人とは異なる宗教を信仰しているために、何らかのかたちで仲間外れになる人がいます。もしあなたが魔法の杖を振り、世界中の誰もが互いに尊重し合い敬意を持って接し合うようになれば、きっと多くの問題は消えてなくなることでしょう。

ルーベンシュタイン　あなたはご自身の個人的な生活について公表し、誰もが享受すべきだと主張した、まさにそのプライバシーの一部を放棄されましたね。なぜそうなさったのですか？

クック　個人ではなく、より大きな目的のためにそうしました。私はだんだん分かってきたのです。自分の家族からでさえ正当な扱いを受けていない子どもたちがたくさんいるのだと。**彼らには、『なるほど、しっかり人生を歩んでいるじゃないか。あの人たちはゲイだが、だからと言って一生涯、それが負い目になるような世の中であってはならないんだな』と語ってくれるような誰かが必要なのです。**

子どもたちは、そういうメッセージを発信し続けていて、私にはそれが見過ごせなくなりました。『自分にとって居心地がいいようにプライベートを保ってきたが、実はそれは誤った選択だったのではないか』、そう思うようになった私は、より大きな目的のために何かすべきだと考えたのです。

ルーベンシュタイン　後悔はありませんか？

クック　ありません。

最も謙虚なＣＥＯ

ルーベンシュタイン　ご両親はご健在で、あなたの成功をご覧になられましたか？

クック　母は3年前に亡くなりましたが、父は元気です。

ルーベンシュタイン　お母様は、あなたがアップルのＣＥＯになった姿をご覧になられたのでしょうね？

クック　ええ、見ています。

ルーベンシュタイン　お母様はこう言いませんでしたか？『あなたが成功するのは初めから分かってましたよ。ところでちょっと、アイフォーンを使うのを手伝ってくれないかしら？』

クック　まぁそうですね。私は本当に、ふたりにアイパッドを持たせましたから。その後ようやく父を説得して、アイフォーンを使ってもらうようにしました。20年経とうが、40年経とうが、60年経とうが、相変わらずふたりは私を子ども扱いするんです。

ルーベンシュタイン　お父様は電話をかけてきて、こうしたらいいとアドバイスされますか？あるいはこうしてはいけないとおっしゃいますか？

クック　何か気に入らないことをすると、連絡をしてきます。

ルーベンシュタイン　あなたもほぼ公人のようなものです。アメリカ大統領に立候補できるかもしれないと思われたことはありますか？　大統領を間近でご覧になっていますしね。

クック　私は政治に向いた人間ではありません。**どちらかと言えば、政策に目を向ける方が好きです。**議会とその他の部門の機能がうまく噛み合わずに機能不全に陥ったときでも、自分がしていることをそのまま行うことで、世界に大きな影響をもたらすことができると思っています。

ルーベンシュタイン　あなたは、私がこれまで出会ってきた大企業の経営に携わるＣＥＯのなかで、最も利他の精神にあふれた、謙虚な人物です。自分が他のＣＥＯとは違うと気づいていますか？　世界有数の巨大企業の経営にあたられているときに、どうやってその控えめな物腰が保てるのでしょう？

クック　アップルで働く場合、どんな人であっても行動し、貢献することが求められます。**その期待値が非常に高いため、誰もがなかなかそこまで到達することができませんし、それはＣＥＯであっても例外ではありません。**ですから、かりに自分が控えめだと感じたとしても、すぐに忘れてしまいますね。

IBM元会長、社長、CEO

ジニー・ロメッティ

Ginni Rometty

「どんな場面でも学ぶ機会はある――私は常にそう考えてきました。そして実際、その原動力になったのが好奇心でした。多くの人が私にこう尋ねます。『今、あなたが人を雇うとしたら、その人に何を求めますか?』それに対して私は、一番大きな要素は好奇心だと答えるでしょうね。」

IBMの元会長。2012年から2020年までは会長、社長、およびCEOを務めていた。彼女は在職期間中、IBMのポートフォリオの50パーセント以上を再編し、210億ドルのハイブリッド・クラウドビジネスを構築し、AI、量子コンピュータ、ブロックチェーンにおける主導権を確立するという大胆な改革を推進し、さらにはIBMを、デジタル時代における責任ある経営のモデルケースとして確立した。ジニーはまた、テクノロジーにおける倫理観について業界をリードし、多様性と一体性を推し進めた。こうした多様性と女性のイニシアチブを推進する先駆的な仕事ぶりは世の中の認めるところとなり、2018年には名誉あるカタリスト賞を授賞したのである。1981年にIBMでキャリアをスタートしたジニーは、常にリーダーシップを発揮するポジションにあり、プライスウォーターハウスクーパース・コンサルティングとの統合を成功に導いている。ジニーはノースウェスタン大学で、コンピュータサイエンスと電気工学の学士号を取得している。

ＩＢＭで女性がＣＥＯになるという衝撃

ＩＢＭは１９１１年に創立され、１９５０年代、60年代、そして70年代を通じて、世界をリードするコンピューターメーカーであり、テクノロジー企業であり続けた。しかし、パーソナルコンピュータやソフトウェアの急速な発展という時代の流れを十分に生かし切れておらず、顧客からすれば、マイクロソフトやアップル、その他のシリコンバレーのトップ企業に比べて、利用しやすいわけでもなく、ハイテクに十分精通した企業であるとも言い難かった。

その結果、ＩＢＭは１９９１年から92年にかけて倒産寸前にまで追い込まれる。だがＲＪＲナビスコ社から引き抜かれたルー・ガースナーがＣＥＯに就任すると、テクノロジー関連の経験がそれほどないにもかかわらず、１９９２年から２００１年までの在任期間中にＩＢＭを窮地から救ったのだ。そのあと、２００２年から２０１２年までガースナーの後任を務めたのがサム・パルミサーノである。彼は生え抜きの社員ながらＩＢＭの最高経営責任者となり、その当時のテクノロジー革命の最中にあっても競争力を維持しようと尽力した。パルミサーノの引退後、会社の未来はジニー・ロメッティの手に委ねられた。**ロメッティも長くＣＥＯを務めたが、就任当初、世間の注目を浴びたのは、ロメッティが女性だったからだ。**女性がＣＥＯになるなど、それまで大手のコンピュータ会社やテクノロジー企業ではまず考えられず、まして従業員数が35万人に上るようなＩＢＭであればなおさらだった。

私はＩＢＭのＣＥＯを退いたルー・ガースナーを、我がカーライル・グループの会長に据えたのだが、彼から才能豊かなジニー・ロメッティの話をたびたび聞いていたので、彼女がＣＥＯに就任しても別段驚くことはなかった。当時はテクノロジーが急速な発展を遂げており、より新しく、機敏な対応が可能な会社の製品やサービスに対してＩＢＭは後れをとることが多かった。ルーもサム・パルミサーノも、ＩＢＭのなかでこの困難な状況に果敢に取り組み、会社を率いるのにふさわしい人物は彼女をおいて他にはないという。彼女が選ばれるのに、女性であるという理由は何の影響も及ぼさなかったのだ。**ジニーは２０１２年から２０２０年までＣＥＯを務め、この間、ＩＢＭを上から下まで大きく改革し、フットワークが軽く、顧客に優しい、実用性の高い組織に転化させた。**この努力が大きく認められ、彼女は経済界やテクノロジー業界から大きな評価を得た。なかでもその評価を確固たるものにしたのが、２０１９年に３４０億ドルで行われた、ＩＢＭにクラウド事業という大きな柱をもたらす（ＩＢＭの長い歴史のなかでも最大となる）レッドハットの買収であり、同時に社会経済的背景を持つすべての人が、デジタル経済から恩恵が受けられる環境を整えた彼女のその手腕だった。

　私は何年にもわたり、ビジネス協議会や世界経済フォーラム、あるいはその他の機会にジニーと一緒に仕事をしてきたが、そのたびに彼女の知性や落ち着いた物腰、リーダーシップスキルの高さに敬服してきた。このインタビューは２０１７年６月、ニューヨークのブルームバーグスタジオで収録されたものである。インタビューのなかでジニーは、いわゆる豊かさの象徴である「銀の匙（さじ）」を持たない、自身の貧しい生まれについて語っている。**母親はシングルマザーで、限られた賃金で４人の子どもたちを育てなければならなかったのだ。**だがインタビューのなかで彼女自身が話しているように、ジニーは奨学金を得てノースウェスタン大学に入学し、電気工学の学位を取得すると、数年間ゼネラルモーターズに勤務した後、１９８１年にＩＢＭに入社している。

　では、ジニー・ロメッティはどうやってトップにまで上り詰めたのだろう？　彼女が考えるリーダーシップに欠かせない要素とは何だろう？　もちろんその資質のひとつは好奇心だ。彼女は今の自分があるのは、もっと学びたい、あるいは学ばねばならないテーマに対して、意欲的に学び、質問する姿勢を持ち続けた結果だと考えている。興味は人に、絶えず学ぼうという気持ちを起こさせる。これはまた、ＩＢＭ社内で社員を採用したり、昇進させたりする場合に求められるスキルでもあるのだ。

スライサーの会社からの自己改革

デイヴィッド・ルーベンシュタイン（以下「ルーベンシュタイン」）　あなたは朝目覚めると、自分が世界的に名の知られた、世界有数の企業のＣＥＯであると気づきます。さらに女性であるがゆえに、ここに至るまで自分で道を切り開かねばならず、それは実に大きな苦労を伴うものでした。さて、あなたはそこで、どんなことを口にしますか？『この私の姿を見て。本当にこれまでよく頑張ってきた』――と、こんなふうでしょうか？　ＩＢＭのＣＥＯでいるのは楽しいですか？

ジニー・ロメッティ（以下「ロメッティ」）　すごい始まり方ですね。初日にそんなふうには考えませんでした。その日は、それがいかに名誉なもので、しかもどれほど大きな責任を伴うか、そんなことを感じていましたね。

そのときＩＢＭは、ちょうど１００周年を過ぎたところでした。**その日の朝目覚めると、実に重要で永続的な何かに仕える執事のような気分になったものです。**『楽しいか』というあなたの質問ですが、もちろんとても楽しいですよ。もしそれが楽しくなければ、誰もやりたいなんて思わないのではないでしょうか。

ルーベンシュタイン　今、ＩＢＭを見た場合、いまだにコンピュータ分野に60年代と同じ強みがあると思われますか？

ロメッティ　ＩＢＭが優れているのは、私たちが提供するもの、マーケットの状況、あるいは政治的環境のいかんにかかわらず、世界の働きを変える役割の一端を担ってきたことです。そうあり続けるには、テクノロジー企業は、自分自身を繰り返し改革し続ける必要がありました。

1911年の創業期に立ち返ってみましょう。**IBMがスタートしたとき、IBMは今のような姿ではありませんでした。チーズや肉用のスライサーを作っていたんです。**それから時計、データ処理に使う作表機、事務管理部門の大型汎用計算機の時代へと移っていきました。そして再び自己変革し、ソフトウェアとサービスの分野に参入したのです。今IBMは再び新たな時代を迎えました。今回の自己改革によって私たちは、他にはない独自のビジネスモデルを手に入れるはずです。

ルーベンシュタイン　これは今では有名な話ですが、IBMがパーソナルコンピュータビジネスに参入し、ソフトウェアが必要になるという場面を迎えたことがありました。そのときIBMは、発注先候補に具体的な提案を行うよう要求する提案依頼書、いわゆるRFP（Request for Proposal）を出し、マイクロソフトという小さな会社がそれを勝ち取ります。もしIBMがそのソフトウェアを買い取っていたら、マイクロソフトはそのまま消えてしまったかもしれない、そんなふうに考えたことはありませんか？　それともIBM内では、そんなことは誰も口にしないのでしょうか？

ロメッティ　あなたが言うのはもちろん、オペレーティングシステムであるマイクロソフトオフィスのことですよね？　ずいぶん昔の話だし、当然ながら私はその場には居合わせていません。でも今のテクノロジー業界には、そんなふうにかつてIBMと何らかの関わりを持った企業がたくさん存在しているので、ある意味、興味深い質問です。**ひとつ言えるのは、優れたテクノロジー企業でいるためには、多くのことを発明し、あるものには正しい判断を、あるものには間違った判断を下すだろうということ。実際のところ、そうでもしなければ、自分自身を改革することはできません。**

今の時代、（すでに成長が頭打ちになっている）ＰＣビジネスに携わりたいと思う人はいないでしょう。実はそこが私たちの改革の要諦なのです。テクノロジーというと、誰もが成長、成長、成長ばかり頭にあって、テクノロジーに関する分野は成長するものだと思っています。しかし、すべてのテクノロジーが高い価値を持つわけではありません。だから、利益や価値のある分野に移行することが、私たちの改革で重要になってくるのです。

シングルマザーの母から多くを学んだ

ルーベンシュタイン　あなたの経歴について少し伺います。育ったのはシカゴで、あなたを含めて女の子が３人、男の子がひとりの４人兄弟でした。あるとき父親が、お母様を残して出ていってしまいます。そのときお母様は大卒の資格をお持ちではありませんでした。４人の子どもたちを抱えて、どうやって家計を支えたのでしょう？

ロメッティ　私は母から多くのことを学びました。**私たち兄弟４人がここまでこられたのも、全部母のおかげです**。母は高校を卒業した直後に、私たち兄弟を授かりました。父が家を出ていったのは、私が10代に入ったころでした。

本当に突然の出来事でした。気がつけば母は４人の子どもを抱えてお金もなく、すぐに家も失い、食べるものもなくなった。補助的栄養支援プログラム、いわゆるフードスタンプを申請しました。私たちには援助が必要だったのです。

でも母は、他人から同情されるのを極端に嫌う人でした。だから彼女は昼間働き、夜は専門的知識を学んでいました。実際、母はシカゴにあるラッシュ長老教会病院の睡眠クリニックの管理責任者の職を得ています。

私は長女だったので、一番手伝いをしなければならなかったのです。たくさんの人や家族が私たち家族を助けようとしてくれました。**でも母から学んだのは、他人からどうこう言われないようにすることでした。**

ルーベンシュタイン 長女のあなたは、3人の兄弟のベビーシッターもされましたか？

ロメッティ もちろんです。PTAの会合からビューグル（*1）レッスンまで、そういう類の集りにはみな参加しました。

ルーベンシュタイン ベビーシッターの報酬はもらいましたか？

ロメッティ もらえなかったですね。全部きちんと書いておくことにします。

どうやって学校に通ったらいいか、考えなければいけなかった

ルーベンシュタイン 優秀な高校に通っておられましたね。きっと成績も優秀だったに違いありません。ノースウェスタン大学に通うにあたって、奨学金は受給されましたか？

ロメッティ もらいました。誇りに思っています。でも私たち兄弟はみな、どうやって学校に通ったらいいか、自分でその方法を考えなければならなかったのです。

*1 ラッパ。トランペットを小さくしたものでピストンはついていない。

ときどき自分のことを、「劣等生」だと言うことがあります。他の兄弟は本当に優秀なのです。弟はダートマス大学、下の妹はノースウェスタン大学の学士号と大学院の学位を持っています。一番下の妹はジョージア工科大学でMBAを取得しているし、学部生としてオハイオ州立大学でソフトボールもやっていました。たいしたものなのです。

私たちはみな勤労に価値を感じる労働観を共有していたけれど、それは母が私たちに植え付けたものでした。母は決して愚痴を言いませんでした。それほど口数は多くなかったけれど、私たち兄弟はみな、彼女の背中を見て育ったのです。

ルーベンシュタイン　あなたはノースウェスタン大学を卒業されました。そのときにゼネラルモーターズ（GM）から奨学金をもらっていましたが、そこで働かなければならないという条件にはなっていませんでした。それにもかかわらず、あなたはそこで働こうと思われたのでしょうか？

ロメッティ　当時GMは、女性と少数民族のビジネス社会への進出を後押しするために奨学金支給プログラムを推進していて、担当者が国内の有力大学各校を回って、授業料に家賃と食費、すべて当方で負担しますと提案していました。『君はぜひ一度、このプログラムを見に行くべきだよ』と、ある教授がそう声をかけてくれたのです。

奨学金を受給する場合には、夏になるとGMで働かなければならなかったけれど、それ以外の条件は何もありませんでした。毎回、インターンシップは素晴らしい体験になりました。卒業したときには、まずGMに入社して働くべきだとまで思うようになっていたのです。もちろんオファーはたくさんありました。コンピュータ理工学の学位を持っていたためです。

エンジニアリングへの興味は変わらなかった

ルーベンシュタイン 当時、ノースウェスタン大学でコンピュータ理工学のコースを受講していた女性はたくさんいましたか？

ロメッティ どう思われますか？

ルーベンシュタイン あなたおひとりでしょうか？

ロメッティ いいえ、ひとりではありませんでした。ですが、少なくとも私が学んでいたたくさんのクラスのなかで、女性は私ひとりだったと思います。

ルーベンシュタイン それほど女性が少なければ、そのなかで昇進できるチャンスがあるとは思いませんでしたか？

ロメッティ そんなふうには一度も考えなかったし、そう考える人がどれくらいいるのか分かりません。でも、数学と科学に対する興味だけは変わりませんでした。ずっとです。疑うことさえありませんでした。私には甥や姪がたくさんいて、みんな大学で自分の専攻を変更したりするようだけれど、私はそうはしませんでした。『エンジニアリングをやる』と決めてノースウエスタンに入学したら、その通り進んだのです。

ルーベンシュタイン　1年前か2年前でしょうか、ノースウェスタン大学の卒業式で祝辞を述べられました。母校に戻り、卒業式でスピーチされて、どんなお気持ちでしたか？　友人から『私はずっとあなたが成功すると思っていたわ』と、言われたりはしませんでしたか？

ロメッティ　私には好きな諺（ことわざ）があります。**『成功には千人の親がいるが、失敗は孤児である』**。それを肝に銘（めい）じて仕事をしています。

母校で話をするのは良いものですね。何かの用事があって家に帰る——そんな気分になりますね。

今の仕事で成果を収めたら、次の仕事の権利が得られる

ルーベンシュタイン　ゼネラルモーターズ（GM）に何年間か勤務されましたが、あるとき違う企業で働くチャンスがあると耳にします。それがIBMでした。その話は誰がされましたか？

ロメッティ　夫のマークでした。そう聞くと『しっかりとした長期的なビジョンを最初からお持ちだったのですね』と言う人がいますが、現実はそうじゃありませんでした。GMで働いていたときも、私は自分の仕事が好きでした。でも相変わらずテクノロジーに興味があったので、違う業種に応募してみるのも悪くないと考えたのです。

夫はほんの軽い気持ちでこう言ったのです。『ねぇ、お父さんがIBMにいる友達がいるのだけど、電話してみたらどうかな？』って。その人と会うお膳立てをしてくれたのも、実は夫だったのです。

ルーベンシュタイン　ご主人には仲介料を払わなくてはなりませんね？

ロメッティ　ええ、いまだに夫には本当に感謝しています。

そのあと面接に行って、採用されました。**私はGMで何年か勤務経験があったけれど、そのころIBMにはキャリア採用はありませんでした。**大学の新規卒業者を採用して、自分たちで訓練をするというのが、基本的な考えでしたね。もちろん、今はIBMも様変わりしているけれど、私もおそらく、ちょうどキャリア採用が始まったころに入社したのでしょうね。

ルーベンシュタイン　IBMでは、エンジニアリング部門からスタートされましたか？

ロメッティ　初めはシステムエンジニアで、銀行や保険会社の仕事でした。そこで数年過ごすうちに、ずいぶんいろいろな経験が積めました。

ルーベンシュタイン　しばらくの間、コンサルティング部門も担当されました。

ロメッティ　IBMでは技術営業、マーケティング、営業戦略など、ずいぶんいろいろな部門を通じて、様々な仕事を経験しました。でもその通りです、コンサルティンググループを率いた時期もありましたね。

ルーベンシュタイン　そうした仕事をしながら、CEOになるチャンスが巡ってくるかもしれないと思い始めてはいませんでしたか？　あるいはIBMといえども他の企業と同じように、女性をCEO

にはしないだろうと思われましたか？

ロメッティ　いいえ、IBMが性別を理由に判断するなんてこれっぽっちも思ったことはありませんでした。一度もです。私が知る限り、IBMほど開放的な会社はこれまでなかったのです。女性だからどうなんて、考えたこともないですね。今の仕事で大きな成果を収められたら、次の仕事の権利が得られる――私が考えていたのは、そういうことだったのです。

ルーベンシュタイン　ある時点まで、あなたはCEOの最有力候補でした。当時のCEOであるサム・パルミサーノから、『次は君だ』と言われたとき、驚きましたか？

ロメッティ　ええ、びっくりしました。でもそのときには、すでに大きな成果を上げていましたからね。

ルーベンシュタイン　女性がIBMのトップになるためには、男性よりも優れていなければならないとお考えでしょうか？　あるいはそれほどの違いはないと思われますか？

ロメッティ　IBMでは、男女は関係ありませんね。

女性にとっては、ロールモデルは必要

ルーベンシュタイン　あなたは社会に出て仕事を始め、世界で――世界の実業界で、最も力のある女

性のひとりになりました。あなたは女性CEOとして他の女性社員に助言をし、指導したり、女性に関する問題に対してはっきりと意見を述べたりといった、ある種、先駆者としての責任のようなものをお感じになりますか?

ロメッティ　私は年月を経るにしたがって、人からロールモデルにされるのを気持ちよく受け入れられるようになっていました。他の同僚たちも、ビジネスで成功体験を積むうちに、自分たちの成し遂げた業績や会社への貢献に対して周りから注目され、報われたいという気持ちを強く持つようになったと口にしていました。

それまで私は、そうした気持ちに男女は関係ないと常々考えていました。そう思いませんか? 私は気づかなかったのです。**でも徐々に、女性にとってはロールモデルが必要なのだと分かってきたのです。**だからそういう立場になった人たちは、ロールモデルになるのが当然なのだという事実を受け入れなければなりません。

もうひとつ、印象に残った出来事がありました。10年、いえ、15年程前でしょうか、私はオーストラリアで、金融サービスに関するプレゼンテーションをしました。プレゼンはうまくいったのですが、そこへひとりの男性が近づいてくるのが見えました。私はきっとプレゼンを褒めるか、そうでなければ何か反対意見があるんだろうと思っていました。彼は私の前まで来るとこう言いました。**『うちの娘にも見せたかったよ』と。**まったくおかしな話ですよね。いまだに思い出します。

私たちのような立場にいる人間は様々な種類の影響力を持っていて、必ず誰かのロールモデルになっているものなのです。次に続く女性たちには、そうしたロールモデルが必要です。私たちのように会社を経営していく立場にいる女性は、まだまだほんのひと握りに過ぎません。だからこそ彼女たちにはロールモデルが必要なのです。**『無論、それは可能です。私がなれるのだから』と言ってくれる誰**

かですね。そう言うことのできる先輩がいなければ、将来の夢を描くことはなかなか難しいものです。

ルーベンシュタイン　『フォーチュン』誌がランク付けする全米企業トップ100社、あるいはトップ200社に占める女性CEOの数の少なさに、がっかりしたり、あるいは驚かれたりはしませんでしたか？

ロメッティ　もっとたくさんいたらいいなと期待はしていました。**女性を企業の戦力として見ていくなら、彼女たちが今の仕事を継続していけるよう、あらゆる手を打つ必要があります。企業側も明確な意識を持って努力すべきなのです。**

最近私たちは希望があれば、子育てをしている社員の母乳を自宅に届けるサービスを行っています。そうすれば会社で働き続けられるというわけです。

女性を戦力として確保していければ、将来的に彼女たちを上級管理職へと導くパイプラインを築くことにもつながっていきます。

巨大企業が素早く動くにはどうしたらいいか

ルーベンシュタイン　IBMはしばらくのあいだ、在宅勤務ができる制度を導入していたことがありましたね。発案者はおそらくあなただと思いますが、残念ながらうまく機能していないようでした。その制度はもう止めたのでしょうか？　女性にとって役に立つものでしたか？

ロメッティ　それは誤解ですね。制度は廃止していません。在宅勤務に対するれっきとした方針が存在しています。数千人の社員がいつも、あるいは時々、在宅で働いていますね。私たちは在宅勤務を含め、様々な観点からワークライフバランスを重視した取り組みを行っています。

しかし今この時、この時代に会社を経営している人にとって、どうしても欠かせないものがスピードです。社員の仕事に対する取り組みをどのようにして近代化してきたのか、まずその点について少し話しておく必要があるようですね。

私たちも企業ですから、時代の流れによってクライアントが変化すれば、いろいろな意味でそれに対応しなければなりません。

仕事のやり方については、小さな会社ほど仕事が早いとよく耳にします、そうですよね？　彼らは規模が小さく、小回りが利くし、動きも速い。私たちも図体こそ大きいけれど、何年も前からそうあるべく取り組んできました。おかげで、世界でも一番動きが速い巨大企業の好例だと思っています。

それでは、そうした巨大企業が仕事のスピードを上げたいと思ったら、果たしてどうすべきでしょう？　小さなスタートアップとはわけが違う——全部で35万人の社員がいるのですよ。そこで私たちは、いくつかの基本的なやり方を導入することにしました。

まず私たちが構築したのはデザイン思考でした。ＩＢＭは、世界中32か所に研究所を持っています。私たちはそうしたデザイン思考を学んだ学生を、それこそ次から次へと採用してきました。一方で私たちは、人が使うのはどんなものでも、たとえば携帯電話のように、すべてがシンプルなのだという考えを持っています。ＩＢＭは企業間取引を生業とする巨大企業です。でも大きな組織を持つ私たちの仕事のなかにも、このシンプルさがなければなりません。**どんなものを構築するにせよ、そのプロセスは、エンドユーザーを念頭に置いてスタートしなければならないのです。**

次に構築しようと取り組んだのがアジリティ（敏捷性）です。言うのは簡単、でも実際に取り組もうと思ったら、それは大変な作業です。でも私たちはやり遂げました。まずあらゆる分野の人たちを集めた小さなグループを作り、迅速に行動する方法をトレーニングで修得させます。するとその効果は徐々に現れ、最低限度の製作可能な製品を生み出すのです。これはあなたのモビリティに関する質問と、根本的には同じ問題ですね。

なぜそういう取り組みをするのでしょう？　もちろんスピードアップを図るためです。私たちは世界中の職場環境を刷新するため、優に10億ドルを超える額を注ぎ込みました。新たにコラボレーションのためのオープンスペースを設けたのです。ＩＢＭ内部は様々な職務に分かれていますが、ぜひ同じ場所にいて一緒に働いてほしい人たちがたくさん存在します。これがあなたが言っていることだと思います。

私にとっては、これこそ新たな働き方でもあり、職場の本来あるべき姿なのです。職場環境を刷新することで、多くの成果がもたらされるはずですよ。多くの同僚たちに言っているように、デザイン思考の考え方を、素早い作業、コロケーション、最新ツールと結びつけることが、今の職場環境には必要なのです。そのために、一部の人たちは在宅勤務では働けなくなるということです。職場に足を運び、同僚たちとともに仕事をする必要があるのです。

ＩＢＭを変革できているか

ルーベンシュタイン　大企業のＣＥＯが送る毎日についてお伺いします。どのくらいの頻度で出張なさいますか？

ロメッティ　おそらく50パーセントといったところですね。

ルーベンシュタイン　お会いになるのは顧客ですか、社員でしょうか、それとも政府関係者ですか？

ロメッティ　その全部、世界中ですね。

ルーベンシュタイン　それでは顧客についてですが、みなさん何に一番興味を持っているのでしょう？　彼らに会うときには、ＩＢＭが他社よりも優れている理由を伝えようと心がけておられるのでしょうか？

ロメッティ　もちろん、何らかの方法で、いつでもそれを伝えようと心がけています。**でも多くの方が私たちを、ビジネスの未来を映し出す鏡のような存在として見ているようです。**数年前の話ですが、彼らはこんなふうに言っていました。『へぇ、それはすごい変化ですね』。ところがその後、さらにこう付け加えたのです。『でもそれがすぐに身近な話になるんでしょうね』と。

今は私たちだけですが、将来はどの企業も同じように取り組むことになるはずですよ。すなわちデータとクラウドを中心に再構築を図り、そのうえで仕事のやり方を変える必要があるのです。そしてあなたはどんな人をその仕事に取り組ませるか、考えなければなりません。

私たちの場合は、ポートフォリオの構築を支援するため、まず１００億ドルの事業を売却し、さらに65の異なる企業を買収しました。そのうえでクラウド、データ、人工知能、セキュリティを中心とした、いわゆるまったく新たな製品とサービスに移行したのです。これで投資家のみなさんにも何らかの指標、あるいは戦略的必要事項として理解していただけたのではないでしょうか。この新規事業は、今では収益の50パーセントを占めています。

しかし、ポートフォリオはそのひとつですが、仕事に対する取り組み方はまた別の話です。私はクライアントに、今の仕事をする方法を変えなければならないと言っています。

ルーベンシュタイン　CEOとして成功しているかどうかは、何を基準に判断されていらっしゃいますか？　株価ですか？　収益ですか？　1株あたりの利益でしょうか？　それとも収益の伸び率ですか？　あなたが自分の会社を判断したり、取締役たちと話したりするとき、何に最も重点を置かれているのでしょうか？

ロメッティ　私が一番大切にし、そして取締役会が最も重要視しているのが、次のコグニティブ・エアラ、つまり認知の時代（＊2）に向けて、IBMを変革できているかどうかです。

ルーベンシュタイン　会社全体の仕事の流れを見ていて、ストレスを感じますか？　何かしら意に沿わないことがあるように見受けられますが？

ロメッティ　課題は常に、より早く、より機敏にというスピード感があるかどうかです。私が今、感じるストレス――それはいかに物事に素早く、迅速に対処していけるかなのです。私たちがいるのは、そういう世界です。どれだけ早く、物事を処理できるかなのです。

どんな場面でも学ぶ機会はある

ルーベンシュタイン　ノースウェスタン在学中に、今のような立場になるだろうと想像したことはありますか？　振り返ってみて、あなたがここまでこられたその秘密は何だと思われますか？　懸命に

＊2　コグニティブは、「認知の」「経験的知識に基づく」という意味で、コグニティブ・エラはIBMが提唱した新しい概念。従来のように、与えられた情報を処理するだけでなく、人間のように自ら理解、推論、学習するコンピュータ・システムによって、人の意思決定の支援をするのが目的。

働いたからでしょうか？　頭が良かったからでしょうか？　人柄が優れていたからでしょうか？　男性であろうが女性であろうが、あなたと同じような道をたどり、同じような地位を目指そうとする人たちに対して、どのようなリーダーシップをとるべきか、何かアドバイスはありますか？

ロメッティ　今の私があるのは、さきほどあなたが挙げたような理由ではなかったと思います。**もし誰かに、『あなたがやったことをひとつだけ教えてください』と言われたら、常に学び続けようとした姿勢を挙げるでしょうね。**『何でも知っているわけじゃない。どんな人からでも、何かを学びとることができるはず』と、いつも自分に言い聞かせています。このインタビューも、あなたが話したこともそうです。**会社という枠にとらわれる必要はないのです。**

どんな場面でも学ぶ機会はある――私は常にそう考えてきました。そして実際、その原動力になったのが好奇心でした。多くの人が私にこう尋ねます。『今、あなたが人を雇うとしたら、その人に何を求めますか？』それに対して私は、一番大きな要素は好奇心だと答えるでしょうね。

採用する場合には、そのときにどんな知識を持っているかではなく、学ぶ姿勢があるかどうかを見ていきます。知識はあくまで一時的なものに過ぎないのです。学ぶ気持ちがあれば、おそらくそれが、その人の最高の資質なのです。だから私はよくこう言います。**『もし先天的に好奇心が備わっていなければ、それを身につけていく必要がある』と。**私にとっては好奇心こそ、自らを前進させる原動力なのです。

ルーベンシュタイン　あなたは、どんな業績を会社の未来に残していきたいと思われますか？　5年、10年、15年後、人々からどんなことを言われたいですか？

ロメッティ　私ではなく、ＩＢＭが人の口の端に上りさえすれば十分です。ＩＢＭは、ヘルスケア、教育、そしてこの世界の安全性の向上といった観点から、世界をより良いものにしてきました。さらに、優れたテクノロジーと世界で最も優秀な人材を擁するという、他には見られない独自の立場から、再び次の時代に向けて自らを改革したというわけです。私にとっては、この世界にある企業が自らを改革し、より良い存在になる手助けができれば、それが社会にプラスに影響し、ひいては偉大な業績と認められることになるでしょうね。

ペプシコ元会長、CEO

インドラ・ヌーイ

Indra Nooyi

「**物事に矛盾があっても、そこで何らかの折り合いをつけようとする姿勢さえあれば、あなたもすべてを掌中に収めることができるかもしれません。**あなたがそうした努力を続けるあいだ、心や体に痛みを感じたり、水面下で巻き添えに遭ったりすることもあるでしょう。生きていくには、そうした苦労を受け入れなければならないのです。」

2006年から2018年までペプシコの会長兼最高経営責任者を務めた。同社の指針である「パフォーマンス・ウィズ・パーパス」を主導した人物であり、私たちを取り囲む世界のニーズに対応した適切なビジネスを行うことを公約として掲げた。彼女の在職期間中、ペプシコは売上高を80パーセント以上増やし、株主利益率は162パーセントだった。1994年にペプシコに入社する前は、ヌーイはボストン・コンサルティング・グループ、モトローラ、およびアセア・ブラウン・ボベリで上級職を歴任。現在はアマゾンの取締役会のメンバー、国際クリケット評議会の独立理事、アメリカ芸術科学アカデミーのメンバーを務めている。2007年には、国務省から「卓越したアメリカ人」に選ばれる。マドラス基督教大学で理学士号を、インド経営大学院カルカッタ校でMBAを、イェール大学でMPPM（1999年以降MBAの学位に変更）を取得している。結婚してふたりの娘がいる。

移民の女性がCEOになることの難しさ

これまで述べてきたように、世界的な大企業を率いる女性CEOは、残念ながらまだまだ少ない稀な存在である。しかもアメリカに移住してきた女性CEOとなれば、さらに珍しい。なかでも長年にわたり最もよく知られた女性CEOが、2006年から2018年までペプシコのCEOを務めたインド出身のインドラ・ヌーイである。

在任中、ペプシコは大きな発展を遂げ、その時価総額は1040億ドルから1540億ドルにまで膨らんだ。時代精神を反映し、より健康的な飲み物や食品を生産する一方で、製品の訴求力が高まり、販路が世界中に広がると、会社は真のグローバル企業に成長した。

2018年10月3日、CEOを退いたインドラは、それまでとは異なる目標を持つようになった。そのなかには、あらゆる国の女性が潜在能力を発揮し、その組織のリーダーになれるよう支援することも含まれていた。**アメリカでは多くの企業が、アメリカ生まれの白人男性が率いるものと相場が決まっていたが、そんな企業環境のなかで女性CEOになったインドラは、今でも世界中の女性たちのロールモデルであり続けている。**

私が初めてインドラに会ったのは、彼女がまだボストン・コンサルティング・グループに在籍し、ペプシやその他の企業に対し、企業戦略についてアドバイスしていたころだった。彼女は知性、目的意識、労働倫理、国際的視野を兼ね備えた人物で、当時から、人間的魅力にあふれた希有な存在だと驚きを持って見ていた。

私はビジネス評議会、世界経済フォーラム、あるいはCEOの集まりなどを通じて、彼女と連絡を取り合ってきた。これまで何度かインタビューする機会にも恵まれ、そのたびに、ペプシのグローバル化や健康に対する彼女の献身的な取り組みはもちろん、自分が女性の移民であるがゆえに、多くの人たちの模範にならなければならないという彼女の意識の高さに感銘を受けてきた。

インドラはどうやって、男性優位のビジネス界の頂点に立ったのだろう？　どうやって両親、夫、そして子どもたちと、家族としての強い絆を維持してこられたのだろう？　どうやって多くの人のロールモデルになり得た（そして今もあり続けている）のだろう？　そして、彼女のリーダーシップの秘密は何なのか？　２０１６年11月、ニューヨーク州パーチェスにあるペプシコの本社構内で行ったインタビューで、インドラはそうした質問だけでなく、他の多くの質問にも答えてくれた。

インドラによれば、彼女は両親――特に母親――から人生の手ほどきを受け、心のゆとりを忘れて自分のことを深刻に考えすぎないこと、そして他人を尊重することを教えられたのだという。彼女が言うように、「すべてをやり遂げる」には、矛盾するもの同士をどこかで折り合いをつけなければならないし、より高いレベルでの成功に近道も存在しない。ある程度は何かを犠牲にする覚悟が必要なのだ。

だがペプシにいるあいだ、インドラが唯一、犠牲にしなかった領域があった。**社員に対する共感である。**彼女は上級社員の両親に、彼らの子どもたちの働きぶりに関するいわゆる成績表――もちろん肯定的な評価内容のものだ――を、定期的に書き送っていた。

自分の子どもに対する好意的な勤務評定を受け取って、その上司に対して深い信頼を寄せない母親がどこにいるだろう？　事実、インドラに対するペプシコ従業員の評価も同じように肯定的な――熱烈な賞賛とも言えるような――ものだったのである。

「自分が大統領だと思ってスピーチをしてちょうだい」

デイヴィッド・ルーベンシュタイン（以下「ルーベンシュタイン」）　あなたがまだインドにいて小さな女の子だったころ、ペプシのような大企業のCEOになろうと思っていましたか？

インドラ・ヌーイ（以下「ヌーイ」）　夢のような気持ちでした。毎日、自分をつねっては、『本当に現実なのかしら』って確かめていました。ルーツをたどり、生まれ育った場所を訪ね、今私がいる場所と比べたら、そこにいるのが同じ人物だとは思えないはずです。ここアメリカの地で、これほど大きな会社の経営にあたる――当時を振り返れば、私を取り巻く今の現実を誰が信じることができるでしょう。

ルーベンシュタイン　あなたは大変に仲のいいご家族のなかで育ちました。まだ幼かったころ台所に座ったお母様から、『さぁ、インドの首相になったつもりで話してごらん』とよく言われていたそうですね？　お母様はあなたに何を教えようとしていたのでしょう？

ヌーイ　母はとても明るい人でした。母の両親は、女の子は大学に行く必要がないと考えていましたし、実際に大学に通わせる余裕もなかったので、母は大学には行きませんでした。**ある意味母は、自分ができなかったことを、私たち娘の人生に託したようなところがあったので、私たちが望むものになれるよう、ずっと応援し続けてくれました。**母はいつも私たちに、『大きな夢を持ちなさい』と教えてくれました。でもその反面、『18歳になったら結婚するのよ。だから、それまでは大きな夢を持つことができるわ』とも言っていました。

そして母はほぼ毎日、夕食のテーブルにつくと私たちに、『自分が大統領だと思ってスピーチをしてちょうだい』と言うのです。大統領だけでなく、ある日は首相、またある日は大臣となり、母はそのスピーチについて批評してくれました。そこに安易な誉め言葉は一切ありません。ただ『大臣はそんな話し方はしないわ。一国の首相はそんな言い方はしないわ』と、言うだけでした。そして何遍も、何遍も、何遍も、繰り返させるのです。ようやく誉め言葉のひとつでももらえれば、私たちは『やったぁ、きっとすごく上手にできたに違いないね』と喜び合ったものでした。

そして母はコンスタントに、基準となるハードルを上げていったのです。母は私たちに希望を与えてくれましたが、同時に18歳になったら結婚するのだという南インドに根付く保守的な価値観も植え付けようとしました。しかし言っておきますが、残念ながら、それは現実のものとはなりませんでした。でもとにかく母は、そう言い続けていたのです。

ルーベンシュタイン　もし18歳で結婚しないと、その当時は恥ずべきこととみなされたのでしょうか?

ヌーイ　それが、母が私たちに課した生き方でした。父と祖父はこう言っていました。『夢を抱いて、好きなことをやればいい。あとは学校で良い成績をとるだけだ。そうすればお母さんが結婚話を進めてくれるさ』。そんなふうに私は育ったのです。家族は一方で自由にさせておいて、もう一方でたがを締めていたんです。

アメリカ行きを許してくれた両親

ルーベンシュタイン　あなたはインドである程度の学位を取得し、イェール大学経営大学院への進学を決断します。アメリカのコネチカット州にあるイェールに行こうと思っていると打ち明けたとき、ご両親は何とおっしゃいましたか？

ヌーイ　**これこそ最大の謎なのですが、あれほど頑迷に結婚の話をしていた母と、結婚を後押ししていた父だったのに、ふたりともアメリカ行きを許してくれたのです。**とにかく心底、驚きました。母などは何日も断食をした挙句、癇癪（かんしゃく）を起こすのではないかと思ったくらいですが、そんなことはありませんでした。それどころか、空港まで私を見送りに来てくれましたし、両親は航空券まで買ってくれたのです。ふたりがなぜそこまでしてくれたのか、いまだに私には理解ができません。

いずれにせよ、両親とも協力的でした。アメリカには両親の知り合いもいて、私に対するサポート体制も万全でした。しかも両親は、アメリカに行って、自分の夢を追いかけなさいと励ましてくれたのです。

ルーベンシュタイン　卒業されると、様々な戦略的ポジションに就かれるようになりますね。最初はどちらにいらっしゃいましたか？

ヌーイ　イェールを離れてシカゴに行き、ボストン・コンサルティング・グループに加わりました。そこで過ごした6年半は、その後のキャリアに向けて多くの経験を積んだ、いわば自らの形成期間でした。というのも戦略コンサルティングという立場は――ボストン・コンサルティング・グループに在籍していた期間は特に――企業の抱える問題を総合的に見ることができる貴重な時間でした。マーケティング、企業経営、サプライチェーンなど、どんな業務にせよひとつひとつ体験していくのとは違い、企業のあらゆる側面が全体的に見渡せ、普通なら10年かかるところをわずか6年間で経験できたのです。おかげで私は、より優れたコンサルタントになることができました。

ルーベンシュタイン ペプシコはあなたのことをどうやって知ったのでしょう？

ヌーイ ある日、ヘッドハンターから電話がありました。『ペプシコが、あなたと会いたいそうです』と。ペプシコを訪ねて、話をしました。あとはご存じの通りです。

ルーベンシュタイン そこで経営戦略を担当されますね。

ヌーイ ええ、企業戦略統括責任者です。

もらったアイデアを却下しない

ルーベンシュタイン おそらく、たくさんの人があなたのもとを訪ねては、『ペプシの味を変えて』、『フリトレーの味を変えて』と言うのでしょうが、あなた自身は人からアドバイスをもらったり、それに耳を傾けたりするのでしょうか？

ヌーイ　私はみなさんから、現在販売されている商品の味について、そして今後どんな商品を開発すべきなのか、あるいはコマーシャルに関する感想やアイデアから商品のパッケージに至るまで、様々なアイデアを頂戴しています。

最も重要なのは、そうした意見に素直に耳を傾けようとする姿勢です。些細なアドバイスが大きな成功につながることもあるのです。実際に成功するかどうか、それは誰にも分かりません。**でも私は、アイデアを却下しないことの大切さを学びました。**もらったアイデアはすべてリスト化し、スタッフに送ってからこう言います。『聞いてください、こういうグループの人たちが、うちの製品について話をしていました。内容はそこに書いてある通りです。そこから何か得られるものはあるでしょうか？』とにかくいろんな話に耳を傾けます。

ルーベンシュタイン　ご自身でテストはされますか？

ヌーイ　私の仕事のうちで最も大切な役割のひとつは、開発段階にある新商品の味を確認し、テストを行うことです。参考までに申し上げておくと、年間の開発計画スケジュールでは、スナック菓子、飲料水、クエーカーオーツあるいはトロピカーナ製品など、今後3年から5年のあいだで発売を予定している約50種類から１００種類の商品すべてをテイスティングしなければなりません。彼らは試作品を提示し、私はそれに対して自分の意見を伝えます。もちろん私の意見だけが考慮されるわけではありません。ですが、とにかく意見を述べることができます。

私がしていることは他にもあります。少しいやらしく聞こえるかもしれません。でもデイヴィッド、ちょっとお話ししておきますね。**私は誰かの家を訪ねると、決まって最初の30分間でやることがあるのです。キッチンを探して戸棚を開けて、どんな商品がそこにあるか確認するのです。**誰かの家を訪問する場合には——招いてくれたのが私の友人であってもそうでなくても——彼らの家にペプシの商品がなければなりません。

ルーベンシュタイン 10年前に比べて、今ではCEOになるのは難しいでしょうか？

ヌーイ 金融危機は世の中全体を大きく変えてしまいました。世界はまだ金融危機から完全には回復していません。私たちはいまだに世界中の至るところで、地政学的な大きな変動を経験しています。

さらに加えて、テクノロジーは企業のあり方に影響を与え、そのルールを完全に書き換えてしまいました。**この先、会社のなかでどんな仕事を残していくべきか、バリューチェーンをどうデジタル化すべきか、eコマースが会社のビジネスにどんな影響を与えるのか——今やテクノロジーは会社のあらゆる部分に影響を及ぼしています。**

特にこの7年間、大企業を経営していくには大変な労力が必要とされました。対外交渉に精通し、テクノロジーを理解し、現場の人間と話ができ、世界のリーダーと対等に渡り合える力が求められたからです。CEOは、想像をはるかに超える難しい経営環境のなかで会社を管理し、組織が前進し続けていけるように、多くの問題に対処しなければなりませんでした。まさに大変なかじ取りを迫られたというわけです。

ルーベンシュタイン 少し前にひとりの株主が現れて、『フリトレー事業、いわゆるスナック事業はスピンオフすべき（切り離すべき）ですよ』と言ったそうですね。どう対応されましたか？ どうやってその株主に、気持ちよく納得してもらったのでしょう？

ヌーイ　私の仕事は、投資家を気持ちよく理解させることではありません。**会社の経営が次の世代に向けて順調に、うまく機能しているかどうか確認することです。**もしそのプロセスにその株主の方が満足していただけるのであれば、それで良いのです。私は社員ですが株主でもあり、現行給与の33倍分の株を持っています。つまり私の純資産はすべてこの会社に預けてあるので、投資家やその他、外部の誰かが、株主の価値を向上させ、持続させるような何らかのアイデアがあるなら、私は喜んでそれに耳を傾けるつもりでした。

そこで私は、その投資家の話を聞いてみました。私には個人的な信念があり、素晴らしい取締役の面々が控えています。私は会社の経営戦略を彼らと共有し、彼らも私がありのままに話をしてくれていると知っていました。そこで私は、会社がどこへ向かって進もうとしているのか、そして投資家たちが何を望んでいるのかを伝えました。取締役会は、投資家たちの考えは多分に短期的戦略に基づくものであり、今、会社が着手しているのが、本来の長期的戦略に根差した取り組みだとすぐに理解してくれました。取締役会は私の信念を支持し、後押ししてくれたのです。こうして投資家の立ち入る隙はなくなり、会社の進むべき道は維持され、業績も順調に伸びています。

栄養不足から栄養過多の時代へ変わった

ルーベンシュタイン　とても素晴らしいお話ですね。ところで、ほとんどの人はペプシコーラやコカコーラは体には良くないと口にします。おそらくあなたもそうした議論を耳にした経験がおありでしょう。ペプシコはあなたのリーダーシップのもとで、どうやってペプシのような製品を、より健康的なものにしようとしているのでしょう？

ヌーイ　ペプシコーラのような製品は、何年も前に、すなわち現在とはまったく異なる社会のなかで発明されました。**当時は栄養過多よりも栄養不足の人が多く、砂糖をたくさん含んだ飲み物を飲んでも何ら疑問を感じることはありませんでした。**ですが社会が変化した今、ともに変化するのは当然の成り行きです。

では私たちは今、何をしているのでしょう？　砂糖がゼロ、あるいは糖分が極力少ない製品を、さらに発売しようとしています。具体的に言うと、まずペプシについては、より低い糖分レベルの構成比に変更しようとしています。そのためには糖分の少ない炭酸清涼飲料を受け入れられるよう、消費者を訓練しなければなりません。

そこで問題となるのが、いくら消費者を訓練すると言っても、一晩ではできないということです。糖分レベルは少しずつ下げなければなりません。最終的には8オンスあたり50から60カロリー、12オンスあたり70カロリーまで落としても、消費者がその製品を口にして心地よさを感じるまで続けていくことが必要です。これこそ私たちが挑んでいる旅路なのです。

ルーベンシュタイン　スナック菓子はいかがですか？　塩の含有量が多いと批判されてきましたね。どうやって健康的な商品にしようと考えていらっしゃいますか？

ヌーイ　良いニュースをお教えしましょう。レイズ（＊1）1袋に含まれる塩分は、パンひと切れ分よりも少なくなっていますよ。

ルーベンシュタイン　本当ですか？

＊1　アメリカで最も有名なポテトチップスのブランドのひとつ。

ヌーイ　本当です。表面にまぶしてあるだけだからです。パンの場合は、膨張剤としても使われますから。スープにも防腐剤として入っています。ポテトチップスの場合は表面だけです。つまり実際にレイズの袋に入っているのは少量の塩、じゃがいも、そして心臓に優しいオイルの3つだけなのです。ですから、笑顔でレイズを召し上がってください。それが私からの最初のアドバイスです。

ルーベンシュタイン　笑顔で食べますが、少し体重が増えませんか？

ヌーイ　大丈夫です。

ルーベンシュタイン　太らない？

ヌーイ　あなたは普段、運動していますから。

ルーベンシュタイン　少しの運動では足らない気がします。

ヌーイ　あなたなら大丈夫ですよ！

ルーベンシュタイン　誰かがこう言ったとしましょう。『聞いてくれるかい、僕は健康なんて気にしないんだ。美味しいおやつが食べられればそれで良いのさ』と。どんなおやつなら、彼を幸せな気持ちにできると思われますか？

ヌーイ　フリトス（＊2）です。とにかく、天国に上るような気分になるでしょうね。

20万人の従業員に個人的な手紙を送る

ルーベンシュタイン　あなたには20万人を超える従業員がいます。どうやって彼らとコミュニケーションを図りますか？　eメールですか？　伝えるべき情報がたくさんある場合、どうやって従業員にそれを伝えますか？

ヌーイ　四半期ごとに、ビデオやeメールを使ったり、タウンホールやフォーラムを利用したりしています。私は出張するたびに、その町や地域のタウンホールを使って従業員と会いますし、ときには従業員全員に個人的な手紙を、たとえば自分の子どもたちが大学に通い始めたときには、『私は何だか心に穴が開いてでもしまったような、大きな別離の寂しさにさいなまれています』という内容の手紙を送りました。あるいは従業員が両親に電話をかける頻度が少ないと感じたときには、なぜ両親と連絡をとることが重要なのか、その理由について手紙を書いて知らせます。**何でもいいから、そのときに考えている個人的な物事を書き綴るようにしているのです。それは単なる会社の幹部ではなく、ひとりの人間として知ってほしいからです。**私は彼らにとって身近な存在でありたい。だからこそ、ビジネスの最前線で働く従業員から上級管理職に至るまで、いつでも話をする用意があるのです。

ルーベンシュタイン　数年前、あなたがワシントン経済クラブで行ったスピーチは、多くの人の注目を集めました。そのときあなたが話されたことのひとつが、上級幹部職員の母親に、彼女の子どもたちが社内でどう働いているのか、成績表にして渡すというものでした。まだそれは続けられているの

＊2　トウモロコシから作られたスナック菓子。

でしょうか？　そこには何か、特別な理由がありますか？

ヌーイ　それを説明するためには、私がCEOに就任した数年前にさかのぼらなければなりません。私は母に会おうとインドに戻りました。そのとき、父はすでに亡くなっていましたが、母はまだそこに住んでいたのです。質素な家だったので、私は快適な方が良いと思い、そのときはホテルに部屋をとっていました。

そのとき私は母から、翌朝7時、きちんとした身なりをして来るように言われていました。なぜだろうと思いましたが、母親がそう言うとき、子どもはそれに従わなければなりません。家に着き、居間でくつろいでいると、そのうちに次から次へといろんな人たちがやって来ます。ところが私には挨拶こそしてくれますが、言葉はありません。みな母に向かってこう言うのです。『立派な娘に育てたわねぇ。CEOなんですってね、お手柄よ。おめでとう』。私はこうしたやりとりを見ながら、いかに両親が私に手をかけてくれたか気づいたのです。**私は両親の教育の集大成であり、今日の私があるのは、両親のおかげでした。**もし父が存命ならば、ふたりが褒め称えられたはずです。そこで私は、ペプシコに子どもたちを送ってくれた彼らの両親に感謝したことが一度もなかったことに気づいたのです。

アメリカに戻った私は、早速、幹部たちの両親に彼らの近況を記した手紙を書き始めました。まず私の文化的背景とインドでの経験談から始め、最後にペプシコでの幹部たちの仕事ぶりについて書き、こう結びました。『あなた方のお子さんを当社にお預けいただき、感謝申し上げます』。この手紙をきっかけに幹部の両親たちも、直接私宛に連絡してくるようになりました。これは私にとって大きな出来事になり、今では約400人を超える幹部の両親に手紙を書き続けています。

ルーベンシュタイン　経営幹部たちは、あなたが自分たちの両親に手紙を書いていることについて、何と言っていますか？『少し控えてください』と言うのか、それとも『自分たちが一所懸命に取り組んでいる様子を、父や母に伝えてもらって嬉しい』と言うのか、どちらでしょう？

ヌーイ 子どもが働く会社から、このような手紙を受け取ったことのある人たちはまずいませんし、彼らも今では好意的な勤務評価が送られてくると分かっているので、経営幹部たちは実際のところとても感激しているようです。私には必要以上に余計なことまで書くつもりはありませんでした。彼らの両親は、こうした手紙が郵送されてくるとたいそう喜び、近隣はじめ、おじやおばにまで話しているようです。ある幹部などは、『これは私の両親にとっても、あるいは私自身にとっても、最高の喜びです』と語っており、彼自身も誇りを感じているようでした。

すべてを手に入れることは誰にでも可能なのか

ルーベンシュタイン あなたの話を聞くと、こんなことを口にする人がよくいます。『この人物はすべてを手に入れていますね。素晴らしい会社のCEOであり、30年以上連れ添ったご主人に、しっかりした会社に勤めている健康で明るいふたりのお嬢さんがいるのだから』と。こういうことは私たちが暮らす社会では、特に女性にとっては、誰にでも可能なことなのでしょうか？

ヌーイ あくまで相対的な基準からすれば、私は確かに多くの点で恵まれていると思います。素晴らしい夫、ふたりの子どもたち、強い絆で結ばれた家族、偉大なチームとともに行うやりがいある仕事――これらすべてを持つ私は、本当に幸運な人間です。**しかしそこまでたどり着き、しかもそこに留まろうとしたため、多くの場面で歩み寄り、自己犠牲を強いられ、そして巻き添えの目に遭ってきた**

のもまた事実です。しかし不思議なことに私には、そうした困難を乗り越えていくだけの力が備わっていました。

では、あなたはすべてを手に入れることができるのでしょうか？　これは大きな問題です。適切なサポートシステムがあり、理解ある夫または妻を持ち（もし結婚したければ）、そして物事に矛盾があっても、そこで何らかの折り合いをつけようとする姿勢さえあれば、あなたもすべてを掌中に収めることができるかもしれません。しかしあなたがそうした努力を続けるあいだ、心や体に痛みを感じたり、水面下で巻き添えに遭ったりすることもあるでしょう。**生きていくには、そうした苦労を受け入れなければならないのです。**

ルーベンシュタイン　ペプシコの社長の内示をもらったときの話です。その日あなたが帰宅すると、お母様からミルクを買ってくるよう言われます。そしてそのあと――これは、私よりもあなたがお話しされた方が良いでしょう。

ヌーイ　2000年当時の話ですね。ある日、夜の9時半ころ、ペプシコの社長に内定したと電話をもらいました。私は帰宅したら、ペプシコの社長に決まったという話を家族に伝えようと思っていました。家に着くと、玄関のドアを開けたのは夫の母でした。そのころには母は私たちと一緒に暮らしていたのです。さっそく『お母さん、伝えたい話があるの』と口を開いたとたん、すぐにこう言われました。『ニュースを聞く前に、ミルクを買ってきてちょうだい』。『もう夜の10時よ。なぜミルクを買いに行かなきゃならないの？』ガレージに夫の車があるのに気づいた私は言いました。『彼に頼めば良かったのに』。すると母は言いました。『確かに彼は8時に帰ってきたわよ。でもとても疲れているみたいだったから、そのままにしたの。さぁ、あなたがミルクを買いに行ってきてちょうだい』

私たちは、母親に反論したりはしません。私はミルクを買いに出かけ、戻ってくると、キッチンのカウンターにミルクをドンと置き、言いました。『大きなニュースがあるのよ。ペプシコの社長に指名されたの。でもお母さんにとって大切なのはミルクなのね』。母は私の顔をじっと見ると、こう言ったのです。『あなたは何が言いたいのかしら？　家の玄関を入る前に、その頭の冠を脱いで、ガレージに置いてきなさい。あなたは息子の妻、私にとっては娘、義理の娘で、子どもたちにすれば母親です。それだけなの。他の余分なものは全部ガレージに置いてきなさい。これ以上、同じことを言わせないでね』

ルーベンシュタイン　でも彼女は、あなたがCEOであることをとても誇りに思っているに違いありません。

ヌーイ　そうだとは思いますが、母にすれば、私を家に置きたいようです。

女性であり、移民であり、ロールモデルである

ルーベンシュタイン　女性であってCEOになる、あるいは移民であってCEOになる――どちらも難しい。そのふたつが組み合わされると、一番難しい条件になるのかもしれませんね。あなたはそうした難しさの原因は何だと思われますか？　そしてその難しさを克服するにはどうすべきだと思われますか？

ヌーイ　それを難しい条件ととらえるべきなのか、私には分かりません。**女性であり移民であること**

に悪い面はありますが、良い面もあるんです。見た目が周りと異なるので、すぐに気づいてもらえます。これは良い面です。私が歩くのを見て周りの人が、『あぁ、彼女は私たちと少し違う。――女性で、移民で、背が高いわね』と口にすれば、その要素が総合的に機能していることになります。

でも確かに難しさもありました。というのも、みな『この偉大なアメリカ企業を率いる方法を、どうやって覚えていくのだろう？』と考えるからです。ですから、それはポジティブでもありネガティブでもあります。でもうまくバランスをとれば、ポジティブな面の方が強いのではないかと思います。

ルーベンシュタイン　今の女性はCEOになるのに、あなたほどの苦労をしなくて済むようになったと思いますか？　あるいは女性CEOは、同じレベルの企業の男性CEOに比べて、依然としてもっと必死に働かなければならないと思われますか？

ヌーイ　権限を持つ立場にある女性が数人いるだけでも、状況は良くなっていると思います。しかし個人的な観点からすれば、私には女性であったり、今のような立場にいたりすることとは別の問題があります。**私は移民として、ある種の恐れを――つまりもし失敗を犯せば、二度と戻りたくないところに戻らざるを得なくなるという恐れを抱いているのです。**そうした恐れがあるからこそ、自分の仕事に対してもっとうまく、もっとうまく、もっとうまくと、自分自身を駆り立て、奮い立たせているのです。

ルーベンシュタイン　あなたは多くの女性のロールモデルになっています。あなた自身は自分がロールモデルになっていると、特にインドや、その他のアメリカ以外からやって来た女性にとってのロールモデルになっていると感じていますか？

ヌーイ　**私にはロールモデルになる以外の選択肢はありません**。女性であれ、マイノリティであれ、インド人女性であれ、そうした人たちのロールモデルになるのは確かに光栄です。多くの人が私を尊敬し、私から学ぼうとし、アドバイスを得たいと言ってくれます。私たちとしても、同じような人間はまだまだ少ないので、ロールモデルとしての役割を果たさなければなりません。**あとに続くであろう人たちのために、ひとつの基準を示す意味からも、私たちは良い仕事をする必要があるのです。**

ルーベンシュタイン　あるとき、あなたのご主人がこう言っているのを何かで読んだことがあります。『インドラ、君はいつも口を開けばペプシ、ペプシ、ペプシって言うけれど、僕のことはどうなんだい？』と。あなたは何と答えましたか？

ヌーイ　それは今も同じです。彼はきっとこう言うはずです。『君の頭の中はまずペプシコ、次がペプシコ、次もペプシコ、そして子どもたち、それから君のお母さんだ。リストのずっと一番下のどこかを探すと、ようやく僕がいる』。私は彼に、今もこう言い続けています。『ちゃんとリストに載っているわ！　だから安心して！』でも主人は良く分かっているのです。私が彼を心から愛していることを。彼が私の心の支えであり、私の人生そのものだということを。でもどうやら彼は、どうしてもリストの上にいたいらしいのね。

COMMANDERS

統括する

ジョージ・W・ブッシュ大統領＆
ビル・クリントン大統領
コリン・パウエル大将
デイヴィッド・ペトレイアス大将
コンドリーザ・ライス
ジェイムズ・A・ベイカー

4章

アメリカ合衆国
第43代大統領

ジョージ・W・ブッシュ大統領

『（私が一番誇りに思うのは）娘たちが私を愛してくれたことだ。そもそも10代の娘を持つこと自体が、父親にとっては難しい。ビルも同感だろうが、まして娘が10代のときに大統領職にあるというのは、大変なことなんだ。ローラの指導と愛のおかげで、幼い娘たち、そして家族の絆が一層強くなった。これは素晴らしい成果だと思うね。』

ジョージ・W・ブッシュは、2001年から2009年まで、アメリカ合衆国第43代大統領を務めた。2001年9月11日に同時多発テロが発生すると、ブッシュ大統領はアメリカ国民を守るために包括的戦略をもって対応した。アメリカは彼のリーダーシップにより、アフガニスタンとイラクの暴力的政権を排除するための国際包囲網を作り上げることに成功し、世界中のまだ歴史の浅い民主主義国家やアメリカに賛同する国々への支援を行った。ブッシュ大統領はまた、HIV／エイズとマラリアに苦しむ人々を救済する取り組みを始め、何百万もの人々の命を救った。大統領を務める前は、1995年から2000年まで、テキサス州知事を務めていた。大統領職を離れたあとは、ジョージ・W・ブッシュ大統領図書館・博物館とジョージ・W・ブッシュ研究所——党派にかかわらず誰もが自由に使える公共政策およびリーダーシップ開発センター——のあるテキサス州ダラスに、さらにジョージ・W・ブッシュ大統領センターを設立した。彼とローラのあいだにはバーバラとジェナの双子の娘と、さらに3人の孫がいる。

ビル・クリントン大統領

アメリカ合衆国第42代大統領

『在職中（一番誇りに思ったのは）、この50年で最も大きな経済的繁栄を謳歌できたことだろうね。年収が低い方から見て20パーセントの人たちの収入がアップした割合は、上から20パーセントの人たちのそれよりも高かったんだ。でも誰も腹を立てたりはしなかった。』

ウィリアム・ジェファーソン・クリントンは、民主党出身として60年ぶりに２期務めた大統領であり、2200万人以上の雇用創出を含め、当時アメリカ史上最長となる経済成長をもたらした。大統領職を離れたあとも、常に気がかりだった問題にその後も継続して取り組み続けるためにクリントン財団を設立した。彼はその財団の活動を通じ、人々の健康を改善し、地域経済を強化し、環境を保護するプログラムを開発および実施することで、より持続力と回復力のあるコミュニティの構築を支援するよう努めてきた。そうした基本的活動に加え、ジョージ・H・W・ブッシュ大統領およびジョージ・W・ブッシュ大統領と何度も協力し、自然災害で荒廃した地域社会への救援活動を支援してきた。こうした功績からインド洋津波復旧活動の国連最高特使を務めるとともに、ハイチ担当特別大使にも任命されている。クリントン大統領は1946年８月19日、アーカンソー州ホープで生まれた。彼は妻のヒラリー・ロダム・クリントン（2009～2013年国務長官）とニューヨーク州チャパクアに住んでいる。ふたりのあいだにはひとり娘のチェルシーがいて、シャーロット、エイダン、ジャスパーの３人の孫がいる。

世界で最もリーダーシップが求められる立場

現在、世界のなかで最もリーダーシップが求められる究極の指導的ポジション——それはアメリカ合衆国大統領であると言って、まず差し支えないだろう。大統領のリーダーシップについて、とりわけ何が偉大な大統領を生み出すのか、膨大な数の書籍が著されてきたが、その答えは簡単ではない。誰ひとり同じ大統領はいないし、それぞれが異なるスキルと経験を持って職務に就くためだ。

大統領同士が親しい間柄になるのも珍しい。彼らはしばしば、ある時点でライバル関係にならざるを得ない。事実、1992年にはビル・クリントンが、今回インタビューで同席したブッシュ大統領の父親、当時現職の第41代大統領ジョージ・H・W・ブッシュと大統領選挙を戦っている。**結果はクリントンが勝利を収めるのだが、このときには将来、両家に家族ぐるみの交流が生まれると予想する者は誰ひとりいなかった。**しかしその後、クリントン大統領とブッシュ（第43代）大統領は、津波やハリケーンの救援活動に協力してあたるなかで交友関係を築くと、やがてふたりの間柄は親密さを増し、ともに「大統領リーダーシップ奨学生プログラム」の設立に尽力するようになった。

このプログラムはアメリカ国内の才能ある中堅専門家を選び、より高度なリーダーシップトレーニングを施すとともに、政府やビジネス界のトップリーダーたちと交流させようとするものだ。トレーニングは、ジョージ・W・ブッシュ、ビル・クリントン、ジョージ・H・W・ブッシュ、およびリンドン・B・ジョンソンの各大統領図書館が協力して行っている。プログラムは、前述のリーダーたちの大統領経験を通して学んだ教訓に焦点を合わせ、作られている。私もこのプログラムに支援を続けているひとりであり、おかげさまで何年も前から、クリントン大統領やブッシュ大統領と知り合いである。

私はこれまで別々の機会ながら、ふたりにインタビューを行っている。今回の共同インタビューは、この大統領リーダーシップ奨学生プログラムの最終セッションの一環として、2017年にダラスのジョージ・W・ブッシュ研究所で開催されたものである。

全体を通じてジョークの多い、ふたりの仲の良さがうかがえるインタビューだが、大統領として背負った責任の重さ、互いの資質、大統領職に臨むまでの経験の違いについて、真剣に語り合ってくれた。

元アメリカ大統領であることは、そうなった人にとっては間違いなく素晴らしい経歴のひとつだが、ブッシュ、クリントンの両名とも、アメリカ大統領は自国のみならず、世界中の人々の生活に良い影響を与える大きな力を持っているという点で一致していた。

困難な状況に向き合った偉大な大統領たち

ふたりの話で分かるように、大統領職に至るまでの彼らの道のりは非常に異なっている。**ひとりは決して豊かとは言えない環境のもと、母子家庭——父親は彼が生まれる前に亡くなっていた——で育てられた。**だが彼自身は優れた学生リーダーであり、ローズ奨学生に選抜され、若くしてアーカンソー州知事に選出されている。**もうひとりはアメリカ大統領の息子という恵まれた環境のなかで育ったものの、特に優秀な学生ではなかった。**人生の半ばに至るまで政界への進出を考えたわけでもなく、テキサス州知事選挙に出馬したときも、両親でさえ、当選する見込みは少ないと考えていた。

大統領はそれぞれが遭遇する時代背景や諸問題に対し、様々なリーダーシップを発揮していかなければならない。クリントン大統領は、敵対的な共和党議員たちを誘導し、特別検査官による調査を回避し、弾劾裁判問題をうまく処理していく必要があったし、一方のブッシュ大統領は、9・11同時多発テロ事件に対応し、湾岸戦争を切り抜け、そして世界的金融不況を乗り越えていかねばならなかった。それは彼らだけでなく、その家族や支持者たちにとっても簡単なことではなかった。しかし彼らはそうした困難な状況を通じ、リーダーシップについて多くを学んだのである。

実際よく言われることだが、私たちにとって最高の大統領とは、最も難しい問題に敢然と立ち向かった人物——たとえば南北戦争時のエイブラハム・リンカーンであり、第二次世界大戦時のフランクリン・D・ルーズベルト——なのだ。

クリントン大統領もブッシュ大統領も、難題に果敢に挑戦することで、その勇気や決断力が試された。今では彼らはそうした職務の大きなプレッシャーから解放され、心から安堵しているに違いない——そう思う向きもあるだろう。だがふたりには、在職中のプレッシャーの大きさはすなわち、いかに多くの人々を助けてきたのかという事実の裏返しでもあると分かっていた。そしてその大きな影響力のある立場がすでに過去のものだという事実に——一抹の寂しさを感じてもいるようだった。

大統領職は、アメリカに報いる方法だった

デイヴィッド・ルーベンシュタイン（以下「ルーベンシュタイン」） おふたりとも今は元大統領という立場ですね。元大統領と大統領との違いは何でしょう？ 当時は核発射コードをお持ちでした。核兵器を飛ばすことができたわけです。みながあなたのために働いていました。ところが翌日、オフィスを去るときにはもう何の権限もありません。どんなふうに日常が変化していくのでしょう？

ビル・クリントン（以下「クリントン」） いくら部屋の中を歩こうが、もう誰も音楽を鳴らしてはくれないんだ。オーヴァル・オフィスを離れて3週間ほどは、どうしたらいいか分からなかった。気がついたら、音楽が鳴るのを待っているのさ、分かるかな？

でもこの17年間は素晴らしい毎日だった。『あぁ、まだあそこにいられたら良かったなぁ、こんなこともできただろうに』とか『やめてしまって寂しい』なんて気持ちには、まずならなかったね。

自分に許された時間を大切にしなきゃいけない。今日という日、そして自分の未来に目を向けるんだ。それは自らを解放するだけでなく、何をなすべきか、そこに集中することでもある。

人生があと何年残されているか分からないが、とにかくアメリカという国が、お金では買えない何か貴重なものを与えてくれたと感じるなら、それに報いるべきなんだ。誰もが自分なりのやり方で、その方法を見つけ出さなきゃいけない。私にはそれが自分の人生にとって本当にやりがいのある行いだと分かったんだ。素晴らしいことだ。

ジョージ・W・ブッシュ（以下「ブッシュ」） 大統領職を離れた翌日、目覚めたのはテキサスのクロフ

ォードだった。誰かがコーヒーを運んでくれるだろうって期待して待ってたんだが、妻のローラも持って来てはくれなかった。

そこではっと気がついたんだ。自分にはもう責任がないってことにね。**言い換えれば、大統領の椅子に座っていると、自分の抱えている責任の重さに少しずつ慣れていく**。もちろん最初は耐えがたいほど重いんだが、ゆっくりと、しかし確実に、自分の人生の一部になっていくんだ。そして次の日、目が覚めるとその責任がすっかりなくなっている。何と言っても、それが一番嬉しかったね。

ルーベンシュタイン　あなたがたが大統領であったとき、何か事をなそうとすると、決まって野党の誰かがそれはとても受け入れがたい考えだと反論していました。ワシントンで何か成し遂げるのは本当に難しい。おそらく今が一番難しいかもしれません。もちろんおふたりのときも大変でした。でも元大統領という立場になった途端、何をやるにも簡単にできるようになったのではありませんか？

ブッシュ　うん、でも何をやるのか、その内容にもよるがね。

クリントン　まず、自分が持つものと持たざるものを理解することだ。私が仕事を愛していたというのは本当だ。課せられた責任は重かったが、その分、やりがいも感じていた。大統領としてやらねばならないこと、突然生じる予期せぬ攻撃――とにかく毎日が多忙を極めていた。

もし予期せぬ攻撃を対処せずに放っておくと、何をやるにもうまくいかなくなるし、だからと言ってそれにかかりきりになれば、公約が果たせない。まったく厄介だ。

オフィスを去るときに、それまでの力をその後の影響力、あるいは経験やコネクションに変えられれば、依然として様々なことが成し遂げられる。あとは何をすべきか、決めればいいんだ。

誰もが自分なりの決断をする。カーター大統領は、ハビタット・フォー・ヒューマニティのパートナーとして、カナダで住宅建設にあたっている。それが彼のやりたかったことだ。ハビタットが、貧困層に住宅建設を支援する世界最大のNGOへ成長する手助けをしようとしたんだね。私たちはみな、そういう決断をしてきたんだ。

ブッシュ　何かの結果を残そうとするなら、そりゃ簡単には運ばない。たとえば大統領を退任してから私が取り組んだのが、この建物（ジョージ・W・ブッシュ大統領センター）の建設であり、もうひとつが、今後大きな成果が見込まれるこのプログラムの導入だ。でもここまで来るのは、そりゃ大変だった。言ってみれば、予算法案なんてないんだからね。

ビル・クリントンは勝利しても謙虚だった

ルーベンシュタイン　（クリントン大統領に向かって）あなたが大統領選挙で戦った相手は、そちらにいらっしゃるブッシュ大統領のお父様で、当時現職だった第41代ブッシュ大統領でした。結果として、あなたは彼の再選を阻むことになりますが、その後どうやって、おふたりは親密な関係を築かれたのでしょうか？　お互いにぶつかり合ったわけですから、困難なことや厄介なこともあったのではないでしょうか？　彼はあなたを罵り、あなたは彼を中傷したのに、どうやって打ち解けられたのでしょうか？

クリントン　それまでお互いに接点があったのが幸いしたんだろうね。お父様のブッシュ大統領が、全米教育目標を成立させようと決めたとき、私は民主党の知事を代表する立場にあった。大統領は知事たちに、目標をまとめるのを手伝うよう依頼してきたんだ。一緒に働いたのはそれが始まりだった。私は全米知事協会では、決して卑劣な言動や攻撃はするまいと決めていた。もし意見が合わないなら、はっきりそう言って仕事を進めていった。そうするなかで私たちは、一緒に仕事ができると分かったんだ。うまくいく場合もあれば、そうはいかないこともある。

ブッシュ　確かに私たちの関係は、アメリカの政治史上かなり珍しいもののひとつに数えられるだろうね。でも私のとらえ方は、彼とは少し違う。ビル・クリントンという人物が、父に対して自らの勝利を誇るようなことは決してしなかったというのが、すべての始まりなんだ。**言い換えれば、彼は勝利しても謙虚な姿勢を忘れなかったのさ**。誰かと何かを一緒にやっていこうとするには、これはとても重要なんだ。父は大統領選の敗北から立ち直ろうと努力していたからね。

要するに互いの性格なんだ。私の見るところ、ふたりとも強い個性の持ち主だった。だからこそふたりのあいだに友情が芽生えたのさ。

さて、ではなぜ私が彼と友情を保っているのか？　それは、彼は異母兄弟みたいなもんだからさ。私なんかよりもメイン州のうちの別荘に入り浸っているんだからね。

ルーベンシュタイン　（ブッシュ大統領に向かって）２０００年の大統領選挙では、クリントン政権が取り組んだ実績のうち、いくつかに反対するキャンペーンを展開していましたね？

ブッシュ　ふたりともベビーブーマー世代なんだ。どちらも南部の州知事を務めているし、共通点がたくさんあった。彼は民主党の国会議員と仲良くやっていたし、私は私で共和党の国会議員とうまくやっていた。共通の友人もいたよ。だから互いに好感を持ち、尊敬し合うようになるのも、自然なことだった。**政策に反対だからといって、その人物まで嫌いなわけじゃない。**

クリントン しかも私より44日年上だと分かったので、誕生日に電話をしてこう言った。『今、ひざまずいて電話しているんだ。私より44日も年上なあなたに、今日から敬意を示すことにしたよ』とね。

ブッシュ 大統領在任期間中は、よくビルに電話をしたよ。いつも親切に教えてくれた。様々な重要課題、特に私が取り組むべき外交問題に精通していたからね。適切なアドバイスをしてくれるので、頼りにしていたんだ。いつも私の電話をひとつも嫌がらずに受けてくれたよ。

人の話を聞くこと、人を観察すること

ルーベンシュタイン クリントン大統領、あなたは珍しいケースです。私たちの誰もが、学校に通った経験がありますが、そこには必ず、生徒会長や学級委員がいましたね。なかには、この人ならアメリカの大統領だって務まるんじゃないかと思った人がいたはずです。でも実際には、誰ひとりそうはなりませんでした。そうです、あなたを除いては。ほとんどの人たちが燃え尽きてしまうのに、どうしてあなただけがそうしたリーダーでいられたのでしょう？

クリントン **私もそれまで2回、選挙で負けていたので、そりゃ謙虚にもなる。**まずその人たちは、あらゆる面で過大評価されすぎたんだと思うね。私が当選したのは、生まれたときにテレビがなかった最後の世代だったからだ。つまり私は、人々が実際に話したり聞いたりする会話中心の文化のなかで育ったんだ。テレビが現れたのは10歳のときだった。

テレビとともに育った人たちが、今日、どのように成功したのか、私には分からない。ニュース番組に流れる大統領の平均的テレビ映像はわずか8秒、スナップチャットなら10秒、ツイッターならたった140文字だ。

幼いころを振り返ると、食事の場面をよく思い出す。父は私が生まれる前に交通事故で亡くなったので、私は祖父母やその世代の人たちと多くの時間を過ごしたんだ。おじは家族のなかで最も頭の良い人だった。彼が会話の流れを作り、子どもたちをそこに巻き込んでいったのを覚えているよ。

おじは、人は誰でも自分の物語を持っているが、それを語れる人はまれであり、実に悲しいことだと言っていた。さらには、みんな自分のやり方にばかりこだわっているが、それさえなければ、人間は本質的に面白い存在なんだとも語ってくれた。つまり私はおじから、人の話を注意深く聞くことと、人を観察することを学んだんだ。これはとても重要なことだった。**私はいつも、誰かがより良い人生を送れるような手伝いができれば、私もまたより良い人生が送れると考えていた。**私はそういう手伝いが好きなんだ。周りが何を言おうと気にしない。自分は自分たちだけで建てた丸太小屋で生まれたなんて馬鹿げたことを言う連中は、ほうっておけばいいんだ。

大統領として国民とコミュニケーションをとることの難しさ

ルーベンシュタイン　就任初日に大統領執務室にいて、おふたりが一番驚いたのはどんなことでしたか？　世間には公表されていない秘密の事柄や核ミサイル発射コードについて引き継ぎを受け、私たちが直面するかもしれない危機について学びます。あなたがアメリカ大統領であると実感したのは、いつごろでしたか？　就任初日早々ですか、1週間ほどたってからでしょうか、それともひと月ほど経過したころですか？

クリントン　ハリー・トルーマンは、大統領になって一番驚いたのは、自分のやるべきことだから誰に言われなくともやるべきなのに、やってくれと言われなければ、誰も一向に動く気配がなかったことだと語っている。私が驚いたのは——もともと南部の小さな州の知事で地元の誰もが私の顔を実際に見ていたのに、大統領ともなると相手はアメリカの国民全体だ。だから実際に私の姿を見る人は本当にわずかなんだよ。

びっくりしたのは、そう簡単には会えない分、すぐに漫画に描かれることだね。**だから何について、どう話をするか、常に自制心を持って臨まなければならない**。それまで会ったことのない人たちの頭のなかには、漫画になった私のイメージがあると覚えておかなければいけないんだ。それが驚いたことかな。自分ではコミュニケーション能力が高いと思っていたのに、勝手が分かるまでは、4回も5回も顔をしかめていたよ。

ルーベンシュタイン　あなたは若くして大統領になられました。そのとき46歳でしたね。もし56歳、あるいは66歳で就任していたら、もっと違った大統領になっていたと思われますか？　活力は衰えていても、多くの経験を積んでいただろうと思われますか？

クリントン　当時よりも年がいっていたら、良かった面もあったろうが、劣った面だってあったかもしれない。というのも、若くして大統領になるとそれができないなんて分からないから、遮二無二頑張って多くの業績を残せる場合があるんだ。だから新たな人物が大統領になると、頑張り続けて、何か事を成し遂げるというわけだ。

ルーベンシュタイン　ブッシュ大統領、あなたのお父様が大統領だったとき、あなたもホワイトハウスにいたはずです。お父様が正しいことをされる姿はもちろん、もしかしたら間違った行動をとられた姿を見たかもしれません。そこから何かを学ばれましたか？　ある面では、お父様とは異なる自分であろうとしましたか？

ブッシュ　そういうことはなかった。父を見ながら、たくさんのことを学んだからね。**父と一線を画そうとは思わなかったし、父もまたそうだった。**私たちは親子なんだ、どこまでいこうがそれに変わりはない。

一番驚いたのは、就任式パレードが終わったあとだった。大統領という立場でオーヴァル・オフィスに入ったら、いったいどんな気分がするかと思ってね、足を運ぼうと決めたんだ。デスクに座って丹念に周囲を見回していると、なんとそこへ父が現れた。知らないうちに、首席補佐官のアンディ・カードが官邸に連絡して、父を呼んでくれていたんだ。『ようこそ、大統領』、そう私が声をかけると、父はこう言った。『ありがとう、大統領』

ルーベンシュタイン　それは素晴らしい瞬間でしたね。（クリントン大統領に向かって）大統領として初めてお母様をオーヴァル・オフィスに迎えたとき、お母様はいかがでしたか？

クリントン　声を上げて笑っていた。あり得ない話だったからね、分かるかな？　こんなふうになるとは誰も予想しなかったし、勝てるなんて誰ひとり考えてもいなかった。当初はヒラリーもチェルシーも疑ってかかっていたのに、いざ選挙戦が始まると、勝機は十分にあると信じていたのもやはり母だった。

彼女の人生は苦労の連続だったから、笑い声が聞けてとても気分が良かったよ。母は結婚生活でこれまで3度、死別や離婚を経験してきたんだ。毎朝5時に起きて身支度を整え、7時まで仕事をしてから、精一杯、私の面倒を見てくれた。そんな母にこうした姿を見せられて、誇らしく思ったね。母はそのとき病気を患っていたから、その後1年足らずで亡くなった。

ブッシュ　私の母は何と言ったと思う？『それはジェファーソンのテーブルよ、足を下ろしなさい』さ。

ホワイトハウスで暮らすことは素晴らしかった

ルーベンシュタイン　ホワイトハウスに住むとあまり外に出られなくなるので、なかには牢獄にいるに等しいと言う人もいます。あなたがたはそうした毎日を、素晴らしい生活として楽しんでおられましたか？　何しろたくさんの使用人がいますし、気が向けば別荘のキャンプ・デービッドに行けますからね。

クリントン　十数年間、アーカンソー州知事として知事公館で過ごしたが、大統領として送る毎日はそれとも違うね。特に私は19歳のときから自立した生活を送っていたから、慣れるのに時間がかかった。

でもそこで働く人たちに、敬意と愛情を抱くようになる。シークレットサービスは危険と隣り合わせの仕事だから、いつも頭が下がる思いだった。そのときの環境に自分自身を適応させていったということかな。ホワイトハウスで暮らすのは大好きだった。

任期もあとわずか、あとは彼（ブッシュ大統領）が就任するばかりという時期に、最後に大統領専用ヘリコプター、マリーンワンを降りてホワイトハウスに入ったときのことは鮮明に覚えているよ。初めてホワイトハウスに足を踏み入れたときよりも、アメリカという国に対して楽観的な思いを抱けるようになっていた。すべては良い方向に向かっていたからね。ホワイトハウスの生活は嫌じゃなかったよ。

ルーベンシュタイン　（ブッシュ大統領に向かって）ホワイトハウスで暮らすのはお好きでしたか？

ブッシュ　好きだったね。素晴らしかったな。スタッフの仕事ぶりは行き届いていたし、最初からほとんど彼らを知っていたからね。ビルがいたときとまったく同じ顔ぶれだったし、父がいたときともそれほど変わっていなかったな。だからローラも私も、彼らのことをもっとよく知ろうと思ったよ。

とにかく素晴らしいことは間違いない。何と言っても歴史的な場所だし、居心地も良い。そこにいる時間を心ゆくまで楽しんだよ。

ルーベンシュタイン　なるほど、ではキャンプ・デービッドはどんな場所でしょうか、お話しくださいますか？　ゆっくりしたり、リラックスしたりするには格好の場所ですか？　それとも実際にはそれほどでもないとか？

クリントン　素晴らしい場所ですよ。感謝祭のときに、家族全員で過ごすのが一番好きだったな。あと娘のチェルシーが友人を連れてくるときもね。もちろん現実世界にいるんだけれど、そこにいると自由に動けたり、時間のなかをさまよったりしているような、幻想のなかにいる気分になれるんだ。

激務から逃れるにはうってつけの場所だね。

ルーベンシュタイン　（ブッシュ大統領に向かって）あなたはいかがですか？

ブッシュ　ええ、何遍も行きましたよ。おそらく歴代の大統領のなかで、私が一番利用したんじゃないかな。いや、ロナルド・レーガンの方が多いかもしれない。いずれにせよそこに友人を招待できるからね、だから何度も行ったんだ。大統領としての喜びのひとつは、たとえば幼いころにミッドランドで一緒に過ごした友人たちを呼んで、オーヴァル・オフィスやキャンプ・デービッドを見せてあげられることなんだ。

もうひとつ、キャンプ・デービッドが好きな理由がある。それは私自身が体を動かすのが大好きだからだ。ハイキングやジョギングができるし、マウンテンバイクに乗ることもできる。素晴らしいジムもある。そこにいると解放された気分になるんだ。

ルーベンシュタイン　（クリントン大統領に向かって）あなたはゴルフをされますね。大統領を退任されてからお痩せになったようですが、完全菜食主義のいわゆるビーガンダイエットをされていらっしゃるとか。大変ではありませんか？

ブッシュ　ハンバーガーが減ったね。

ルーベンシュタイン　どう取り組まれたのですか？

クリントン　どうやら動脈閉塞を起こしやすい体質らしいと気づいたからさ。それまでは食事を気にすることなどなかったよ。でも孫の顔が見たくて、４か所にわたる心筋梗塞のバイパス手術を受けたんだ。おじいちゃんになるまでは生きていたいと思ったからね。偉大な遺伝子を受け継ぐ彼とは違って（と、ブッシュ大統領を指さして）、男女を問わず、今の３世代にわたる家族のなかで最年長は、私なんだ。

ブッシュ　そいつは大変だ。

クリントン　家族にこう言ったよ。『今、余生を楽しく過ごしているから、もう少しこのままでいたいんだ』って。もうちょっとで終わってしまうかもしれないけれど、できるだけ長く延ばせたら良いなと思ってね。

２期連続して務めることの意義

ルーベンシュタイン　我が国の歴史のなかで、２期連続して務められた大統領は、わずか13人しか存在しません。あなたがたは実にそのうちのふたりです。さて、アメリカ大統領を２期務めるのと、元大統領として30年、ないしは40年過ごすのとでは、どちらが楽しいと思われますか？

クリントン　それはどうとるかによるだろうが、大統領のときと同じくらい多くの人に影響を与えようと思うなら、元大統領として、なるべく長生きしないといけないな。できる限りそうなるよう努力はしているが、もし選べというなら、２期務める方にするよ。

ブッシュ　私も2期を選ぶだろうね。ひとつの決断が、多くの人々に計り知れない影響を与えるからね。そういう環境に身を置けるのは実にエキサイティングなことさ。政策にプラスの形で影響を与えるには、スキルとエネルギーが必要とされる。**大統領職で興味深いのは、しばしば不測の事態によって評価が決定されるということだ。**もっともそれが大統領という仕事を一層面白くさせるんだがね。

クリントン　でも、あなたの質問は実に興味深い。**これまで最も成功した大統領のほとんどが1期で終わっている。**ジョン・クインシー・アダムズなどはその後16年間議会に戻り、私たちにとって最も重要な反奴隷制擁護者のひとりになったし、ウィリアム・ハワード・タフトはアメリカ合衆国最高裁判所長官を務め、ハーバート・フーバーは大統領職を退いてから公務員法を著した。それぞれの成し遂げた功績は大きいと言えるだろう。ジョージと私が2期務められたのは、ふたりともずいぶんと若かったので、神様が祝福してくださったんだ。バラク・オバマも若い。彼も二度の幸運に恵まれるかもしれない。8年間大統領を務め、うまくすればさらにこの先、何らかの功績を残すこともできるだろう。

大統領という仕事は努力する価値があるもの

ルーベンシュタイン　ジョン・ケネディはかつて記者会見で、『あなたのその仕事を誰かに勧めたいと思いますか?』と訊かれた際、『今は他の人には勧めません。私の在任期間が終わるまで待ってください』と答えたといいます。それはさておき、あなたがたはいかがですか?　大統領という仕事は、そうなるために様々な攻撃や批判に耐え、必死に努力する価値があるものだと思っていらっしゃいますか？

クリントン　もちろんだとも。考えなくても分かることさ。

ブッシュ　私も同感だ。

ルーベンシュタイン　これまでおよそ5億5０００万人の人たちが我が国の歴史を作り、そのうち45人が大統領に選出されました。ホワイトハウスでの8年間で、あなたがたがやってきたなかで最も誇りに思っているのは、どんなことでしょう？

クリントン　私の在職中、この50年で最も大きな経済的繁栄を謳歌できたことだろうね。年収が低い方から見て20パーセントの人たちの収入がアップした割合は、上から20パーセントの人たちのそれよりも高かったんだ。でも誰も腹を立てたりはしなかった。人種的、宗教的、地域的な境界線を越えて多くの人に分配されたからだ。では、不平等を解消したのかと問われれば、残念ながら答えはノーだ。市場社会主義というわけにはいかないんだ。しかし少なくとも繁栄を共有する方法を見つけることはできたし、財政黒字も残せたからね。

誰もがきちんとした仕事を持ち、1日の始まりに何らかの希望を胸に抱けるとしたら、問題の90パーセントは解決できるはずだ。たとえば医療政策やそれ以外の社会政策など、私たちに議論すべきことがあるとしても、人々がビジネスを始め、仕事を続け、子どもたちを学校に通わせられるなら、そうした問題はそれほど大きな意味を持たなくなる。家庭はますます安定し、コミュニティはまとまりをみせるだろう。そうすれば、ひとつひとつの問題はさらに小さなものになっていくんだ。

在任中、家族の絆は強くなった

ルーベンシュタイン　（ブッシュ大統領に向かって）8年の在任期間中、最も誇りに思うことは何でしょうか？

ブッシュ　娘たちが私を愛してくれたことだ。そもそも10代の娘を持つこと自体が、父親にとっては難しい。ビルも同感だろうが、まして娘が10代のときに大統領職にあるというのは、大変なことなんだ。ローラの指導と愛のおかげで、幼い娘たち、そして家族の絆が一層強くなった。これは素晴らしい成果だと思うね。

クリントン　同感だ。私は思うんだが、それはつまり、多くの人が私たちのような人間を信じていないからだろう。一番大事なのは、子どもたちが家を出るまで、父親もしくは母親の役割をしっかり果たすことだ。

ルーベンシュタイン　（ブッシュ大統領に向かって）あなたが絵を描かれるようになったというのは有名な話ですが、なぜ絵を描こうと思われたのですか？　そこにはどんな喜びがあるのでしょう？

ブッシュ　退役軍人の姿を伝えられると思ったんだ。時間もあったしね。確かにこの研究所の運営も時間がかかるが、それほどでもない。運動もしているが、それでも時間を持て余していたんだ。そんなときにウィンストン・チャーチルのエッセイ、『Painting as a Pastime（余暇としての絵画）』を読んで、こう思った。『彼に描けるなら、私にもできる』ってね。

ルーベンシュタイン　クリントン大統領、大統領職を退いてから食事を変えたり、他のことにも取り組んだりされましたが、今、一番喜びを感じるのは何でしょう？　クリントン・グローバル・イニシアチブの運営ですか？

クリントン　そう、財団の設立と資金の提供かな。あっという間に大きくなったので、ずいぶんそちらに時間をとられたよ。もっと起業家精神にあふれたものにしたいね。健康に対する取り組みでは、現在、世界中でエイズの治療を受けている人たちの半数以上に、治療薬を提供している。クリントン・グローバル・イニシアチブでは、4億人以上の人たちの生活を改善できている。

組織を維持しようと思うと気は抜けない。最初のうちは、『いやぁ、これはやりたくないなぁ』と思ったよ。でもやろうと決めた。私は仕事しか取り柄がないからね、才能ある画家になれるわけでもないし。彼は言いたいんだよ、政治に携わっていて、起こりうる最も良いことは、常に過小評価されることだって。

ブッシュ　特に私の場合はね。

重要な資質は謙虚さと、辞めぎわのイメージ

ルーベンシュタイン　誰かがアメリカの大統領になりたいと思ったら、最も重要な資質は勤勉さ、高い知性、楽観主義、運の良さのいずれだと思われますか？　『私は大統領になりたい、あなたのよう

になりたい』と言う人には、何が必要だと思いますか?

ブッシュ　**謙虚な姿勢だね。自分が何を知らないかを理解し、それを知る人の話に耳を傾けることは本当に重要なんだ。**

クリントン　それから、やめるときを心に描いてスタートすることが大切だと思うね。つまり、こう自分に問いかけるべきなんだ。『もちろん、選挙に勝たなきゃならない。でもいったいぜんたい、なんでこうして選挙活動をしているんだろう?』ってね。

ブッシュ大統領のことでもうひとつ気づいたことがある。アン・リチャーズとテキサス州知事の座を争ったとき、彼は『アン・リチャーズは間抜けだ』とは言わなかった。彼は、『私がやりたいのは3点ある。これとそれとあれだ』という言い方をしていたんだ。そのうちのふたつは納得できなかったが、いずれにしても彼には明確な方針があったんだ。

もし大統領になりたければ、大統領は人々が選ぶものだと知るべきだ。なりたいからなれるものではない。オフィスで偉そうにしている連中は、それを忘れている。時間は過ぎゆくのだ。しかも思ったより早くね。

『退任したときには、人々の暮らし向きは良くなったし、子どもたちの未来も明るくなった。世の中が良い方向に動き始めていたんだよ』、そう言えるようになりたいものさ。こんな言い方はごめんだね。『可哀そうに、私が負かした——あるいはひどい目にあわせた——人たちを見てみろよ』。**一番大切なのは謙虚さであり、人の話に耳を傾け、誰もが自分なりの物語を持っているのだと知ることだ。**子どものころに学んだことそのままだね。

コリン・パウエル大将

元統合参謀本部議長
元国防長官

「私は仕事を受けるとき、まずこう考えるようにしています。『私は何をしようとしているのか？　目的は何か？　どんな展望を抱くべきか？　我々がここにいる理由は何か？　我々は何をすべきか？』。次に、それを組織の末端にいるメンバーまで伝え、それが外交上の手段なのか、あるいは本当に戦闘に必要な武器なのかはさておき、とにかく彼らが必要なものを手にできたのかどうか、さらに彼らの準備を整え、成功するためのすべての機会を与えられたかどうか確認します。

部下を鼓舞すること――それがリーダーシップのあり方なのです。」

コリン・パウエル大将（陸軍退役）は4人の大統領のもとで、軍および外交に関する上級職を歴任し、50年以上にわたり、公務にその人生を捧げてきた。2001年から2005年までは65人目のアメリカ国務長官の任にあった。パウエル大将はアメリカ陸軍に35年間勤務し、大将に昇進し、1989年からは統合参謀本部議長を、ロナルド・レーガン政権下では国家安全保障顧問を務めた。彼は、母校であるニューヨーク市立大学内にある「市民およびグローバルリーダーシップのためのコリン・パウエル・スクール」では評議会議長の職にあり、自ら設立した非営利団体であるアメリカズ・プロミス・アライアンスでは名誉会長を務めている。また『My American Journey（邦題：コリン・パウエル自伝）』と、『It Worked for Me — In Life and Leadership（邦題：リーダーを目指す人の心得）』という2冊のベストセラーを上梓（じょうし）している。2021年死去。

軍と文民、双方の承認を得るための適任者

コリン・パウエルは、連邦政府のなかで軍の最上位と文民の最上位——すなわち統合参謀本部議長と国務長官——のふたつの要職を歴任したが、彼がまだ若いころには、後にそこまで上り詰めようとは誰も容易に想像できなかったに違いない。**彼はニューヨーク市立大学で地質学を専攻するごく平凡な学生で、明確なキャリアプランや大きな向上心もない、ニューヨークに住む、ジャマイカからの移民の息子だった。**

しかしコリンは予備役将校訓練課程、いわゆるROTCを修了すると、その後アメリカ陸軍に加わり、人種差別を乗り越える一方で、一連の軍事戦闘訓練と国防総省の任務を果たしていった。そこで頭角を現したコリンは、第41代大統領ジョージ・H・W・ブッシュ政権のもとで軍の最高位に就いたのである。これまでこの統合参謀本部議長を務めたアフリカ系アメリカ人は、唯一彼だけだ。

コリンが初めて世界的な注目を集めたのは、この統合参謀本部議長を務めていたときだった。彼は1990年にクウェートからイラク軍を追い出そうと努力した、その当局者だったのだ。その努力によって大きな成功を収めた彼は、アメリカで最も名を知られ、賞賛された人物になった。その理由のひとつは、巨大な力を集めて利用する『パウエル・ドクトリン』である。

戦闘はおよそ100時間で収まったので、状況が推移するにしたがい、クウェートが勝利を収めるのは比較的容易に見えた。しかしコリン・パウエルは実際に勝利を手にするために、まず軍事司令官のスキルを駆使し、勝利を収めるための戦闘アプローチを開発し、地上軍を率いるリーダーであるノーマン・シュワルコフ将軍と緊密に連携しなければならなかった。また一方では文民指導者のスキルを利用し、大統領、国防長官、ホワイトハウススタッフ、そして議会（最終的に大統領から立法上の承認

を求められていた）の承認を得て、自らが開発した費用と時間のかかる戦闘アプローチに対する予算を、確保する必要があったのである。**こうした軍と文民、双方からの承認を得るためには、コリン・パウエルをおいて他に適任者はいなかった。**

1993年に引退したとき、コリンは『My American Journey（邦題：マイ・アメリカン・ジャーニー コリン・パウエル自伝）』を著した。これは後にベストセラーとなるが、これが奇しくも1996年、再選に臨もうとするビル・クリントン大統領に対する共和党の対抗馬として、彼の出馬を期待する大きな圧力へと発展するのである。

しかしコリンには公職に立候補するだけの十分な情熱はなく、最終的には不出馬を表明した。ただし第1期ジョージ・W・ブッシュ政権の指名を受けて公務に戻ることには同意したが、おかげでコリンはこの間、世界貿易センターを襲った9・11アメリカ同時多発テロの後始末と、サダム・フセインが所有していると信じられていた大量破壊兵器を破棄させるためのイラク侵攻に奔走しなければならなくなった。

ブッシュ大統領が4年の任期を終えると、コリンは公職を離れて一市民としての生活に戻り、以前から力を注いでいた多くの市民活動や慈善活動に再び傾注するようになった。そのなかには、若者の生活を改善するために始めた非営利団体である「アメリカズ・プロミス・アライアンス」の活動も含まれていた。彼はまた、学生たちがアメリカの次世代を担うリーダーに成長していけるよう、母校であるニューヨーク市立大学に『市民およびグローバルリーダーシップのためのコリン・パウエル・スクール』を設置している。

コリンと面識を持つようになってから数十年になるが、その間の様々な慈善事業や市民活動、あるいはワシントンやニューヨークでの各種イベントを通じ、私は彼を高く評価するようになった。多くのビジネスに関わる、あるいは非営利団体の主催するイベントで、彼にインタビューする機会にも何度か恵まれた。

イラク侵攻の責任

今回のインタビューは2017年11月、ブルームバーグ・テレビジョンの『ピア・トゥ・ピア』のために、ニューヨーク市立大学構内のコリン・パウエル・スクールで行ったものである。このコリン・パウエル・スクールは、彼とその家族が大きな誇りをかけて取り組んでいるプロジェクトで、私もスクール設立当初から、この事業に支援を行ってきた。彼はこのインタビューのなかで、軍人および文民指導者として発揮してきたその目覚ましいリーダーシップが、必ずしも常に成功したわけではないと明かしている。たとえば彼は当時のブッシュ大統領から、サダム・フセインが大量破壊兵器を所持していると国連安保理で報告するよう求められ、彼のその主張によって、アメリカが主導するイラク侵攻が正当化されたのである。

コリンは自分たちの機密情報源を信頼していたが、結果的にはそうした破壊兵器は存在せず、その情報は誤りだったのだ。彼はインタビューのなかで、この件に関する大きな過ちを恥ずべき行為として語っている。彼はもともと、国連の場でそうした話をするのは気が進まなかった。だがブッシュ大統領の依頼を受けた以上、自分は国務省のリーダーであり、自らが築いてきた国際的な信頼を元に、この責任を果たすべきだと考えたのである。

コリンによれば、そうしたリスクはリーダーシップには付きものだという。**彼の考えるリーダーとは、目の前にある任務を遂行したいというインスピレーションや願望を部下に与えられるような人間である。**そして彼は自らのキャリアを通じ、見事にそれを成し遂げてきたのだ。今回のインタビューではたとえわずかにせよ、そんな彼の一面をうかがい知ることができるだろう。

「教育を受けて偉くなれ」

デイヴィッド・ルーベンシュタイン（以下「ルーベンシュタイン」）　幼いころはニューヨークのブロンクスで過ごされました。

コリン・パウエル（以下「パウエル」）　生まれはハーレムで、ここからだいたい1キロ半ほど行ったところ。育ったのはサウス・ブロンクス地区のハンツポイントでした。

ルーベンシュタイン　ご両親は移民でしたね。たしか――？

パウエル　ジャマイカです。

ルーベンシュタイン　子どものころ、ニューヨークでの生活は楽しかったですか？

パウエル　子ども時分に過ごすには素晴らしい場所ですよ。**様々な人たちが住んでいるので、世界とはどういうものかを学んだ気がします。**異なる生い立ち、文化的背景、肌の色、とにかくいろんな人たちであふれている。そしてもちろん、ニューヨーク市立大学（CCNY）はそうした世界の縮図です。

ルーベンシュタイン　イディッシュ語はイスラエルを始め、世界各地のユダヤ人によって使用されている言語ですが、あなたは大学でそれを学びましたね？

パウエル　同じサウス・ブロンクス地区にある、ベビー家具や乳母車、おもちゃなどを売っていたジェイ・シクサーズで6年間働くうちに、少しばかりイディッシュ語を覚えたからです。

店主はロシア出身のユダヤ人で、店内には、私の他にアイルランド人の運転手とイタリア人のセールスマンがいるだけでした。働き始めて数年たったころ、ジェイが現れると私の肩に腕を回してこう言うんです。『コリコリ』――これはイディッシュ語の私のあだ名ですが――『**コリコリ、この店にずっといようなんて思っちゃいけない。店は娘とその旦那が継ぐことになる。君は教育を受けて、どこかできちんとした仕事に就くべきだ**』

もちろん私はその店にとどまり、悪い言葉でいうと、「能なし」みたいに、ただ薬の箱を引きずって回るだけの店員になるつもりは毛頭ありませんでした。

でも彼の言葉に深く感動した私は、それがずっと忘れられず、自分の回想録にそのエピソードを書きました。彼は私のことを真剣に考えてくれ、そのうえで教育を受けて偉くなれと言ってくれたんです。私は彼の言う通り、ＣＣＮＹに進学しました。それが私の教育の源泉でした。

高等教育は願望だけでは手に入れられない

ルーベンシュタイン　将来、自分が統合参謀本部議長と国務長官になるだろうと思ったことはありましたか？

パウエル　ありません。いつもみなさん、同じような質問をしてこられます。たいてい最初は、『何年に陸軍士官学校を卒業されましたか？』という質問から始まりますが、陸軍士官学校には行っていません。そもそも行こうという気持ちがなかったんです。『なるほど、ではサウスカロライナ軍事学校ですか？　テキサスA&M大学？　あるいはバージニア州立軍事学校でしょうか？』。そこで私はこう答えます。『どこにも行きませんでした。そもそも黒人は入れてくれなかったんですよ』

高等教育は、願望や期待だけで手が届くものではなかったのです。でもそれは現実に起こりました。なぜか？　私自身は気づかなかったのですが、小学校、中学校、高校と質の高い公立学校教育を受けていたからというのがその理由でした。それほど平均点はよくありませんでしたが、ニューヨーク市立大学は私を受け入れてくれました。このCCNYと予備役将校訓練課程（ROTC）が、その後の私を変えてくれたのです。

ルーベンシュタイン　あなたは地質学を専攻しましたね。そちらの世界に行こうと考えておられたのでしょうか？

パウエル　いいえ。もともとは土木工学でした。でもあまりに退屈だったので、地質学に鞍替えしたんです。あぁ、それを知っていて、そこには触れなかったんですね、デイヴィッド。お気遣いありがとう。

ルーベンシュタイン　ROTCを受講すると、大学卒業時に軍隊に入る義務が生じます。

パウエル　大学を卒業したのは1958年、その後すぐにフォート・ベニングに赴任しました。人種差別の厳しいジョージア州の、これもまた人種差別の残るコロンバスにある陸軍駐屯地でした。**基地のなかではみな同じように扱われましたが、一歩基地を出れば、足を踏み入れてはいけない場所、行**

けない店、ハンバーガーの注文さえできないところがあったし、あるときにはハンバーガー店から放り出されたことさえありました。

ハンバーガー店で受けた差別

ルーベンシュタイン　『あなたにはお売りできないんですよ』と、言われるだけじゃないんですか？

パウエル　もっとひどい扱われ方ですね。

ある晩遅くに、小さなハンバーガー店に立ち寄りました。中に入れないのは分かっていたので、窓のところまで行ってハンバーガーを頼みます。すると、ニュージャージー出身の素敵な白人女性がこう言うのです。『ごめんなさい。なぜかは分からないのですが、ここではお売りできないんです。裏手へ回っていただければお渡しできます』。さすがに私も気分が滅入って、『それなら結構です』と言って、基地まで帰りました。１９６４年始めのころでした。

その後「１９６４年公民権法」に対し、７月４日の直前に大統領署名が行われたので、５日に例のハンバーガー店にもう一度行ってみましたが、さすがに売ってくれましたね。アメリカが気づいたのは、人種差別は黒人が負担を強いられるだけのものではなかったということでした。狂ったシステムのなかでは、白人たちにとっても負担だったんです。

ルーベンシュタイン　あなたはベトナムに行き、負傷しました。一度は帰国しましたが、再度、ベトナムに従軍されましたね？

パウエル　ええ、帰国してからおよそ5年後ですね。ベトナムで再び負傷しますが。

ルーベンシュタイン　二度目の帰国後、現在に至るキャリアがスタートします。まず政府高官のアシスタントとして1年間の現場研修を受けるプログラム、ホワイトハウス・フェローに参加されますね？

パウエル　ええ。15人が1年間、ワシントンにある大統領府のいずれかの事務所で奉仕するのですが、そのひとりとして参加しました。私はアメリカ合衆国行政管理予算局で働きましたが、その間、政府について多くを学びました。

ルーベンシュタイン　ホワイトハウス・フェローのあとは、何をされましたか？

パウエル　韓国へ行き、歩兵大隊の指揮を執りました。軍隊で過ごしたなかで、大きなやりがいを感じた時期が何度かありましたが、このときもそうでした。韓国で志願兵を集めて訓練を施そうと始めたのですが、これはそうした若者を訓練するだけでなく、彼らにGED（一般教育開発）プログラムを授ける機会でもありました。

ルーベンシュタイン　そして第二言語としての英語教育も行ったわけですね。ヨーロッパにも赴任されましたか？

パウエル　まだ若く、中尉でしたが、2年間ヨーロッパにいました。その後、再び国防総省に引き戻され、キャスパー・ワインバーガーのもとで働きました。

ルーベンシュタイン　当時彼は、国防長官でした。

パウエル　ええ、彼は国防長官で、私は彼の上級軍事補佐官でした。私たちは他に類を見ないほど緊密に連携を取り合いながら仕事をしましたね。2年が過ぎると軍に戻り、今度はドイツに赴任しました。そこで1個師団を率いる予定でした。

ルーベンシュタイン　やりがいのある仕事でしたか？

パウエル　ええ、素晴らしい任務でした。もっとも、4か月ほどで終わりましたが。

レーガン大統領から本当に電話がかかってきた

ルーベンシュタイン　というのも、イラン・コントラ事件（＊1）が起こったからですね？

パウエル　そうです。

ルーベンシュタイン　新たにフランク・カールッチが国家安全保障担当補佐官に任命されると、彼はあなたを副補佐官として望みました。

＊1　レーガン政権が引き起こした政治スキャンダル。1986年11月、ホワイトハウスの国家安全保障会議（NSC）がイランに対し、イスラエル経由などで対戦車ミサイルや対空ミサイルなどを極秘裏に輸出し、その代金の一部をニカラグアの反政府右派ゲリラ「コントラ」への援助に流用していたことが発覚し、政権は激しい非難を浴びた。

パウエル　ええ、でもそのとき私は、『フランク、それほど重大なことのようには見えないが』とやんわりと断ったんです。それでも彼は、『いや、重大なんだ』と言い張るんですよ。分かったよ、それなら君が自分のキャリアを危険にさらしてまでそうする覚悟があるかどうか、ひとつ試してみようじゃないか――そう思った私は、こう切り出したのです。**『でもフランク、それほど重大なことなら、どうして大統領自らが電話をしてこないんだ？』**。そしたら30分後に――。

ルーベンシュタイン　本当に電話がかかってきたんですね？　その電話の主は？

パウエル　『やぁ、パウエル大将、ロナルド・レーガンだ』『これは大統領閣下、どうされましたか？』『実は、どうしても君に戻ってきてほしいんだよ――』。大統領がフランクが渡した原稿を読んでいるのが、電話口からでも分かりました。『どうしても戻ってきてほしい。ぜひ国家安全保障担当副補佐官になってほしいんだ』『かしこまりました。すぐにそちらに参ります、閣下』。これで決まりです。

ルーベンシュタイン　そして戻ってこられた？

パウエル　ええ。そして9か月後、フランクは国防長官に任命されます。そこで私は思いましたね、『良いだろう、これでまた陸軍に復帰できる』。

その後数日たって、議長として国家安全保障会議を始めようとしていると、突然ドアが開いて大統領が入って来ました。大統領がテーブルの上座に、フランクが私の横に座ります。会議が始まり議事が進行しているあいだ、フランクは1枚の紙を剝ぎ取り、そこに何かを書き付けると、テーブルの下からそっと私に手渡してきたのです。その小さな紙を広げると、そこには『君は今から国家安全保障担当補佐官だ』と書かれていました。面接も何もありません。まったく突然の話です。
私は、最後の一年と半年の時間を、レーガン政権のホワイトハウスでレーガン大統領とともに過ごしてきました。おかげで、大統領とは非常に緊密で強い関係を築くことができました。

ルーベンシュタイン　大統領が退任されると、軍の自分のポストに戻られたわけですね？

パウエル　そうです。

「軍事上の目的だけではなく、必ず明確な政治上の目的がなければならない」

ルーベンシュタイン　しかしほどなく、ロナルド・レーガンの後任であるジョージ・H・W・ブッシュ大統領から、『統合参謀本部議長に就任してほしい』と要請されます。

パウエル　当時、私はジョージア州アトランタにいました。管轄区域は整い、住まいは美しく、指令本部は申し分ない、素晴らしいところでした。ところがボルチモア地域で、４つ星以上の陸軍大将が集まる会議に参加していたとき、電話が鳴ったのです。『新たに国防長官になられたチェイニー氏が、お会いになりたいそうです』。『やれやれ』と、私は思わず口にしていました。そこでポロシャツにチノパンという格好でペンタゴンに赴くと、彼のオフィスを訪ねました。そこで『ブッシュ大統領が、議長に就任してほしいそうだ』と告げられたのです。

ルーベンシュタイン　あなたは統合参謀本部議長に就任されます。これは軍の最高位にあたる職務ですね？

パウエル　その通りです。

ルーベンシュタイン　ブッシュ政権初期のころに、サダム・フセインがクウェートに侵攻しました。自分たちが介入し、彼を追い出さねばならないだろうと分かっていましたか？

パウエル　少なくとも、耐えがたいほどひどい侵略行為だという認識は持っていました。最初の課題は、彼がサウジアラビアに入らないようにすることでした。このエリアの指揮官はノーマン・シュワルツコフ大将で、私たちは意思の疎通をしっかりし、あらゆる点について十分に話し合いを行いました。

ルーベンシュタイン　後にパウエル・ドクトリンと呼ばれる基本方針を確立されましたね。

パウエル　事実は少し違います。それは『ワシントン・ポスト』紙のある記者が言い始めたものですよ。あるとき私のところへやって来て、パウエル・ドクトリンについて記事を書くつもりだと言うんです。私は思わず尋ねました。『いいね。ところでそれはどんなものかな？』

するとと彼はこう言ったのです。『我々がパナマに侵攻してマヌエル・ノリエガを拘束したとき、あなたがいつも口にし、実行されていたことですよ。――**ひとつ、武力の行使に至るのは、あらゆる外交的、政治的可能性が追求されたと十分確認できたあととし、そこには軍事上の目的だけではなく、必ず明確な政治上の目的がなければならない**』

　パウエル・ドクトリンのふたつ目は——私はかつて『圧倒的な軍事力』という言葉を一度用いたことがありましたが、常に口にしたのは『決定的な軍事力』です。したがって膨大な数の部隊が必要なわけではありません。望むべき結果が得られるに十分な武力であれば良いのです。

ルーベンシュタイン　大統領から、サダム・フセインと彼の軍隊を追い出せとの命令が下ったのでしょうか？

パウエル　外交手段による解決が図れなかったために、そうした決断が下されました。命令を受けた私はノーマンに指示を与え、準備は整いました。

　私はアメリカ合衆国大統領に、『目標達成は間違いありません』と報告しましたが、今回の作戦は、私がそれまでに経験した、あるいは何らかの文書で読んだ紛争のなかでも、他にない初めてのケースでした。イラク人たちはいくつかの過ちを犯していました。

　彼らはサウジアラビアとの国境に兵士を並べ、そのまま立ち往生してしまったのです。身動きがとれなくなっていました。制空権は私たちが握っていました。イラク軍は海岸沿いに4個師団を展開していましたが、みな軽装備でした。私たちがやろうとしたのは、両軍をその場に対峙させ、別働隊を迂回（うかい）させて彼らの側面を突くことでした。いわゆる世に言う『左フック作戦』です。

　私たちは作戦を遂行しました。数週間にわたり空からの攻撃を加え、いよいよ地上攻撃を開始しようという夜、私はイラク軍と対峙している海兵隊に指示を与えました。『攻撃しても、総力を挙げて向かってはいけない。海兵隊の戦力を多く失いたくはない。イラク軍をその場に足止めしてくれれば十分なのだ』と。海岸部でも指示は一緒です。『水陸両用作戦だが、海外まで行ってはいけない。我々が迂回できるように足止めしてくれればそれで良いのだ』

海兵隊は言われた通りに動きましたが、なかにはイラク軍が設置した塹壕、有刺鉄線、地雷原などの防衛設備を突破し、イラク軍に攻め込むルートを発見した者もいました。戦闘時における基本的考え方を示す軍事教義では、『（そうした）功績は利用すべし』とあるので、その場合には『行け』と指示します。彼らはイラク軍に攻め入り、左フック作戦軍が所定の位置に到達する前に、クウェート市内に向けて進軍していました。

「アメリカ大統領に」と言われたが

ルーベンシュタイン　最終的には戦いは終わり、あなたは『My American Journey（邦題：マイ・アメリカン・ジャーニー　コリン・パウエル自伝）』と題する、自らの人生を描いた本を書かれます。本を紹介するために各地を回っていると、みなが『彼こそアメリカ大統領にふさわしい人物だ』と言い始めます。

パウエル　そういう考えは一度も頭に浮かんだことはありません。本が出版されると、いきなりマスコミの注目が集まり、たくさんの人がやって来ては、『出馬すべきだ』と言いだしたんです。**選挙に出るなどという考えはこれっぽっちもありませんし、そんな情熱はかけらもありません。**でもそれについて考えなければならない義務は感じていました。

ですから考えてはみました。でもご存じの通り、私は軍人であり、正しいと思うことをするのが私の信条です。共和党員の多くが、私が共和党候補として立候補するのを望んではいませんでした。『共和党に入党させるべきではない』という声明まで出しています。

ルーベンシュタイン　あなたが穏健派で鳴らしたからでしょうか？

パウエル　おそらくはまぁ、そういうことなんでしょう。

ルーベンシュタイン　立候補しなかったことについて、後悔はありませんか？

パウエル　ありません。なぜですか？

ルーベンシュタイン　大統領職は素晴らしい仕事だと言う人がいますよ。

パウエル　素晴らしいと証明してください。

ルーベンシュタイン　結局、あなたは出馬せず、多くの人が落胆しました。そしてあなたは民間にとどまり、その後、ジョージ・W・ブッシュが大統領に選出されます。すると今度はブッシュ大統領から、『国務長官に就任してくれないか？』と連絡が入ります。

パウエル　彼は、私がなりたいと思ったような共和党員だと感じました。そのときは、もう一度政府に戻って我が国のために働くことができると思い、嬉しかったですね。

9・11に対して、イラク侵攻への決断

ルーベンシュタイン　さて、あなたは国務長官です。そして9・11が起こります。政府が何らかの軍

事的対立に関与していかざるを得ないと気づいたのは、いつごろでしたか？

パウエル　ただ手をこまねいて見ているだけで、そのような出来事をやり過ごすことはできません。私の仕事はすぐに軍事問題として扱うのではなく、まず国際社会の協調を図り、解決にあたることでした。

仕事自体は、とてもやりがいがありました。**ＮＡＴＯが結成されて初めて、『条約加盟国の１国ないし２国以上に対する武装攻撃は、すべての加盟国に対する攻撃と見なす』という、いわゆる第５条が発動されたのです。**つまり加盟国はすべて私たちの味方でした。

ルーベンシュタイン　その後、私たちはイラクに注意を向け、ブッシュ大統領はサダム・フセインを捕らえようと、イラクへの侵攻を決断します。

パウエル　私は大統領に言いました。『大統領閣下、もしイラク政府を倒そうとお思いなら、新たな政府の責任は、あなたの双肩にかかってくるのだと理解しなければなりません。そこに立って私たちをじっと見ている、２７００万人のイラク国民に対する責任を負うことになるのです。実に大きな責任です。それを覚悟のうえで、それでもやりたいとおっしゃるのでしょうか？』と。

これは内々の話でした。大統領は私にこう尋ねました。『他に案があるのか？』そこで私は答えました。『国連の大義のもとで話を進めていくというのはどうでしょう。彼らは国連決議に反しました。つまり外交手段に訴えるのです』

ルーベンシュタイン　ブッシュ大統領は、『国連に行って彼らを説得するという、君の意見に従おう』

と言いましたか？

パウエル　同意してくださいました。軍事行動をとる前に、大統領は我が国に起きた事件を公に、国連に提示したかったのです。私が大統領と話したのは木曜日の午後でした。大統領の指示は、『来週早々に提訴してくれないか？』というものでした。

ルーベンシュタイン　国連に、ですか？

パウエル　そうです。

ルーベンシュタイン　**あなたはフセインが大量破壊兵器を保有している――あるいは保有していると私たちは思っている――と提訴しましたが、結局そうした兵器はなかったことが分かりましたね。**

パウエル　そうでした。

イラク侵攻は適切に実行されなかった

ルーベンシュタイン　あなたは恥をかいたと思いましたか、それとも恥をかいたのはアメリカだと思いましたか？　フセインが大量破壊兵器を所持していないと分かっていたら、ブッシュ大統領はあそこまで踏み込んだ行動は起こさなかったと思いますか？

パウエル　ええ、起こさなかったでしょうね。そうなる前に、私は大統領に具体的に質問しましたから。私はこう言いました。『**大統領閣下、もしフセインが大量破壊兵器を保有していないと証明できたら、軍事行動を起こす大義名分を失います。もしそうなれば、サダム・フセインはそのまま大統領の座にとどまりますが、そうした事実を受け入れる覚悟はできていますか？**』。彼は不承不承答えました。『もちろん受け入れようじゃないか』

私はホワイトハウスを出ると、国連に持参する書類を準備するために、CIAで3日間過ごしました。書類のなかで使用される言葉はひとつひとつCIAが確認し、すべてがCIAによって作成され、すべてが整うと国連へ赴き、プレゼンテーションを行いました。万事順調に運んでいたし、私自身も手応えを感じていました。しかしその後数日、いや数週間だったでしょうか、すべては崩壊し始めたのです。

ですから、そうですね、恥をかいたどころではありません。**屈辱的でさえありましたね。**もちろん大統領も議会も、同じ情報を共有していました。ラムズフェルド国防長官もコンドリーザ・ライスも、みな同じ情報を共有していました。でもプレゼンテーションしたのは私です。すべての責任が私に降りかかってきました。

ルーベンシュタイン　今振り返ってみれば、侵攻は間違いだったと思われますか？

パウエル　侵攻は適切に実行されなかったと言うべきでしょうね。私たちはワシントンで何の議論もせずにイラク軍を放棄してしまいます。さらに悪いことには、バアス党も切り捨て、しかもバアス党で働いていた者は、新政権には加われないようにしたのです。このふたつは戦略上、非常にまずい決定でした。私たちは、イラク軍に余力を与えなかったのです。何かをさせたくても、彼らにはそれだけの力が残っていませんでした。そのため、イラクはばらばらになってしまったのです。
現在、イラクには民主主義が存在します。まだ形だけかもしれませんが、民主主義には違いありません。彼らは選挙を行い、自国の秩序を回復しようと努めています。私たちのとったやり方は、あまり褒められたものではありませんでした。私なりの卑見では――同意する向きは少ないでしょうが――大量破壊兵器のない、サダム・フセインのいない現在の状況こそが民主主義を生み出したのだとしても、そのために、彼らが今くぐり抜けようとしているこの困難な状況まで本当に必要だったのかどうか、現状はさておき、もう一度考えてみる必要があるのではないでしょうか。

ルーベンシュタイン　あなたは国家のために目覚ましい働きをしてこられました。ご両親は、あなたのそうしたご活躍をご覧になっていらっしゃいますか？

パウエル　大佐になったとき、両親はとても喜び、誇りに思ってくれたようです。
でも父はその1年半後に亡くなりました。その後大将に昇格したとき、幸い母はまだ健在でした。関係者のなかに交じって、とても嬉しそうにしていました。身長は160センチくらいしかありませんでしたが、国防長官や国防副長官、大将たちが居並ぶなか、とても誇らしげにしていましたね。大将の星章を付けてくれたのは、その母と妻でした。それからというもの、母は誰彼となく言っていたようです。『息子は大将なんですよ』ってね。

末端の兵士まで、全員を鼓舞すること

ルーベンシュタイン　これまでのキャリアのなかで、政治家や軍人など、たくさんの偉大なリーダー

たちを見てこられました。もちろん、あなたもそのうちのおひとりです。あなたご自身の見解として、何が偉大なリーダーを作るのだとお考えでしょう？

パウエル　**自分が部下をリードしているのだと認識し、彼らは人間の集団として、価値があり、目的のある仕事に就くためにそこにいるのだと理解することが大切です。**リーダーは、その目的を達するために必要な意識や動機を与えることができ、彼らがその仕事を成し遂げるに足るだけの能力があると知らなければなりません。

そのため私は仕事を受けるとき、まずこう考えるようにしています。『私は何をしようとしているのか？　目的は何か？　どんな展望を抱くべきか？　我々がここにいる理由は何か？　我々は何をすべきか？』。次に、それを組織の末端にいるメンバーまで伝え、それが外交上の手段なのか、あるいは本当に戦闘に必要な武器なのかはさておき、とにかく彼らが必要なものを手にできたのかどうか、さらに彼らの準備を整え、成功するためのすべての機会を与えられたかどうか確認します。**部下を鼓舞すること——それがリーダーシップのあり方なのです。**

私は常に、リンカーンのある逸話を拠り所にしています。——南北戦争が始まったころリンカーンは、ワシントンの沼沢地のはずれ、街の北にある古い兵士の家をよく訪ねていました。そこには電信局が置かれていたのです。ある晩、メッセージが届き、電信オペレータがそれを書き留めました。『大統領閣下、悪い知らせです』、オペレータから手渡されたメモには、こう書かれていました。『フェアファックス駅付近の我が北軍前哨（ぜんしょう）基地が、南軍により急襲され、馬１００頭と准将１名が捕らえられた模様』。リンカーンはため息をつくと言ったそうです。『なんてことだ。馬１００頭とは頭が痛い』。オペレータが、『准将はどうされます？』と尋ねると、リンカーンはこう答えたと言います。『准将は５分もあれば任命できるが、馬１００頭はそういかんだろう』

私が准将に昇格したとき、誰かがこのリンカーンの言葉を額装し、私に贈ってくれたんです。以来、それは私のデスクに置かれています。今でもあります。私の家においでいただければ、ご覧になれますよ。それは私に、常にこう語りかけます。『いいか、パウエル、お前の仕事は、馬の面倒をみることだ。准将であることにこだわるな。**お前が達成しようとしていることが何であれ、それを成功させるためにはとにかく、馬を、兵士たちを、従業員を、店員を、学生を、教職員のことを考えるんだ**』とね。

デイヴィッド・ペトレイアス大将

元アメリカ中央情報局長官
世界的投資会社KKRパートナー
KKRグローバルインスティテュート会長

General David Petraeus

「私はなかでも、テディ・ルーズベルトが大好きです。彼の『アリーナに立つ男』の演説は、常に私にインスピレーションを与え続けてくれます。――『名誉はすべて、実際にアリーナに立つ男のものだ。その顔は、埃と汗と血にまみれている。（中略）**万一失敗に終わったとしても、それは少なくとも、全力で挑戦したすえの敗北なのだ』**」

デイヴィッド・ペトレイアス大将（陸軍退役）は、9・11以降の最も著名な軍事指導者のひとりである。彼には並外れた指導力があり、その才能ゆえに彼の活躍の場は、戦場や後進の育成から、政府や投資の世界へと広がっていった。ペトレイアス大将の37年以上の軍事キャリアは、イラクとアフガニスタンでのサージ（陸上兵力の増強による暴動の平定）を含む6度にわたる司令官の任務を果たすことで、その頂点を極めたのである。陸軍を退役し、CIA長官を務めた彼は、世界的投資会社、KKRのパートナー、KKRグローバルインスティテュートの会長職を務めた。陸軍士官学校を卒業し、プリンストン大学のウッドロー・ウィルソン公共・国際問題大学院で博士号を取得。この15年間で、『USニュース＆ワールド・レポート』誌の「アメリカのベストリーダー25人」、『タイム』誌の「タイム100（世界で最も影響力のある100人）」のひとりに選出され、同じタイム誌の「パーソンオブザイヤー（その年の出来事に最も影響を与えた人物）」の選考では最後まで候補者のひとりに残っていた。数々の賞や勲章が授与されているが、そのなかには国防総省勲章としては最上位にあたるディフェンス・ディスティングシュド・サービスメダルを始め、ブロンズスターメダル、コンバットアクションバッジなどがある。

軍事でも民間でもリーダーシップに必要なものは同じ

アメリカ軍のイラク侵攻から4年後、ほぼ失敗に終わろうとしていた「サージ（陸上兵力の増強による暴動の平定）」を一転して成功に導いたペトレイアス大将は、その卓越したリーダーシップから、ベトナム戦争以来、おそらくアメリカ軍のなかで最も有名な戦闘リーダーのひとりとみられるようになった。アメリカを中心とした連合軍がアフガニスタンでその勢いを失いつつあるときに、その強化を図ろうと計画した作戦を成功に導いたその手腕も、ペトレイアス大将が傑出した戦闘リーダーであるとの評価をさらに揺るぎないものにした。

あらゆるリーダーはリスクを負うが、戦闘リーダーが負わねばならないリスクはかなり特殊なものだ。**というのも、彼らの決断は、場合によればすぐに死者や重傷者を招くため、その指示や命令はできる限り正確かつ明確なものであり、同時に彼らの軍隊に規律、チームワーク、そして自信を植え付けるものでなければならない。**優柔不断で意思のはっきりしない人物を、軍隊を率いる軍事司令官に据えようとする者はいない。

ウェストポイント（陸軍士官学校）からスタートしたデイヴィッド・ペトレイアスは、二度にわたる惨事を体験していた。辛うじて死こそ免れたものの、もし回復していなければ、彼のキャリアはそこで終わっていたはずだ。一度目は彼が中佐のとき、実弾射撃訓練の最中に偶発的に胸を撃たれ、二度目は准将のとき、スカイダイビング中にパラシュートが作動せず骨盤を骨折するという事故に見舞われたのだ。傑出したリーダーになるのだという確固たる意志を持っていた彼は、いずれの怪我からも生還し、さらに気力や集中力に欠ける人物なら到底乗り越えることのできないような医学的課題を克服し、強靭（きょうじん）な体力を取り戻していったのである。

これほど高い意欲やリーダーシップスキルは、いったいどこから生まれるのだろう? デイヴィッド・ペトレイアスを軍と民間双方における伝説的人物にまで押し上げた要因はいったい何なのか? 2017年3月、ニューヨークのブルームバーグスタジオで、観覧客の前で行われたインタビューで、ペトレイアス大将はこうした質問に答えてくれた。

彼が軍にいるあいだ、私は彼と個人的な面識はまったくなかった。だがCIA長官を14か月務めたところで軍を退役し、その後、プライベートエクイティ企業であるKKRに加わると、様々なビジネスや公共政策会議で顔を合わせるようになり、彼と話す機会が生まれたのである。

インタビューの冒頭で説明しているが、ペトレイアスは戦略的リーダーシップ、つまりトップに求められるリーダーシップでは、以下の4つの重要なタスクを実行しなければならないと考えている。**すなわち、①大きなアイデア(戦略)を正しく理解し、②組織全体で、それを共有し、③それが遂行されるのを監督し、④その間に学んだことや状況の変化に応じて、それをどのように修正および改良する必要があるかを判断する、というものである。**彼の見解では、軍事的分野か民間分野かにかかわらず、プロジェクトを成功させるには、戦略的リーダーによってこれらのタスクが見事に遂行されなければならないという。

もちろん大規模な組織のなかでこれらのタスクを実行するには、ペトレイアス大将のような意欲、知性、勇気、および存在感を備えた人にとっては容易なことかもしれない。しかしこのリーダーシップの知的構造は、性別や軍歴に関係なく、リーダーと呼ばれる人物にとって、間違いなく参考になるはずだ。

陸軍士官学校を卒業するまで

デイヴィッド・ルーベンシュタイン（以下「ルーベンシュタイン」）　まずあなたが軍人の道に進むようになった経緯について、お話を伺いましょう。お父様はオランダ船の船長でした。第二次世界大戦中は、当時アメリカで大量製造されたリバティ船の船長を務められ、そのときにブルックリン海軍工廠の教会を通じ、ブルックリン出身のお母様に出会われます。そして、大戦中に結婚されますね。

デイヴィッド・ペトレイアス（以下「ペトレイアス」）　その通り。戦時中、父はアメリカ商船隊の船長として働いていました。オランダ出身で、オランダ商船学校を卒業していたんです。１９４０年にオランダ船で航海に出ましたが、ナチスがオランダに侵攻してきたためにロッテルダムに帰港できず、海を渡ってアメリカへ行くと、ブルックリン海軍工廠に係船しました。そのとき乗組員のほとんどが、アメリカ商船隊と契約したようです。

ルーベンシュタイン　子どものころは、ニューヨークで過ごされましたか？

ペトレイアス　いや、ニューヨーク市から北へ80キロ、陸軍士官学校のあるウェストポイントからであれば、10キロほど北へ行ったところです。学校から家まで走れる距離だったので、何度か走って帰りました。もちろん帰宅が許可されたときだけですが。

ルーベンシュタイン　子どものころのあだ名は何でしたか？

ペトレイアス　『ピーチス』です。9歳のときでした。リトルリーグで野球をやっていたんですが、初めてバッターボックスに立ったとき、場内アナウンサーが私の名前を発音できなかったんです。『ピ、ピ、ピ、ピーチス』ってね。子ども心にどうしようかと思いましたね。結局、ウェストポイント（陸軍士官学校）を出るまで、そう呼ばれました。

夏のあいだだけ、ウェストポイントで洗濯物の仕事をしていた若い女性がいたんです。彼女は私の高校のころからの友人で、毎週洗濯物を出すと、きれいに洗って戻してくれるんですが、そのとき、よくメモを添えてくれました。メモに気づいた何人かの上級生が、私の手に渡る前にこっそり開くと、『ピーチス君へ』と書いてあるんです。そりゃもう、すぐにウェストポイント中に広まりましたよ。

ルーベンシュタイン　それでずっとそう呼ばれたわけですね。

ペトレイアス　高校で終わるかと思いましたが、ウェストポイントでも変わりませんでした。

ルーベンシュタイン　あなたはトップに近い成績で卒業されました。その後も職業軍人としてやっていくつもりでしたか？

ペトレイアス　卒業したときは、将校の道を目指すかどうか、まだ決めていなかったですね。事実、私はウェストポイントで医学部進学コースに在籍していました。学問的探究心を満たすために、何かを追求していくのが好きだったんです。そのなかでも医学は最高峰に位置し、最も難しい分野として知られていましたからね。

でも私は最上級学年になると突然目覚め、全学生のなかのわずか1パーセント、つまり9人しか得ることのできない士官候補を対象とした特別訓練を受けたいと思い、その対象者に選抜されたのです。**このころ私は、自分が本当に医者になりたいのか――単に最高峰と言われる山を踏破したいだけなのではないかと、確信が持てなくなっていたんです。**そこで医者の代わりに歩兵隊を選択すると、その後37年と3か月にわたり、大変素晴らしい経験を積むことができたというわけです。

ルーベンシュタイン　卒業後わずか数週間で、陸軍士官学校長のお嬢さんとご結婚なさいました。

ペトレイアス　ええ、確かに彼女の父親は学校の最高責任者でした。ウェストポイントの学校長であり、中将だったんです。彼女とはブラインドデートがきっかけで知り合いました。さすがに気まずい思いがしましたよ。相手がどんな女性か分かったときにはね。それは彼女も同じでした。彼女の母親も、デートをお膳立てしてくれた女性も、私のことをまったく知らなかったわけですからね。

ルーベンシュタイン　でも相手が最高責任者のお嬢さんだからといって、デートするのにあれこれ気を遣わなければいけませんか？　それほど面倒なことなのでしょうか？

ペトレイアス　とても面倒でしたね。しばらくは周りに気づかれないよう心がけました。でも所詮は無理な話です。ずいぶんあれこれ言われましたが、彼女と仲良くしていくには仕方がなかったんです。

弾丸は幸運にも心臓を撃ち抜かなかった

ルーベンシュタイン　あなたは卒業し、結婚され、歩兵部隊に入り、徐々に昇官していきます。そんな折に、命を失いかけるほどの大きな出来事があなたを襲います。戦闘によるものではありません。

ペトレイアス　将校に任命されてから14年ほどたったころでした。私はまだ年も若く、当時は中佐として歩兵大隊を指揮していました。事故が起きたのは、侵攻局面を想定したかなり実戦的な実弾射撃移転訓練の最中で、そのときは手榴弾の投擲訓練、機関銃の射撃支援が行われ、ライフル銃兵が散開していました。隣には私にとってのメンターで、ひとつ星の准将であるジャック・キーンがいました。ちなみに彼は後に４つ星の大将になり、陸軍副参謀長まで務めることになります。

　私たちは訓練中の兵士の後方を歩いていました。前方には、物資を敵から守るための掩体壕が見えています。兵士のひとりが手榴弾でそれを爆破し、M16ライフルで射撃したあと、体を回転させて振り向くと、つまずいて倒れたのです。彼はそのとき、おそらく手に力が入ってしまったんでしょうね。何らかの衝撃を受ければ、誰でも一瞬、体に力が入りますし、それは引き金にかかった指も同じです。**そしてM16自動小銃の実弾が発射され、私の胸を貫通したというわけです。**幸いなことに、撃ち抜かれたのは右胸にある私の名前、ＰＥＴＲＡＥＵＳのＡで、左胸の心臓の真上にあるＡＲＭＹのＡの方ではありませんでした。

ルーベンシュタイン　どうなったのでしょう？　弾丸は右胸に残ったのですか？

ペトレイアス 弾丸は私の右胸から入って、背中の上部から出て行きました。右胸よりも背中の方に大きな弾痕が残っていたそうです。もちろん看護兵がすぐに対応してくれました。部隊にとっても大きな事故です。私はこう指示しました。『いいか、諸君、私のことは気にするな。訓練を続けたまえ。アフター・アクション・レビューをしっかり行って対応を検証し、何が悪かったのか明確に把握したうえで、訓練を継続するんだ』。**意識が朦朧（もうろう）とするなかでそんなふうに指示を出す私に、みんな目を丸くしていたようです。**

彼らは点滴を打ってくれました。緊急医療搬送用ヘリコプターが手配され、私はそこに収容されると病院まで送られ、すぐに緊急治療室に運び込まれました。この間、キーン准将は私につきっきりで、私の手をずっと握っていてくれました。

弾丸は動脈をかすめましたが、ひどく傷つけるほどではありませんでした。もちろんそのときにはそんなことまでは分かりません。でももし動脈が寸断されていたら、私の命は数分しかもたなかったはずです。医師はすぐに傷の具合を診察すると、私の目をじっと見ながらこう言いました。『こいつは相当痛むぞ』。彼はメスを手にし、私の右胸を肋骨（ろっこつ）に届くほどXの形に切り、皮膚を引っ張ると、中に溜まった体液が排出されるように、プラスチックのチューブを肺のなかに押し込み、吸引を開始しました。おそらくこの処置が私の命を救ってくれたんでしょうね。

それから私はもう一度ヘリコプターに乗せられ、今度は（テネシー州ナッシュビルにある）ヴァンダービルド医療センターへ送られました。このときキーン准将は、まだ私に付き添ってくれていました。センターにたくさんの医師がいるなかで、たまたまこの日の担当外科医は、後に政界に転出し、上院多数党院内総務を務めることになるビル・フリスト博士でした。そこで一部の人たちは、冗談めかしてよくこう言ったものです。『ペトレイアスは死ぬほどビル・フリストに会いたかったんだろうよ』とね。

フリスト博士とそのチームは胸部外科手術を施してくれました。動脈の傷を見つけると焼灼（焼いて処置すること）し、骨やその他の損傷した部分は摘出し、それぞれ必要な処置を行うと、最後に縫合してくれました。数日後に軍の病院に転院し、さらに数日経過したところで、無事に退院できました。

スカイダイビングでの骨盤骨折

ルーベンシュタイン 彼らにすれば、それほどすぐにあなたを退院させたくなかった。そこであなたは腕立て伏せを50回もやってみせて、問題ないことを証明したわけです。そうですよね。

ペトレイアス いやいや、デイヴィッド、50回もと言いますが、普段なら50回くらいで絶対やめたりしないいんですよ。

ルーベンシュタイン いや、これは失礼しました。私なんか、これまで一度も50回もできたためしがありませんがね。

ペトレイアス とにかく、そこから抜け出したかった。順調に回復していたし、そこでぼんやりしている理由はなかったんです。実際、病院の廊下をぐるぐる歩き回っていましたからね。チューブからモニター装置に至るまで全部取り外し、車椅子に放り込んで押して歩いていました。病院のスタッフは、みんな怒っていたはずです。

ルーベンシュタイン もうひとつの事故は、スカイダイビングをしていてパラシュートがうまく作動しなかったためでしたね。骨盤を骨折されたわけですが、どうでしたか？

ペトレイアス　あれはひどかった。そのとき私は准将でした。とにかく痛みという点では最悪でした。骨盤が前と後ろに、文字通りふたつに割れてしまったんです。救急車に乗せられましたが、道路のでこぼこで車が揺れるたびに激痛に襲われました。

ルーベンシュタイン　その後もスカイダイビングは、されましたか？

ペトレイアス　当時4つ星だったキーン大将から、『デイヴ、もうスカイダイビングは二度とやるな』ときつく言い渡されました。『かしこまりました。**師団に対する命令が下りましたので、以後、スカイダイビングはやりません**』。そして私はやめました。後に第101空挺師団の指揮を執ったときには、自由落下を含むパラシュート降下はしませんでしたが、落下時に自動的にパラシュートが開くライン・ジャンプはやりました。湖に着水する訓練だったから地上ほどの衝撃はないんです。もしパラシュートの開傘機能に問題があったとしても、外科医がくっつけてくれた部分がまたひどく損傷するようなことはなかったでしょうね。

ルーベンシュタイン　そして軍はあなたに統括部隊を与えました。

ペトレイアス　私はとても恵まれていたんです。与えられたのは精鋭部隊として知られる第101空挺師団で、キーン大将が指揮していた部隊であり、私が撃たれたとき、ともに所属していた部隊でもありました。

イラク侵攻の予想は外れた

ルーベンシュタイン　あなたは軍のなかで、多くの重要な仕事に携わっていました。そしてとうとうブッシュ大統領がイラク侵攻を決意します。

あなたはその司令官となり、軍の前線部隊を指揮してイラクに入りました。戦いは比較的早期に終結するだろうと考えられていました。『これは当初の予想よりも時間がかかるだろうな』と気づかれたのはいつごろですか？

ペトレイアス　第一に、確かに我々は数週間のうちに政権を倒しましたが、そこに至るまで、様々な場面でかなり激しい抵抗にあったんです。イラク軍は降伏し、我々とともに秩序の回復に努めるだろう――侵攻前、何人かの人たちはこう予測しましたが、一向にそのような兆しは見えませんでした。バグダッドで最後の抵抗があるだろうという観測もありましたが、実際にはそれさえもなかったんです。

でも先ほども申し上げましたが、途中で厳しい戦いがあったし、侵攻した最初の週に大規模な砂嵐が吹き荒れたこともあったので、私はすでにこの初期の段階から、今回の戦いは侵攻前に聞かされた筋書き通りにはおそらく運ばないだろうという感覚を持ち始めていました。

私はヘリコプターやハンビー（高機動多目的装輪車）の後部座席に、『ワシントン・ポスト』紙の記者であるリック・アトキンソンを乗せていました。彼はすでにピューリッツァー賞を二度も受賞していました。あるとき私は後ろを振り向き、彼にこう尋ねました。**『この戦いがどう決着するのか、君の意見を聞かせてくれないか、リック？　私にはどうも、シナリオどおりにいくという自信が持てないん**

だ』フセインとその息子、それに彼の側近数人さえ除いてしまえば、残った人たちはみなそこにとどまるだろうから、あとは彼らと政治交渉を行い、イラクを彼らに引き渡す——そうした考えには何らの根拠もないと証明されたんです。

ルーベンシュタイン フセイン軍をすべて排除し、脱バアス党化を推進したわけですが、もしそうしていなかったら、もっと違う結果になっていたと思われますか？

ペトレイアス 大きな間違いがあったと思います。我々はよく、本部の作戦司令室の壁にこんな言葉を掲げていました。——**『作戦で悪者を駆逐しても、その後にさらにたくさんの悪者が生まれるなら、それは正しい作戦ではない』**——これは運営方針に対しても当てはまります。この戦いによってイラク軍の未来がどうなるのか、それを語らずに相手に発砲するのは、まさにイラクという国をどう扱うべきか示さずに、大勢の兵士を戦地に放り込むことを意味します。これは実に悲惨な事態です。多くのバアス党員に対して事前の和解案を示さず、解党させたのも同じです。そうした判断が生み出したのは、新たなイラクを支持するのではなく、それに反対することが唯一の動機であるような、さらに大きな勢力を生み出してしまったのです。そうした判断の結果として、反乱の種が蒔(ま)かれたのです。

「衝撃と畏怖」で戦争が終わらなかった

ルーベンシュタイン あなたはモスルに駐留し、治安の維持に努めていらっしゃいました。そうですね？

ペトレイアス　ええ、我々はバグダッドの南西部にいました。バグダッドを攻略したあとは、そこに拠点を置くように指示されていたからです。ところが突然、モスルに出動するよう緊急命令を受けました。街は制御不能に陥っていました。そこに小さなアメリカ人部隊がいて、その隊員が市民17人の命を奪ってしまったからです。翌日、激しい暴力的なデモが巻き起こりました。我々は36時間ほどで、400キロを超える歴史上最大かつ最長の空襲作戦を実行しました。そのとき第101空挺師団には250機に及ぶヘリコプターがあったので、そこに乗れるだけの兵士を乗せ、全機を連ねてモスルへ向かったんです。都市の上空は攻撃用ヘリコプターでいっぱいでした。

我々は街を兵士で埋め尽くし、直ちに略奪をやめさせ、興奮した市民たちを落ち着かせ、治安を取り戻すと、徐々に街全体を掌握していきました。暫定統治機構が必要だと感じた私は集中的にチームで動き、街を制圧してから2週間ほどでその組織を作り上げました。**イラクの改革にはイラク側の協力と支援が必要だったからです。**200万人という人口を抱えるモスルを占領するのに、空襲作戦の直前まで地図ひとつありませんでした。この暫定統治機構には州議会が加わっていました。議会は明らかに、私たちよりもモスルの所属する州のことをよく知っていたので、これは非常に役に立ちました。なぜなら、モスルを州都とするニーナワー県は、多くの異なる民族および宗教上の宗派はもちろん、部族、社会の要素、制度が異なる、実に多種多様な人口を抱えており、州議会にはそれぞれの代表が選出されていたからです。

ルーベンシュタイン　戦争初期には、必要なのは『衝撃と畏怖』であり、それで十分だと考えられていました。つまり、たくさんのミサイルが発射される様子を見せて威嚇すれば、それで戦争は終わるはずでした。しかしその考えは、実際には機能しませんでした。

ペトレイアス その通り。それだけでは終わりませんでした。確かにあちこちに『衝撃と畏怖』の念が起こったのは事実でしょう。しかしもう一度言いますが、それでもロケット、大砲、戦車やその他の装甲車、正規軍や特殊部隊など、様々な兵器システムを駆使し、我々に戦いを挑んでくる人たちは絶えることがありませんでした。我々にも死傷者が出たり重機が損壊したりしましたが、もちろん最終的には、誰も米軍と連合軍を止めることはできず、フセインと彼の部下たちは全員逃げるか、あるいは捕らえられたのです。

尋問するよりも、勾留者と仲良くなるべき

ルーベンシュタイン ブッシュ大統領には、彼らが大量破壊兵器を保有しているという見方もあって、イラクへの侵攻を決意しました。情報の出所は他にも多数ありましたが、特にCIAがその中心でした。あなたがCIA長官になったとき、『そうした情報はいったいどこから入手したのか?』と、そのプロセスを掘り下げ、追及されましたか?

ペトレイアス その問題は、様々な委員会の場で何度も徹底的に検討されてきました。私もずいぶんいろいろな経験を積んでいたので、それほど深く取り上げるつもりはありませんでした。**しかし一方で私は、拷問を伴う過酷な手法による強化尋問技術に対しては、ずいぶん議論を重ねました。**長年にわたり個人的なふたつの理由から、そのやり方に反対してきたんです。ひとつには、それが間違った考えだからです。我々が支援し、もっと多くの人に認識してもらいたいと願っている国際法やジュネーブ条約に違反しています。ふたつには、この強化尋問技術は、提唱者や支持者が信じているほど効果的だとは思えないからです。まさにジム・マティス（＊1）のこの言葉に尽きます――『ビールと煙

＊1 ジェームズ・マティス。アメリカ海兵隊の退役大将で、元アメリカ中央軍司令官。湾岸戦争やアフガニスタンでの対テロ作戦、イラク戦争などで前線の部隊を指揮した。

草をくれないか。そうすれば水責めなんて方法を使うより、もっとたくさんの情報をつかんでみせる』

もっと簡単に言えば、最も熟練した尋問官は、拘留者とやりとりをするなかで、その拘留者の親友になろうと努めるのです。私がこれを主張するのは、私自身がイラクで、どんな時期よりも多くの――実に2万7000人もの――拘留者の収容を監督した司令官であり、さらにはアフガニスタンでも同じように、多くの拘留者を監督した司令官だったからです。いずれも戦後処理の「サージ」に取り組んでいたときでした。

つまり私はどんな方法が拘留者に必要なのか、十分な経験を積んでいます。そこから言えるのは、彼らを人道的に扱い、情報を引き出していくというのが、本来あるべきやり方だということでしょう。もちろん、いわゆる時限爆弾を処理しなければならないようなケースは別で、その場合には想定される脅威の程度を判断しながら、断固とした態度で臨まなければなりませんが。

イラクからアフガニスタンへ

ルーベンシュタイン　あなたはそれまで、自分の直接の部下が戦闘で命を失う経験はありませんでした。自分の指揮下にいる人間が死ぬ運命にあるというのは、いったいどのようなものなのでしょう?

ペトレイアス　それは身も凍るような経験です。**初めて兵士のひとりが殺されたという連絡を受けたときのことは、いまだに忘れられません。**そういう報告を聞くと、それまでの自信が打ち砕かれたようで、まるで背中から水を浴びせられたような気分になります。姉妹部隊である第3歩兵師団が海兵師団とともに戦いの先陣を切り、M1エイブラムス戦車とブラッドレー歩兵戦闘車を引き連れてバグダッドにまで行軍したときのことです。そのとき私は相手の無線を傍受していました。というのも、我々はみな北部でともに戦う予定だったからです。ところが相手の無線から分かったのは、我々の戦車が彼らの武器によって破壊されたという事実でした。このときもまた、冷や水を浴びせられた気分でした。彼らの武器で我々の戦車が吹き飛ばされるなどとはまるで予想していませんでした。**私は自らのキャリアの最後の8年間をほとんど戦闘地域で過ごしましたが、率直に言って死傷者の報告は、それを見るのも聞くのもなかなか精神的に応えます。**

ルーベンシュタイン　アメリカに戻るまで、その任務はどれくらい続きましたか？

ペトレイアス　最初は1年間、作戦を展開するために戦闘配備の任に就きました。ボスニアで1年の任務を終え、帰国してから7か月後のことです。イラクでの最初の1年が経過すると、数か月の帰国命令が下りました。アメリカ中央軍司令官と国防長官のために、イラク治安部隊の取り組みについて評価を行うよう求められたのです。私は帰国し、ドナルド・ラムズフェルド国防長官に報告書を提出しました。すると彼はこう言いました。『素晴らしい報告書、素晴らしい提案だ。では軍に戻って指揮権を変更し、イラクに戻ってくれ。現地で君の提案を実行するんだ』

ルーベンシュタイン　それほど良い報告書でなかったら、戦地に送り返されなかったと思われましたか？

ペトレイアス　ラムズフェルド長官は、良い仕事に対して報いようとする、面白い考えを持った人物でした。この任務は1年と3か月半続きました。長官はその最後の週あたりでイラクにやって来て我々とともに行動すると、私の背中を軽く叩いて、『よくやったな、デイヴ』と言ったのです。この場面は、今でもよく覚えています。『まんざらでもないな』と思いましたね。
ところが彼は、『帰国するときに、アフガニスタンに立ち寄ってほしいんだが』と言うんです。私はこう返事をしました。『国防長官殿、アフガニスタンは、イラクから帰国する途上にはありませんが』。しかし当然ながら、私たちは帰国途上でアフガニスタンを経由し、彼に状況の評価を行いました。

ルーベンシュタイン　あなたはイラクで2回任務を終え、アメリカに戻られましたね。

ペトレイアス　ええ、帰国後はカンザス州フォート・レヴンワースで、アメリカ陸軍職種協同センターの司令官として約1年3か月を過ごしました。センターには膨大な数の訓練センター、基地、組織があり、私はそれらを監督していました。前任者はその責任の重さを「軍の変化の原動力」と称したほどです。カンザスに向かう前、陸軍参謀総長に何か指示があるか尋ねると、彼はこう言いました。『軍を改革してくれ、デイヴ』。それがその後、私と現場のチームが取り組むべき課題になりました。**我々は部隊、リーダー、兵士がイラクとアフガニスタンに行く準備をするプロセス全体を刷新すると、暴動反乱対策フィールドマニュアルを発行しました。**これはアメリカ国内、さらにはイラクやその後のアフガニスタンにおける戦況を好転させる、我々の取り組みの知的基盤になりました。

戦後処理では、イラクの人たちの近くに住む必要があった

ルーベンシュタイン　再度申し上げますが、あなたは大変優れた報告書をお書きになりますし、暴動反乱対策マニュアルの作成も担当されました。多くの人が『この人物こそ、現在の紛争を収める作戦を指揮するにふさわしい』と言ったのは、まさに正解でした。そこであなたはブッシュ大統領から、イ

ラクに戻り、戦後処理のいわゆる「サージ」を遂行するよう頼まれます。

大統領が『サージを率いてほしい』と言ったとき、『私はすでにイラクで二度の任務に就きました。このうえ3度目の任務を受け入れる必要がありますか？』とはおっしゃらなかったのでしょうか？

ペトレイアス　そんな言い方はしませんよ、デイヴィッド、違います。私は、『その任務を与えてくださって光栄です』と申し上げたんです。数年後、私はオバマ大統領に呼ばれました。部屋にはカメラマン以外誰もいません。そのカメラマンも写真を数枚撮ると出て行ってしまいました。それから大統領は社交辞令も冗談もなく、私をそこに座らせると言いました。『私は大統領として、君に軍最高司令官としてアフガニスタンに行き、国際治安支援部隊の指揮を執ってほしいと思っているんだが』。私はこう答えました。**『そのような依頼に対する可能な答えは、大統領閣下、ただひとつ――イエスです』**

ルーベンシュタイン　兵を連れて戻られたとき、イラクにはどれくらいの部隊がいましたか？

ペトレイアス　陸軍、海軍、空軍、海兵隊、合わせて14万人弱でした。あとは連合国から送られた数万人の追加部隊がいました。アメリカもその後、サージ（増派）の過程で2万5000から3万人を追加したので、アメリカの兵力は、最終的には男女合わせて16万5000人に達していました。

ここで言っておきたいんですが、デイヴィッド、この場合の『サージ』とは戦力を増やすことではありません。**考え方を変えるという意味の『サージ』です。つまり戦略の変更です。**イラクの人たちから見えないところに大きな兵力を駐屯させる当初の計画から、逆に彼らの近くで一緒に住むという180度の方針転換でした。それが人々を守る唯一の方法であり、十分整わないままにイラクの支配に戻した多くの地域の支配権をもう一度取り戻すことを意味する行動だったんです。武装勢力を殲滅（せんめつ）

したり捕獲したりすることは我々にとっても難しく、強力な反乱や武装蜂起から抜け出す方法は、状況を見る限り、できる限り多くの相手方兵士たちと和解する必要があるのだと認識すべきだったのです。

ルーベンシュタイン　さて、14万人のアメリカ軍がいました。そこに2万5000人から3万人の兵を新たに送ります。あなたの言う手法を使えば、イラクをもとのような安定した状態に持っていくには、それだけあれば十分だというわけですね？

ペトレイアス　その通りです。**新たな戦略と追加の兵力によって、サージによる移行期間として予定されていた18か月のあいだに、我々は破壊活動の発生レベルを劇的に、85パーセントも下げました。**そうすることで私たちの軍隊は、全面的な内戦の危機に瀕していた国の状態を、実際に好転させたんです。

ルーベンシュタイン　その後大統領から、中東に駐留するアメリカ軍の作戦を指示するアメリカ中央軍を率いるよう、依頼がありました。

ペトレイアス　その通りです。中央軍が担当しているのは、西はエジプトから東はパキスタンまで、北はカザフスタンから南はイエメンやソマリア沖の海賊が出没する海域まで、全部で21か国を含む地域に及んでいます。当時、世界が抱える問題の90パーセントが集中しているエリアを担当するわけですから、もちろん誇りに思いました。

ルーベンシュタイン　統合軍の司令官を務めれば、通常なら陸軍参謀総長に昇進し、場合によっては統合参謀本部議長を務めることさえあるでしょう。あなたも昇格するはずでした。ところがある日、オーヴァル・オフィスに呼ばれたあなたは、オバマ大統領から『中央軍の任務はいったん置いて、アフガニスタン駐留アメリカ軍司令官として現地に赴任してほしい』と告げられます。どんな思いでそれを聞かれましたか？

ペトレイアス　明らかに国際情勢は大変な状況でした。そんなときに大統領から、あなたにこうしてもらいたいと言われれば、あなたもそうすると思いますよ。

ルーベンシュタイン　『ちょっと考えさせてください。少しお時間をいただけませんか？』とはおっしゃらなかったのですね？

ペトレイアス　先ほども言いましたが、その種の依頼があれば、それに対する答えは『イエス』です。イラクでの戦後処理、サージにあたったときは、私に話をしてきたのはロバート・ゲーツ長官でした。彼から連絡があったとき、私は妻と息子と一緒の車に乗り、ロサンゼルス空港から高速道路を北へ、父に会いにバレンシアに向かって走っていました。その後サージに向かいましたが、父に会ったのはそれが最後の機会でした。

運転していたのは妻で、私の携帯電話にゲーツ長官から連絡が入ったのです。ひと言『はい』と返事をしましたが、本当はもっと話が聞きたかった。

だから私は、はいと言ってから、こう付け加えたのです。『国防長官殿、私はあなたが、ご自身の上司が誰だと認識していらっしゃるのか、それをお聞かせ願いたいと思います。私が――特に兵力を撤退させることに対する――意見を申し上げたくても、現場の状況を把握し、長官が私たちに与えてくださった使命をお互いがきちんと理解しなければ、それは何の意味もありません。議会の方針、国内政治の現状、連合国間の駆け引き、財政赤字、部隊の緊張の度合い、その他諸々、長官と大統領とが対処しなければならない、そうしたすべての問題を理解して初めて、お話ができるのです。しかし結局のところ、現場の実態を最優先しながらアドバイスや提案をしていくことになるでしょう。

これは大変重要なポイントです。というのも、私は基本的に包み隠さず、直截(ちょくせつ)にお話しするつもりだからです。私は、あなたがたが対処しなければならない問題を考慮して、アドバイスの中身を変えていくつもりはありません。ただし、長官殿と大統領閣下が最終的に下す決断についてはもちろんそれを支援致します』

アフガニスタンはイラクの状況とはまったく違った

ルーベンシュタイン　そしてあなたはアフガニスタンへ赴任します。そこではどんな成果を上げられましたか？　タリバンを取り除くか、そうでなくとも彼らの影響を極力減らそうと努め、実際にうまくいきましたか？

ペトレイアス　良い質問ですね。**実は私は、イラクでできたことがアフガニスタンでも同じようにできるとは思っていませんでした。**それは指名承認公聴会が行われたとき、議会で話した通りです。イラクでは、最初からここまでならできると予想し、実際にその通りの成果を上げることができた。でもアフガニスタンの状況は、イラクとはまったく違っていました。

イラクにおける作戦の初期段階で私が最も懸念していたのは、当初の計画をどれだけ早く遂行し、しかもある程度の結果が出せるかということでした。サージを遂行するためにイラクに赴任し、6か月後、ワシントンで行われる公聴会の場で、その間の進捗について報告しなければならないと分かったからです。議会はサージ自体を疑問視していたので、これは非常に重要な役目でした。

幸いにも我々は、この最初の6か月間で目覚ましい成果を上げました。まず破壊活動の発生率を劇的に減少させました。翌年も減少傾向を維持し、その後は緩やかではありますが、さらに減っていきました。ところが残念なことに、そして不幸にも、約3年半が経過したところでイラクの首相が宗教上、特定宗派に片寄った行動をとるようになったのです。それまで苦労して積み上げてきた実績は、これですべて白紙に戻ってしまいました。再びスンニ派とシーア派間の緊張が高まり、新たに両派が衝突するようになると、これをきっかけにアルカイダの監視の目は緩くなります。このあとイラクは再び、イスラム国家として再建されていきました。

アフガニスタンの場合、私はイラクと同じようなことができるなどという幻想は持ち合わせていませんでした。破壊活動の発生率はそれほど高くはありませんでしたが、状況はかなり違っていて、しかも複雑だった。私はラムズフェルド国防長から、アフガニスタンの現状を説明してほしいと頼まれて話をしましたが、ブリーフィングの最初のスライドは（もちろん我々将校にとっても、パワーポイントは今やコミュニケーションの大切な手段のひとつです）こういう文言から始めることにしたのです——『アフガニスタンはイラクではない』。私はそう前置きしてから、両国の主要な違いについて説明しました。

我々には、イラクで達成したような劇的な改善の見通しをアフガニスタンでは持てませんでしたが、それでもその年に、ひとつの使命を果たすことができました。それは当時、活発に活動していたタリバンの勢いを削ぐことで、実際、私たちはポイントとなる何か所かの地域で彼らの活動を抑えました。もちろん他の任務にも取り組みました。アフガニスタン治安部隊の能力向上を促進させるとともに、アフガニスタンの機関を選び、当初は我々が始めた治安対策を、いくつかの地域では自分たちの手であたれるよう、機能の移管を行っていきました。
我々はその年アフガニスタンで、そうした実績を残すことができましたが、一方ではアメリカにとって重要で、なおかつ依然として解決には至っていない、アフガニスタンにおけるひとつの大きな目標の達成に向けて、努力が続けられていました。**それは、アルカイダが9・11アメリカ同時多発テロをそこで計画し、最初の訓練をそこで行ったときのように、再びアフガニスタンが国境を越えたテロ組織の聖域にならないようにすることでした。**特にタリバンが国の大部分を支配したときには、その必要性を感じていました。

ルーベンシュタイン　あなたがアフガニスタンにいるあいだ、オサマ・ビン・ラディンを捕まえる努力が続けられていました。

ペトレイアス　『捕まえる』ではなく、『捕縛または殺害』ですね。

ルーベンシュタイン　あなたはこの決定の指揮系統には属していませんでしたが、その『捕縛または殺害』に関して、事前に警告を与えられていました。どのような警告だったのでしょう？

ペトレイアス　私はアフガニスタンの兵力の削減・縮小に関する大統領との一連の会議に出席し、CIA長官の指名に対して行われる議会での審問に応じるため、ワシントンに戻っていました。警告を受けたのはそのときでした。
会議と審問が終わると、すぐにアフガニスタンに戻りました。その後、1週間ほどたったころでしょうか、まさに作戦当夜、私はカブールへ向かいました。作戦について知っていたのは司令部のなかでも私だけでした。午後11時ごろ、補佐官も連れず何も持たず、NATO本部内にある統合特殊作戦指揮所に足を運びました。

突然私が現れたので、みな一様に驚き、口々に尋ねます。『こんなところで、どうされたのですか？』。そこには、かねてからよく知っている将校がいて、周りに彼とふたりだけにしてくれと頼むと、みな部屋を出て行きました。20年前の訓練で私を撃ったのは、彼が指揮する小隊のひとりでした。

それから私たちは、たくさんの極秘扱いの回線に合わせて作戦の状況を確認しながら、問題が発生した場合、様々な緊急対応計画が実施できるよう準備を始めました。今回の作戦を実施した特殊部隊、特にその指令本部は、普段私とともに働いている面々がそのほとんどを占めていました。しかしその夜に限って、彼らはＣＩＡのために働いていました。それは軍とは異なる当局の管理下で行われた、秘密作戦だったからです。指揮系統は大統領からレオン・パネッタＣＩＡ長官、マクレイヴン中将へと続き、その指揮下に作戦を実行した特殊部隊ネイビー・シールズ、チーム６のメンバーがいました。

それは様々なことが重なった夜でした。特に作戦を主導するヘリコプターが地面に激しくぶつかったため、その後敷地内から飛び立てなくなるというトラブルに見舞われ、前途多難を思わせましたが、終わってみれば特に大きな高揚感もなく、席を外していたメンバーを部屋に戻すと、我々は何事もなかったかのように淡々と、その夜アフガニスタンで行われていた12ほどの作戦に再び集中して臨んでいました。相手と地形から見れば、その多くが手強いものでしたが、どれもそれほど戦略的には重要なものではありませんでした。とにかく、戦争は続いていたのです。

軍のキャリアを終わらせ、CIAへ

ルーベンシュタイン　1年と半月のほとんどをアフガニスタンで過ごしたあとで、大統領はあなたに『帰国し、CIA長官の職を担ってほしい』と言います。それはつまり、あなたがこれまで築いてきた軍のキャリアを諦めることを意味するものでした。

ペトレイアス　その申し出を受ける義務はありませんでしたが、そうすることにしました。大統領が私を候補に挙げようと決断する前に、私は大統領とその件で話をしていたのです。**私には、その職務に就く場合、制服は脱がなければならないと分かっていました。**CIAを軍事本部に変えるつもりはないと周りに思わせることが、何より重要だったのです。

ルーベンシュタイン　ここまできて軍のキャリアに終止符を打つのは、様々な思いがあったのではないですか?

ペトレイアス　素晴らしい引退パレードと式典があり、スピーチする機会まで設けてもらい、最後にはメダルまでいただいて、とても感激しました。それから家に帰って制服を脱ぐと、職業軍人として人生のほとんどを過ごしてきた場所を、今まさにあとにしてきたのだと実感しました。しかし私は一方で、今度はCIA長官という他にはない新たなチャンスをいただいた責任感とともに、大きな喜びを感じていました。CIAは途轍もなく素晴らしいグループで、そこには男女を問わず、沈黙の戦士と呼ばれる人たちがいます。軍のように、彼らもまた右手を挙げて誓いを立てます。しかし彼らは、人生のなかでパレードをしてもらったり、世間に認めてもらったりすることはないと知っています。私たちは誰もが、日常のできごとについて友人や知人たちと語り合う喜びというものを知っています。しかし彼らには友人知人はもちろん、家族とさえも、そうした喜びを分かち合うことができないのです。

ルーベンシュタイン　CIA長官に着任されたとき、あなたは『これが我が国にあるすべての秘密というやつか、ほぉ、それにしても思ったほどではないなぁ』と思いましたか？　それとも『こいつは信じられないほど大変な内容じゃないか』と思いましたか？

ペトレイアス　そこにいるとほぼ毎日、『こりゃ冗談だろう？　真面目に言っているのかい？　本当かい？』と口にしていますよ。そこには大変な機密事項もあります。

ルーベンシュタイン　あなたは第43代ジョージ・W・ブッシュ大統領にブリーフィングした経験をお持ちです。オバマ大統領に対しては、何度もブリーフィングされています。ブリーフィングしてみて、ふたりに何か違いはありましたか？

ペトレイアス　ぜひ心にとどめておいていただきたいのは、イラクでサージに取り組んだ際、私の偉大な外交パートナーであるライアン・クロッカー駐イラク大使とふたりで毎週ブリーフィングを行った相手が、その第43代ブッシュ大統領だったということです。私たちは月曜日の朝、東部標準時で7時30分から1時間ほど、ホワイトハウス危機管理室にいる大統領と国家安全保障チームを相手に、直接ビデオ会議を行いました。彼はサージを全面的に支援していました。それに賭けていたと言っても良いでしょう。大統領は率直に言って、ほとんどのアドバイザーの言葉を受け入れようとはしませんでした。サージを支持する人はまずいなかったからです。ちなみにキーン大将はそのときは引退していましたが、ブッシュ大統領との会談ではサージを強く支持した人物のひとりでした。

とにかく、ブッシュ大統領は完全に、そして全面的に、サージに関わっていました。

しかしその後、オバマ大統領が就任するまでは、イラクに兵力が増派されることはありませんでした。当時、イラクは非常に良い状態にありました。ですから問題は、私たちが戦い、犠牲を払ってなし得た今の状況を維持しながら、いかに素早く撤退できるかということでした。オバマ大統領は誰もが知る通り、十分な下調べをし、問題を研究したうえで、それらを審議していました。就任1年目の後半に行われたアフガンに対する政策評価は、大変に素晴らしいものでした。私の知る限り大統領が決定を下すのに、国家安全保障チームと直接、9回あるいは10回もやりとりしたことは、それまでなかったと思いますね。

軍でも、ネットフリックスでも、リーダーに必要な力は同じ

ルーベンシュタイン 私たちの世代、そしておそらく他のあらゆる世代も、あなたを偉大な軍事リーダーのひとりと見ています。そんなあなたにとって、リーダーシップとは何でしょう？

ペトレイアス リーダーシップ、特に戦略レベル、いわゆるトップレベルで求められるリーダーシップには、決定的に重要な意味を持つ4つの要素が含まれていると考えます。**イラクやアフガニスタンの司令官であろうと、カーライル・グループもしくはKKR（コールバーグ・クラビス・ロバーツ、投資会社）、あるいはアマゾンのCEOであろうと、大きな目標に対する意図を正しく理解しなければなり**

ません。そのうえで、組織がいかに広く深いものであっても、その目標を隅々にまで伝達し、それがいかに実施されているか、監督していく必要があります。さらに、その大きな目標にいかに磨きをかけていくべきか決定し、そして――今度はその新たな目標を遂行していくのです。

これら4つのタスクには、もちろんそれぞれサブタスクが存在します。アイデアの実施状況を監督する作業にはメトリックス（評価指標）が必要で、そこにはあなた自身の時間をどう過ごすかという、あなたなりのバトルリズムも含まれます。通常我々は、ひとつの遂行期間をおよそ3か月単位で構成していたので、そのなかで自分の時間をどう過ごすべきかが示されていました。リーダーは周りにエネルギーを提供し、模範的行動を示し、ひとりひとりを励まし、全体に対する決断を下さなければなりません。そして目標を達成するために、組織を動かしていくというわけです。

先に述べた4つのタスクのなかで、最も重要でありながら、つい忘れられがちなのが最後のタスクでしょう。**大きな目標をいかに修正し、磨きをかけ、ときには用のないものとして道ばたに捨て置くか――それらを決めるための正式なプロセスを確立しておきさえすれば、繰り返しその手法を使うことができます。**

これらのタスクは、民間のビジネス分野でも同じように役に立ちます。ネットフリックスを考えてみてください。彼らはこれを繰り返すことで自己改革を遂げています。創業間もない段階で、『CDを直接郵送することで、レンタル大手のブロックバスターを廃業させる』と決め、最終的に倒産に追い込みました。次に彼らは一息入れてからこう言います。『オーケー、ブロックバスターはいなくなった。だが今では他社も同じことをやっている。今はインターネットの接続状況は極めて良くなった。これからはダウンロードしてもらえば、お客様に映画を届けることができるのではないか』

今度はそれを実行すると、またビジネスはうまく運びます。そしてこう気がつきます。『オーケー、また他社が追随している』。そこで彼らは、確か1億ドルだったと思いますが、『ハウス・オブ・カー

ド 野望の階段』やその他のショーで、大きな賭けに出たのです。『**これからは自分たちも独自のコンテンツを制作するべきだ**』。CEOのリード・ヘイスティングはそのすべてを監督しました。彼はまさに企業にとっては革新性あふれる戦略的リーダーであり、物事をすべて的確に運ぶことのできる人物です。そして彼らは大手映画会社を買収し、より規模の大きな作品を作ろうと、また再び新たな挑戦に臨んでいます。

北軍が勝利していなかったら今のアメリカ合衆国はなかったかもしれない

ルーベンシュタイン　これまでで最も尊敬する軍事リーダーは誰ですか？

ペトレイアス　私は、ユリシーズ・S・グラントは過小評価されすぎているのではないかと思ってきました。幸い近年になって、ようやく実績に対して正当な評価がなされるようになりました。ホワイトハウスを去ったあと、世界中を旅したことで有名ですが、このとき彼はどこでも英雄として遇され、素晴らしい回想録を残しています。ですが南部の歴史家たちは、20世紀前半まで彼を不当に評価し、批判を繰り返してきました。昨今になってようやく、徐々にではありますが、彼に対する尊敬の念が戻ってきたと言えるのではないでしょうか。

私はアメリカの歴史上、師団もしくはそれ以下の規模の軍隊を率いた戦いなら、グラントに勝る将校はいないと確信しています。様々な師団を率いましたが、戦術面に秀でていましたね。特にヴィックスバーグの戦いは、史上最高の機動作戦のひとつだと言っていいでしょう。何しろ彼が北軍全体の戦略を策定し、最終的に戦争に勝利をもたらしたのです。最終的に北軍が勝利を収めたことで、リンカーン大統領の再選が決定的になりました。思い出してみてください。リンカーンの対立候補はマクレラン将軍だったのです。彼は南軍との和平合意を約束していました。もし彼が選ばれたら、北軍はまったく違ったものになっていたはずです。

デイヴィッド、人々は忘れています。北軍が勝利するかどうかは、誰にも分からなかったんですよ。グラントが最終的に北軍に勝利をもたらすまで、北軍には南部諸州を粉砕しようという考えはなかったんです。もしもグラントが立案した総合的な戦略が存在せず、したがってその後のアトランタでのシャーマン将軍の、そしてシェナンドー渓谷でのシェリダン将軍の勝利がなかったら、リンカーン大統領は1984年の大統領選で負けていたかもしれないんです。もしマクレラン将軍が勝利していれば、彼は和平路線を望んでいましたから、この国も、今のようなアメリカ合衆国にはならなかった可能性があるんです。

ルーベンシュタイン　あなたが最も尊敬する政治リーダーは誰ですか？

ペトレイアス　何年にもわたって大きな目標を持ち続け、私たち国民全体から尊敬を受けているような人がたくさんいます。ラッシュモア山に刻まれた人たちもそうですね。私はなかでも、テディ・ルーズベルトが大好きです。彼の『アリーナに立つ男』の演説は、常に私にインスピレーションを与え続けてくれます。――『名誉はすべて、実際にアリーナに立つ男のものだ。その顔は、埃と汗と血にまみれている。（中略）万一失敗に終わったとしても、それは少なくとも、全力で挑戦したすえの敗北なのだ』

コンドリーザ・ライス

元国家安全保障問題担当補佐官
元国務長官
スタンフォード大学経営大学院教授
フーバー戦争・革命・平和研究所所長

「これは父がかつて私に語ってくれた話です。『もし誰かが、あなたが黒人だからという理由でその隣に座りたくないと思っても、ちゃんと他にも座る場所はある。気にすることはないんだ』と。言い換えれば、他人の偏見を自分に引き当ててはいけません。それは彼らの問題であって、あなたの問題ではないのです。**偏見を持っている人たちのせいで、あなたらしさが損なわれてはなりません。**」

スタンフォード大学経営大学院のグローバルビジネスと経済の教授、フーバー研究所のトーマス＆バーバラ・スティーブンソン公共政策のシニアフェロー、そしてスタンフォード大学の政治学教授であり、一方では国際戦略コンサルティング企業であるライス・ハドリー・ゲイツ＆マヌエル LLC の創設パートナーも務めている。ライスは2001年から2005年まで、ジョージ・W・ブッシュ大統領の国家安全保障問題担当補佐官を務め、2005年から2009年まで、第66代アメリカ国務長官の任に就いた。また数多くの本を執筆、あるいは共同で執筆している。直近では2019年にフィリップ・ゼリコーとの共著による『To Build a Better World: Choices to End the Cold War and Create a Global Commonwealth（より良き世界を確立するために：冷戦を終結させて世界連邦を創出するための選択とは）』を、2018年にはエイミー・B・ゼガートとの共著による『Political Risk: How Business and Organization Can Anticipate Global Insecurity（政治的リスク：企業や組織は世界不安をいかに予測できるのか）』を上梓した。この他、ベストセラーになった『Democracy: Stories from the Long Road to Freedom（民主主義：自由への長い道のりにまつわる物語）』（2017年）や、『Extraordinary, Ordinary People: A Memoir of Family（邦題：コンドリーザ・ライス自伝―素晴らしいありふれた家族の物語）』（2010年）などがある。

差別されても自分を犠牲者だと見なしてはいけない

コンドリーザ・ライスは、1960年代に人種差別の激しいアラバマ州バーミングハムで、アフリカ系アメリカ人の少女として成長した。ライスも両親も、彼女が将来、国家安全保障問題担当補佐官や国務長官になろうとは、当時はまったく予想もしていなかったはずだ。彼らが夢見ていたのは、彼女がクラシック音楽のピアニストに成長することであり、彼女は確かにその分野で、かなりの才能を持っていたのだ。

だが運命には、そんな綿密な計画を変えてしまうだけの力があった。デンバー大学のカリキュラムにはかなりたくさんの音楽レッスンが組まれていたが、特にチェコの学者であるジョセフ・コーベル博士――奇しくも彼はアメリカ初の女性国務長官を務めたマデレーン・オルブライトの父だった――が指導する公共政策に関する授業もまた、相当数あったのである。

その結果、ライスは最終的に政治学の博士号を取得し、スタンフォード大学で教職に就き、ジョージ・H・W・ブッシュ政権でソビエト連邦のスペシャリストとして国家安全保障会議に参加したあと、再びスタンフォード大学に戻ると、そこで副学長の地位を得た。2000年の大統領選挙では、元国務長官、ジョージ・シュルツの提案で、当時のジョージ・W・ブッシュ知事の外交政策アドバイザーも務めている。

その後は誰もが知る通りコンドリーザ・ライス（友人たちにはコンディと呼ばれている）は、ジョージ・W・ブッシュ大統領のもとで、アフリカ系アメリカ人女性として初めて、主要なふたつのポストに就任した。**それは通常であれば、白人の男性が支配する領域だった。彼女はたびたび差別に直面しながらもそれらを克服し、いかにしてその地位にまでたどり着いたのだろう？**

2018年5月、ワシントンD.C.のブルームバーグスタジオで行われた『ピア・トゥ・ピア』のインタビューのなかで、ライスはこれらの問題はもちろん、リーダーシップに関する自身の見解についても、多くの観覧客の前で語っている。

私はふたりのブッシュ大統領との関係や、外交問題評議会、アスペン戦略グループ、ジョン・F・ケネディ・センターとの関わりを通じ、コンディとは数年にわたる知己となっていたが、これまで彼女にインタビューする機会は一度もなかった。

このインタビューは、コンディの5冊目の本、『Political Risk: how Business and Organization Can Anticipate Global Insecurity（政治的リスク──企業や組織は世界的不安を予測できるか）』がちょうど出版されるころに行われたもので、彼女は、ネルソン・マンデラのような優れたリーダーは、今後世界はこうあるべきだという明確なビジョンを持っており、しかも彼らの後に続く人たちに、そのビジョンを実現させたいと思わせるような知性と人間性を備えていると、はっきりと語っている。彼女によれば、傲慢で自信過剰なリーダーでは理想を実現し、人を惹きつけることはできないのだ。

彼女は差別に関しては、自分自身を犠牲者だと見なさず、また、他人に自分の人生をコントロールさせてはならないと、父親からこんこんと諭されたという。**彼女は父親が言ったほどには、常に自分を取り巻く状況をコントロールできたわけではなかったが、少なくともそうした状況に対する自分自身の反応をコントロールすることはできた。**この手のアドバイスは、言うのは簡単でも実行するのは難しいものだが、コンドリーザ・ライス博士のキャリアのなかで、世界的な政策を立案し、リーダーシップを発揮するような非常に高度な場面では、そうした問題が発生することはほとんどなかったのである。

政治家になろうとは考えたこともない

デイヴィッド・ルーベンシュタイン（以下「ルーベンシュタイン」）　もしトランプ大統領があなたに電話をかけてきて、『私たちの国を助けるお手伝いを、ぜひあなたにもお願いしたい』と言われたら、あなたは何とおっしゃいますか？

コンドリーザ・ライス（以下「ライス」）　おそらく、『大統領閣下、私たちの国を助けることができる素晴らしい人たちは、たくさんいらっしゃいます。これがパロアルトの私の番号です。何かお話しできることがあれば、どうぞご遠慮なくご連絡ください』と、申し上げるでしょう。とても嬉しいですよ。

ルーベンシュタイン　ときおり、あなたの名前は副大統領候補、あるいは大統領候補としても取り沙汰されます。どちらも立候補の可能性は低いと確信を持っておっしゃれますか？

ライス　DNAを調べれば、もっとはっきり断言できますよ。私に政治家のDNAはないんです。**政策を考えるのは好きですが、政治を行うのは好きではありません。**気持ちが萎えてしまいます。

ルーベンシュタイン　あなたは人種差別の厳しい南部のアラバマ州バーミングハムで育ちました。バーミングハムの教会が爆破されたとき、巻き込まれた友人もいました。差別の厳しいそうした南部で頭角を現し、国家の要職に就くだろうと思われたことはありますか？

ライス　それはありませんでした。同じ頭角を現すとしても、私は素晴らしいコンサートピアニストになるんだと思っていましたからね。

たとえウールワースのランチカウンターでハンバーガーが食べられなくても（＊1）、自分が望めばアメリカ大統領にだってなれるんだと私に教え込んだのは、両親でした。私たちは望めばできる、大学にだって行けるってね。だってデイヴィッド、家族のなかで博士号を取得したのは、私が初めてじゃないんです。

ルーベンシュタイン　お父様が博士号をお持ちでしたね。

ライス　ええ、私の父と、それにおばのテレサもね。私はいつもこう言っています。もし私がしていることが黒人にしては変だと思われるなら、私のおばはどうなんでしょうって。テレサはディケンズに関する本を何冊か書いているんです。

バレエやフランス語、あらゆるレッスンを受けた少女時代

ルーベンシュタイン　あなたはひとりっ子でしたか？

ライス　ひとりっ子でした。

ルーベンシュタイン　ご両親は、できる限りあなたに手をかけて育てようとしていました。時間の許す限りいろいろな習い事をさせていましたね。あなたはバレリーナでもありました。

＊1　アメリカ合衆国ノースカロライナ州グリーンズボロのF.W.ウールワースという百貨店にある軽食堂には、60年代まで白人だけに認められていた席があった。60年代の公民権運動で、この席に黒人大学生が座り込みをして非暴力の抗議活動を始めた。

ライス　私は人間が学び得る限りの、あらゆるレッスンを受けていました。得意なものもあれば、不得意なものもありましたが、とにかく両親は私に続けさせました。なかにはフランス語のレッスンもありました。母は、育ちの良い家の娘は、みなフランス語を習うのだと思い込んでいたのです。それで私は9歳になると、毎週土曜日にフランス語のレッスンに無理矢理連れて行かされました。

バレエのレッスンもありました。エチケットのレッスンもありました。もちろんピアノもありました。そう、とにかく両親は私に、暇な時間を与えてはくれませんでした。

ルーベンシュタイン　そしてあなたのお母様は、学校の先生でしたね？

ライス　母は教師でした。そして音楽家でもありました。

ルーベンシュタイン　確か野球選手のウィリー・メイズも、お母様の教え子のひとりだったとか？

ライス　母は、ウィリー・メイズが高校生のときに教えたそうです。私は彼に一度、尋ねたことがあります。『私の母、覚えていますか？　9年生のときに（＊2）英語を教えたはずよ』。すると彼はこう答えました。『ああ、先生は僕にこう言ったよ。［あなた、野球選手になるのに他の生徒よりも少し早くここを離れるのなら、先に勉強を進めておかないとだめよ］ってね』。私の母の言葉とは思えませんが、でも素晴らしい話なので、ずっと心にとどめておきたいと思っています。

ルーベンシュタイン　お父様は共和党員でした。

＊2　アメリカでは9年生が高校1年生に相当する。

ライス　ええ、共和党員でした。それは父と母が結婚する以前の話で、ふたりで有権者登録をしに行ったそうです。すると、担当者は父――体の大きなフットボールプレーヤーでした――を見て、『このビンに豆は何個入っていますか？』と尋ねました。もちろん父は訳が分からず答えられません。そこでその男はこう言ったそうです。『残念ながらテストは不合格です』

　釈然としない父は教会に戻ると、そこにいた長老のひとり、ハンター氏に尋ねました。すると彼は、『ああ牧師、それは気にすることはありません。もう一度行ってください。そこに共和党の受付の女性がいるはずです。彼女は共和党を結成しようとしていますから、共和党支持だと言えば、すぐに登録してくれますよ』

　そこで父はもう一度戻り、共和党支持だと言ったそうです。登録完了。**父はそれを二度と忘れることはありませんでした。以来、父は共和党を支持し続けています。**

ピアノ専攻から国際政治の世界へ

ルーベンシュタイン　あなたはデンバー大学に行きました。マデレーン・オルブライトの父で、非常に有名な国際政治学者があなたの教授でした。

ライス　私を国際政治の世界に導いたのが教授でした。実際にはピアノ専攻でデンバー大学に入学したのですが、卒業時には政治学専攻になるだけの十分な単位がありました。成績証明書を見てもらえれば分かりますが、音楽は１００単位、政治学は45単位を取得しています。

ルーベンシュタイン　その後、修士号を取得するためにノートルダムへ行き、そのあとでスタンフォードへ行ったのですね？

ライス　スタンフォードは特別研究員として1年間在籍しました。軍備管理軍縮プログラムがテーマで、核兵器の物理学と、ロシアのミサイル、SS－18にはいくつ（核）弾頭が載せられるかなど、ロシアの最先端の軍備について学びました。

その経験から、とても大切な教訓を得ることができました。スタンフォードは、教授陣の多様化を目指し、積極的に推進しようと、非常に賢明な方法をとっていたのです。**私は今日に至ってもなお、そうした積極的な――すなわち正規のルート以外からでも人材を見つけようとする姿勢は大変重要だと信じています。**彼らは自分たちのグループに、ソビエト連邦の専門家である若い黒人女性を加え、仕事を与えてくれたのです。でも彼らは私にはっきりと言いました。『3年後に今回の任期が終わったら、すべては白紙に戻る。自動的に更新されるわけじゃない。だから君はそのときにもう一度、続けるかどうか考えれば良いんだ』と。

私はそれに対して、こう返事をしたのを覚えています。『それはつまり、私があなたがたを好きになれるかどうか、そしてまた、あなたがたが私を好きになるかどうか、お互いに判断するための時間が与えられたということですね』。いくら見込みがあるといっても、スタンフォードの学長が、助教授に直接何か話を聞いたりすることはないでしょうから。

ルーベンシュタイン　あなたは、ジョージ・ハーバート・ウォーカー・ブッシュのホワイトハウススタッフとして採用されます。

ライス　私はソビエト連邦専門家としてホワイトハウスの一員になり、幸運なことに、冷戦が終結するまでその職務を続けることができました。

ルーベンシュタイン　ベルリンの壁が崩壊したとき、大統領は、『みんなで喜んで、自分たちの手柄にしようじゃないか』と言いませんでしたか？

ライス　ベルリンの壁が崩れ落ちると、スタッフの誰もが大統領執務室に集まりました。『大統領閣下、ベルリンに行くべきです。ケネディを目指しましょう。トルーマンを目指しましょう。レーガンを目指しましょう』。大統領は興奮する私たちを見ながら言いました。『私はそこでどうすればいいんだ？壁の上で踊るのか？　これはアメリカじゃない、ドイツにとっての重要な節目なんだ』

その場でただひとり、ジョージ・H・W・ブッシュだけが控えめで、謙虚で、落ち着いて、状況を見つめていたのです。それこそが正しい姿勢でした。彼はまさに正しかった。私はそれを忘れることはないでしょう。

ルーベンシュタイン　最近、バーバラ・ブッシュ夫人の葬儀で彼に会われていましたが、話をする機会はありましたか？

ライス　ええ、私がどれだけ大統領を愛し、そしてブッシュ夫人を愛していたか、お伝えすることができました。あの方たちの世代がいなくなってしまうと、寂しくなります。彼らは人としての品格、優しさや謙虚さというものを理解した人たちでした。明らかに間違いは犯しましたが、彼らやジョージ・H・W・ブッシュが国家の発展のために行ったことを考えると、それはまさに私たちの国にとって、素晴らしい時代だったと思わずにはいられません。

ルーベンシュタイン　ビル・クリントンが現れ、1992年の大統領選であなたの上司を破りましたね。その結果にショックを受けましたか？

ライス　ショックでした。そのとき私はスタンフォードに戻り、学務担当副学長になっていましたが、とにかく驚きましたね。ですがブッシュ大統領は、やるべきことをやり遂げたのです。彼が東西冷戦の終わりに際し、ミハイル・ゴルバチョフを尊重し、ソビエト連邦に屈辱を与えず、どのようにして外交を行ったのか、すべてをつまびらかに説明することはないでしょう。決して驕り高ぶらないのです。

ソビエト連邦を解体させ、ボリス・エリツィンのロシア連邦の大統領当選にもつながった新連邦条約の文書にサインする前（訳注：新連邦条約はソ連の独裁を弱める内容であったが、ソ連を堅持しようとする守旧派によって破棄される。しかし、皮肉にもそのことで、各国の独立が早まり、ソ連の崩壊が進み、ゴルバチョフ自身も大統領を辞任することになった）に、ゴルバチョフはジョージ・H・W・ブッシュに電話をし、こう言っています。『我々は良いこと（訳注：ゴルバチョフとブッシュがマルタ島で会談し、冷戦を集結させたこと）をしたんです、そうですよね？　やがて歴史がそれを証明してくれるでしょう』。私は大統領に、『おふたりがなされたことが、どれだけ並外れた素晴らしいものであったか、気づいていらっしゃいますか？』と申し上げました。

『そんなふうに考えたことはなかったよ』――彼はやはり、ジョージ・H・W・ブッシュでした。私は重ねて申し上げました。『ソビエト連邦の大統領が、ソビエト連邦が解体する場面で最後にとった行動、それがアメリカ大統領に電話をし、彼の同意を確認することだったというわけですね？』。それはまさしく大変な出来事でした。でもそれが大統領のやり方だったのです。

イラク侵攻は間違いだったのか

ルーベンシュタイン ブッシュ一族のうち、もうひとり別の人間が、大統領選に出馬することになります。――ジョージ・W・ブッシュです。そこであなたは、女性初の国家安全保障問題担当補佐官に就任します。そして9・11が起こります。9・11のとき、あなたはどちらにいらっしゃいましたか？

ライス 9・11のときは、自分のデスクに向かっていました。記憶にありますでしょうか、ブッシュ大統領はこのときフロリダで、教育イベントに参加されていらっしゃいました。9・11以前は私たちは別々に行動していたので、私は大統領に同行していませんでした。

アシスタントがやって来て、旅客機が世界貿易センタービルに衝突したと言うのです。私たちは、最初は事故だと思いました。すぐに大統領に電話をしました。すると数分後、今度は2機目が世界貿易センターに衝突したのです。この時点で私たちは、テロ攻撃だと気づきました。

その後は大統領の代わりに、目の前のことを処理していくのが精一杯。そんな毎日がその日から数か月も続きました。**何しろアメリカは1812年の米英戦争以来、自国の領土を攻撃されたことがなかったので、自国内の安全を守り、維持するための体制や制度がなかったのです。**コンパスなしで空を飛んでいるようなものでした

ルーベンシュタイン その後、ブッシュ大統領はサダム・フセインを倒すために、イラク侵攻を決断します。あとから考えれば、それは間違いだったのでしょうか？ たとえ大量破壊兵器がないと分か

っていても、それでも向かっていったと思われますか？

ライス　今日知っていることは明日の行動に影響を与えますが、昨日の行動に影響を与えることはできません。**私たちは、彼が大量破壊兵器を保有し、改良を加え、しかもそれを迅速に行っていると単純に信じていました。**それは私たちだけでなく、世界中の諜報機関も同じように信じていたのです。

私たちは国際社会からイラクを侵攻するよう迫られ続け、ようやくそうすべきだと決意したというのが事実ですが、結局、私たちがとった行動は、深刻な結果を招いてしまいました。振り返ってみたところで、もし知っていたならどんな行動をとったかと訊かれても、私には分かりません。

私が言えるのは、サダム・フセインを除いたことで、世界はより良い方向へ向かったということです。言ってみれば彼はその地域の癌でした。イラクは確かに困難な時期をくぐり抜けなければなりませんでしたが、私は他の人と違い、私たちがイラクの再建にどう関わったかという視点を持ちたいと思います。

戦後、私たちは多くの間違いを犯しました。ですが私は、こう言いたい――私は今日、シリア人になるなら、むしろイラク人になりたいと。イラクは今、責任ある政府を持っているので、新たな中東に安定をもたらす存在になれるチャンスがあるのです。イラクのクルド人とバグダッドは互いにうまくやっていく方法を見つけ出そうとしています。イラクは変わったのです。

いわゆるアラブの春が起こりそうな気配さえあったので、シリアはイラクに比べれば、まるで子どもの遊びのように見えたのだと思います。私たちにいったい何ができたというのでしょう。失われた命を取り戻すことはできませんし、その悲しみを忘れ去ることもできません。しかし歴史という長い目をもってすれば、イラクは今後、立ち直ると思います。

２０１１年に完全撤退していなければ良かった。部隊をいくつか残し、イラクが長い戦いから復興する経緯を側面から援助できていれば――私はそんなふうに考えたこともありました。

アフリカ系アメリカ人女性初の国務長官として

ルーベンシュタイン その後ブッシュ大統領は再選を果たします。あなたはアフリカ系アメリカ人女性として初めて、国務長官の職に就かれますが、国を代表するというのはどんな気持ちがするものでしょうか?

ライス 仕事は気に入っていましたね。国家を代表して外国を訪問するのが好きでした。『アメリカ合衆国』と大きく書かれた飛行機のタラップを降りるたびに、責任とやりがいを感じて鳥肌がたったものです。**実際に誓いを立てる場面では、かつて私の祖先をひとり5分の3人としてしか認めなかった憲法に対して、就任宣誓を行います。**その場所はまた、かつて同じウォーターゲートに住んでいたユダヤ人女性、ルース・ベイダー・ギンズバーグが行ったのと同じ、ベン・フランクリンの肖像画の前でした。

そして私は彼の姿を前に、『あなたがこの様子を目にしたら、何と思うかしら』と考えました。それはある意味、私たちの祖国がはるかな旅路を歩んできたことを示しているからです。**私はそこに来るたびに、民主主義がいかに困難な道をたどるものか、そして、制度がより包括的になるためには、どれほどの時間が必要か、今まさにその課題に直面している人たちに向かって話すことができるだろうと感じていました。**なぜなら私自身が、個人的に経験してきたことだったからです。

ルーベンシュタイン 政府を離れてから、4冊の本を出版されました。新しく上梓されるのは、ビジネスマンがビジネス上の意思決定を行う場合に考慮しなければならない政治的リスクについて書かれたものです。なぜ政治的リスクがビジネスに必要なのでしょう？

ライス　人々は、たいてい政治的リスクと聞くと、あなたの財産を没収したり、あなたが携わる産業を国有化したりする、社会主義における独裁者を思い浮かべます。ところが現在では、政治的リスクを生み出すその原因は多岐にわたり、ときには驚かされることさえあります。

今や航空機に搭乗する人は、客室乗務員が他の乗客を粗末に扱えば、持っているスマートフォンでそれを録音します――ユナイテッド航空は乗務員に対して同様の警告を行っています。これは政治的リスクです。中国の内陸部にサプライチェーンを持っている企業にとっては、中国との貿易戦争は憂慮すべき問題です。これも政治的リスクです。

私たちはこう言いたいのです。『政治的リスクの原因はたくさんあります。周りを見回してみてください。あなたのいる業界を見て、こう考えましょう。［我々にとっての政治的リスクとは何か？　それに対して、我々のリスク選好度、つまり我々が受け入れられるリスクの大きさはどれくらいか？］と』。私たちは、『リスキーだからやめましょう』とは言いたくないのです。

ルーベンシュタイン　つまり、企業が重要な決断を下そうとする場合、政治的リスクを考慮に入れるべきだというわけですね？

ライス　ええ、その通りです。それらのリスクがいかに増大し、変化しているのか、常にその実態を調査し、把握しておかなければなりません。

当たり前の権利を持っていない人がいる世界で

ルーベンシュタイン　あなたの並外れたキャリアを振り返ったとき、人々に、あなたが成し遂げた主な成果は何だと考えてもらいたいですか？

ライス　政府に関する実績という面では、アメリカの代表としてうまくやってくれたと思っていただけたら嬉しいです。自分たちの価値観を上手に代弁してくれたと感じていただければありがたいですね。特に、声なき声を代表して伝えられたことを願っています。

私たちがほぼ当たり前と思い始めているまさにその権利のために自らの命を賭け、刑務所の独房で苦しんでいる人たちがいます――あなたは今、自分の考えを口にでき、望むものを崇拝できます。夜に秘密警察がやって来てドアをノックされることもありません。そういうことがあってはならないのです。そして私たちはこの地球上に、そのような専制政治のかけらも存在してはならないと信じています。

学術的な面では、私の仕事はまったく新しい世代の子どもたち、多くの世代の子どもたちが自分自身を見つけると同時に、何を考えるのかは教えられるものではないと気づく手助けをすること、そして彼らが正確かつ体系的な方法で物事を考えられているかどうかを確認することです。おそらく私が訓練した数人のリーダーが、それぞれの立場でそうした力を発揮してくれるでしょう。多くの人にそう理解していただけるよう願っています。

ルーベンシュタイン　あなたは世界中の素晴らしいリーダーと会ってこられました。優れたリーダーにあり、そうではない人たちが備えていない資質とは何でしょう?

ライス　**偉大なリーダーの核を成すものが誠実さです。**人々の信頼を失えば、何も残りません。偉大なリーダーには先見の明があります。**つまり彼らは、世界を今の姿ではなく、あるべき姿として見ているのです。**私はネルソン・マンデラのことを考えます。彼は何年にもわたり独房に座り続けました、そのあいだ彼の頭のなかにあったのは、『我々がついに権力を握ったときには、黒人が白人を支配するのだ』という考えではありませんでした。そうではなく、他民族、多文化の南アフリカについてであり、そこに住むすべての南アフリカ人のことを思っていたのです。

優れたリーダーは、自分たちには何がやり遂げられるのか、謙虚な気持ちを持って考えています。そしてそれこそが最も重要なことなのです。

ルーベンシュタイン　謙虚さですね。

ライス　傲慢に対するものとしての。**傲慢と自信過剰は、厄災をもたらします。**私の両親は、尊敬に値する人たちでした。私は常々ふたりから、個人的に3つのことをしなさいと教えられました。ひとつ目は、指導者として人をリードしようと思うなら、そして成功しようと思うなら、人よりも2倍良くなろうと努めなさいというものでした。言葉を換えれば、人よりも2倍良くなるだけ十分な努力を積み重ねたという自信が持てるまで頑張りなさいということです。

ふたつ目は——忘れないでください、私は人種差別の厳しいアラバマ州バーミングハムで育ったので、両親は私に何らかの方法で武装させようとしたのです——**自分自身を犠牲者と思ってはならないというものです。**というのも、そう思った途端、自分の人生の主導権を誰かに委ねてしまうことになるからです。**あなたを取り巻く環境はコントロールできないかもしれませんが、その環境に対する自身の反応はコントロールできるのです。**

3つ目は、特に少数民族の子どもや女性、あるいはその他の人々、すなわち社会的に軽んじられた存在である人たちによく話すのですが、それは私の父がかつて私に語ってくれた話でした。『もし誰かが、あなたが黒人だからという理由でその隣に座りたくないと思っても、ちゃんと他にも座る場所はある。気にすることはないんだ』と。言い換えれば、他人の偏見を自分に引き当ててはいけません。それは彼らの問題であって、あなたの問題ではないのです。**偏見を持っている人たちのせいで、あなたらしさが損なわれてはなりません。**

ジェイムズ・A・ベイカー

元国務長官
元財務長官
元アメリカ合衆国大統領首席補佐官

James A. Baker III

「常に、『事前の準備を怠らなければ、結果は自ずとついてくる』という信念に従ってやってきたんだ。そこに大きな違いがあったんだと思う。もし何かを始めたなら最後までやり遂げる、あるいは、やり遂げるためにできることはすべてやる——そういう姿勢を叩き込まれてきたからね。」

国務長官、財務長官、そして大統領首席補佐官と、重要な職務を歴任。特に2度（ロナルド・レーガン政権とH.W. ブッシュ政権）にわたり首席補佐官を務めたのは、ベイカーだけである。レーガン政権下では財務長官として、税法の簡素化を目的とした改革法の導入に重要な役割を果たした。また国務長官在任中に、ドイツ統一のための外交基盤を築き、一方ではサダム・フセインの軍隊をクウェートから撤退させるための国際包囲網を構築した。政府を去ったあとは、ライス大学にジェイムズ・A・ベイカー３世公共政策研究所を設立。西サハラをめぐる紛争の政治的解決を目指そうと、国連の個人大使を務めた。さらには、イラクの公的債務の削減と再編を目指すためのアメリカ大統領特使も務めている。現在は法律事務所、ベイカー・ボッツのシニアパートナー。妻はスーザン・ギャレット・ベイカーで、ふたりの間には8人の子どもと19人の孫がいる。

「事前の準備を怠らなければ結果はついてくる」

過去半世紀にわたりアメリカでは、相当数の人間が政府内の最高位の職務で大きな実績と成功を収めてきた。しかしそうした政府のスタッフは選挙で選出されるわけではない。**多くの異なる職務で、しかも党を問わず賞賛され、それぞれ大きな実績と成功を収めた人物は、ジェイムズ・A・ベイカー3世をおいて他にはいない。**

ジェイムズ・ベイカーは、12年の間に何度か大統領選挙を勝利に導くが、この間、ロナルド・レーガン大統領の1期目の政権では主席補佐官（このときの彼の業績は世界的な規範になった）、2期目の政権では財務長官（およそ四半世紀ぶりに、国内では初となる大規模な税制改革の実施を支援した）、そしてジョージ・H・W・ブッシュ政権では国務長官（サダム・フセインのクウェート侵攻を収束させる多国籍軍の創設を支援した）を務めた。

家族からは政治や政府から離れなさいと促され、自分は生涯の民主党員であり、そして彼の未来の上司となるロナルド・レーガンの対抗馬の選挙参謀として二度も戦いを挑んだ男にとって、そうした結果をどう感じていたのだろう？

ジェイムズ・ベイカーはインタビューのなかで、ヒューストンの顧問弁護士から、本来ならばあり得ない、予想もしなかったような国際外交の頂点ともいうべき立場にまで出世を遂げる、その経緯をつぶさに語ってくれた。インタビューはライス大学ベイカー研究所で、２０１８年の5月に行われた。この研究所はホワイトハウスでの仕事を退任してから、公共政策に関する教育と対話の促進のため、ベイカー本人より寄贈されたものである。

私は、いつでもジェイムズ・ベイカー長官にインタビューできる特権を持っていた。というのも、ベイカーは政府の役職を退いてから12年間、我がカーライル・グループの上級カウンセラーを務めていたからだ。その間、私は彼と一緒にあちこちを訪れ、彼が世界のあらゆる場所で大きな尊敬を受けている様子を直接この目で見ることができた。

世間一般に偉大だとか有名だとか言われる人と一緒に時間を過ごすようになると、彼らの欠点も間近に見えるようになるため、尊敬の念も多少薄れると言われるが、これは彼には当てはまらなかった。私はしばしばベイカー長官の伝説的な仕事ぶりを、遠くから敬服しつつ眺めたものだ。**彼はいつもきちんとしていて、自分の周りに才能あるアドバイザーを置き、真似のできないような忍耐とスキルをもって交渉に臨んでいた。**それだけでなく、主要な目的を達しても、究極の信用が、自分が働いている人のために公を通じて与えられなければならないことも忘れてはいなかった。

私はジェイムズ・ベイカーを知れば知るほど、もともと高かった彼に対する賞賛と尊敬の念が、さらに増していくのが分かった。それはひとつには、友人あるいは同僚としての彼の人間的資質であり、もうひとつは、知性、集中力、知識、視点、魅力、そして鍛えられたユーモアのセンスなど、どんな仕事であっても彼が一様にもたらすスキルレベルの高さのためだった。

インタビューのなかで、彼は自分自身が多くの分野で成功し、リーダーシップを示すことができたのも、青年期に父親から徹底的に叩き込まれた、『事前の準備を怠らなければ、結果は自ずとついてくる』という信念のためだと語っている。

ジェイムズ・ベイカーは常に準備を怠らない。その準備を前述したようなスキルと組み合わせることで、彼は他の政治的リーダーたちがなし得なかった結果を達成することができたのである。

「優秀な弁護士は政治に関与しない」と言われていたが

デイヴィッド・ルーベンシュタイン（以下「ルーベンシュタイン」）　世界を視野に収めながら外交政策を立案し、取り組んだことすべてが新聞の第1面を飾った日々が懐かしくはありませんか？　それとも今、ご自分がしていることに満足されていらっしゃいますか？

ジェイムズ・ベイカー（以下「ベイカー」）　92年に再選されなかったのが残念だった。我々はたくさんの実績を残していたし、もう少しやり遂げなきゃならんこともあったからね。だがそうは言っても、政治を離れたあとの人生はそりゃ良いもんだ。ボスは自分だから、スケジュールは思いのまま。好きなことができる。良いことばかりだ。

ルーベンシュタイン　あなたのキャリアと、どのようにしてその地位に就いたのか、お話を伺いたいと思います。さて、あなたはヒューストンのご出身で、ご家族はもう長い間こちらにいらっしゃいます。

ベイカー　1872年からだね。

ルーベンシュタイン　実に正確ですね。それでは成長するにつれ、国務長官、財務長官、あるいはホワイトハウスの首席補佐官になりたいとお思いでしたか？

ベイカー　**いいや、私が育ったのは、まったく政治には関わりのない家庭だった。みんな、政治は汚いビジネスだと考えていたんだ。**本当に優秀な弁護士は政治に関与しない。私には祖父がいてね、ファミリー企業のベイカー・ボッツという法律事務所にいたんだが、そこで働く若い弁護士に『一所懸命に働き、勉強し、政治には近づかない』という信念を植えつけていたよ。だから近著にそのタイトルを付けたんだ。私は政治には無関心だった。

ルーベンシュタイン　あなたはアスリートとして脚光を浴びていましたか？　学生のリーダー的存在でしたか？　何に一番関心を持っていらっしゃいましたか？

ベイカー　まぁ、ごく普通のアスリートだったし、学生のリーダーでもなかった。実を言えばプリンストンじゃ、1年生のときに危うく落第するところだったんだ。高校はペンシルベニアにあるヒルスクールという、大学進学を目的とした全寮制のプレップ校で、それは厳しかった。ガールフレンドも作れないんだ。もちろん女の子を呼ぶことなんてできやしない。ところがプリンストンに入ったとたん、まったくの自由だ。ニューヨークだって行ける。そりゃ勉強なんてしないよ。

ファミリー企業に入ることができなかった理由

ルーベンシュタイン　法科大学院に行く前に、海兵隊に入られました。

ベイカー　それは私にとって、大人になるための良い経験だった。海兵隊が好きだったし、それは今でも変わらない。あなたも知っているように、『元』海兵隊員ってのは存在しないんだ。海兵隊員であると思えば、『いつでも』海兵隊員なんだ。

ルーベンシュタイン　父は海兵隊にいましたから、おっしゃることは分かります。兵役を終えられてから、テキサス大学オースティン校に入学されます。優秀な成績でした。あなたはファミリー企業のベイカー・ボッツに入社する予定でしたが、そうなりませんでした。何があったのでしょう？

ベイカー　会社には縁故採用を制限するルールがあったんだが、私は諦めなかった。ある日、父が帰宅するとこう言ったよ。『息子よ、会社では明日、縁故主義については廃止の方向で真剣に検討することになった。お前は成績も良いし、法学雑誌にも寄稿しているし、まぁ理由はいろいろある。それにお前がそこで修行したら、続けて4人目のジェイムズ・A・ベイカーになるからな』

次の日の晩、父が帰宅すると、今度はこう言った。『とりあえず、縁故主義のルールは廃止しないと決まったよ』。私はがっかりだった。

だが振り返ってみれば、私にとってはそれが一番良かったのかもしれないな。もし私が成功していても、それは父がいたからだったただろうし、失敗していたなら、みんな『やっぱり思った通りだ。あいつは父親がいるから、会社にいるだけなのさ』って言っただろうしね。だから彼らが私に来てほしくなかったというのは、私にとって良いことだったんだ。

ルーベンシュタイン　お父様は厳しい方で、あなたに難しい仕事をたくさん与えました。あなたはそこで、準備することの大切さを教えられました。

ベイカー　**父は口を酸っぱくして、『息子よ、事前の準備を怠らなければ、結果は自ずとついてくる』**

と教えてくれた。それが父の信念だったし、私の人生の拠り所でもあったんだ。私たちは今、ベイカー研究所にいるわけだから、父の言葉をここで少々変更しておきたいと思う。『事前の準備を怠らなければ、最悪の結果だけは免れられる』とね。

ルーベンシュタイン あなたのお父様の言葉とは違いますが、一族の信念の修正版だと考えてよろしいのでしょうか?

ベイカー その通り。修正版だ。

支持政党を変え、政治の世界へ

ルーベンシュタイン そしてあなたは弁護士を始め、自分のなすべきことに取り組んでおられました。そんなとき、ある人とテニスをします。ジョージ・ハーバート・ウォーカー・ブッシュですね。そして突然、あなたは彼に、選挙活動を手伝ってくれないかと頼まれます。ちょうど奥様を乳癌で亡くされたあとでしたね?

ベイカー その通り。妻は38歳のとき、乳癌で亡くなった。亡くなる前に家族以外で彼女に会ったのは、バーバラとジョージだった。だからそのときも、私たちは一緒にいたんだ。ジョージがそばに来て言ったよ。『ベイク、君はその悲しみを一時忘れて、僕の上院選の戦いを手伝うべきだ』ってね。

私は彼を見て、こう答えた。『そいつは良い考えだが、問題がふたつある。まずひとつは、政治についてはずぶの素人なんだ。もうひとつは、民主党員だってことさ』。『なるほど』、そう彼は言うと、こう続けたんだ。『後の方の問題なら何とか片はつく』。そして手はずは整った。
共和党員でいっぱいの会場では、私には信仰があると語り、支持政党が異なる人たちが混在している場合には、支持政党を変更した話をしたよ。

ルーベンシュタイン　あなたは支持政党を切り替え、1970年の上院議員選挙でブッシュ氏を助けたわけですね。

ベイカー　当時私は、少しばかり政治熱にとりつかれていたようだ。それほどひどくはなかったがね。テキサス州共和党の財政委員長を頼まれて引き受けていたよ。

ルーベンシュタイン　その後、ジェラルド・フォードが大統領だったとき、ワシントンに来ないかと声がかかり、商務次官への就任を打診されました。1976年にロナルド・レーガンと争った大統領選では、すでにフォード大統領のために代議員を確定する役割、いわゆる代議員ハンターを担当されていましたが、どうやってそれほど早く重要な立場に立つことができたのでしょう？

ベイカー　第一に、商務次官はたいてい法人顧問弁護士タイプの人物が着任するんだ。私の仕事がまさにそれだったし、ジョージ・ブッシュが私を強く後押ししてくれたからね。
ところが商務省で6か月ほどたったころ、二度目の悲劇に見舞われた。この悲劇はその後の私の人生を変えたと言っていいだろう。ロナルド・レーガンを破って共和党指名候補の地位を勝ち取ろうと、ジェラルド・フォードのために代議員を集めるべく奔走していた代議員ハンターが交通事故で亡くなったんだ。フォード陣営は新たな担当者を必要としており、私にしてもゼロからのスタートだった。

でも何とか覚えていったよ。

ルーベンシュタイン　みなさん、記憶にあるでしょうか、1976年時点ではジェラルド・フォードは大統領でしたが、選挙で当選したわけではありません。そこでこのとき、彼は大統領選に臨もうとしていたのです。最大の競争相手はロナルド・レーガンでした。それは実に、実に厳しい戦いになったのです。あなたに課せられた任務は、フォード大統領のために代議員を集めることでした。結果はどうだったのでしょう?

ベイカー　**それはこの国の二大政党のいずれにとっても、近年、例を見ないほどの厳しい全国大会だった。**勝敗は最後の投票が終わるまで分からなかったな。とにかく接戦だった。我々は、いまだ態度を保留していたわずかな人数の代議員グループまで追いかけていたよ。レーガンは強かった。現職の大統領をノックアウト寸前まで追い詰めたんだ。でも我々は勝つことができた。勝つために、言ってみれば、ホワイトハウスにあるものは全部使ったよ。

私はよくこう言うんだ。『州の夕食会に出席した回数なら、世界中の誰にも負けないよ』ってね。フォード大統領の代議員ハンターとして、まだ決めかねていた代議員がいれば、そのたびに州の夕食会に連れて行ったからね。その後、私は国務長官になると、すべての州の夕食会に参加しなければならなくなった。もちろん参加したよ。

ルーベンシュタイン　本選挙の相手はジミー・カーターで、彼はすでに活動を始めていました。フォードが加わり、ディベートが行われます。しかし最終的に、フォードはカーターに僅差で敗れます。

ベイカー　そいつは君がホワイトハウスで、カーターにアドバイスしていたからだろう。

ルーベンシュタイン　さぁ、それはもっと後で、彼が負けたときですね。まぁいいでしょう。さて、あなたは大統領選のための選挙活動を管理運営し、結果として敗れます。テキサスに戻ろうと決意なされましたか？

ベイカー　ああ、いつも言っているからね。選挙に負ければ、そのたびにここに戻ってくるよってね。たいていの人間はワシントンに残るが、私はそうしない。

政治の場で、自分の腕を試すときがきた

ルーベンシュタイン　そしてテキサスの司法長官に立候補すると決めます。

ベイカー　あれだけ僅差の選挙戦だったから、依然として、政治熱にとりつかれていたんだろうな。とても興奮したよ。ところで、我々が大統領選で負けたのは、8100万票のうちのわずか1万票の差だった。アイオワとハワイで1万票逆転できていたら、フォードが大統領だったんだ。カーターは大統領になっていなかったのさ。

そう、確かに政治に夢中になってはいたが、18年間法律に携わってきた私は、こちらの方が本来の仕事だった。**私は自分にこう言ったよ。『この政治という名のゲームの場で、自分の腕を試してみるべきだろう』とね。**

ルーベンシュタイン 選挙活動をしているときに、誰かがやって来て、『ジェイムズ・ベイカーによく似ているね』と声をかけられました。

ベイカー 私はフォード陣営の全国委員長として、メディア対応にずいぶん時間を取られたし、テレビ画面にもずいぶん登場したはずだからね。でも多くの人が私の顔は覚えていても、名前までは思い出せなかった。ところがこの男性だけは、すぐに名前を口にした。彼はこう言ったんだ。『ジェイムズ・ベイカーに似ているって、誰かに言われたことはない?』。だから私はこう答えた。『けっこう言われるな』ってね。内心、『こいつはいけるぞ』って思ったよ。ところがその男はこう言ったんだ。『そう言われて腹は立たないか?』。このとき私には分かったのさ、デイヴィッド、この選挙で勝てる見込みはないぞってね。

ルーベンシュタイン 1978年、友人のジョージ・ブッシュが電話をかけてきてこう言います。『やぁ、用件は何だと思う? 実は大統領選に出るつもりなんだ。ついては君に、選挙キャンペーンの手助けをしてほしいんだよ』

ベイカー その通りだ。親友だったからね、手伝ったよ。

ルーベンシュタイン 結局、彼は指名されませんでした。

ベイカー だめだった。レーガンが指名されたんだ。

ルーベンシュタイン　あなたは、ジョージ・ブッシュが副大統領候補に選ばれるとは、思っていなかったでしょうね。

ベイカー　私はブッシュ本人とその妻のバーバラ、それに数人のキャンペーンスタッフと一緒にスイートルームにいたんだ。するとジャーナリストのウォルター・クロンカイトが現れて、こう言った。『フォードは真剣に、レーガンの手にしたチケットに相乗りしようと考えているようだ』とね。その途端、すべては終わったと思ったよ。

ルーベンシュタイン　でもウォルター・クロンカイトが続けて、『フォードがレーガンの副大統領になると、まるで共同大統領制のように見えますね』と言うと、腹を立てたレーガンは、『それはうまくいかないでしょうね』と言葉を返します。そして最後に口にしたのが、ジョージ・ブッシュの名前でした。

ベイカー　まったくその通り。電話に出ると、相手はレーガン陣営のドリュー・ルイスだった。『レーガン知事がブッシュ代表とお話ししたいそうです』と言うので、電話を彼に渡したよ。『お電話代わりました。ええ、お元気でいらっしゃいますか？　はい』――どうやらレーガンが尋ねたかったのは、妊娠中絶に対する自分の立場を支援してくれるかどうかだったようだ。そしてブッシュ代表は、それにこう答えていた。『ええ、もちろんです』

ルーベンシュタイン　あなたご自身はロナルド・レーガンから、討論を手伝う任務を与えられました。

ベイカー　討論をうまく切り抜けるための手助けと、その準備を手伝うことだった。

ルーベンシュタイン　レーガンに討論の準備をさせるのは骨が折れましたか？　レーガンは討論が苦手だと誰もが信じていましたからね。

ベイカー　彼のそばにいる人たちは、なるべく討論を避けてほしいと思っていたようだった。だが私は彼に討論してほしかったし、世論調査員たちもそれを望んでいた。夫人のナンシーも同様だったと思う。私はいつも感心していたが、テレビカメラの前に立つと、とにかく彼は素晴らしいんだ。カメラの赤いランプが点灯する――完璧だ。

選挙戦の対立候補の首席補佐官に

ルーベンシュタイン　かくしてレーガンは大統領選に勝利します。あなたは新政権のなかで、どんな役割を――あるとすれば――期待していましたか？

ベイカー　そんなふうには考えていなかった。分からないね。でも私の名前が、ホワイトハウス首席補佐官の有力候補として挙がっていると聞いたよ。そこで私は言ったんだ。『それは不可能ですね。自分の対立候補を選挙戦で、しかも二度も支援した人物を、ホワイトハウスの首席補佐官にすべきではありません』。そうだろう？　アメリカの政治の世界じゃ、そんなことは二度と起こらない。とにかく今どきのやり方じゃないよ。

ルーベンシュタイン　ですが現実として、ロナルド・レーガンはあなたに職務を与えました。そしてあなたはホワイトハウス主席補佐官になったのです。後でいろいろお話しになるくらい、その仕事は楽しかったですか？

ベイカー　政府のなかでも最悪の仕事だね。みんなにそう言っているよ。その仕事の候補に挙がった人、あるいは任命された人たちに、『最悪の仕事を回されたね。だって君は政治と政策が交わる交差点に立っているんだよ』っていつも言っているんだ。

私の場合はさらにひどいものだったね。後から加わった方だし、カリフォルニアに住んでいたわけでもなかった。

彼らは私を保守派とは認めてくれなかったんだ。レーガン派でもなかった。しかも周りには私を除こうとする人たちがたくさんいた。だがいつも私に味方してくれる人たちもそこにいてくれたんだ。妻やマイク・ディーヴァー、ステュワート・スペンサー、そしてその他にもたくさんの人たちがね。

ルーベンシュタイン　レーガンは人当たりの良い人物でした。あなたはとても働きやすいと感じます。彼はジョークを聞くのが大好きで、あなたは毎日、冗談を口にしなければなりませんでした。

ベイカー　そう、ジョークが本当に好きだったんだ。

ルーベンシュタイン　1日の始まりは、いつも大統領のジョークからでした。

ベイカー　彼のジョークは天下一品だったよ。例を挙げろと言われても、ちょっと真似できないけどね。

党派を超えて、税制改革法を乗り切った

ルーベンシュタイン　あなたは財務長官になりました。そのとき、およそ50年間、私たちが馴染んできた税法に対する重要な改正が行われました。

ベイカー　増税額と減税額が同額で、税収が変化しないことが大切だった。改正で赤字にならないようにね。

ルーベンシュタイン　1986年の税制改革法でした。どうやってそれを乗り越えましたか？　当時の議会は民主党が優勢でした。

ベイカー　レーガン大統領は、党派を超えて一緒に政策を進めていくのがとても上手だった。我々は改革を実現するため、議会の民主党リーダーと協力したよ。簡単ではなかったけどね。

ルーベンシュタイン　あなたはそれを成し遂げました。そんなときに、友人のジョージ・ハーバート・ウォーカー・ブッシュが、大統領選に出たいと言ってきます。レーガンの2期目が終わろうとするときで、ジョージ・ブッシュは副大統領でした。彼はあなたに、選挙キャンペーンを手伝ってくれるよう頼んでくるわけですが、そのために財務長官を退くのは、あなたにとっては不本意でしたか？

ベイカー　彼に頼まれたら、そうするつもりだった。薄汚い政治の中心に戻らねばならないというふ

うには、考えたくはなかったね。

ルーベンシュタイン　キャンペーンに関しては、ブッシュはかなり後れを取っていました。彼はそれに追いつき、そして勝利します。そしてあなたは、『さて、ヒューストンに戻るときがきた』と口にされましたか？

ベイカー　いや、彼は私が国務長官になりたいと思っているのを知っていたからね。

ルーベンシュタイン　彼からすぐに、打診はありましたか？

ベイカー　翌日にね。

戦争と戦った唯一のとき

ルーベンシュタイン　国務長官として、あなたは多くの問題に対処しなければなりませんでした。そのうちのひとつが、サダム・フセインによるクウェート侵攻です。あなたの仕事は各国をまとめ、それに必要な資金を調達することでした。それは大変でしたか？

ベイカー　**それは初めてで、しかも唯一の機会だった。私はいつも、戦争と戦うための教科書のような事例だと話しているよ。**まず自分が何をしようとしているのか、世界に向けて発信する。次に行動を起こすために世界をまとめる。そのうえで自分が言ったことを、それ以上でもそれ以下でもなく、正確に行う。そして部隊を自国に引き上げさせる。最後に他の人にその費用を支払ってもらうというわけだ。
それまでそんなことは誰もやったことはなかったし、今後いつそんなことが起こるのかも分からない。でも、それが戦争と戦う方法なんだ。

ルーベンシュタイン　東西の冷戦は、実際にはジョージ・ブッシュの時代に終わりを告げます。ベルリンの壁の崩壊ですね。あなたはブッシュにベルリンへ行き、冷戦の勝利をみなに改めて認識させるべきだと、なぜ勧めなかったのですか？

ベイカー　そして『壁の上で踊る』わけだね。

ルーベンシュタイン　まさにその通りです。なぜそうしなかったのでしょう？

ベイカー　それはブッシュ大統領の決断であり、正しい姿勢だった。彼はそこに大きな悲しみを感じていたんだよ。そうした結果が迎えられたのも、ソビエト連邦のリーダー、ゴルバチョフとシュワルナゼのふたりと、軍事力を使わずに互いの祖国を維持しようと決めたからであり、そこにはブッシュ大統領の人柄も寄与していたんだ。もちろん私の個人的な見解だがね。もし大統領が相手をあざ笑い、勝ち誇るような態度をとる人物であれば、そうした結末にはなっていなかっただろうな。歴史はきっと、正しい評価を下してくれるさ。

ルーベンシュタイン　あなたがこれほど成功した理由は何だと思っていらっしゃいますか？　弁護士

として鍛えられ、多くの優れた人たちに囲まれて、誰よりも勤勉で、知的で、機知に富んでいたからですか？

ベイカー　運が良かったのさ。

『事前の準備を怠らなければ、結果は自ずとついてくる』という信念

ルーベンシュタイン　おそらくそれ以外にも何かあったはずです。

ベイカー　私には、素晴らしい両親がいて、確たる労働倫理を植え付けてくれた。だから何事もぶっつけ本番でやることはなかった。**常に、『事前の準備を怠らなければ、結果は自ずとついてくる』という信念に従ってやってきたんだ。**そこに大きな違いがあったんだと思う。もし何かを始めたなら最後までやり遂げる、あるいは、やり遂げるためにできることはすべてやる——そういう姿勢を叩き込まれてきたからね。そんなところかな。

それにしても素晴らしい時間を過ごせたよ。私にとって、何より得がたい経験だった。これ以上ないほど有能な仲間やアシスタントにも恵まれた。彼らの仕事ぶりは、それは見事だったね。彼らのおかげで良い仕事ができたんだ。

ルーベンシュタイン　国務長官時代に会った海外の指導者のなかで、印象深い人物をひとりかふたり挙げるとすれば、それは誰でしょう？

ベイカー　素晴らしいリーダーたちと仕事ができた。そうだな、ゴルバチョフ、それからサッチャー（イギリス首相）も頭に浮かんでくる。それに元政治局員のシュワルナゼ――彼はすべてを変革したね。

ルーベンシュタイン　あなたはゴルバチョフと何度も会いました。彼の知性と能力に感銘を受けておられましたね。

ベイカー　そうだった。

ルーベンシュタイン　彼は実際に、世界の未来を変えてしまうほど途方もない仕事を――おそらくはある程度本人も意識せずに――成し遂げたように見えます。

ベイカー　その多くは、意図したものではなかったね。

ルーベンシュタイン　トランプ大統領は、頻繁にアドバイスを求めてきますか？

ベイカー　いや、ない、ない。

ルーベンシュタイン　ご覧になっている人たちのなかには、こんな質問をお持ちの方がいらっしゃるのではないでしょうか――『偉大な元国務長官、財務長官、そして首席補佐官のジェイムズ・ベイカーが、議会や現政権に対してアドバイスするとすれば、それはどんなことでしょう？』。

ベイカー　**私たちは、今日見られる政治的機能不全こそ、我が国が、そして民主主義が直面している最大の脅威のひとつだと、しっかりと理解すべきだろうね。**25年前にレーガンやブッシュやフォードとその場にいたときは、我々は党派を超えて、ともに物事を成し遂げた。それはカーターでも、クリントンでも同様だった。

だがもう、そんな現実はあり得ないだろうね。それはある意味、悲劇的でもある。そこにはたくさんの理由があり、我々はそれを正していかねばならない。

ルーベンシュタイン　あなたはご自身の楽しみとして、釣りと狩猟を続けていらっしゃいます。

ベイカー　そうだね、あとはゴルフも好きだよ。私はまだ仕事場に顔を出すんだ。ベイカー・ボッツのシニアパートナーだからね。定年退職は65歳と決まっているんだが、例外はある。

ルーベンシュタイン　ベイカー一族のために。

ベイカー　君がホワイトハウスの大統領首席補佐官、財務長官、そして国務長官だったら、この問題をどうするね？

ルーベンシュタイン　もちろん、例外はあるべきです。ひとつ言わせていただけるなら、あなたが政府を去ったあと、光栄にも私は15年にわたり、ビジネスはもちろんそれ以外でも、あなたと一緒に働く機会を得てきましたが、それは私の人生の大きな喜びのひとつでした。何しろ本に書かれるような人物を、間近で見ることができたのです。誰もがあなたのリーダーシップを見習い、あなたが我が国のために貢献してくれたような仕事を、今度は私たちがしていけるよう願っています。あなたのこれまでのご尽力に感謝致します。ありがとうございました。

DECISION-MAKERS

決定する

5章

ナンシー・ペロシ
アダム・シルバー
クリスティーヌ・ラガルド
アンソニー・S・ファウチ博士
ルース・ベイダー・ギンズバーグ

ナンシー・ペロシ

アメリカ合衆国代議院議長（下院議長）

Representative Nancy Pelosi

「私たちは他の女性に対するロールモデルでなければなりません。でも恐れる必要はない。怖がらなくても大丈夫。**自分自身の力を知れば良いのです。等身大の自分で良いのです。**舞台に立ち、戦いに臨みましょう。なぜそこに立とうとしたのか、自分が何を守ろうとしているのか、どうやって仕事を成し遂げれば良いのか、それは自分自身が知っています。そしてあなたは、他の人から支持を引き出すことができるのです。」

ナンシー・ペロシは2007年、52人目のアメリカ合衆国下院議長に選出された。女性が下院議長職に就くのは、アメリカ史上初だった。ペロシ議長は33年間、カリフォルニア州の第12地区であるサンフランシスコを代表して議会に出席している。下院民主党員を17年間率いており、以前は下院民主党の院内総務を務めていた。また、リーダーシップを発揮し、歴史的な健康保険改革や、大学支援、クリーンエネルギー、イノベーションへの主要な投資、さらには中小企業や退役軍人を救済するための新たな取り組みなどを通過させることで議会を主導してきた。さらにこの数十年、世界中の公民権と人権を守るために必要とあれば、大きな声で主張を繰り返すことも辞さなかった。ペロシが育ったボルチモアの家では父親も下院議員を務めており、ペロシのそうした資質は、強い家族の伝統から生まれたのだろう。夫はポール・ペロシで、5人の子どもと9人の孫がいる。

女性が公職に立候補することが考えられなかった時代

ナンシー・ペロシは、ボルチモアでも有名な政治家家族で育ったが、兄弟のなかで唯一の女の子だったため、選挙戦で勝ち抜けるような政治的リーダーになるとはまったく期待されていなかった。**1950年代や1960年代は、国家の政治指導者はおろか、女性が公職に立候補することさえ誰ひとり予想もしない時代だったのだ。**

だがペロシの考えは違っていた。5人の子どもたちが完全に手を離れると議会に立候補し、ほぼ20年間議員を務めたあと、女性初のアメリカ合衆国代議院議長に就任したのである。

2010年の中間選挙で下院民主党が過半数を失ったときも彼女は議長であり続け、2018年に過半数を取り戻したとき、再び議長に選出された。アメリカでは彼女ほど長いあいだ、政治家として第一線で活躍している女性は他にはいない。

彼女はどうやって、それほど大きな力を得ているのだろう？　実はペロシは、議会で自分の勢力を伸ばすために、他の議員の選挙資金まで調達できる力が必要だと知っていた。彼女はまた、下院民主党のリーダーになったときから、党内の意見を一定の方向にまとめていく力があり、彼女はそうした能力を駆使し、困難とみられていた医療保険制度改革法案の議会通過を可能にしたのだ。

私はペロシ議長という知己を得てから、もうかなりの年数が経過している。彼女はこれまで、ケネディ・センターが主催する有名な数多くのイベントに出席するだけでなく、私が関わるスミソニアンやアメリカ議会図書館のイベントにも参加をいただいている。私たちはまた互いにボルチモア出身で、ふるさととの伝統に対する愛情という、いわば絆のようなものも共有していた。

彼女はどのようにして、主婦であり5人の子どもの母親という立場から、第2の故郷であるサンフランシスコから選出された下院議員へ、そして代議院議長へと上り詰め、我が国の250年の歴史のなかで最も政治的な力と影響力のある女性になったのだろうか？　私は2019年3月、ワシントン経済クラブで大勢の観覧客を前に、ペロシ議長にこうした質問はもちろん、それ以外にも様々な質問を投げかけてみた。

議長は、政治の世界に身を投じた理由を詳細に語っている。彼女によれば、それは社会問題――たとえば我が国の5人にひとりの子どもが貧困に苦しんでいるという現実――を解決するためであり、同じ理由でいまだ政界にとどまっているのだという。だが議員を続ける別の理由として、他の女性のロールモデルとしての役割を果たすためであるのも間違いない。**彼女は他の女性から注目されていることを知っており、だからこそ問題を解決するため、これが原因だと思えば、そこにできる限り激しい戦いを挑むようにしているのだと明かしてくれた。**

女性も政治の舞台に立ち、いかに仕事を成し遂げるか、その力量を見せられれば、女性もまた優れたリーダーになり得る。ナンシー・ペロシは彼女自身、インタビューのなかで語っているように、その事実を示そうと努力しているのだ。その意味では、2019年にドナルド・J・トランプ大統領を弾劾しようと、下院の歴史的な取り組みを主導したとき、あるいは2020年に新型コロナウイルス感染症のパンデミックに対処するため、下院の前例のない取り組みを主導した（訳注：2020年3月、下院が提出した医療保険に未加入の人も無料で検査を受けられるようにするなどの包括支援策も含めた大型の新型コロナウイルス対策法案を提出したこと）とき、彼女自身間違いなく、そうした大きなリーダーシップが示せたと感じたに違いないのだ。

母親として、祖母としての経験が役立った

デイヴィッド・ルーベンシュタイン（以下「ルーベンシュタイン」）　あなたは以前、5人の子どもの母親であり9人の孫の祖母であるという立場が、ある種の経験を与えてくれるので、政府の仕事をするのに役立ったと語っていますね。党員集会やホワイトハウスに対応する場面では、さらに役立ちましたか？

ナンシー・ペロシ（以下「ペロシ」）　ここにいらっしゃるすべてのお母さんに言いたいのですが、どうかあなたのご経験に金星をあげてください。あなたが直面している――なんと言うのでしょう――人生の機会が何であれ、それは時間、人格、対人関係、補給係、後方支援、その他もろもろ、すべてを管理することなのです。一度にたくさんの仕事をこなす不思議さがそこにはあります。**私はすべてのお父さんとお母さんがなさっている行為を祝福します。それは人を管理することではありません。時間を管理することなのです。**

ルーベンシュタイン　あなたは議長に――初めての女性議長に――選出されました。そして8年後、あなたは下院少数党院内総務として、再び議長職をその手に取り戻します。いずれも喜びはあるでしょうが、初めての女性議長と、議長職に返り咲くのは60年ぶりの出来事だという事実と、両者を比較してどうお感じになりますか？

ペロシ　院内総務や代議院議長に立候補したときに、相手が誰にせよ、一番言ってはいけないのが、

『女性が必要だから、私に投票すべき』という言葉でした。そうではなく、自分こそ最高の仕事ができるのだと証明する必要がありました。

でも私が議長になったとき、我が国のガラスの天井ならぬ大理石の天井を壊してやったというような、圧倒的な感情が押し寄せてきたのを覚えています。私はいつも、デイヴィッド、この国の人たちは、そのうち女性が大統領になるだろうと考えはしても、アメリカ議会の議長職に女性が就くだろうという心構えはまだできていないと感じていたのです。

ブッシュ大統領との初めての会議に院内総務として――まだ議長になる前の話です――臨んだとき、私は党幹部のリーダーという立場でホワイトハウスへ向かいました。不安はなかったですね。下院の歳出委員会の委員や諜報特別委員会の委員として、それまで何度もホワイトハウスに足を運んだことがあったからです。そのふたつは私にとって、それまで頑張って築き上げてきた大切な役目でした。でもそのときは行ったのは良いけれど、私の後ろで扉が閉まると、今まで経験した会議とはまったく違うことに気がつきました。

それまでいかなる女性が参加したいかなる会議とも異なっていました。というのも、大統領、上院の院内総務、下院の院内総務、つまり共和党と民主党が入り交じった、重要な少人数の会議だったのです。私は大統領から一個人として呼ばれたのではなく、党の代表という立場でその場に参加していました。

ところが会議に臨もうとそこに座ったとたん、――ブッシュ大統領は相変わらず穏やかで、参加者にねぎらいの言葉をかけてくれました――突然、私の座った椅子が窮屈に感じられ、頭がぼうっとして、大統領の言葉がほとんど聞き取れなくなっていたのです。気がつくと、スーザン・B・アンソニー（＊1）、エリザベス・キャディ・スタントン（＊2）、ルクレティア・モット（＊3）、ソジャーナ・トゥルース（＊4）、アリス・ポール（＊5）と、とにかくたくさんの、アメリカの歴史上著名な女性指

＊1　スーザン・B・アンソニー（1820〜1906）　アメリカ合衆国の公民権運動の指導者。エリザベス・キャディ・スタントンとともに女性参政権獲得のために活動した。

＊2　エリザベス・キャディ・スタントン（1815〜1902）　アメリカ合衆国の参政権主義者、社会活動家、奴隷制度廃止論者。初期の女性の権利運動の指導的人物。

＊3　ルクレティア・モット（1793〜1880）　アメリカ合衆国のクエーカー教徒、奴隷制度廃止論者、女性の権利活動家。

導者たちが、私と一緒に座っていたのです。彼女たちはみなそこにいて、私と同じ椅子の上にいたのです。そして口々にこう言いました。『女性もようやく、この地位まで来たわね』。そして彼女たちはいなくなりました。私は思わず胸の内で叫んでいました。『もっと増やさなきゃ、もっと増やさなきゃ』って。

大統領が誰であれ、国民の利益のための提案をしてきた

ルーベンシュタイン　あなたは下院の院内総務として、これまで3人の大統領に対応してこられました。ブッシュ大統領、オバマ大統領、そしてトランプ大統領です。相対的に見て、彼らの政治スタイルにはどんな違いがありましたか？

ペロシ　ええと、相対的に見た政治スタイルですね。とにかく、ご質問ありがとうございます。歴史的観点からすれば重要です。まぁ、いずれにせよ第一に、私はアメリカ合衆国大統領行政府を心から尊敬し、そしてアメリカ大統領の選出に投票された人々を尊重致します。

大統領が誰であれ、私は最大限の敬意を持ってお会いしているつもりです。私は民主党か共和党かを問わず、常に大統領に対して、彼の利益にならないことは提案しないようにしています。私は自分の提示する議題に対して、『これをすべきです』と言うでしょうか？　あり得ません。**私は、『これは国民の利益、国家の利益につながります』と申し上げるだけなのです。**

ブッシュ大統領はテキサス州知事、オバマ大統領は州上院議員、そして合衆国上院議員でした。彼らは行政機関で得たある程度の経験と、当時の問題に関する一定レベルの知識をお持ちになり、大統領府に臨まれました。したがって私たちが抱える問題について説明し、話をするのも、先ほどおっし

＊4　ソジャーナ・トゥルース（1797〜1883）　アメリカ合衆国の奴隷解放活動家。奴隷として生まれたが、自らの受けた奴隷制度による虐待と困難を訴え、強い女性にとってのシンボルとなった。

＊5　アリス・ポール（1885〜1977）　アメリカの社会活動家、クエーカー教徒。女性参政権獲得のため、大統領に働きかけた。

ゃった相対的という言葉を借りれば、手短に済みましたね。

私たちはブッシュ大統領と緊密に協力し合いました。私はイラク戦争に対しては全面的に反対でした。それでも私たちは、我が国最大のエネルギー政策法案や、貧しい子どもたちや家族を支援するための税制優遇措置法案を可決させようと、ともに汗を流しました。あらゆる問題に対し、互いに協力を惜しまなかったのです。私たちは良好な関係を築いていました。

もちろんオバマ大統領は民主党の大統領ですから、何ら問題はありません。それでも実際には、同じ党に属していても、アプローチの仕方、物事のとらえ方、対応のタイミングなどの違いはありましたね。

ルーベンシュタイン　あの、トランプ大統領は？

ペロシ　私は毎日、私たちの国のために祈っています。これまでもそうでした。しかし私は痛感するのですが、経験や知識があったり、物事を知っている人たちに囲まれたりすることには、何らかの利点があるのです。公職に立候補したいという言葉を耳にすると、私はいつもこう尋ねます。『この国に対するあなたのビジョンは？　その理由は何？　あなたの主張のどこに私たちが惹かれると思う？　あなたのテーマは、あなたの関心は何？』

気候、経済的活力、あるいは教育など、たとえそれがどのようなテーマであろうと、あなたはその専門分野について何をどれだけ知っているのでしょう？　その分野に関する判断が周りから信頼されるほど、そしてそれが他の分野にまで波及しそうなくらい精通していますか？　問題に対するあなたの戦略的思考はどのようなもので、どうやって物事を達成しようと考えていますか？　さらに、いかにして人々をあなたの軌道まで引き込み、リーダーとして彼らを引っ張っていくのでしょう？

候補者の適性を判断するためのこの方法は、大統領にも当てはまります。ビジョンが何であれ、一般の人たちとのつながりが何であれ、その人に関する証拠、データ、事実、真実、そして知識によって、そして私たちがやるべきことがある分野かどうかで判断するのも、あながち間違いではありません。

今では100人以上の女性議員がアメリカのために働いている

ルーベンシュタイン　20年前、30年前の古い話ですが、初めて当選してから数期のあいだ、新人議員はたいてい静かにして、それほど意見を言うべきではないと考えられていたようです。でも今はもうそうではありません。

新人議員が自分を表現するにはもっと時間が必要なのだと、先輩議員に納得させるのは難しいですか？　あまりに注目を一身に集めてしまうような新人がいると、党員集会の運営が難しくなりませんか？

ペロシ　いいえ、それは喜びです。活力と言うべきかもしれません。だからこそ先人たちは2年ごとの選挙にしたのですよ。2年ごと。私はこの点にぜひ触れておきたいと思います。私はアメリカ合衆国連邦議会を、まさにこの議会を、心から誇りに思っています。なぜなら今、100人を超える女性議員が我が国のために働いているからです。100人を超える女性がですよ。

然（しか）るべき敬意を払って申し上げますが、私たちの党員集会の60パーセント以上を女性、有色人種、LGBTQが占めています。党員集会全体の60パーセント以上ですよ。素晴らしいと思いませんか？ **そしてその多様性こそが私たちの強さなのです。**私はメンバーにこう言いたいと思います。『私たちの活力を呼び覚まそう。多様性は私たちの強みだが、団結こそ力なのだ』と。**特に新人議員や女性議員にとって重要なのは、これはゼロサムゲームではないのだと知ることです。**公共の場における誰かの成功や進歩は、私たち全員にとってもプラスなのです。みなにこの認識さえあれば、マイナスは生じません。繰り返しますが、多様性こそ発展するための重要な要素なのです。

ルーベンシュタイン　近年あなたは、共和党員と右派の人たちから非難されています。直近の選挙では、フェイスブックで、あなたを名指しで非難した広告が13万2000本ありました。

ペロシ　正確には13万3000本ですね。

ルーベンシュタイン　これだけ叩かれると個人的に気持ちが萎えたりしませんか？　それとも、自分がそうとう手強いと思われている事実に誇りを感じられているのでしょうか？

ペロシ　選挙のあとで孫娘のケイティが、私にメッセージを送ってくれました。そこには、『敵が追ってくるのは、あなたの力が強いから』、そういう意味の文章が書かれていました。私は他の女性に模範を示してきたので、今度は私から彼女たちに言葉を贈ります。――尻込みをするのはやめましょう。言いたいことはしっかり言い、信用を築き、やるべきことをやるのです。

つまり、こういうことです。もし私に力がなければ、彼らだってそんな広告は打たなかったのです。彼らは私を恐れていたのですよ。国会議員としての経験も深く、簡単には妥協しない人間だから。私には意識しなくてもそういうことができたのです。それが私のやり方でした。私は議長になろうとしてやってきたわけではありません。議員としての務めを果たしてきただけなのです。

私には、草の根レベルで私をサポートしてくれる支持者が全国各地にいます。だから彼らは私が邪魔なのです。私は他の女性議員に、私たちは舞台にいるのだと、あなたも舞台に臨んでいるのだと、しっかり示さなければなりません。一度そこに立てば、パンチの洗礼を受ける覚悟が必要です。それだけでなく、パンチを繰り出す準備もですね。

私たちは他の女性に対するロールモデルでなければなりません。でも恐れる必要はない。怖がらなくても大丈夫。**自分自身の力を知れば良いのです。等身大の自分で良いのです。舞台に立ち、戦いに臨みましょう。**なぜそこに立とうとしたのか、自分が何を守ろうとしているのか、どうやって仕事を成し遂げれば良いのか、それは自分自身が知っています。そしてあなたは、他の人から支持を引き出すことができるのです。

彼らが私を恐れる理由はここにあります。私に影響力がなければ、彼らだって選挙期間中に13万3000本も広告を打たなかったはずですよ。それでも私たちは、完全な勝利を収めました。

ルーベンシュタイン　大統領に立候補しようと思ったことはありませんか？

ペロシ　いいえ、そもそも議員になろうとさえ思っていませんでした。それだって、そう勧めてくれた人がいたからです。

ルーベンシュタイン　カリフォルニア州第5地区から選出され、1987年に亡くなるまで下院議員を務めたサラ・バートンは、あなたの良き友人でした。彼女が亡くなる前に、あなたに出馬を勧めたのですね。あなたご自身では、立候補を考えたことはなかったのですか？

ペロシ　ありませんでした。

女性は自分の力を知るべき

ルーベンシュタイン　あなたが議会に立候補すると言ったとき、ご家族は何とおっしゃいましたか？

ペロシ　ええと、これが問題でした。私自身が、選挙活動にまったく興味がありませんでした。あなたが最初に触れたように、私が生まれたとき父は下院議員で、ボルチモアのメンバーでした。私が小学校に入学したときにボルチモア市長になり、その後私がトリニティ・ワシントン大学に入学したときも、まだ市長を続けていました。それが、私たちが身近で知る唯一の人生のあり方でした。

私の両親は敬虔（けいけん）なカトリック信者で、愛国心が強く、アメリカを愛し、イタリア系アメリカ人の伝統に誇りを持った、頑固なまでの民主党支持者でした。私たちは自らの信仰と、マタイによる福音書の『私が空腹のときに食べさせ……』という一節をどのように実践するべきか――つまり、「人を神聖なきらめきを持って扱い、私たちは誰もが尊敬に値する存在であり、みな神の子であると知るべきである」――私たちはそのように、他の人たちに対して責任を持ちなさいと教えられて育ちました。

そういうわけで、私は自分が公職に立候補したいと思ったことは一度もないし、周りの人たちもそんなことは思いもよらないことだと考えていたのです。ところが私は、民主党の候補者を支援するボランティアに参加しました。

一家でカリフォルニアに越してきたときは、子どもを連れて図書館に行っては、本を整理したり分類したりと、およそボランティアがやりそうなことをすべてやるようになりました。ある日市長から電話があって、『あなたがたは本当に図書館がお好きだと見える。ついてはあなたに、図書委員会の委員を務めてほしいのですが』と言われたのです。私は言いました。『ありがたいお話ですが、その必要はありません。それは他の方のためにとっておいてください。私たちはボランティアでいいんです。ただ図書館が好きなだけなんです』

特段、フェミニストとして知られていたわけではありませんが、そのときアリオト市長はこう続けました。『**ナンシー、もし図書館の世話を続けてくれるなら、きちんと認められた立場で取り組むべきです**。委員会のメンバーになれば投票権も持てるし、運営に関わることもできるんです。周りの人たちもあなたの考えに耳を傾けてくれますよ』

私は彼の意見を受け入れました。私はまだ図書館と行き来があります。他の女性に参考にしてほしいのは、あなたの取り組みを認めてもらうことです。サラが私に立候補してほしいと思っていたなんてそれまで知りませんでした。でも彼女にそれを言われたとき、私にはその心構えができていたのです。だから私は言いたいのです、あなたの力を知るべきだと。**女性のみなさん、あなたがたには力があるのです。あなたが成し遂げた事実を数えてみましょう**。母親になることも含めてです。そこから数えてみてください。自分の力を信じてください。背伸びをする必要はありません。事実がすべてです。誠実さと事実がすべてです。他の誰かになろうとしないでください。自分に素直になって準備をしましょう、そう、準備をしましょう。

ルーベンシュタイン　そしてあなたは当選しました。ご両親も感激されたことでしょう。当選されたときはご健在でいらっしゃいました。あなたが宣誓される姿は、ご覧になっていらっしゃいますよね？

ペロシ　ええ、父は下院議員でした。議員として議場に入れますから、私が宣誓するときもその場にいました。それはとてもエキサイティングなことでした。父はその数か月後に亡くなりましたから、宣誓するところを両親に見てもらえて、とても幸せでした。

アメリカの子どもの5人にひとりが貧困のなかにいる

ルーベンシュタイン 仕事を楽しんでいらっしゃるようにお見受けしますが、この先、あと何年くらい務めようと思われますか？ 10年、15年、それとも20年でしょうか？ 制限はありますか？

ペロシ 元カリフォルニア州知事のジェリー・ブラウンは、最近、私にこんなことを言いました。『任期制限があればこそ、解放感がある』と。私は今、やれることをやろうと思っています。私には使命はありますが、今のところ予定表はありません。でも人生で、他にやりたいこともあります。

ルーベンシュタイン ご主人について何かおっしゃりたいことはありますか？ 代議院議長と結婚するというのは、どんな気分がするものなのでしょう？

ペロシ これだけは言わせてください。その質問は彼にすべきだけれど、ときどきこう言っています。『こんなふうになるとは思ってもみなかったよ』、あるいは『なんでこうなっちゃったんだろう？』ってね。私たちは結婚し、幸いにも子どもをもうけることができ、普通に過ごしていたら――そう、突然あれやこれやと忙しくなったのです。

ルーベンシュタイン アメリカの人たちにナンシー・ペロシの何を知ってほしいと思っていらっしゃ

いますか？

ペロシ　私が台所から議会へ場所を変え、主婦から代議院議長に転身したのは、アメリカの5人にひとりの子どもが貧困のなかで暮らしているからです。**すべての子どもたちに同じように機会が与えられているかどうか分からないというのは、社会にとって大きな損失です。**アメリカは、これまでの歴史に現れたなかで最も偉大な国のひとつであり、そこで5人にひとりの子どもが空腹を抱えて眠りについているのです。

これが理由です。こうした現実がある一方で、私は両親から愛国心とともに、アメリカはどんなことでも実現できる国だと教えられてきました。どんなことでも可能だと。だからこそ一所懸命に働き、そして一所懸命に祈れば、どんな目標であれ達成できるのだという希望が持てるのです。

私はひとつの考えをみなさんに託したいと思います。それは、この国ほど素晴らしい国は他にはないということです。どんなことにも耐えることができます。**しかしその責任は、私たち全員にあるのです。**

かのトマス・ペインは、かつて『時代が我々を見つけたのだ』と言いました。今日もまた、時代が私たちを見つけたのです。エネルギーを注ぎ込み、我が国の多様性と意見の違いを尊重しましょう。そして常に「ひとつになる」――エ・プルリブス・ウヌム（E pluribus unum）――という信念に立ち返らなければなりません。

私について知ってもらいたいのは、私が家を出た理由、毎朝起きて戦いに参加する理由は、5人にひとりが貧困のなかで暮らしているからなのです。

アダム・シルバー

ナショナル・バスケットボール・アソシエーション　コミッショナー

「ロースクールで学び、そこでスキルを習得できたのは本当に幸いでした。私の仕事の多くは、たとえその相手が団体であろうと、個人であろうと、プロの交渉役でなければ務まらないものばかりです。**相手と渡り合えるだけの力があるかどうか、すべてはそこにかかっています。**」

2014年、NBA理事会により全会一致でNBAコミッショナーに選出された。アダム・シルバーは、4つのプロリーグ——全米バスケットボール協会、女子全米バスケットボール協会、NBA Gリーグ、NBA 2Kリーグ——を中心に構成されるグローバルなスポーツビジネスとそれを利用したメディアビジネスを統括している。シルバーは、『スポーツビジネス・ジャーナル』が選ぶ「この10年のエグゼクティブ」のひとりに選ばれ、「スポーツビジネスで最も影響力のある50人」の出版物年間リストでは第1位にランクインした。彼はまた、『タイム』誌の「タイム100（世界で最も影響力のある100人）」と『フォーチュン』誌の「世界の偉大なリーダー50人」のひとりに選ばれ、さらには『ブルームバーグ・ビジネスウィーク』の「グローバルビジネスを成功させた50人のリスト」にも掲載された。コミッショナーになる前は、NBAの副コミッショナーおよびCOOを務めている。彼はこれまで、全米バスケットボール選手協会3団体の団体交渉、そしてWNBA、NBA Gリーグ、NBA 2Kリーグ、バスケットボール・アフリカリーグの発展、さらにNBA中国の創出など、リーグが達成してきた代表的な業績の多くに寄与してきた。

マルチメディアビジネスとして成功したＮＢＡ

アダム・シルバーは、プロバスケットボールをこよなく愛する人にとって、理想的な仕事に就いている。すなわちＮＢＡのコミッショナーである。40年前にはあれほど苦戦していたＮＢＡも、昨今では多大な成功を収め、ファンを大いに喜ばせるとともに、選手やオーナーに大きな富をもたらしてきた。**かつてはアメリカ中心のリーグだったものが、今ではまさに世界的なマルチメディアビジネスに様変わりしている。**

確かにプロバスケットボールは、アメリカ社会の一部を成すほどの素晴らしいスポーツへと成長を遂げた。かつての、そしてこれまでのスターたち――マイケル・ジョーダン、マジック・ジョンソン、ラリー・バード、レブロン・ジェームズ、ステフィン・カリー、故コービー・ブライアントたち――は、この国の多くの若者や大人たちのロールモデルになっている。１９５０年代や60年代は野球が盛んで、当時最も名前を知られたのは野球選手だったが、今や彼らがそれに代わるスポーツ選手になったのだ。いや、それ以上と言って良いかもしれない。**つまり彼らは世界的なスターであり、「インフルエンサー」なのだ。**

ではこうした時代の転換と、現在の成功はいかにして生まれたのか？

アダム・シルバーにすれば、彼をスペシャル・アシスタントとして採用してくれた、当時のＮＢＡコミッショナー、デイヴィッド・スターンのおかげだと言うだろう。だが30年間コミッショナーを続けたデイヴィッド・スターンでさえ、実際にアダム・シルバーがＮＢＡに、これほどの財政的豊かさとスポーツとしての人気の高さをもたらそうとは想像もしなかっただろうし、まして可能だとも思わなかったに違いない。

コミッショナーの仕事は多岐にわたる。スポーツとしての完成度を追求し、選手側と包括的労働協約を協議し、報道機関とメディア契約を交渉し、公の場で、あるいは政府機関に対しリーグを代表して事にあたり、そしてバスケットボールというスポーツの成長および収益性と人気の向上を支援するのだ。

アダムはまずNBAに職を得て、そこで22年以上地道に働いたあと、2014年2月にコミッショナーに就任した。NBAで働くようになったきっかけは、**当時まだ若手の弁護士だったアダムがスターンに宛てて、キャリアアドバイスを求めて書いた手紙だった。**スターンは彼に一度会っただけで大きな感銘を受け、その後すぐに彼を採用したのである。

コミッショナーとしてのリーダーシップ

アダムと知り合ってからもう数年経つだろうか。彼がデューク大学の評議委員会に加わったときに議長を務めていたのが私で、さらに私たちには、母校であるデューク大学バスケットボール部を応援し、しかもシカゴ大学ロースクールで学んだという共通点があった。だが今回のワシントン経済クラブでのセッションまで、私は彼にインタビューしたことはなかったのだ。

彼は非常に謙虚であり、今回のやりとりのなかでは、自分が頭角を現し、うまく成功を収めるに至るスキルについて、十分に語ってもらうことができなかった。それでも彼は明らかに知性的で、自身の仕事に対する情熱を持ち、有能なチームのオーナーたちとうまくやり、彼らを喜ばせる能力を持ち、選手や選手会と強力なパイプを維持できる力を持っていた。これは誰にでもできるものではない。

そして彼は実際にコミッショナーになると、すぐにリーダーシップを発揮した。**あるオーナーが人種差別的発言をしたと見るや、そのオーナーから運営権を奪い、すぐにそのフランチャイズ・チーム**

をそれまでの最高価格で譲渡させたのだ。世間はそれを見て、オーナーたちが伝説的な前コミッショナーの後継者として、まさに適切な人物を選択したと納得したのである。

このインタビューのあと、アダムとNBAは未知の海域を漂う自分たちの姿に気づくことになる。以来アダムは、スポーツ外交でさえ国際関係の重要なひとつの側面だとみる中国との緊張関係に配慮しながら、この未知の海域で舵を切ってきた。さらにNBAは2020年3月、新型コロナウイルスの感染を食い止めパンデミックを阻止しようとシーズンの中断を決断し、公衆衛生を守るために重要な役割を果たすと、多くのスポーツ、エンターテインメント、そして文化機関がそれに続いた。

熱心なバスケットボールファンであり、NBAのコミッショナーであり、そして誰からも素晴らしい仕事をしているねと言われる——これ以上の賛辞があるだろうか？　もちろんあり得ないし、そのためには常にその目標を念頭に置いておかねばならない。アダム・シルバーにとって、それは何ら難しいことではないようだ。

なぜNBAバスケットボールはこれほど人気なのか

デイヴィッド・ルーベンシュタイン（以下「ルーベンシュタイン」） あなたがNBAのコミッショナーに就任以来、収益はアップし、観戦チケットの売り上げは伸び、テレビの視聴率も上昇しています。チームの資産価値は約3倍にまで膨らみました。NBAの経営は今、ピークに達しているようです。何しろ世界中で人気がありますからね。

野球やアメリカンフットボールは世界的スポーツと言えるほど認知されていないのに、なぜNBAバスケットボールはそれほど人気があるのだと思いますか？

アダム・シルバー（以下「シルバー」） 理由のひとつは、1930年代からオリンピックの正式種目に採用されているからでしょう。そこは大きな違いですね——要するに世界中でプレーされているスポーツなんです。

実際にバスケットボールを考え出したのは、キリスト教の宣教師でした。そのひとり、ジェームズ・ネイスミスが考案したんです。ゲームはマサチューセッツ州スプリングフィールドで生まれると、すぐに中国に渡りました。

つまり最初から国際的なスポーツとして広がっていったんです。ゲーム自体はとてもシンプルです。アメリカではバスケットボールを体育の授業にも取り入れていますが、これにはわけがあります。**子どもたちがみな、すぐに参加できるようになるからです。実は修得するのは難しいのですが、少なくとも競技としての概念は単純です。**——ボールを床に弾ませながら運び、バスケットに放り込めばいいんです。広いスペースもいりません。自分ひとりでも十分練習できます。

最後に、チームスポーツだということです。人々が一緒に働くことは社会において非常に重要だと考えられており、チームスポーツはそれを学ぶことができるのです。

ルーベンシュタイン フランチャイズ・チームを買い取ったオーナーのなかには、非常に巧みに経営にあたられている人もいます。フィラデルフィア・セブンティシクサーズは数年前に3億ドルか4億ドルで、ミルウォーキー・バックスは4億ドルか5億ドルで購入されました。スティーブ・バルマーが現れて、ロサンゼルス・クリッパーズに20億ドル支払ったときには、他のオーナーたちも、自分のチームの資産価値が上がると喜んだでしょうね？

シルバー ええ、みんな幸せそうでした。スティーブがクリッパーズを買って以来、2チームが売買されましたが、金額はクリッパーズよりも高額でした。ヒューストン・ロケッツとブルックリン・ネッツです。

人種差別的、性差別的な問題への毅然とした対応

ルーベンシュタイン コミッショナーに就任したあと、あなたがやらなければならなかった最も困難なもののひとつが、人種差別的なコメントをした当時のロサンゼルス・クリッパーズのオーナーをNBAから追放することでした。あなたにとっては難しい決断でしたか？

シルバー はい。周りは理解していないようですが、オーナーで、スポーツ界から永久追放されたのは彼が初めてなんです。**私の仕事は、オーナー全員の利益を考えて働くことです。**オーナー30人が私

のボスです。でも私は、そのなかの誰かのために働いているわけではありません。私は、リーグ全体の最大の利益を追求しなければならないんです。

私はコミッショナーになるまで、ほぼ22年間リーグに関わってきましたが、彼はそれより前からオーナーを務めていました。**彼とは長い間の知り合いでした。それだけに難しかった。でも私にはそれが正しいことだと分かっていたので、情状酌量の余地はありませんでした。**

ルーベンシュタイン　ノースカロライナ州が、トランスジェンダーに出生証明書と同一の性別のトイレを使うよう求める州法、いわゆる『HB２（トイレ法案）』を可決したとき、あなたはNBAオールスターゲームの会場変更を決定しました。その法案は、州が運営する建物内でトイレを使用する場合、その出生証明書に記載された性別のトイレを使用するよう規定したものでした。会場変更は難しい決断でしたか？

シルバー　**リーグとしてはそのHB２が有効な法律である限り、ノースカロライナ州ではオールスターゲームは開催しないと決めました。**私たちには、州が法律をどのように運営すべきかを指示する権利はありません。ですがその法律は、リーグの持つ基本的価値観とは矛盾していると判断したのです。私たちはノースカロライナ州それ自体をボイコットしたのではありません。そこにはマイケル・ジョーダンが保有するシャーロット・ホーネッツと、そのときにも引き続きゲームを行っていたマイナーリーグに所属するチームの、合計２チームが存在していました。

私たちはオールスターゲームのような、レギュラーシーズンとは異なる華やかな祝賀イベントに対して会場変更を決めました。コミュニティの大部分からも、開催を歓迎されていないと感じていましたからね。ところがゲームの開催会場の変更を決定すると、ご存じのように、新たな州知事、ロイ・

クーパーが現れ、法律が変更され、そして私たちはノースカロライナに戻ったのです。

ルーベンシュタイン　決断はご自分でされるのですか、それともオーナーのみなさんに電話をかけて、『どう思いますか？』とお訊きになるのでしょうか？

シルバー　私はたくさんのオーナーの方々に電話をして、『どう思われますか？』とお伺いします。私たちだけで投票して決めるわけではありません。

オーナー以外にも電話をしました。マイケル・ジョーダンとは何度も話しました。彼はその州でチームを持っていますし、彼自身もノースカロライナ州出身ですからね。決断を下す前には、デューク大学の友人たち数人とも話しました。また、選手協会やパートナーだけでなく、ノースカロライナ出身の多くのプレーヤーとも話しました。私たちがなぜそういう決断を下したのか、その理由を彼らがきちんと理解しているかどうか確認したかったんです。企業パートナーとも話しましたよ。しかしいったん情報を取り込んだら、最後に決断を下すのが私の仕事です。**特に物議を醸すような決定では、その責任が自分にはないような言い方は避けるべきです。**

ワンアンドダン・ルールは機能しているのか

ルーベンシュタイン　大学バスケットボールで物議を醸していることのひとつは、高校生が1年だけ大学に通い、その後NBAのドラフトにかかるという、いわゆるワンアンドダン・ルールの存在でしょう。この方針は継続されていくつもりですか？　変更するのであれば、どう変えたいとお思いですか？

シルバー　私はコミッショナーになったとき、NBAに入る最低年齢は19歳ではなく20歳であるべきだと申し上げました。およそ11年前に、18歳から19歳に引き上げています。この件は、選手協会と総合的に協議していかなければならない問題です。

私はコミッショナーとして、このワンアンドダン・ルールがどのように機能しているか、新人選手の獲得がどのように行われているか、かなり明確に理解しているつもりです。これまでの大学スポーツでは、世間の注目を浴びるような刑事訴訟が何件か起こされてきました。そこでNCAA（全米大学体育協会）会長のマーク・エマートは、コンドリーザ・ライスを議長とする委員会を設置し、大学のスポーツに関連する問題、特にワンアンドダン・ルールに関する状況調査を依頼しました。最終的に委員会が提示したのは、エントリー年齢を18歳に戻すべきだという勧告でした。

18歳から19歳のトッププレーヤーに何が起こっているのか、より明確に把握し始めていた私に、この勧告はさらに大きな影響をもたらしました。多くの場合、ワンアンドダン・ルールの適用を受けるプレーヤーの大学在籍期間は1年にも満たないのです。彼らのほとんどがトーナメントの終了とともに大学を去ります。そこで私は、これまでの方針を変更することにしました。これは難しい決断でした。すべてのチームがこれに同意するわけではないからです（＊1）。

ルーベンシュタイン　NBAにドラフトで指名された場合、その報酬は3年間で最大どれくらいになるのでしょう？

シルバー　私たちは選手協会と、ルーキー契約での報酬について交渉しました。1位指名だと――多少のずれはあるかもしれませんが――3年契約で、年間およそ1000万ドルでしょうか。

＊1　ワンアンドダン・ルールはNBAに入るには、年齢が19歳以上で、少なくとも1年は大学に在籍しなければならないという現行の規則。もともとは18歳でプロ入りが可能だったが、この規則によって、現状高卒の有力選手は大学進学するか、海外で1年過ごしてからプロ入りしていた。高校卒業時点でプロとしての実力がある選手でも、19歳までプロ入りできないため、プロでの活躍期間が短くなるという状況だった。また、大学進学した選手も、結局1年在籍しただけで、19歳になった途端NBAに入る選手も多い。当初シルバー自身は大学進学したからには学業を修める意味からも20歳までプロ入りできないという年齢制限が必要という考えだったが、委員会の報告や現状に鑑み、高校卒業後、18歳でもプロチームに入団できるように、このワンアンドダン・ルールを将来的に撤廃する考えであることを表明している。

ルーベンシュタイン　つまり3年プレーすれば、3000万ドルになるわけですね。それ以外にシューズ契約など、マーケットからオファーがあれば、どんな契約も締結できますが、ただし契約には上限があります。それは何でしょう？

シルバー　サラリーキャップ制ですね。チームには一部の例外を認めるソフトキャップ制を適用し、そのうえで、個々のプレーヤーの最高額が設定されています。**チーム全体の資金として一定額がプールされている以上、スタープレーヤーだけがそこから多くをもっていかないように、プレーヤーの間で交渉が行われます。**現在、個人の年間上限額は3500万ドルです。所属チームとは5年間の契約を結ぶことが可能です。ただしこの上限額は、毎年上がっていきます。

スタープレーヤーは奨学金を受け取るべきか

ルーベンシュタイン　大学生プレーヤーのザイオン・ウィリアムソンを例にとりましょう。ザイオンのような選手は、大学から奨学金をもらいながらプレーするべきだと思いますか、それとも『学ぶために大学にいるんです』あるいは『プロになるための準備として在学しているので、奨学金は不要です』と、はっきり言うべきだと思いますか？　これは昨年、彼が怪我をしたときに巻き起こった論争でしたね。

シルバー　問題はなかなか複雑です。本質的に彼らは奨学金という形で援助を受けていますし、大学に在籍することで様々な利益を得ています。一方彼らの周りでは、明らかに莫大な収入が大学側に生まれているのも事実です。大学ではそうして得た多額のお金を、他のスポーツに再投資しているわけですが、それにしても投資に見合うだけの成果は上がっていません。これにはおそらく多くの人が驚くでしょう。

ルーベンシュタイン　大学で行われている様々なスポーツは、2、3の大学は例外として、いずれも収益は得られていません。大学から助成金をもらわなければ、立ちゆかないものばかりです。

シルバー　**だからといってその事実が、そのプレーヤーの市場価値を表しているわけではありません。**これにはあなたも同意されるはずです。経済学者たちは、大学にとってより価値が高いのは、奨学金ではなくプレーヤーだとよく口にします。それこそ、彼らが大学スポーツ周辺には非常に多くの腐敗があると主張する根拠のひとつであり、マーケットが崩壊する理由でもあります。

ルーベンシュタイン　今度はNBAプレーヤーについてお話ししましょう。ひとつのチームに15人のプレーヤーが認められており、30チームありますので、NBAには多かれ少なかれ450人いる計算になります。そのうちの何人くらいが5年以上プレーしますか？

シルバー　平均的キャリアは7年ですが、オールスターの場合はもっと長くなります。おそらくは13年から14年くらいでしょうね。

ルーベンシュタイン　選手を引退するとき、彼らは実際、経済的問題を抱えているのでしょうか？それとも十分なお金を稼いだので、残りの人生を悠々自適に過ごせるようになっていますか？　彼らが選手として得た報酬をどう扱い、その収入をどう運用していくのでしょうか？

シルバー　今年、リーグのプレーヤーは平均800万ドルを稼いでいます。リーグで平均7年プレーできれば、誰が計算しても――プライベートエクイティ投資のような具合にはいかないでしょうが――将来は安泰でしょう。

ルーベンシュタイン　プライベートエクイティ投資では、人生は安泰とは言えません。

シルバー　プレーヤーは『経済的問題を抱えているのか』、という質問ですが、実際、現在のプレーヤーほどは稼げなかった人もいます。**たくさんのお金を手にしたプレーヤーのなかにはうまく運用したり、逆に堅実に投資を避けたりした人もいます。**これは私たちが選手協会と密接に協力し合い、同時に直接プレーヤーと連絡を取り合いながら取り組んでいることです。もちろん彼らのお金を私たちが管理できるわけではありません。彼らは私たちの従業員です。リーグにはカウンセリングと年金制度があります。

ルーベンシュタイン　450人のプレーヤーですか。そのうち何人が大学の学位を持っていると思われますか？

シルバー　かなり少ないですね。かりにワンアンドダンでなくても、ほとんどが2年か3年で中退しています。その他、リーグの25パーセントは外国籍の選手ですが、彼らのようなトッププレーヤーは14歳、15歳、16歳でプロになるので、誰も大学には行っていません。

ルーベンシュタイン　NBAの観戦チケットはどのくらい売れますか？

シルバー　昨シーズンのアリーナは約94パーセントが満席でした。観戦チケットはほとんど売り切れますね。

ルーベンシュタイン　ジャック・ニコルソンを始め、その他の映画スターたちが、ロサンゼルス・レイカーズのゲームで、コート脇の椅子に座っていましたが、あれはどうしたのですか？　チーム側がそうしたかったのですか、それともたまたま彼らに幸運が重なっただけだったのでしょうか？

シルバー　すべてはロサンゼルス・レイカーズの元オーナー、亡くなられたジェリー・バスという男の功績によるものです。彼は信じられないほど優れたフランチャイズ・チームを作り上げ、何度もリーグ制覇を成し遂げました。**ジェリーは素晴らしいチームを見事に運営するだけでなく、有名人をコートサイドに座らせようというアイデアを思いつき、実行しました。**今ではリーグで有名な、私たちが『ジャック・ニコルソンの席』と呼ぶ観覧席も、そのひとつです。

NBAプレーヤーと鬱病

ルーベンシュタイン　これまで取り上げてこなかったある深刻な問題について、話していきましょう。あなたは、ときにプレーヤーは鬱(うつ)病になり、疎外感を抱くようになるとおっしゃいました。年間5000万ドルも稼ぎ、周りからも尊敬されているように見える人が、なぜそれほど気持ちが沈み、孤独を感じるのでしょう？

シルバー　私はこれまで、私どものプレーヤーは、社会の他のどんな部門よりも精神疾患の影響から縁遠い存在だと言ってきました。**ところがどれだけお金を稼いでも、どれだけ人生のなかで、あるいは家族のなかで尊敬されても、今や鬱病は――ときにそれは薬物であったり、環境がもたらしたりするにせよ――あらゆる社会経済的グループにまたがっているのです。**

しかし幸い、私たちのリーグでは変化が見られるようになりました。プレーヤーたちが自ら進んで、それを口にしているのです。これは素晴らしいことだと思います。この事実は、他のプレーヤーにも大きな影響をもたらしています。

ルーベンシュタイン　チケット販売はどう機能していますか？　たとえばゴールデンステート・ウォリアーズのホームゲームでの収入は、1試合でおよそ350万ドルです。チームはすべての収益を、ホームゲームでのチケット販売から得ているのでしょうか？

シルバー　リーグのオフィス運営コストを支援するため、6パーセントの『ゲート評価』というものを設定しています。それ以外のレギュラーシーズンから得られる収益は、彼らが管理しています。プレーオフはまた別の仕組みで、多少の違いがあります。しかし基本的にはプレーオフ中は6パーセントではなく、25パーセントがファンドに組み込まれます。

ルーベンシュタイン　ユニフォームの売り上げで一番人気のある選手は誰でしょう？

シルバー　一番人気があるのは、依然としてレブロン・ジェームズだと思います。ステフィン・カリーも上位にいますね。

ルーベンシュタイン　ひとつのチームに3人か4人のスーパースターがいるというのは、チームにとっては良いことなんでしょうか？

シルバー　チームがどう成長していくのかによりますね。ドラフトで獲得したプレーヤーが何人もスーパースターに育ったのなら、たいていの人は良いことだと納得してくれるでしょう。すでに戦力が整ったチーム、完成されたチームに加わるのは、チームの戦力が偏らないようにするという意味では理想的とは言えません。そこで団体的労働協約が登場します。この協定はプレーヤーの収入を決定するだけでなく、チーム間の競争を生み出すことを目的としています。NBAにドラフトされたプレーヤーなら、まったく勝つ可能性のないチームに行きたくはありませんよね。

コミッショナーになりたいと考えていたわけではない

ルーベンシュタイン　どうやったらNBAのコミッショナーになれるのでしょう？　あなたは『NBAのコミッショナーになりたい』と言いながら育ったのでしょうか？

シルバー　コミッショナーになりたいと考えてはいませんでした。**そもそもコミッショナーがどのようなものか、考えたこともなかったと思います**。法科大学院に通うようになってからでさえ、NBAコミッショナーの仕事について誰かに訊かれたら、おそらく『チャンピオンリングを手渡して、ゲームの日程を組む人』と答えたでしょうね。まったく理解していませんでした。

ルーベンシュタイン　あなたはシカゴ大学ロースクールを卒業されました。連邦裁判所裁判官の法務書記を務めたあと、ウォールストリートにある有名な法律事務所、クラバス・スウェイン＆ムーアに勤務されました。そこからどのような経緯でNBAに移られたのでしょう？　弁護士の仕事に飽き足らず、そこで働きたいと思っている人はたくさんいるはずです。

シルバー　信じられないほど運が良かったんです。私はクラバスで2年ほど働きました。そのクラバスの大きなクライアントのひとつがタイム・ワーナーで、私は特にその傘下にあった有料ケーブルテレビ放送局であるHBO関連のメディア訴訟を扱っていました。

私はそこでメディアビジネスに惹かれるようになっていきます。いくつか面倒な訴訟に取り組む一方で、昨今スポーツメディアで顕著にみられるひとつの方向性、つまりスポーツが徐々にケーブルテレビへ軸足を移しつつあるという状況を、興味を持って眺めていました。TBS（ターナー・ブロードキャスティング・システム）そしてTNT（ターナー・ネットワーク・テレビジョン）を通じて、そうした流れを主導したのがテッド・ターナーでした。

当時、NBAのコミッショナーだったデイヴィッド・スターン（2020年1月に亡くなりました）は、その最前線にいました。

私はデイヴィッドと面識はありませんでしたが、彼宛てに手紙を書き、法律関係からメディア関連の仕事に転身したいのだが、何かアドバイスをいただけないかと問い合わせてみました。それもeメールではなく、昔ながらの手紙を書いて郵送したのです。するとと数週間後に、彼のアシスタントから電話があり、こう言われました。『スターンはいつでもお会いできるそうです』。私は彼のオフィスに足を運び、30分ほど話を伺いました。実際にアドバイスはもらいましたが、私はそれには従いませんでした。その後、約1か月が経ったころ、今度は彼から直接電話がありました。『これからどうするつもりなんだ？　ちょっと考えがあるんだがね』。その後何度か顔を合わせると、アシスタントとして雇ってくれたんです。それがNBAでの最初の仕事でした。

ルーベンシュタイン　もし今、あなたが若い弁護士から手紙をもらい、同じようなアドバイスがほしいと言われたら——。

シルバー　人事部に回しますね。

私にとって、NBAのコミッショナーというのは、全体のなかの6番目の仕事に過ぎませんでした。残りの5つは、デイヴィッドのために直接働きました。彼は本当にたくさんのチャンスを与えてくれたんです。私は最終的に、NBAエンターテインメントの運営に携わるのですが、まずテレビ、メディア、それからインターネットへと手を広げていきました。そして何年も経ったころ、NBAの副コミッショナーに就任します。最後はデイヴィッドが、退任するときに私を推薦してくれたのですが、最終的にはオーナーの投票による承認が必要でした。そうやってコミッショナーが選出されるんです。

交渉力にすべてがかかっている

ルーベンシュタイン　デイヴィッドは、あなたがコミッショナーにふさわしい人物だと判断したわけですが、そんなあなたのリーダーシップにはどんな特徴があるでしょう？

シルバー 私でなければできないようなものではありません。一所懸命務めるつもりでしたし、実際、何年間も懸命に働きました。私は確かにバスケットボールというスポーツが大好きなのです。

現在、私はメディア関連の仕事にかなりの時間を割いています。今やメデイアがＮＢＡの主要な収入源になっているからです。その意味では、長年にわたってメディア関連の専門知識を身につけてきたのは、非常に意味のあることでした。

たぶんあなたも同じ思いだと思いますが、ロースクールで学び、そこでスキルを習得できたのは本当に幸いでした。私の仕事の多くは、たとえその相手が団体であろうと、個人であろうと、プロの交渉役でなければ務まらないものばかりです。**相手と渡り合えるだけの力があるかどうか、すべてはそこにかかっています。**

ルーベンシュタイン 他のリーグとは対照的なことに、今日あなたが活用しているマスメディアは、その多くがソーシャルメディアです。あなたはプレーヤーに、ソーシャルメディアに参加することを奨励していますね。レブロン・ジェームズやその他の有名なプレーヤーたちに、世間の物議を醸すほどではないにせよ、公に自分の意見を示すことを勧めています。なぜですか？　そうすることで、ＮＢＡに何らかの恩恵がもたらされましたか？

シルバー もちろん彼らに、世間を騒がせろと勧めているわけではありませんよ。自分の意見が誠実で、嘘偽りのないものであるようにとは話していますが。彼らはＮＢＡプレーヤーの限度を超えて——政治的な発言をすることよりも、プレーヤーとしての品位を保てないような——発言をすべきではありません。彼らはそれを理解していますし、私もそう確認しています。

ＮＢＡプレーヤーのアスリート以外の側面まで伝えることができれば、最終的にはそれが私たちの利益につながります。ソーシャルメディアは、従来のメディアでは難しかったプレーヤーの素顔を簡単に伝えられるという面では、大変役立ちますし、ひいてはそれが一層、ファンをゲームに引き込んでくれるのです。

ルーベンシュタイン　どうやらあなたは当面、今の立場にとどまるつもりのようですね。オーナーに転身するためにチームを買ったり、プライベートエクイティ投資に走ったりすることはありませんか？

シルバー　ええ、どこへも行く予定はありません。

クリスティーヌ・ラガルド

欧州中央銀行総裁
元国際通貨基金専務理事

Christine Lagarde

「男性ばかりの部屋に足を踏み入れると、みな少しばかり微笑んで、一様に『おや、おいでなすった。また女性について語るんだよ、きっと』とか、『いったい何を言い出すのやら』といった表情を浮かべます。**さすがに今では少なくなりましたが、女性が少なければ、やはり同じような経験をするでしょうね。**」

2019年11月1日から欧州中央銀行総裁を務めている。フランス国民であるラガルドは、パリ第10大学の法科大学院を卒業し、エクス＝アン＝プロヴァンス政治学院で修士号を取得すると、国際法律事務所のベーカーマッケンジーに入社。20年にわたる弁護士業務を経た後、グローバルチェアマンに選出された。彼女は2005年6月に貿易大臣としてフランス政府に呼ばれ、その後、2007年6月には、G7国初めての女性財務大臣となった。続いて2011年7月、国際通貨基金（IMF）初の女性理事に選出される。さらに欧州中央銀行総裁に指名され、2019年9月にIMF理事を辞任した。同じ2019年、ラガルドは、『フォーブス』誌が選ぶ「世界で影響力のある女性」の第2位にランクイン。レジオンドヌール勲章シュヴァリエの受勲者であり、シンクロナイズドスイミングのフランス代表チームの元メンバーであるラガルドには、ふたりの息子がいる。

世界中の女性にとってのロールモデル

クリスティーヌ・ラガルドは8年間、国際通貨基金（ＩＭＦ）の専務理事を務めた。国際通貨基金は第二次世界大戦後、国際金融の安定と世界経済の成長を目的とし、ワシントンを拠点に設立された国際的組織である。ラガルドはそこで専務理事として、しばしば世界的な経済危機――アルゼンチンとギリシャの債務不履行、ヨーロッパにおけるイギリスのＥＵ離脱の影響、多くの新興市場やフロンティア市場における成長率の低下など――に対処しなければならなかった。

幸い彼女には、深い知性と豊かな人間性、そして人を惹きつけずにおかない魅力が備わっていたので、この種の問題に取り組もうと広範にわたるＩＭＦの官僚組織をリードするときにも、それぞれ異なるグループに常に共通認識を持たせることができた。２０１９年後半にはこの地位を離れ、欧州中央銀行の総裁に就任。ＩＭＦに比べれば、欧州中央銀行はそれほど世界的な組織ではないものの、ヨーロッパ全体の経済を主導する大きな役割を担っている。ＩＭＦに加わる前はフランスの財務大臣であり、当時世界最大の法律事務所だったベーカーマッケンジーの執行パートナーを務めていた。

いずれの役職でも、その立場に初めて就いた女性はラガルドだった。つまり世界中の女性にとって、彼女は先駆者でありロールモデルなのだ。しかも彼女は、それまで男性にしかできないと思われていた強力で明確なリーダーシップまで発揮してみせた。

彼女は若いころにもリーダーシップをみせたが、それはシンクロナイズドスイミングの選手としてフランス代表チームを牽引（けんいん）するという、まったく異なる場面での話である。いずれにせよフランス人女性弁護士が繰り返しリーダーシップを発揮し、成功させた秘訣はいったい何だったのだろう？ いったいどのようにして、何度も遭遇したであろう性差別を乗り越えていったのだろう？ 彼女は常に男性で占められてきた役職に、初めて女性として就いただけではない。**在職期間中、周りに女性の同僚もいなかったのだ。**

私は2018年9月、ワシントンD.C.のIMF本部で収録したブルームバーグ・テレビジョンのインタビュー番組、『ピア・トゥ・ピア』で、こうした質問やそれに付随する質問をした。彼女はそのなかで、自身の職務上の成功とリーダーシップスキルの要因をひとつに絞ることはしなかった。**しかし、彼女のかなり高い知性、強い信念、そして仕事に対する勤勉さこそ、その重要な要素だと言って、まず差し支えないだろう。**彼女ははっきりとは口にしなかったが、おそらく自分でも、就任当初はたいして期待されていなかったからこそすぐに自分のスキルが発揮でき、予想外の成功を収めることができたのだと考えているようだった。

彼女は、前任者が個人的なスキャンダルで身動きがとれず、辞任することになり、その代わりにIMFを率いるようになったのだが、このときにはIMF自体の信頼性と有効性まで疑問視されるようになっていた。ラガルドがIMFを去るときには、IMFの信頼性は回復するどころか、第二次世界大戦後にIMFを立ち上げた人たちでさえ想像しなかったほどのレベルにまで引き上げたのだ。

私はその後、IMFが主催した彼女の送別のための夕食会でラガルドと話をし、冗談ながらも、彼女の成功はシンクロナイズドスイミングの選手として学んだスキルに拠るものかもしれず、ワシントンにいる誰もが、もし大きな組織を率いることに興味があるのなら、シンクロナイズドスイミングを習うことから始めるべきではないかと言ったものだ。ひょっとしたらそのスポーツには、後々の人生で大きく役立つ何かが隠されているかもしれない。

44人の男性によって作られた組織

デイヴィッド・ルーベンシュタイン（以下「ルーベンシュタイン」）　多くの人が、ＩＭＦとは実際にどういうものかを知りません。

クリスティーヌ・ラガルド（以下「ラガルド」）　ＩＭＦ、すなわち国際通貨基金は、75年前に44人の男性によって作られた組織です。

ルーベンシュタイン　女性はいなかったと？

ラガルド　そういう時代でした。**１９４４年の第二次世界大戦の終戦前夜、44人の男性によって設立されました。**彼らは、第二次世界大戦は大きな経済危機と不安定な世界情勢が原因で起こったと考えていました。ＩＭＦはその原因を解消するために生まれたのです。

ルーベンシュタイン　この仕事に就くまでの経緯について伺いましょう。あなたはフランスで育ちました。ご両親は何をされていらっしゃいましたか？　教育者でしたか、それとも政府関連のお仕事でしたか？

ラガルド　ふたりとも大学教授でした。父は英文学、母はフランス語文法とラテン語、それから古代ギリシャ語を教えていました。それが幼い私を取り巻く宇宙であり、文学が常に身近にありました。

ルーベンシュタイン そういうご両親のもとで育ったわけですから、さぞかし語学が堪能でいらっしゃるのでしょう。

ラガルド まったく話になりません。ひどいものですよ、本当に。

ルーベンシュタイン にわかには信じられませんね。いずれにしても、優秀な学生だったのでしょうね。当時はシンクロナイズドスイミングにも興味をお持ちでした。シンクロナイズドスイミングがどんなものか、どのようにしてフランス代表チームに加わったのか、ご説明いただけますか？

ラガルド 私がこのスポーツを始めたのは、１９６８年に学生が主導した一斉蜂起、5月危機と関係があります。両親は私がそうした運動に巻き込まれていくのを恐れていました。ですからスイミングプールに行きたいと言うと、許してくれました。**私は授業にも行かず、毎日プールで過ごしていました。**最初は水泳を楽しんでいましたが、シンクロナイズドスイミングに女の子たちが集まるようになり、少しずつそちらに惹かれていったのです。チームの動きをまとめるには音楽が必要で、私はその音楽がもたらす規律と音楽に合わせた体の動きが好きでした。そこでチームに加わることにしたのです。ヨーロッパ選手権やその他の国際的な競技会にも出場しました。

ルーベンシュタイン まだ水泳を楽しまれていますか？　シンクロナイズドスイミングは、もうされていないのでしょうか？

ラガルド　いえ、やっていますよ。今朝も泳いできました。

ルーベンシュタイン　すごいですね。そんな時間がありましたか？

ラガルド　5時に起きますから。

ルーベンシュタイン　なるほど、それなら分かりますね。

ラガルド　プールが使えるのは6時からなので、それまで少しジムで体を動かさなければなりません。

死刑廃止に参加するため弁護士になった

ルーベンシュタイン　大学では何を専攻されましたか？

ラガルド　古典的教育を受けました。基本的な科目を学習しましたね。フランス語、数学、英語、地理、歴史、化学、物理、そしてスポーツを何種目か。最近のフランスではあまり重要視されていませんが。

ルーベンシュタイン　フランスの指導者は、特定の有名校に行っている場合が多々あるようです。あなたもそうでしたか？

ラガルド　いいえ、成績は散々でした。そのころ、初めて恋をして――その人は後に私の夫になるのですが――あまり勉強はしませんでした。2年目は他の人たちと一緒に、いろいろな試験を受けようとずいぶん勉強しました。ところが情けないことに、申し込み日を逃してしまいました。

ルーベンシュタイン　しかしあなたは弁護士になりましたね。弁護士になりたいと思われたきっかけは何ですか？

ラガルド　死刑廃止に参加したかったのです。私が法科大学院に入ったときには、死刑は刑法における道具のひとつでした。私は個人的な宗教上の、あるいはその他の理由から、フランスの法令における武器のような存在である死刑を、その武器庫から一掃する運動に加わりたかったのです。幸か不幸か、法科大学院を卒業してグループに加わったとき、死刑が廃止されました。

ルーベンシュタイン　それでもあなたは弁護士を続けましたね。フランスで仕事を始められたのですか？

ラガルド　フランスで数年、働きました。多くの若い弁護士と同じように、税法をやり、会社法をやり、独占禁止法をやり、労働法をやりました。幸いなことに、当時、大統領選挙で選ばれたのは社会党のフランソワ・ミッテランで、政府は組合と労働者に有利なように、それは厳しい労働規則をたくさん作っていきました。私のいたベーカーマッケンジーでは、クライアントのほとんどがフランスに投資した国際企業やアメリカの会社だったので、毎日が多忙でした。

会社が混乱していた時期に、白羽の矢が立った

ルーベンシュタイン　当時、フランスには女性の弁護士はたくさんいましたか？

ラガルド　いいえ、いいえ、いいえ。**私がベーカーマッケンジーに入った理由のひとつが、パリ支社の執行パートナーが女性で、彼女が私のロールモデルだったからです。**

ルーベンシュタイン　ベーカーマッケンジーは長年にわたり、世界で一番大きな法律事務所でした。

ラガルド　ええ、世界最大でしたね。

ルーベンシュタイン　シカゴに本社がありました。どうやって会社全体の責任者になったのですか？あなたは女性ですが、法律事務所は事実上、男性中心社会です。しかもあなたはフランス人です。ベーカーマッケンジーは、本社をシカゴに置くアメリカ企業です。どうやって国際法律事務所全体の執行役員に選出され、シカゴに移られたのでしょう？

ラガルド　**それが企業にとっての純粋なメリットであり、同時に私の仕事の質が評価されたからだと思っています。**

そこに至る経緯はなかなか大変でした。私はパリ支社の執行パートナーになりました。仕事もきちんとこなしていたはずです。私は指名委員会で選ばれ、執行委員会に参加するよう言われました。私

はその委員会に参加した初めての女性でした。その後嬉しいことに、私は通常業務に戻ります。ところが彼らにもう一度、呼び戻されたのです。そのとき会社は混乱を来していました。ＩＴ予算は滅茶苦茶で、知識管理システムはまったく立ちゆかず、全体のマネジメントは信頼できる状況にありませんでした。**指名委員会は適当な人物を選ぶのに苦労していたようです。そういうとき、得てして女性に白羽の矢が立つものです。**そして私は、会長に選ばれました。

ルーベンシュタイン　あなたはベーカーマッケンジーの責任者で、当時はシカゴに住んでいます。フランスからいらっしゃったあなたにとって、アメリカ中西部での暮らしは、慣れるのに大変でしたか？

ラガルド　シカゴは素晴らしい街です。友だちもたくさんできましたし、その多くとはいまだに行き来があります。とても楽しい６年間でした。

貿易大臣から、Ｇ７初の女性財務大臣に

ルーベンシュタイン　そんななか、突然、ニコラ・サルコジがフランス大統領に選出されます。彼はご存じでしたか？

ラガルド　話はそれよりもさらに２年前にさかのぼりますが、当時、ジャック・シラクが依然として大統領で、首相はドミニク・ド・ヴィルパンでした。私を貿易大臣にした人です。

ルーベンシュタイン　あなたはフランスに戻り、貿易大臣を数年間務めます。貿易大臣の仕事はいかがでしたか？

ラガルド　良かったです。とても気に入りました。地理的にも、社会的にも、そして経済的にも、私の人生に大きな変化をもたらしてくれました。

ルーベンシュタイン　収入に関しては、それまでとは変わりましたか？

ラガルド　**そうですね、それまでの収入の10分の1になりました**。でも私は、世界中にフランスを売り込んでいましたから、政府の仕事のなかではそれが一番楽しかったです。シラク大統領は私が民間出身の企業人であり、政府のなかにいる奇妙な動物だと思っていたようです。しかし彼は、私にずいぶん敬意を抱いてくれましたし、私も彼をとても尊敬しています。

ルーベンシュタイン　そしてサルコジがフランスの大統領に選出されます。

ラガルド　ええ、彼から農業大臣をやってくれないかと頼まれました。何をしたらいいのか、さっぱり分かりませんでしたが、学ぶ準備はできていました。

ルーベンシュタイン　でも農業大臣を務めたのは、ほんの数か月間ですよね？

ラガルド　2か月間でした。その後、今度は財務大臣への就任要請がきたからです。そもそも彼が私に農業大臣をやってほしかったのは、農業が世界貿易機関の厄介な問題になると分かっていたので、難しい国際問題にも対応できる人物が適任だと考えたからのようでした。

ルーベンシュタイン　あなたは西ヨーロッパの主要国のなかで、初の女性財務大臣でしたか？

ラガルド　ええ、ええ、そうです。**先進主要7か国、G7初の女性大臣でした。**その他の多くの国々でも例はなかったようです。

人生で、然るべきときに然るべき人が現れた

ルーベンシュタイン　あなたは確かに訓練を受けた弁護士でしたが、それでも突然、フランスの財政を担当することになります。そういう経歴もないのに、心配ではありませんでしたか、それとも貿易大臣としての経験が役に立ちましたか？

ラガルド　貿易大臣の経験は役には立ちましたが、それでも財務大臣就任直後からたくさんのことを学ばねばならず、財務省内の担当チームから教えてもらう必要があると実感しました。とにかく必死でしたね。

ルーベンシュタイン　周囲の話では、あなたは非常に良い仕事をされていたそうですね。これがその後の、ＩＭＦ専務理事の仕事につながっていくわけです。あなたは本当にその仕事を望んでいらっしゃいましたか、それともアメリカに戻るよう説得されたのでしょうか？

ラガルド　**私の人生は、然るべきときに然るべき人が現れ、私自身も『ようし、試してみよう、やってみよう』と思うことで進んできました。**大臣という立場でフランスに戻ってきたとき、私は自分の年金、報酬、指揮命令系統、果たしてどんな結果になるのか、そういうことは一切考えてはいませんでした。私はただそれがやりたかっただけでした。自分の国の助けになりたかったのです。

財務大臣に就任して、まさか2か月後に、フランスでも金融危機が始まろうなどとは、まったく予想だにしていませんでした。金融大手のBNPパリバの傘下のふたつのヘッジ・ファンドが解約を凍結したことが引き金となったのです。自分のなすべきことがきちんと理解でき、なおかつしっかりした倫理観を持った人たちとチームを組み、懸命に仕事をするしかありませんでした。

ルーベンシュタイン　あなたがＩＭＦで気にかけなければならないのは、うまく経済が回らず、ある程度の資金が必要な国だけではありません。あなたの仕事は、世界経済の安定と発展、そして雇用の促進を支援することであり、いわば経済全体を注視する必要があります。では今後、10年前に被ったようなものとは違った、また別のタイプの金融崩壊が世界中のどこかで起こったら、私たちはうまく対応することができるでしょうか？

ラガルド　私たちにはよりよい準備ができています。金融という特定の分野ですが、教訓は得られました。システムを見ても、管理者組織を見ても、適用すべき一連の規則を見ても、十分に対応できるはずです。世界中の銀行は、堅実な自己資本比率、流動比率、借入金の額を保っており、これらすべての面で、私たちは大きな進歩を遂げたと思います。

ですが、リスクは拡散する傾向にあります。金融関連分野で開発してきたセキュリティが、資産管理、年金基金、金融をＩＴサービスと結びつけたフィンテックの開発など、周辺分野にまでしっかり及んでいるかどうかまでは定かではありません。

現在では、さらにそれよりも心配な数字があります。金融危機に対する対応策として実施した刺激策や緩和策のため、その分、企業や家計における債務の重みが増しているということです。

取締役会議に女性が参加すべきと思う理由

ルーベンシュタイン　非常に難しい問題に直面した場合、ときに男性は嫌気がさして、それを女性にやらせたがる傾向にあると感じたことはありませんか？

ラガルド　それはあなたの意見であって、私には分かりません。

ルーベンシュタイン　男性は、勝てる見込みのない勝負は、できればやりたくないんです。

ラガルド　なるほど、あとから参加して仕事を引き継ぐ、そういう準備だけはできているというわけですね。

ルーベンシュタイン　あなたはより多くの女性がＣＥＯ、あるいは役員として、もっと企業の取締役会議に参加すべきだと話をされてきました。あなたはそれに貢献し、より多くの女性が活躍するようになったと思われますか？　なぜあなたは、そうした地位にもっと多くの女性が就くべきだと思うのでしょう？

ラガルド　そこには具体的な目に見える結果があるからです。**取締役会に参加する女性の数が増えるほど、執行委員会や経営陣に占める女性の割合が増えるほど、その企業の売り上げが上がり、利益が増え、業績が上向くのです。**ですから、あなたが女性に対して非常に冷たく、女性を女性として扱わず、女性に対する共感もなければ共通性さえ感じなかったとしても、物事は女性を含めて考えるべきであり、手始めにまずはひとつのテーブルから、そして徐々にすべてのテーブルへと加えていくべきでしょう。

より多くの女性が活躍するようになったか？　ええ、実際に数字を見れば、私たちは前進していると分かります。まだ道のりは長いか？　これもまたその通りです。

ルーベンシュタイン　あなたは女性として今の地歩を築くまでに、女性であるという理由で差別を受けたことがありますか？　それは現在でも経験しますか？

ラガルド　法律事務所の最初の採用面接から、差別を経験しました。『あなたは女性だから、パートナーシップを組むことはない』と言われました。男性ばかりの部屋に足を踏み入れると、みな少しばかり微笑んで、一様に『おや、おいでなすった。また女性について語るんだよ、きっと』とか、『いったい何を言い出すのやら』といった表情を浮かべます。さすがに今では少なくなりましたが、女性が少なければ、やはり同じような経験をするでしょうね。

「私は決して後悔しません」

ルーベンシュタイン　ＩＭＦの責任者である一番の喜びは何ですか？

ラガルド　チームと協力して事にあたることでしょうね。

ルーベンシュタイン　最も嫌なのは？

ラガルド　堂々巡りで、どこにも行き着かないような会議に参加しなければならないことです。

ルーベンシュタイン　あなたはＩＭＦの責任者ですが、たとえばワシントンや、その他の人が集まるような都市で昼食や朝食と取ろうとすると、見知らぬ人がやって来て、一緒の写真をせがまれませんか？　煩わされずに、好きなところに行けますか？　顔を見て、あぁ、あの人だと言われませんか？

ラガルド　私だと分かるようで、自撮り写真に一緒に入ってほしいと頼まれますね。みなさんたいてい礼儀正しいいし、喜んでくれますし、私もそれで気分良く休日を過ごすことができます。

ルーベンシュタイン　これまでのキャリアで後悔はありますか？

ラガルド　いいえ。エディット・ピアフの歌にもありますよ――『**私は決して後悔しません**』。

アンソニー・S・ファウチ博士

アメリカ国立衛生研究所傘下機関、
アメリカ国立アレルギー感染症研究所 所長

Dr. Anthony S. Fauci

『**たとえ指示を与えなくとも、大切なのは最高の人を雇い、彼らにあなたのビジョンが何であるかを示し、彼らの邪魔をしないことです。**それこそが良いリーダーの資質なのです。』

アメリカ国立衛生研究所の国立アレルギー感染症研究所（NIAID）の所長であり、感染症および免疫性疾患の予防、診断、治療に関する様々な研究ポートフォリオの管理にあたっている。ファウチ博士は世界的なエイズ問題や、エボラ出血熱、ジカ熱、そして昨今では新型コロナウイルス感染症（COVID-19）などの新たな感染症の脅威に対する医療および公衆衛生の準備を強化する新たな取り組みを行う一方で、これまで6人の大統領とその政権に対し、顧問として重要な役割を果たしてきた。彼はまた、発展途上国で数百万人の命を救うのに役立った、大統領エイズ救済緊急計画（PEPRAR）の主要な立案者のひとりだった。ファウチ博士は米国科学アカデミーおよび全米医学アカデミーの会員であり、彼がこれまで果たしてきた世界の健康における科学的功績に対しては、大統領自由勲章を始めとし、数々の権威ある賞が授与されている。

感染症問題と今も戦い続けている人物

新型コロナウイルス感染症が地球上に現れ、世界中が危機に見舞われるなか、アメリカ国立衛生研究所傘下機関であるアメリカ国立アレルギー感染症研究所所長、アンソニー・ファウチ博士は、アメリカのみならず、世界で最も尊敬される人物のひとりになった。

私はトニー（アンソニー・ファウチ博士）とは十数年来の知り合いで、様々な機会にインタビューをしてきた仲である。インタビューのパート1は、２０２０年4月15日に、パート2は同年4月28日に、どちらもワシントンD.C.経済クラブで行ったものだ。

私は後者のインタビューの少し前、『ＵＳＡトゥデイ』紙に博士に関する記事を寄稿した。これは、公の利益に尽くそうとするこの偉大な人物に対する私の見解が簡潔にまとめられているものと思ったので、今回許可をいただき、以下の通り転載する。

毎日、ホワイトハウスが行うコロナウイルスに関するブリーフィングを視聴している人たちのなかには、たかだかブルックリン訛り（なま）の小柄な79歳の医師、アンソニー・ファウチの話に、なぜみながそれほど従うのかと疑問に思う向きがあるかもしれない。人々がこの男性に一目置くその理由は、私自身、彼と長年にわたり話をし、近年、インタビューをするなかで学んだように、ファウチ博士こそ間違いなく、感染症に関する世界的権威であるからだ。

いかなる分野であろうと、人間の活動あるいは知識においては、世界の絶対的基準となる人物が常にひとりは存在する。感染症の世界では、その人物こそアンソニー・ファウチである。彼はこれまで6人の大統領と仕事をともにしてきたが、そういう場合、彼は常に24時間体制で事実と向き合いながら、目の前の状況に対処してきた。アメリカの人々――世界中の人々と言い換えてもかまわない――は、今回も彼が同じスタイルでこの危機に向かい合い、問題を掘り下げようとしていることに感謝すべきだろう。

彼は政治には縁遠い人物である。果たして彼に、支持政党があるのかどうか、それさえも私にはさだかではない。それどころか俗世を離れてさえいるように見える。唯一、彼に関心があるとすれば、事実を明らかにし、可能な限り最高の医療と情報を提供し、人々の命を救うことなのだ。

トニーはウェイル・コーネル・メディカルセンターで医療研修を終え、1968年にアメリカ国立衛生研究所に入所すると、1984年より36年間にわたり、傘下機関であるアメリカ国立アレルギー感染症研究所を率いてきた。何に対してであろうと、それほど長く、しかもトップを走り続けられる人物がいようとは信じがたい。だが事実、トニーはそうしてきたのだ。この間、彼はあらゆる重篤な感染症――例を挙げれば、マラリア、結核、HIV感染症／エイズ、中東呼吸器症候群、重症急性呼吸器症候群、デング熱、エボラ出血熱など――の課題に取り組み、現在では1918年のスペイン風邪以来の最も深刻なパンデミックである、新型コロナウイルス感染症に取り組んでいる。

トニーはこれまで研究所を運営し、感染症に関する訓練を施すことで世界屈指の専門家を数多く輩出してきたが、特に有名な業績としては、HIVがどのようにエイズ（AIDS）につながるのかを発見し、（ジョージ・W・ブッシュ大統領の指示により）大統領エイズ救済緊急計画の策定に対する取り組みを主導してきたことだろう。この計画により、アフリカやその他の発展途上世界におけるHIV感染症／エイズの治療は一変し、何百万人という人々の命が救われてきたのだ。

つい最近では、変異が生じる部位をターゲットとしたHIV抗レトロウイルス療法を通じ、アメリカ国内でのエイズの流行を収束させるというドナルド・トランプ大統領が推進する計画の強力な支持者であり、立案者を務めている。

一方で時間があれば、1100を超える学術論文やいくつかの教科書の執筆や編集に携わっており、その結果、医療従事者のなかで最も論文や記事が引用された専門家のひとりにもなった。

トニーは政府から支給される給与で、これだけの画期的で献身的な活動を半世紀——彼は今の職務に就く前に、国立衛生研究所で16年間勤務している——にわたって続けており、これまで大統領自由勲章とラスカー賞（医学の研究において優れた功績があった人物に与えられ、米国内では多くの人が『アメリカのノーベル賞』と呼ぶ）を受賞している。彼のこれまでの功績からすれば当然と言って良いだろう。

これほど長い間国家へ貢献し、しかも世界的な称賛を受ければ、トニーといえども多少得意になっても不思議ではないが、実際にはそんな様子は微塵も見られない。

治療を受けたい人には広く門戸を開いているし——彼はまだ国立衛生研究所に研究室を持っている——様々な情報も受け入れているのだ。トニーは今も、最初にワシントンに越してきたときに購入した家に住んでいる。彼はそこで、妻のクリスティン・グレイディ博士とともに、3人の才能豊かな娘を育てたのだ（ただし、3人とも医学部には通わなかった）。

トニーはこれまで日々の運動を欠かさず、毎日数マイル走ったり、パワーウォーキングしたりした後、国立衛生研究所にメトロで通勤してきた。ワシントン周辺や連邦議会から招かれて講演を依頼されれば、先方からの運転手付き車両での送迎を断り、メトロで行くのが常だった（この慣行は、昨今では周知の理由から変更せざるを得なくなっているが）。

もちろん金銭的報酬よりも、国家とその国民への奉仕や関わりを大事にしようとする、献身的な連邦議員や職員は他にもいる。だがトニー・ファウチほど長きにわたり、この国とその国民の健康のために無私の姿勢を貫いてきた連邦職員は、国中を見渡しても他にはいない。

何年も前、トニーが通常の定年と言われる年齢に近づいてきたころ、私は彼に、連邦職員として十分働いてきたので、今度はそれだけの素晴らしいスキルと知識を自分のために、民間企業で生かしてみたいと考えないかと尋ねてみたが、彼は即座にノーと答えた。どうやら彼の意欲を駆り立てるのは金銭ではなく、国家のために尽くすことらしい。そして彼は、国家の未来のために、引き続き国立衛生研究所にとどまったのである。

新型コロナウイルス感染症が引き起こす危機的状況にアメリカが対処するのを支援できる専門家がいるとすれば、それはトニー・ファウチをおいて他にはいない。彼こそ、この国が自信を持って指名できる最高の人物である。しかし彼は奇跡を起こすような人物ではない。そんな人は現実世界のどこを探してもいない。にもかかわらずトニーには、感染症問題を理解し、短期的にはたとえ苦痛や不快感を伴うものであっても、長期的には誰もが健康を享受できる治療法を処方するために必要な、数十年に及ぶ経験があるのだ。

パート 1 2020年4月15日

ワクチンや抗生物質が平均寿命を延ばした

デイヴィッド・ルーベンシュタイン（以下「ルーベンシュタイン」） あなたは1984年以来、国立衛生研究所傘下の国立アレルギー感染症研究所の所長を務めていらっしゃいます。研究所を率いるのに36年という年月はかなり長い時間です。これは記録ですか？

アンソニー・ファウチ（以下「ファウチ」） 確かにその通りです。

ルーベンシュタイン 36年間続くと、さすがに飽きませんか？

ファウチ そんなことはありませんよ。状況は変わり続けていますからね。新たな感染症、新たな発症、新たな課題――1、2年ごとに違った仕事に取り組んでいるような気がします。

ルーベンシュタイン 100年前の1918年から19年ごろ、世界中の約1億人がインフルエンザで亡くなりました。なぜもう少しうまく対処することができなかったのでしょう？

ファウチ ひとつにはパンデミックでした。それまで誰も経験したことのないウイルスが引き起こしたのです。まったく新種のインフルエンザでした。ふたつには、たまたま強い感染力があり、しかも非常に毒性の強いものだったからです。大惨事でした。

ルーベンシュタイン　あなたはアメリカで、いや、おそらく世界でも有数の感染症の専門家でいらっしゃいます。１日に何回、手を洗われますか？

ファウチ　いくつかの理由から、１日に数回、洗いますね。私はいまだに患者の診察をしていますので、病室に入るときと出るときに洗わなければなりません。自分のオフィスにいるときでも面会者がたくさん訪れますし、そのときにはたいてい握手をします。ですからいつでも手が洗えるように、デスクの近くに洗面台を設置していますので、そうですね、１日に少なくとも7回、8回、9回は洗っているかもしれませんね。

ルーベンシュタイン　誰かと握手してすぐに手を洗ったら、嫌がられませんか？

ファウチ　こちらが嫌そうな態度をとらなければ、大丈夫です。

ルーベンシュタイン　人間と感染症について話をしましょう。30万年以上前のホモサピエンスの平均寿命はざっと20年ほどでした。今日、アメリカの平均寿命はおよそ80年程度。30万年前と比べれば、平均余命は約４倍にまで伸びました。30万年前の平均余命はなぜそれほど短かったのでしょう？　原因の大半は感染症ですか？

ファウチ　答えはイエスです。現代に向かい時間が進んでいくにつれ、様々な問題が現れてきます。感染症だけに取り組めば良いわけではありません。厳しい衛生環境も生き残りを阻む要素でした。17

世紀、18世紀、19世紀を振り返ると、ワクチンや抗生物質が出現する以前は、多くの子どもたちが命を失いました。子どもたちが亡くなると平均寿命が短くなります。**今日、その平均寿命が延びているのは、多くの感染症に対する治療法が確立され、非感染性疾患への対応も改善されているためです。**高血圧、心臓病、高コレステロールは日ごろからしっかり管理されるようになり、喫煙率も下がっています。こうした事実が、平均寿命を延ばしているのです。

かつて人類にとって脅威だったペストと天然痘

ルーベンシュタイン 数百年前にヨーロッパを襲った腺ペスト――それはどんな病気でしたか？

ファウチ エルシニア・ペスティス、またはパスツレラ・ペスティスと呼ばれるペスト菌が原因でした。興味深いのは、衛生状態があまり良くない環境下では、ペスト菌がノミを介して広がったことです。ノミに刺されて感染していったのですね。

ペストにはふたつのタイプが存在しました。ひとつは腺ペストで、リンパ節が非常に腫れ、それが原因で死に至ります。通常、人から人へ直接広がることはありませんでした。もうひとつはペスト菌が肺に回って引き起こされる肺ペストで、こちらは咳（せき）によって感染します。

14世紀のヨーロッパは、このペストによって人口の3分の1を失い、大きなダメージを受けました。

ルーベンシュタイン しかし、それが再発する可能性は低いですか？

ファウチ その微生物については、そうですね、抗生物質で簡単に治療できますからね。

ルーベンシュタイン　予防接種はいつから始まりましたか？　18世紀後半には天然痘の予防接種を受ける人がいたと、何かで読んだのを覚えています。当時はどうやっていたのでしょう？　病気に対して接種する方法があると人々が最初に気づいたのは、いつごろですか？

ファウチ　１７９６年でした。当時は天然痘が流行していました。あるとき、エドワード・ジェンナーという男性が、非常に興味深い現象に気づきます。搾乳婦――牛の乳搾りをする女性――が牛痘と呼ばれる比較的軽い病気にかかるのですが、それが天然痘と非常によく似ていました。

ジェンナーは、彼女たちが牛痘にかかって回復すると、天然痘に対する免疫ができていることに気づきました。そこで彼は牛痘と天然痘を関連付けて考え、『天然痘の一種――つまり牛痘――を意図的に感染させられれば、天然痘に罹患（りかん）せずに済むはずだ』と考えたのです。

率直に言って今から考えれば非倫理的な行為でしたが、彼は実際にある少年に、最初に牛痘を種痘し、その後天然痘を接種させるという実験を行い、天然痘にかからないことを発見します。こうして予防接種は、18世紀の終わりに始まりました。

ルーベンシュタイン　天然痘は実際に、人々にどんな影響を与えましたか？

ファウチ　ウイルスは非常に高い毒性を持っており、感染した人の20パーセントから35パーセントが死に至っています。この病気は高熱と、ひどい水疱（すいほう）性発疹（ほっしん）が体に表れるのが特徴で、その後、発疹は様々な臓器にまで広がっていきます。これが高い死亡率をもたらす原因でした。

ルーベンシュタイン　当時は皮膚に小さな穴を開け、そこに病原菌を入れるようなやり方で接種を行っていたのでしょうか？

ファウチ　違います。ウイルスが入った患者の膿疱（のうほう）を採取し、そこから膿（うみ）を取り出して、免疫反応を作りたい人の皮膚にこすりつけていました。ただしそれは、弱毒化させたウイルス（現在でいうところの、ワクチンを作るために使用する病原性を弱めたウイルス）を得る前に、ワクチン接種という名目で本来の病原体を摂取させ、接種された人を死に至らしめる可能性もあったため、やや危険な方法ではありました。

感染症の70パーセントから75パーセントは動物由来

ルーベンシュタイン　ＨＩＶに話題を移しましょう。ＨＩＶが人間の機能に問題を起こし、後にエイズにつながると世界が初めて気づいたのは、いつごろでしょうか？

ファウチ　最初に存在が認識されたのは１９８１年で、疾病予防管理センターから5人の男性に関する報告がありました。奇妙なことに全員がロサンゼルスのゲイの人たちで、これまで誰も見たことのない奇妙な新しい病気を患っていました。彼らは一様に健康そうに見えるのですが、その免疫システムに大きな問題を抱えていたのです。

誰もがそれは、単なる偶然だと思いました。ところが1か月後の１９８１年7月、再び26人の発症報告があったのです。罹患したのはやはりゲイの人たちで、ここでようやく私たちは、まったく新しい病気に直面していると理解しました。**その後１９８３年にようやくＨＩＶウイルスが発見され、１**

984年にそれがエイズ（AIDS）の原因だと証明されました。
最初に発見されたのはアメリカ国内でしたが、患者は世界中で見つかりました。発生源はサハラ砂漠以南のアフリカ地域であり、現地に行き、そこにいる人たちにテストをするまで、私たちはアフリカ自体がどれほど大きな打撃を受けていたのかさえ分かりませんでした。

ルーベンシュタイン　それは人間由来のものでしたか？

ファウチ　何世紀か前に人間以外の霊長類、チンパンジーから始まり、種を飛び越えて人間にも感染し始めていたようですね。

ルーベンシュタイン　ウイルスが種を飛び越えるのはよくあることなのでしょうか？

ファウチ　**人間が新たに罹患する感染症の70パーセントから75パーセントは動物由来で、動物の環境への侵入やウイルスの多少の変異など何らかの理由で人間に感染していく、いわゆる人獣共通感染症と呼ばれます。**インフルエンザは基本的に鳥からの感染症ですし、すでに先ほど申し上げたように、ＨＩＶはチンパンジー由来です。ジカ熱やその他の様々な感染症は動物から発生するのです。

ルーベンシュタイン　ＨＩＶがエイズを引き起こすのを抑える方法があると、いつ発見されたのでしょうか？

ファウチ　ウイルスの治療薬を手に入れたときでした。１９８７年、まず私たちはＡＺＴと呼ばれる承認薬を手に入れました。1996年までには、3つの薬を組み合わせて服用するとウイルスの量を検出可能なレベル以下に抑えることができ、それまで死と直面していた人たちも、ほぼ普通の人たちと変わらない毎日が送れると気づいたのです。ですからもし今誰かがＨＩＶに感染したとしても、この3つの治療薬を組み合わせ、定期的にきちんと服用すれば、他の人たちと変わらない通常の寿命を全うすることができます。

まだノーベル賞は受賞していない

ルーベンシュタイン　あなたの経歴についてお話を伺います。あなたはブルックリンで育ちました。その後、カトリック学校に通われましたね？

ファウチ　ええ、カトリック小学校を出てから、同じカトリック系のマンハッタンのレジス高校に通い、ウースターのホーリークロス大学に行きました。

ルーベンシュタイン　ずっと医者になりたいと思っていましたか？　それとも弁護士やプライベートエクイティ投資家など、もっと違った職業を考えていたのでしょうか？

ファウチ　いつも医者になりたいと思っていたわけではありませんね。人文科学の分野にとても興味を持っていました。ずっとイエズス会の学校に通ったためでしょう、ギリシャ語、ラテン語、哲学心理学、すべての哲学といった古典教養コースを受講しました。**人文科学に興味はありましたが、その一方では科学も好きで、人文科学と科学のふたつの分野の興味を満たすには、医師になるのが一番だ**

と思ったのです。

ルーベンシュタイン　どちらの医学部に通われましたか？

ファウチ　ニューヨーク市のコーネル大学医療センターでした。

ルーベンシュタイン　卒業後は、心臓外科や脳外科には行きたくなかったのでしょうか？　それとも『感染症の専門家になるんだ』と決めていらっしゃいましたか？

ファウチ　感染症と免疫学の両方をやりたいと思っていました。免疫学は感染症と戦う体のメカニズムの研究です。そこで私は内科のトレーニングを終えた後、このふたつを組み合わせたデュアルフェローシップに取り組みました。とてもやりがいのある分野で、気に入りました。

ルーベンシュタイン　フェローシップはどちらで行いましたか？

ファウチ　ここです。国立衛生研究所です。

ルーベンシュタイン　あなたが１９６８年に最初にこの国立衛生研究所に来たわけですが、このとき他にもたくさんの人たちがフェローシップに参加していますね。彼らの多くがノーベル賞を受賞しています。ハロルド・ヴァーマス博士もそのひとりですね。

ファウチ　マイケル・ブラウン、ジョーゼフ・ゴールドスタイン、ロバート・レフコウィッツ――彼らもみなノーベル賞を受賞しました。

ルーベンシュタイン　ではなぜ、あなたはまだ受賞していないのでしょう？

ファウチ　私は彼らに比べたら劣等生ですから。いやいや、実際のところ誰かに勝てるとは思いませんが、いずれにしても私の仕事は、世界全体の健康を損なうような大きな問題に対処することなのです。彼らが成し遂げたのは、特定分野における画期的な発見でした。

ルーベンシュタイン　しかしあなたは大統領自由勲章、ラスカー賞、アメリカ国家科学賞を受賞しています。まだ受賞していない医学賞はありますか？

ファウチ　ノーベル賞ですね。

自分の仕事が大好きな、仕事中毒

ルーベンシュタイン　私にその術（すべ）があれば、間違いなくあなたを指名します。しかしひとつ伺いたいのですが、あなたはこれまでに1200もの記事や文章を書いたり、共著したり、編集したりしてきました。研究所を運営し、患者を治療し、さらにそうした執筆活動にあてる時間をどうやって作っているのでしょう？

ファウチ　ひとつには私のキャリアが非常に長いので、その分、記事や論文も多いと言えます。ですが患者を診たり、研究室を管理したり、大きな研究所を運営したり、世界的な医療政策に関わったりと、そうしたすべての仕事をやり遂げるために、私はかなりの時間を費やしています。**つまり悪びれずに申し上げますが、私は仕事中毒なんです。仕事が大好きなんですよ。**

ルーベンシュタイン　体調管理はどうされていますか？

ファウチ　以前はよく走っていました。マラソン、主に10キロマラソンです。でも2、3年前から毎日走るのはやめました。それまでは1日だいたい10キロ走っていたのですが、いまは毎日、5、6キロをパワーウォーキングしています。

ルーベンシュタイン　病気はなさいませんか？

ファウチ　しませんね。ありがたいことに、かなり健康です。

ルーベンシュタイン　お子さんは医学には興味をお持ちですか？

ファウチ　いいえ。最近、臨床心理学の博士号を取得したばかりの娘がひとりいますので、彼女は臨床心理学者になるはずです。もうひとりの娘は学校の先生で、一番下の娘はテクノロジー関係の仕事で、サンフランシスコのツイッター社で働いています。

ルーベンシュタイン　あなたは感染症の世界では非常に有名な人物です。これまで何年もの間、たくさんの人たちに、『今の仕事を離れて、もっと儲かるビジネスに打って出ませんか？』と誘われ続けてきました。実際、私もあなたのもとを訪ねてこう言いました。『プライベートエクイティの世界でやりませんか？　あなたなら医療分野の投資家として十分やっていけるはずです。あなたには非の打ち所がありませんよ』と。しかしあなたは、そうした誘いに頑として首を縦に振りません。なぜでしょう？

ファウチ　そうですね、あなたのために働けていたら良かったのですがね、デイヴィッド、**実は私は、自分のやっていることが大好きなんです。**毎日とても新鮮で、それが私を仕事に駆り立ててくれます。お話しいただいたような仕事には価値がないと思っているわけではありません。自分の仕事が大好きなだけなんですよ。

ビジョンと目標を明確にするのがリーダーの役目

ルーベンシュタイン　あなたはこの研究所を36年間率いてきました。ご自分のキャリアを振り返って、自分がやり遂げたなかで最も誇りに思われているものは何でしょう？

ファウチ　少なくとも、そういう機会があって良かったと感じていることがふたつあります。ひとつは自分が率いる研究所で、自分たちの手でＨＩＶに冒された人の救命薬が開発できたことです。薬ができるまで数多くのＨＩＶ感染者を診てきましたが、ほぼ全員の死を看取らなければなりませんでした。**この研究所で取り組んだ仕事のおかげで、彼らの命を救い、周りの人たちと同じ普通の生活が送れる薬を手に入れることができたのです。**

もうひとつは、あなたが先にお話しになりましたが、ジョージ・W・ブッシュが推進する世界的プログラム、エイズ救済大統領緊急計画（ＰＥＰＦＡＲ）を開発し、推進することでした。この計画によって現在まで、およそ１４００万人から１６００万人もの人命が救われています。私はこれを誇りに思うとともに、感謝の念でいっぱいです。

ルーベンシュタイン あなたのキャリアに後悔はありませんか？

ファウチ いいえ、まったくありません。ひとつもないです。

ルーベンシュタイン ご両親はあなたの成功された姿をご覧になりましたか？

ファウチ 父は実際、長命で、97歳まで生きました。それでも亡くなったのは12年前なので、私のキャリアの途中までは見てもらえました。母は早くに亡くなったので、医学部を卒業するところも見ていなかったと思います。

ルーベンシュタイン あなたのお父様は、あなたのなし得たことを誇りに思っているとおっしゃいましたか？

ファウチ ええ、とても喜んでいました。

ルーベンシュタイン ご自身のキャリアを振り返って、あなたがこの研究所のリーダーに、しかも非常に成功したリーダーになった理由は何だと思われますか？　その人をリーダーにする要素や特徴とは、いったいどんなものだと思われますか？

ファウチ　私が自分のリーダーシップについて分析してみて重要だと感じた特徴は、他の人たちも普通に持っています。それは私個人だけに備わっているものではありません。

ひとつめにお話しするのは、目的や使命を持つある種の組織を率いる場合、自分自身でも痛感しているのですが、組織の構成員全員に、あなたのビジョンと、組織が目指す場所を明確に伝える必要があるということです。私はこれまで、優れたリーダーシップがなく、方向性を見失った例をいくつも見てきました。彼らは自分たちがどこに向かって行こうとしているのかまったく分かっていなかったのです。たとえ指示を与えなくとも、大切なのは最高の人を雇い、彼らにあなたのビジョンが何であるかを示し、彼らの邪魔をしないことです。それこそが良いリーダーの資質なのです。

パート2　2020年4月28日

罹患率と致死率が高い、まったく新しい感染症によるパンデミック

ルーベンシュタイン　医療従事者のみなさん、救助隊、救急隊、消防隊、警察などの初期対応者のみなさん、軍人の方々――この大変な時期に、私たちの国を助けようと第一線で奮闘されておられるすべての方々に感謝申し上げます。ファウチ博士、インタビューにご同意いただき、ありがとうございます。博士の時間はとても貴重なものであるにもかかわらずお時間を頂戴し、大変恐縮です。

私の最初の質問は、ブラッド・ピットがNBCのバラエティ番組、『サタデーナイトライブ』であな

たのもの真似をしていましたが、どう思われましたか？　本当は他の誰かに演じてほしかったのでがっかりしたとか？

ファウチ　いいえ、ブラッド・ピットは私の好きな俳優のひとりです。それに彼の演技は素晴らしかった。声のしゃがれ具合も的確だったし、手真似も完璧でした。欲を言えばもう少しブルックリン訛りを入れる必要はありましたが、いずれにしても素晴らしい仕事振りでしたね。本当に面白かった。
最後の彼の姿は特に印象的でした。かつらを外して、私と医療従事者に感謝の言葉をくださいました。あなたも先ほどなさったように。私は彼に会ったことはありませんが、本当に一流の俳優だと感服しました。

ルーベンシュタイン　ところでこのブラッド・ピットの件は、ご存じでしたか？

ファウチ　数時間前まで知りませんでした。

ルーベンシュタイン　あなたは１９８４年以来、国立アレルギー感染症研究所を率いてこられました。この36年間を振り返ってみて、私たちが現在抱えている危機、あるいは医療災害に近いタイプの出来事はありましたか？

ファウチ　そうですね、新たな発症が複数回、見られました。まずＨＩＶのように自然に発生したものと、炭疽菌攻撃のように意図的に現れたもの、それに、最近お話ししましたが、エボラ出血熱やジカ熱、そして２００９年の新型インフルエンザの世界的流行などが見られました。それぞれに異なった特徴があります。

ＨＩＶ／エイズは喩（たと）えて言えば、まずレーダー画面の下でゆっくり動き出しました。最初は認識されませんでしたが、今では38年、39年の年月の間にずいぶん広がっています。現在までの死者の総数は３７００から３８００万人ですが、これは長期間にわたって発生しており、しかも特定の行動に関与する、人口統計グループのなかの特定の個人が、選択的に関与するものだと言って良いでしょう。

現在のパンデミックには、他には見られない傾向があります。数年前にインタビューで尋ねられたように、私は時に夜更かしをする傾向がありますが、今がまさにそのときです。おそらく動物から種を飛び越えて感染したもので、呼吸器系疾患であり感染性が高く、罹患率と致死率が高い、まったく新しい感染症が現れたのです。そして私たちは、今まさにその渦中にいます。

新たな病気だったので、瞬く間に感染が広がりました。覚えているでしょうか、その存在が最初に確認されたのが12月の終わり、1月の始めでした。アメリカ国内では、これまでのほんの数か月でほぼ１００万件の症例が発生し、５万５０００人が死亡しています（２０２０年６月下旬までで、その数は12万人を超えました）。

世界的に見るとわずかな期間で、これまでに前例のないほどの勢いで感染が拡大しています。ジカ熱のような感染症とは異なり、誰もが危険にさらされているのです。蚊の生息する地域に住んでいなければ、ジカ熱の罹患は心配いりませんし、ＨＩＶ感染症／エイズの場合も、一部の罹患リスクを持つ人たちのグループに属していなければ、やはり感染する可能性はほとんどありません。ところがこちらは感染力が高く、誰もが罹患する可能性があるのです。

ですからあなたの質問にひと言で答えるならば、デイヴィッド、このような前例はまったくありません。

SARSや鳥インフルエンザとは違う点

ルーベンシュタイン　発生源は中国の生鮮市場ではないかと考えていらっしゃいますか？　あるいは同じ中国の研究室ではないかという見解もあるようですが、いかがでしょう、それについては否定されますか？

ファウチ　自分の判断できる範疇（はんちゅう）を超えたものまで否定はできません。私にできるのは科学的データを見ることだけです。進化生物学者はこうもりのウイルスが進化によって変異したのではないかと考え、研究を重ねています。どうやらウイルスが一時的に寄生する中間宿主（しゅくしゅ）――それが何かは特定されていませんが――に感染した可能性が非常に高いようです。いずれにせよ、ウイルスが動物宿主から人間へ種を飛び越えて感染したと考えられ、これがすべての不幸の始まりだったようです。

人間にとって不幸だったもうひとつの要素は、このウイルスが人間の持つ特性にうまく適応し、効率よく人間間に伝染していったことでした。発症が確認されてからすぐに消えていったSARSや、ひよこから人間に感染するような、私たちが対処してきたいくつかのタイプの鳥インフルエンザは、その発症は悪いニュースでしたが、良いニュースは、まったく不可能ではないにしても、人間同士ではほぼ感染しないという点にありました。しかし今回のウイルスは非常に伝染性が高く、比較的高い罹患率と致死率があるという悪い特徴を持っています。

ルーベンシュタイン　後から考えると中国人から、この病気がどれほど命に関わるものなのか、何らかの手段で警告を発することができたのではないでしょうか、あるいはそんなことは最初から無理だったのでしょうか？

ファウチ　この問題がすべて終息したあとなら、事態を把握しようとする際、私たちが何かを見逃していたことに気づくかもしれません。発症後すぐに中国人は、動物市場から発生したウイルスが種を飛び越えて人間に感染したものであり、動物から人間へは感染するが、人間から人間へ感染することはなく、仮に感染するとしてもまれなケースだろうと言っていました。ですがその一方で、中国の国内では、すでに人間から人間への感染が始まっていたのです。

これは中国以外の国々にとってマイナスに作用しただけでなく、彼ら自身も大きく傷つきました。彼らは新たな感染が発生したことに気づいた直後も――自らの名誉のために、直ちにウイルスの遺伝子配列を公開ウェブサイトに掲載こそしましたが――人間から人間へ感染するという事実を自分たちの保健当局に知らせず、あたかも4万人の集団隔離パーティーのような状況を作り出してしまいました。**伝染性の高いウイルスが循環しているときに最もやってはいけないのは、そこに人々を集めることです。**

ルーベンシュタイン　これまでに5万6000から7000人のアメリカ人が、これが原因で亡くなりました。これまでの事態をモデルケースとしたら、死者数はどれくらいになるとお考えでしょうか？

ファウチ　折に触れて申し上げていますが、モデリングは有効な方法ですが、そこにどんな前提を置くかでその有効性が決定されます。つまり効果的ではありますが、それだけ誤解される可能性も高いと言えます。さて、現在の死者数は5万5000人です。アップグレードされたモデリングでは、6

万人ではなく、おそらく7万人を超えるのではないかと言われています。

この推定数は、私たちがどのように対応するかによって変化します。それが私たちの死者数を決定するのです。

再びアメリカの門戸を開くためには、みなさんがそのためのガイドラインを遵守されるよう願っています。私は非常に保守的で用心深い視点からアプローチしているので、ガイドラインそのものは非常に注意深く、詳細にわたる内容になっています。私たちがこれまで通りの経済活動を再開していけば、おそらく新たな問題が——規制を緩和していけば間違いなく——起こってくるに違いありません。しかしながら、効果的な方法で感染を判定し、患者を隔離し、その発生経路を追えるのであれば、感染者数はかなり低く抑えることができるでしょう。

モデルの推定では、それは8万または7万かもしれません。私たちのやり方がうまくいかないか、あるいはまだその段階ではないのに海外との行き来を開始してしまうことで、再び感染が拡大し、制御不能に陥ったりすれば、それ以上に増える可能性はあります。数週間前までの状況にもう一度戻ってしまう、そういうリバウンドが生じるかもしれません。

ですからロックダウンから、段階的に平常時へと戻っていこうと試みる際には、慎重にも慎重を重ねて行う必要があるのです。

ＰＣＲ検査は機能しているのか

ルーベンシュタイン　あなたは１９１８年にスペイン風邪の第2波が、しかも致死性を伴って戻ってきたように、この冬にウイルスがもう一度戻ってくるとおっしゃっています。なぜそう思われるのでしょう？

ファウチ　ウイルスの伝染性が高く、世界的に蔓延(まんえん)しているため、かなりの確率で戻ってくると確信しています。**覚えておいてください、暖かい気候よりも、寒く乾燥した天候のもとで屋内に人が集まったときの方が、こうした種類のウイルスはうまく作用するのです。**

それがここで大きな違いを生むかどうかは分かりません。確実に分かっているのは、私たちは小康状態を保てるようになってきましたが、今度はクワズール・ナタールやケープタウンのような南アフリカの南部の場所で症例が見られ始めているという事実です。ですから来シーズンに入ると、ウイルスが再び出現するのは避けられません。それどころか地球上から消え去ることもなさそうです。もう一度戻ってきたときにどのように対処するのか――それが私たちの命運を決することになるでしょう。もしそのときまでに、これに対処するために必要なすべての対策を実施できていれば、かなりうまくいくはずです。うまくできなければ、私たちは来るべき秋と冬に、かなり厳しい状態に陥る可能性があります。

ルーベンシュタイン　ではPCR検査の現状をどのようにご覧になっていらっしゃいますか？　検査を実施している他の国では、国が責任を持っていますが、ここアメリカでは、それを州に請け負わせています。なぜそれが最善の方法なのでしょう？　誰かが今日、PCR検査を受けたいと言ったら、現実的にそれは可能ですか？

ファウチ　そもそもPCR検査については短期間に対処しなければならず、検査そのものを適切に準備するだけの時間が足りませんでした。したがって実施能力が十分に整わなかったのです。そのために、私たちは実際に初期段階で失敗しました。これは以前もお話し致しましたので、ここではこれ以上の発言は控えましょう。

しかしながら私たちは今、非常に精力的かつ適切に対応しています。私たちは民間部門、つまり自分たちの仕事をきちんと理解し、それを利益のために行っている大企業と連携し、数週間前から検査状況は劇的に改善されました。

私たちが今、本来目指していた場所にいるのかどうかは、現時点ではまだ分かりませんが、私の感覚ではほぼその地点にいるか、あるいはそこにかなり近づいているように感じています。昨日、公表された計画は、再びアメリカの門戸を開くためにＰＣＲ検査をいかに実施するか、そこに至るまでの青写真でした。その計画のなかで現状とは異なっており、そして誰もが理解すべきなのは、州と連邦政府のあいだの本当の意味での協力関係です。そこでは実際に検査を実施するのは州であり、連邦政府は戦略的方向性を指し示し、技術支援を提供する役割を担います。

こうした明確な役割分担は、初期の段階では明示されていませんでした。現在、連邦政府と州の双方とも、連邦政府は最終的な判断を下すと同時に、各州間の連携をとる機関だという認識を持っています。このおかげで私たちも州に戦略的な方向性を与え、地方レベルで何を行うべきかを明確に指示することができるのです。私たちは数週間前に比べて、はるかに良くなっていますよ。

ルーベンシュタイン　ＰＣＲ検査はうまく機能していますか？　偽陽性や偽陰性、いわゆる誤検知はあるのでしょうか？

ファウチ　現在の検証済みＰＣＲ検査は感知性、正確性、ともに精度の高いテストですが、１００パーセント完璧なものはありません。

あなたが今お話しになっている検査に対して、ときどき混乱される方がいらっしゃるように見受けられます。まず検査にはふたつの種類があります。**ひとつはウイルスに感染しているかをテストするものです。**様々なタイプの検査があり、結果が出るまでの早さや検査方法がそれぞれ異なります。しかし肝心なのは、いずれの検査も、あなたが感染しているかどうかを一定期間内に教えてくれるということです。

現在行われているもうひとつの検査は、抗体検査です。現在感染しているかどうかまでは分かりません。たくさんの種類がありますが、なかにはアメリカ食品医薬品局（FDA）が認定したものもあります。これはあなたが過去に感染し、今はおそらく回復していて、体のなかに抗体があるかどうかを検査するものです。抗体とは、感染に反応して、体が生成するタンパク質のことで、これがあるとほとんどの場合、同じウイルスに再び感染するのを防いでくれます。今回のウイルスについてはこれまで経験したことがないため、抗体ができていても、その力がどの程度まで及ぶのか検討する必要があります。

したがってウイルス検査については確実性、信頼性が高いと言えますが、抗体検査についてはまだ不確定要素が多いため、今後のさらなる研究を待たなければなりません。

世界中でワクチンにアクセスできるようにしなければならない

ルーベンシュタイン　ワクチンの状況はいかがですか？　今日のニューヨークタイムズ紙には、あなたの研究室とオックスフォード大学とでワクチンの開発に取り組んでおり、サルに有効性が見られたとの報道がありました。そのワクチンが実際に人間にも使用できると判明する可能性はどの程度ありそうですか？

ファウチ　確かに可能です。私が期待しているのはそのワクチン候補だけではありません。私たちNIH（国立衛生研究所）と提携している他の多くの製薬会社はもちろん、それ以外にもいくつかの企業や国が独自に開発にあたっていますが、みな順調に進んでいます。あなたもご存じのように、そのうちの何社かは安全性を確認するために、すでに人間を対象としたフェーズ1研究に進んでいます。

当初から申し上げているように、順調にいけばおそらく1年から1年半で、それらが安全で効果的であるかどうか答えが得られるでしょう。おそらくはこの先、今年の冬が来るまでに、安全かつ効果的なワクチンが手に入るかどうか分かるでしょうね。

次に、この国だけでなく世界中の国々に同じように供給できるよう、十分な数をそろえなければなりません。これは効果的なワクチンを入手することと同じくらい重要です。ワクチンが豊かな国だけに配給されるようであってはなりません。世界中の国々がワクチンにアクセスできるよう、十分な容量をそろえなければならないのです。

ルーベンシュタイン　私たちには、ＨＩＶに感染するのを防ぐためにワクチンを開発するという発想はありませんでした。あなたは新型コロナウイルスのためのワクチンを手に入れることができると楽観的に考えていらっしゃいますが、それはなぜでしょうか？　ＨＩＶにも多くの時間と仕事が費やされてきましたが。

ファウチ　ＨＩＶとは大きな違いがあるんですよ、デイヴィッド。体が自然感染に対して適切に反応する力がなければ、ワクチンの効果は現れません。

はしかは深刻な症状をもたらす病気だと分かっていますが、大多数の人たちの体はワクチンを接種することでウイルスを排除し、しかも再感染から保護してくれる免疫反応を残してくれます。したがってはしかは、体が適切に反応するという概念をすでに証明しているのです。

ところがHIVの場合はそうはいきません。体が困惑してしまうのです。HIVは自らを守ることができるので、体はあまり良い反応を示してくれません。数百万ものHIVの症例がありながら、純粋な体内免疫反応によって、ウイルスが自然に体から除去される例がほとんど見られなかったのは、そうした理由によります。

しかしながら、呼吸器ウイルスを含む他のウイルスでは、体が良好な免疫反応を起こすことが分かっています。私たちにたくさんの問題を引き起こすこの新しいウイルス、すなわち、新型コロナウイルス感染症から、多くの、多くの、多くの人たちが回復しています。つまり人々がウイルスを取り除く自然な免疫反応を起こすことができるわけですから、同じように自然感染を模倣すれば、最終的には自分を守り、保護するのと同じ種類の反応を誘発するワクチンが開発できるということなのです。ですから私はあくまで慎重に対応していますが、将来に向けては楽観しているというわけです。

保証はありませんよ。成功する保証はどこにもありません。しかし体がそれを行うことができるという事実は、私にある種の安堵（あんど）をもたらしてくれます。

コロナウイルスが変異し、ワクチンが効かなくなる可能性もある

ルーベンシュタイン　しかし新型コロナウイルス感染症が変異して、せっかくのワクチンが効かなくなる可能性はありませんか？

ファウチ　それはいつでも起こり得ることです。**ウイルスが変異する場合、ワクチンを回避するためというよりも、多かれ少なかれワクチンに対する病気の毒性を高めたり、ワクチンに対する耐性を強**

めたりするのが通常のパターンです。いずれにしてもワクチンが効かないように変異することはできるでしょうし、またそれが発生する可能性もあります。そのためには慎重に構成され、十分に管理された研究を行い、ワクチンの有効性を調べ、現在流行している特定のウイルスに対する免疫反応と照合する必要があるでしょうね。

ルーベンシュタイン　なぜこのウイルスが、高齢者――言ってみれば60歳から65歳以上の人――や、アフリカ系アメリカ人、あるいはその他の有色人種に大きな被害をもたらしていると思われますか？

ファウチ　私たちにお馴染みのインフルエンザを見てみると、インフルエンザ、あるいはその他のウイルスは、健康な若者よりも、高齢者や基礎疾患を持つ人たちに常に害を及ぼします。

この感染症の興味深い点は、いくつかの例外はありますが、ほとんどの場合、基礎疾患――主に高血圧、糖尿病、肥満、慢性肺疾患――を患っている人たちに問題が起こることでしょう。

私たちは、このウイルスの持つ病原性メカニズムと言うべきものを十分に認識し、理解できているとはまだ言いきれません。しかし少しずつ学んでいくにつれ、それがいかに体を傷つける複雑な方法を持っているかが分かってきました。その人に基礎疾患がある場合には、他のウイルスと同じように感染するよりも、基礎疾患に対して重い症状が生じるリスクがはるかに高くなります。

アフリカ系アメリカ人については残念ながら、新型コロナウイルスとは関係のない、人種における健康上の差異という問題を抱えています。私たちに分かっているのは、彼らのコミュニティは、糖尿病や高血圧などに苦しむ人が多く、したがって今回のウイルスに感染すると、悪い結果を、あるいは深刻な結果を引き起こす可能性が高くなります。

それはつまり二重の苦痛と言って良いでしょう。彼らはもともとそうした病気に罹患する率が他人種と比較して不釣り合いなほど高く、そのため彼らが感染すると、非常に悪い結果を生むという付随的なリスクを抱えているのです。

新型コロナウイルス対策本部での会議はどのようなものか

ルーベンシュタイン アメリカには毎日、あなたの健康を心配している人たちが3億3000万人もいます。どうやって感染を防止していますか？ あなたが動けなくなることを誰も望んではいません。健康を維持するために、何をされていますか？

ファウチ 私は他人に勧められるようなことはしていません。私の1日は、そうですね、ちょっと無茶苦茶だからです。最初は馬鹿なことをしていました。やることがたくさんありすぎて、3時間しか眠っていませんでした。そんなことは何日も続けられません。そこで、以前は准看護師で、医療現場での経験が豊富だった妻のアドバイスを聞くことにしました。それからというもの、5時間から6時間の睡眠時間をとるようになりました。それから、できる範囲で人に近づかないことですね。今のように、オンラインで済むことはそうしています。これが健康の秘訣でしょうか。でも少々、息切れ寸前の感はありますが。でも心地よい疲れです。

ルーベンシュタイン 声の調子はいかがですか？ ちょっとガラガラ声のように聞こえるとみんなが言っていますが。どうかなさったのですか。話をしすぎなのでしょうか？ それとも他に理由はありますか？

ファウチ　そうなんです、デイヴィッド、残念ながら12月にインフルエンザＡＨ１Ｎ１にかかり、少しずつ良くなりかけていた気管支炎をまた発症しました。そこへ新型コロナウイルスがやって来たおかげで、覚えている限り、ほぼすべての下院議員、すべての上院議員、すべての知事にブリーフィングをし、１日に5回、6回、7回とインタビューに答えました。気管を痛めた場合――おそらくそこにポリープがあるはずです――それを改善する唯一の方法は、口を開けないことなんです。でも今はそんなことはできませんからね。

ルーベンシュタイン　新型コロナウイルス対策本部とはどのようなものか、教えてください。会議はどんなふうに進行していくのでしょう？　みんなが席について、まず『最近どうですか』などと近況をたずね合って、それから勝手にめいめいが議論をするのでしょうか。

ファウチ　いえいえ、しっかりした会議ですよ。優秀なメンバーがたくさんいます。リーダーはマイク・ペンス副大統領です。様々な閣僚が加わっています。まずアレックス・アザー、それからベン・カーソン、チャド・ウルフなど、本当に活動的なメンバーばかりです。医療関係者もいます。私、ボブ・レッドフィールド（アメリカ疾病予防管理センター所長、毒性物質・特定疾病対策庁長官）、デボラ・バークス（世界ＡＩＤＳ対策調整官、世界保健政策調整官）、それにスティーブ・ハーン（食品医薬品局コミッショナー）です。みな優れたメンバーですから、全員で前夜の発生のパターンとダイナミクスに関するデータを実際に検討し、様々な問題――血清検査、人工呼吸器、感染防護具、州の計画、それらの相互作用など――に対処しており、その一部についてはすでに説明した通りです。

それをだいたい１時間半以上かけて検討します。それから集まって、副大統領とそのスタッフたちが記者会見でのトピックスを決めます。次に大統領に説明したあと、簡単な要約をまとめてから、記者会見に臨みます。

ルーベンシュタイン　あなたが記者会見に姿を見せないと、みな不安になります。そういうときには、何か他に重要なことをされているのでしょうか？

ファウチ　記者会見のトピックスによります。つまり私以外の誰かがその場にいて補足した方が良ければ、そうなります。たとえば昨日はPCR検査についてでしたから、その場にいたのは検査に関与している人たちでした。私は医師であり、公衆衛生が担当分野です。ブリーフィングには参加しましたが、すべての場面に居合わせたわけではありません。私の姿があまり見られなくなると、みなさん、私と大統領の間に何か問題があるのではないかと考えるようですが、それは事実ではありません。

できる限り今の仕事を続けたい

ルーベンシュタイン　あなたは現在79歳ですが、体調は良好です。1日に約5キロのパワーウォークをなさいます。パワーウォーキングというのは、早足で歩くことですよね？

ファウチ　パワーウォークとは、妻に追いつこうと頑張って歩くことなんです。彼女は私よりも足が速いですからね。

ルーベンシュタイン　あなたの目標は、これをさらにもう10年ほど続けることでしょうか？　今の仕事はどのくらい長く続けたいとお思いですか？

ファウチ　あぁ、デイヴィッド、実に良い質問ですね。あなたはもう数十年も、同じ質問を繰り返しています。**そうですね、自分が思う通りに仕事ができなくなるまでは、続けようと思っています。**今のところ、これまでと変わりなく元気だと感じています。自分のエネルギーに衰えは感じられませんし、何より私には経験という財産がありますから。

ルーベンシュタイン　ご自身を振り返って、もし身長があと十数センチ高かったら、1年だけ大学に通い、その後NBAのドラフトにかかるという、いわゆるワンアンドダン・ルールのバスケット選手だったと思いますか？　あなたは高校バスケットボールのスター選手でした。NBAに行きたいと思いませんでしたか？

ファウチ　ニューヨークでは、幼いころに校庭で遊んでいるうちにうまくなり、高校でもそれなりに目立っていれば、どんな若者でも大きな夢は抱きます。ですが、夢はなかなか現実には結びつかないものです。

私はいくらか、父の特性を受け継いでいました。父は高校生のとき、興味深いことに、ニューヨーク市で行われた200メートル走と400メートル走で優勝しています。とにかく足が速かった。だからバスケットボールのコートでは、私も素早く動けました。攻守が入れ替わり速攻に転じたとき、私に追いつける者は誰もいませんでした。ところが私は、どうやら父の身長まで受け継いでしまったのです。そして私は、バスケットボールの重要な法則を発見しました。170センチの優れたシューターでもある敏捷なポイントガードは、190センチの優れたシューターでもある敏捷なポイントガードに押し潰されるのです。

ルーベンシュタイン　私の問題は、優れたシューターではなかったことです。特に取り柄もなかったので、とても話にはなりませんが。

トニー、ありがとうございました。あなたがこの国のためにしてくださっていることに感謝します。どうかお元気で。お茶と蜂蜜を差し上げましょう。喉を大切になさってください。存分にご活躍されますように。ありがとうございました。

ファウチ　ありがとうございました、デイヴィッド。いつでも声をかけてください。どうかお体を大切に。

アメリカ合衆国連邦最高裁判所陪席判事

ルース・ベイダー・ギンズバーグ

Justice Ruth Bader Ginsburg

「**70年代の初めまで、裁判所に、女性も同じように市民権を持つ存在なのだと認識させるのは、ほぼ不可能でした。**

私たちの誰もが、最高裁判所という機関に対して敬意を抱いていますし、私たちが感じているその素晴らしさを、そのまま良い形で残していきたいと思っています。」

アメリカ合衆国連邦最高裁判所判事で、1933年3月15日にニューヨークのブルックリンで生まれた。1954年にマーティン・D・ギンズバーグと結婚し、娘のジェーンと息子のジェームズをもうけている。彼女はコーネル大学で文学士号を取得。その後ハーバード・ロースクールに通い、コロンビア大学ロースクールで法学士号を取得した。1961年から1963年まで、コロンビア大学ロースクール国際手続きプロジェクトの研究員を務め、その後副所長となる。1963年から1972年までラトガーズ大学法学部で法学教授を務め、1972年から1980年まで、今度はコロンビア大学ロースクールで法学教授を務めた。1971年には、アメリカ自由人権協会（ACLU）の女性の権利プロジェクトの立ち上げに尽力し、その後1973年から1980年までは、同協会の顧問弁護士を務めた。1980年には、ジミー・カーター大統領によってコロンビア特別区巡回裁判区の米国控訴裁判所裁判官に任命される。その後彼女は、ビル・クリントン大統領から最高裁判所判事に指名されると、1993年8月10日に着任した。2020年9月18日、87歳でこの世を去った。

若い世代にも認められた、個性あるリーダー

これまで最高裁判所で判事を務めた114人のなかで、ルース・ベイダー・ギンズバーグほど多くの人から高い評価を受けた裁判官は、誰ひとり見当たらない。学者然とした、小柄で穏やかな語り口の（しかも女性としてわずかにふたり目の）判事に対して、世間からこれほど大きな、しかも前例のないほどの称賛が寄せられるのはなぜだろう？

理由はいくつか考えられる。第1に、ジェンダー平等の分野における法学教授および公共サービス訴訟担当者として先駆的取り組みを行ってきたギンズバーグ裁判官が――実際、アメリカ自由人権協会（ACLU）の「女性の権利プロジェクト」を共同創設している――一般の、とりわけ若い世代の女性たちに（映画や書籍を通じて）急激に認められていったためだろう。

第2に、コロンビア特別区巡回裁判区の控訴裁判所で13年以上、最高裁判所で27年以上、合計40年以上を裁判官として務めながら、彼女はジェンダー平等や、避妊および中絶の権利など、『リベラル』で『進歩的』な組織やグループによって支援されている様々な意見や考えを一貫して明確に支持してきたからに違いない。その意見が最高裁判事のなかで少数派に属している場合、彼女は断固とした反対意見を多数派に送り、賛同者を増やそうとするのだが、それはしばしば、法に携わる人間として素晴らしい見解だと評価されることが多かった。

第3に、10年ほどの間にメディアによって作られた彼女の一般的なイメージ、いわゆる公的ペルソナに注目が集まったためだ。彼女のトレーニング計画やオペラへ注ぐ愛情が伝えられると、それが彼女の魅力のひとつとして受け入れられていったのだ。

そしてさらに、すでに80歳代後半にもかかわらず、癌（がん）やその他の病気と戦おうとする姿勢や、まだ

まだ法廷にとどまろうとする決意は、彼女のガッツと（民主党の大統領に彼女の後継者を選ばせるのだという）強い個人的意志の表れだと見られている（ギンズバーグは2020年9月18日にこの世を去った）。

ギンズバーグ裁判官の講義に出席したり、インタビューを聞いたり、あるいはメディアへ出演する姿を目にしたりした人なら、誰もが彼女のロックスターなみの魅力に惹かれるはずだ。彼女が出演するイベントには2万人が集まり、単に招待されただけのイベントでも、彼女が紹介されるとしばらくはスタンディングオベーションで拍手が鳴りやまないほどだ。私はこれを、ギンズバーグ裁判官を紹介したりインタビューしたりする集まりや、あるいはワシントン地域の社交イベントで、実際に何度となく体験していた。彼女は熱心なオペラ愛好家で、私は彼女とケネディ・センターのイベントを通じて知り合い、長年親交を深めていた。

女性への不当な扱いを何としても終わらせる

今回のインタビューは、２０１９年9月にニューヨークのカルチャーセンター「92nd Street Y」で、観覧者の前で行われたが、このときは観覧希望が定員の何倍にも達したのを覚えている。このインタビューでは、彼女の正確な言葉遣い、卓越したユーモアのセンス、そして女性として受けた差別について包み隠さずに話そうとする彼女の意思をくみ取ることができるだろう。**それはまた、すでに高齢であるにもかかわらず、女性に対して依然として存在する不当な扱いを何としても終わらせようとする、彼女の意志の強さを示していた。**

ではギンズバーグ裁判官は、どのようにしてそうしたリーダーに、またロールモデルになり得たのだろう？　詳細はインタビューのなかで明らかになるが、その原因は、彼女の高い知性（ハーバード大学、コロンビア・ロースクール両校でトップに近い成績だった）、自らの目的のために戦う粘り強さ、そして同じくオペラを愛する親友、故アントニン・スカリア裁判官など、彼女とは意見を異にするような人たちとも一緒に働ける能力にある。

またギンズバーグ裁判官は法廷内で、彼女ならではの個性的リーダーというポジションを確立していった。リベラル派の急先鋒である謹厳実直で理路整然とした最高裁判事としての数々の言動や、スターのように親しまれていた人柄は、彼女が扱う重要な問題に対する世論に明らかに影響を与えている。そしてまた裁判所自身が下す判決も、判例や学問としての法体系を構築していく一方で、この10番目の陪席判事——すなわちその世論の見解を間違いなく反映しているのである。

健康で頭がしっかり働く限り法廷にとどまる

デイヴィッド・ルーベンシュタイン（以下「ルーベンシュタイン」）　朝起きて、その日の自分の健康状態を3億3000万人ものアメリカの人たちが気にかけてくれていると知ったら、どのように感じるものなのでしょうか？

ルース・ベイダー・ギンズバーグ（以下「ギンズバーグ」）　どのように感じるか？　とても勇気づけられます。癌を克服した人なら分かりますが、その恐ろしい病気には、立ち向かう気持ちが必要です。みなさんが私を応援してくださっていると分かれば、それはとても心の支えになりますよ。

でも誰もが応援してくださるわけではありません。2009年に膵臓（すいぞう）癌にかかったとき、名前は思い出せないのですが、ある上院議員は、私は6か月以内に亡くなるだろうと言いました。その上院議員はすでに鬼籍に入ってしまわれました（2017年に亡くなったジム・バニング上院議員のこと）。

ルーベンシュタイン　健康で仕事ができる限り、あなたは法廷にとどまろうと考えていらっしゃる。間違いないですね？

ギンズバーグ　健康で、頭がしっかり働く限りね。

ルーベンシュタイン　スティーブンス判事とオリバー・ウェンデル・ホームズ判事は90歳で引退しました。この記録を破ろうという気持ちはありませんか？

ギンズバーグ　私はリスボンで行われた会議で、7月の最初の週をスティーブンス裁判官と過ごしました。それは結局、彼にとって人生の最後の週でもありました。彼のような人物はそうざらにいるものではありません。そのとき彼は99歳でした。90歳で法廷を去って以来、本を4冊も書いています。だからそうね、彼は私のロールモデルです。

ルーベンシュタイン　今日多くの人が、最高裁判所は非常に政治力が反映された場であると考えています。つまり民主党大統領によって最高裁に指名された人々と共和党大統領によって指名された人々がいるので、それぞれ共和党あるいは民主党の政治的欲求に沿う傾向があるというのです。これは正しい評価だと言えるでしょうか？

ギンズバーグ　人はたいてい、話が簡単にまとまってしまっては面白くないので、議論を戦わせてほしいと望むものです。ですからメディアは、私たち判事が5対4、あるいは5対3で決定を下すと、それを大きく取り上げます。では前期を例にとってみましょう。私たちは十分なブリーフィングと議論の末に、68件の判決を下しました。そのうちの20件が5対4、または5対3の決定でしたが、29件については全会一致でした。

したがって侃々諤々（かんかんがくがく）の議論よりも、意見の一致を見ることの方が多いのです。意見の不一致、ええ、おっしゃる通り、それはとても大事な観点です。ですが、議論をする率よりも、実は合意する率の方が高いのです。

取引は絶対にしないが、書面で説得しようと試みる

ルーベンシュタイン　4対5で自分の主張が不利だと予想される場合、意見を異にする判事のもとを訪ねて、『考え方を変えてみないか』と誘ったりすることはありませんか？

ギンズバーグ　いいえ、裁判所では駆け引きはしません。

ルーベンシュタイン　『この件に賛成してくれたら、あの件に賛成してあげるよ』というような取引はしないのですか？

ギンズバーグ　絶対にありません。**取引はしませんが、私たちは常に相手を説得しようとします**。たいていそれは書面で行います。判事は9人いますから、5人に向けて反対意見を述べようとする場合、そのなかのひとりでもこちら側の意見に賛同してくれればと期待を込めて書いています。一度、こんなことがありました。そのとき法廷の協議会では、私は2対7で少数意見側だったのですが、まだ十分時間もあったので、もうひとりの判事から指示されて反対意見を送ったところ、最後は6対3に逆転していました。当初のふたりは6人まで延び、7人は3人まで減少していたのです。

ルーベンシュタイン　それはあなたの意見がきっかけなわけですね。

ギンズバーグ　そうです。

ルーベンシュタイン　あなたの文章は非常に説得力があるんですね。ワシントンに限らず全国の人たちが、最高裁判事はお互いに好意的なことばかり書いているわけではないのに、互いに礼節をもって接しているのに驚いています。スカリア判事などはあなたの見解に対してそれほど評価をしていませんが、それでもあなたは彼と一緒にオペラを観にいらっしゃいますね。面倒だと思われたり、気乗りがしなかったりすることはありませんか？

ギンズバーグ　まったくありません。スカリア判事と私は、コロンビア特別区巡回裁判区の仲間だったときに友達になりました。彼のどんなところが一番好きかですって？　彼のユーモアのセンスでしょうね。思わず笑ってしまうんです。私たちが控訴裁判所で3人の裁判官席に一緒に座っていると、ときどき私に何かを囁く（ささや）のですが、それが可笑しくて、声を上げて笑いそうになるのを必死にこらえなければなりませんでした。

確かに、私たちのスタイルは非常に異なっていましたが、多くの共通点もありました。少なくとも、他の弁護士や裁判官が私たちの言わんとするところを理解できるように、ふたりとも意見書を書くときには大いに気を遣っていました。スカリア判事は文法の専門家でした。彼の父親はニューヨーク市立大学ブルックリン校のラテン語教授で、母親は小学校の教師でした。だから文法に詳しかったのです。

彼はときどき裁判官室にやって来るか、あるいは私に電話をかけてきて、こう言います。『ルース、君は文法上の間違いをしたね』。でも彼は、書面のなかでそういう指摘をして、同僚たちの前で私に恥をかかせるようなことは一度もしませんでした。私は彼にときどき、こんなことを言っていました。『あなたの文書は表現が辛辣過ぎる。もう少しトーンダウンしたら説得力が増すわよ』。でも彼は、私のこのアドバイスを聞き入れることはありませんでした。

11歳のころからオペラ愛好家

ルーベンシュタイン　おふたりはこれまで、そしてあなたは今もなお、大変なオペラ愛好家です。いつごろから好きになったのですか？

ギンズバーグ　私がオペラに魅了されたのは11歳のころで、当時はニューヨークのブルックリンにある小学校に通っていました。中学校の英語教師だったおばがオペラの公演に行くというので、会場になっていたブルックリンの高校へ、私も一緒に連れて行ってくれました。演目は『ラ・ジョコンダ』で、子どもが初めて見るオペラにふさわしいものではありませんでした。

当時、子どもたちに美しい音楽を聞かせて興味を持たせるのを自らの生涯の使命にしていた、ディーン・ディクソンという名の人物がいました。彼は様々な学校をオーケストラと一緒に回り、オペラを1時間に凝縮し、途中で解説を加えながら上演していました。舞台装置こそありませんが、出演者はきちんと衣装を着ていました。**私がオペラを好きになったのは、１９４４年にディーン・ディクソンに出会ったおかげです。**

１９４８年、ディーン・ディクソンはアメリカをあとにします。それは、どれほど長く指揮を続けても、アメリカでは誰ひとり、自分のことをマエストロと呼んではくれないからというのが、彼が口にした理由でした。彼はアフリカ系アメリカ人だったのです。彼はヨーロッパに渡ると、ようやく認められ、みなに愛される指揮者になりました。そして60年代後半、20年ぶりにアメリカに帰国します。このころには、彼はアメリカの主要な交響楽団から客演指揮者として望まれるまでになっていたのです。

彼は指揮者の世界における、黒人初のメジャーリーガー、ジャッキー・ロビンソンのような人物でした。

彼が祖国に背を向けた40年代と、彼が戻った60年代後半のアメリカを見比べれば、そこにはアメリカ合衆国という国の進歩が見られると言っても過言ではないでしょうね。

私はかつて、メトロポリタン・オペラの休憩時間に居合わせたことがあります。通常なら休憩時間にクイズがあるのですが、私には答えられるほどの力はありません。しかし休憩時間が2度あるときには、オペラが大好きなアマチュアたちと会話をすることもあります。私がディーン・ディクソンについて話をしたところ、同じように彼からオペラの手ほどきを受けたというメールが、全国の方たちから山のように届いたのを覚えています。

ルーベンシュタイン　あなたは時間の許す限り、オペラに行きます。ワシントンD.C.ではライブビューイングを観ようと映画館に行き、週末にはときどき、ニューヨークの劇場まで足を運びます。長年にわたりオペラをご覧になっていらっしゃいますが、好きなオペラの演目は何でしょう？

ギンズバーグ　たいてい『フィガロの結婚』と答えますね。ときどき、『ドン・ジョバンニ』と言うこともあります。このふたつに共通しているのは、作曲がモーツァルトで、リブレット（台本）がダ・ポンテだということ。このふたりは最強の組み合わせです。

ルーベンシュタイン　どちらにすべきか、頭のなかで、まるで5対4の判決を下すようなものですね？　ところで実際にオペラにご出演なさったそうですが、本当ですか？

ギンズバーグ　ワシントン・ナショナル・オペラでは、スカリア判事と『ナクソス島のアリアドネ』を観ましたし、ケネディ判事、ブレイヤー判事と一緒に『こうもり』を鑑賞しました。とにかく素晴らしかった。しかし何と言っても最高の思い出は、本当にオペラの舞台に立ったことです。

演目は『連隊の娘』でした。劇中にほんの少し語る部分があるんです。歌ではありませんよ。せりふだけあって、歌わないところがあるオペラは他にはほとんどないでしょうね。私はクラケンソープ后妃役でした。私は彼女のせりふを書き加えました。とにかく最高でした。

癌をきっかけにトレーニングを始めた

ルーベンシュタイン　あなたは、生まれも育ちもブルックリンです。あなたもお分かりかもしれませんが、わずかにブルックリン訛りが残っていますね。映画（＊1）のなかでは、あなたの役はフェリシティ・ジョーンズが演じました。彼女はユダヤ人でもなければブルックリン出身でもありません。彼女の演技はいかがでしたか？

ギンズバーグ　素晴らしかったと思います。フェリシティに初めて会ったとき、私はこう言いました。『あなたの英語はクイーンズイングリッシュですが、どうやったらブルックリンで生まれ育った女の子のような話し方ができると思いますか？』。彼女は法廷での私のスピーチや議論を録音したテープをたくさん聴いたそうです。実際、彼女の演技は素晴らしかったですね。

ルーベンシュタイン　あなたは習慣的にトレーニングを行っていますが、近年、その内容を気にかけ

＊1　『ビリーブ　未来への大逆転（原題：On the Basis of Sex）』。2018年アメリカ製作。ギンズバーグが弁護士として挑んだ史上初の男女平等裁判の実話にもとづいて作られた。日本では2019年公開。

ていらっしゃるようです。まずトレーニングはいつごろから始められたのでしょうか？ 専属トレーナーもいらっしゃいます。ウェイトトレーニングはされていますか、それとも他に何かされているのでしょうか？

ギンズバーグ 先日の火曜日にもやりました。初めて癌の発作が起きた1999年以来、同じ方にトレーニングを指導してもらっています。大腸癌でした。手術をし、化学療法と放射線療法を受けたあとで、夫から、『まるでアウシュビッツで生き残った人のようだ。少し体を動かさないといけないね。専属トレーナーを雇ったらいいよ』と、言われたのです。

それがきっかけで、1999年から始めました。ときどき仕事に夢中になって、トレーニングする時間が惜しいと思うこともあります。でもトレーナーに会うとなれば、すべて中断しなければなりません。トレーニングを始めるときは疲れていても、終わるといつもすっきりします。

自分の考えを持っていることに初めて魅力を感じてもらえた

ルーベンシュタイン ご結婚されて56年になります。コーネル大学でパートナーのマーティと出会いました、そうですね？

ギンズバーグ ええ、私が17歳で、彼が18歳のときでした。

ルーベンシュタイン コーネル大学に通う女性がそこで結婚相手に――それも子育てや料理はもちろん、結婚生活におけるあらゆる家事を進んで分担しようとするような相手に出会う可能性は、いったいどれくらいあるでしょう？　あなたがご覧になって、それはごくありふれたことですか？

ギンズバーグ　**いつの時代もなかなか難しいでしょうが、特に1950年代にはあり得ませんでした。**ちなみに当時のコーネル大学の学生の男女比は4対1の比率で、女性ひとりに対して男性が4人の割合ですから、娘を持つ親ならぜひ娘を送りたい場所でした。コーネルで結婚相手が見つからなければ、ちょっと絶望的です。

マーティは、私が自分の考えを持っていることに惹かれた初めての男性でした。彼はいつも私を理解し、応援してくれました。

彼は、自分の料理の腕が上がったのはふたりの女性――彼の母親と私――のせいだと言っていました。義母に対しては言いすぎですが、私は確かに、料理はそれほど得意ではなかったのです。私は料理の本を1冊持っていました。『60分で簡単にできる料理』という本です。確かに帰宅してから料理がテーブルに並ぶまで、60分かかりませんでした。私は毎日1種類ずつ、週に7つの料理を作り、7番目までいったらまた最初の料理から始めていました。

ルーベンシュタイン　マーティのお母様は、幸せな結婚生活を送るために、何らかのアドバイスをしてくださいましたか？

ギンズバーグ　素晴らしいアドバイスをもらいました。私たちはマーティの家で結婚式を挙げたのですが、義母は式が始まる前に、『あなたに幸せな結婚生活を送るヒントを教えてあげるわね』と言うのです。『ぜひお聞きしたいです。それは何ですか？』と訊くと、『ときどき、耳が聞こえなくなること――それが秘訣よ』と教えてくれました。私は今日までこの賢明なアドバイスを、特に同僚とのやりとりに、おおいに活用してきました。**不親切な言葉や心ない言葉をかけられたら、私の耳は遠くなります。**

2％弱しか女性がいなかったハーバード・ロースクール

ルーベンシュタイン　コーネルでのあなたの成績は、間違いなく優秀でした。そしてハーバード・ロースクールに進まれます。当時のクラスの男女比は、半々くらいでしたか？

ギンズバーグ　いえ、とてもとても。はるか昔の話ですが、私は１９５６年から59年までロースクールに通いました。**新入生は５００人以上いましたが、私たち女性は９人でした。**でもマーティの学年に比べたら大躍進です。彼は私よりも1学年上のクラスにいましたが、女性は5人でしたからね。今ではハーバード・ロースクールの学生の半数は女性です。

ルーベンシュタイン　あなたはとりわけ優秀だったので、機関誌の『ハーバード・ロー・レビュー』に参加されます。成績はトップ、悪くてもトップタイでした。マーティがニューヨークへ移らなければならなくなると、あなたも一緒に行こうと、コロンビア・ロースクールへの転校を希望されました。ハーバード・ロースクールの学部長は、ハーバードの学生として卒業したいのなら、あまり良い考えだとは思わなかったようです。

ギンズバーグ　学部長は、卒業生になるには3年目をハーバードで過ごす必要があると言うのですが、そうしなかったのには理由がありました。マーティがロースクールの3年生で、精巣癌と診断されたたからです。当時は癌の治療も緒に就いたばかりでした。まだ化学療法はなく、大量の放射線をあてるだけで、彼が生き残れるかどうかは分かりません。でも私は、シングルマザーにはなりたくありませんでした。私がロースクールで勉強を始めたとき、娘のジェーンはまだ1歳2か月でしたし、私たちは家族として一緒にいたかったのです。

マーティはニューヨークの会社で良い仕事に就いていました。私の胸の内には簡単な答えがあったので、私は学部長に尋ねることにしました。『コロンビアで無事に法学を修めたら、ハーバードの学位を認めていただけますか?』。しかし学部長の答えはこうでした。『それは無理だ。ここで3年目を送らない限りね』

そこで私は、自分では完璧と思われる反論を試みました。私のコーネル大学時代の同級生で、ペンシルベニア大学のロースクールで1年次を送り、2年になってハーバードに転入してきた学生がいたので、私は彼女を例に挙げて学部長にこう言ったのです。『なるほど、だからアイセルベーカー夫人は2年次と3年次をここで学び、ハーバードの学位を取得するわけですね。しかしロースクールの1年目が最も重要だということは、誰もが納得する事実ではないでしょうか。彼女は2年次と3年次、私は1年次と2年次です。大した違いはないはずです』。しかし学部長から言われたのは、『それはそれ、これはこれ。規則は規則だ』という言葉だけでした。

ユダヤ人であり、女性であり、母親であるというハンデ

ルーベンシュタイン　そしてあなたはコロンビア・ロースクールに通われ、法学位はコロンビアで取得されました。成績も大変優秀で、そこでもロー・レビュー(法学雑誌)の編集委員でした。『ハーバード・ロー・レビュー』と『コロンビア・ロー・レビュー』の両方に参加されたご経験がおありです

から、さぞかしたくさんの有名な法律事務所から誘われたのではありませんか？

ギンズバーグ　ニューヨークにあまたある会社のなかで、私にチャンスをくれた企業はひとつもありませんでした。私には3つのハンデがありました。まず私はユダヤ人でした。しかも当時はまだ、ウォールストリートがユダヤ人を受け入れ始めたばかりでした。次に私は女性でした。そして何より決定的だったのが、私が母親だということでした。ロースクールを卒業したとき、娘は4歳でした。いくら女性を雇用する気持ちのある経営者でも、母親まで雇ったことはありませんでした。

ルーベンシュタイン　あなたの法学教授のひとりであるジェラルド・ガンター教授は、エドモンド・パルミエリ裁判官にかけあい、司法書記官として雇い入れてくれるようお願いしました。裁判官にとって、それは簡単なことでしたか？

ギンズバーグ　裁判官は女性を雇用することに抵抗はありませんでした。これまでも書記官として女性を雇ったことがあったからです。それでも彼は、私が母親だということを心配していました。ニューヨークの南部地区にある裁判所はどこも忙しく、日曜日でも書記官が必要な場合があり、そういうとき、私に働いてもらえないようでは困ってしまうからです。

私が知ったのは数年後で、その当時は知らなかったのですが、ガンター教授はパルミエリ裁判官にこう話をしていたのだそうです。『彼女にチャンスをあげてやってください。もし彼女が期待に添わなければ、彼女のクラスにダウンタウンの会社に行く男子学生がいますから、彼が代わりに出向きますよ』

それは一見、飴のようなものでしたが、実は鞭も含まれていました。つまり『あなたが彼女にチャンスを与えなければ、今後はコロンビアの学生は一切推薦しません』という意味でもあったのです。**私ほどの年齢と境遇の女性にとって、このような待遇こそごく当たり前のことで、まず仕事をもらうまでがとにかく大変でした。**サンドラ・デイ・オコナー判事が、どうやって最初に仕事をもらうことができたか、ご存じですか？ **彼女はスタンフォード・ロースクールでも非常に優秀な学生でしたが、正式な仕事のオファーはひとつもありませんでした。**そこで彼女は郡検事を4か月間無給で働こうと提案し、こう付け加えたそうです。『4か月経ったとき、私にそれだけの価値があると思えば、給与の支払い対象者にしてください』。そしてもちろん、4か月後にはそれだけの価値があると認められたのです。

うまくきっかけをつかんで大きなハードルを乗り越え、最初のチャンスをつかむことができました。女性も機会さえ与えられれば、少なくとも男性と同じように取り組めますから、次に仕事を得ようとするときには、ハードルは幾分下がります。

ルーベンシュタイン　法務職員を務めたあと、最終的にラトガーズ大学の法学教授という職を得ますね？

ギンズバーグ　はい、コロンビア大学ロースクール国際手続きプロジェクトに携わっていたときに、ラトガーズから声をかけていただきました。

女性の市民権を裁判所に認めさせるのは困難

ルーベンシュタイン　性差別の解消とそれに関する法律の制定というあなたの先駆者としての努力が、

どうACLU（アメリカ自由人権協会）につながっていったのでしょうか？

ギンズバーグ　それは、私が教えていたラトガーズの学生たちが、女性と法律に関する講座を望むようになったのがきっかけでした。そこで私は図書館へ足を運び、ひと月のうちに、連邦が下した性差別に対する決裁書にすべて目を通しました。重要なものは何ひとつありませんでした。

このころ、ACLUのニュージャージー支部に新しい苦情が寄せられていました。これまでACLUが目にしたことのないもので、苦情を申し立てていたのは、妊娠が始まったときにいわゆる産休を取得した公立学校の先生たちでした。**彼女たちが産休を取った理由が、学校運営にあたっている学区が、『小さな子どもたちに、先生がスイカを飲み込んだと思わせたくない』と心配したためだったというのです。**産休は無給扱いで、しかも復職も保証されていませんでした。妊娠した先生たちは文句を口にし始めていました。

一方、家族を健康保険に加入させようと申請したところが、『家族に対する保証を申請できるのは男性のみで、女性は適用外』だと言われた女性ブルーカラー労働者がいました。女性労働者は自分自身の保証は受けられても、家族まで加入させることはできなかったのです。こうして、法の下での女性の地位について学びたいと考えている学生と、ACLUに寄せられ始めていた新たなタイプの苦情が見事に一致することに気づきました。

それは私にとって、計り知れないほどの大きな幸運でした。**なぜなら70年代の初めまで、裁判所に、女性も同じように市民権を持つ存在なのだと認識させるのは、ほぼ不可能に近かったからです。**

ルーベンシュタイン　あなたは性差別を取り上げたACLUの数多くの訴訟に勝ち、多くの人に名前を知られるようになると、その後、今度はコロンビアで教鞭をとりました。そしてジミー・カーター大統領から、コロンビア特別区の合衆国控訴裁判所に行くよう求められます。大統領からの指名には驚きましたか？　裁判官になりたいと思いましたか、それとも教授のままでいいと思っていましたか？

ギンズバーグ　カーター大統領は、今日の連邦裁判官の顔ぶれを決める偉大な決断をしました。彼は大統領就任後、裁判官たちが自分と同じような顔ばかり並んでいることに気づいたのです。**つまり全員白人で、全員男性でした。これは本来のアメリカの姿ではない――カーター大統領はそう感じました。**

そこで彼は連邦裁判所の裁判官に、女性とマイノリティグループのメンバーをなるべく多く就かせたいと考えたのです。それは単なる一時の興味からではありませんでした。彼は25人以上の女性を地方裁判所の裁判官に任命し、11人の女性を控訴裁判所の裁判官に任命したと思います。私は11人のなかの最後でした。

国内のあらゆる中絶制限はすべて違法という見解に対して

ルーベンシュタイン　コロンビア特別区控訴裁判所の判事を13年間務められました。13年後、最高裁判所に進むこともあるだろうと思われましたか？

ギンズバーグ　『人生の目標は最高裁判所の判事になることだ』などと考える人はいません。判事の数はわずか9人です。運は特定の時期に特定の9人にしか働きません。そもそも成長してから、どんな裁判所であろうと、まさか自分が裁判官になるとは思ってもいませんでした。先ほど言いましたが、法廷の裁判官席に女性の姿を見ることなど、まずなかったからです。

カーターが大統領になったとき、連邦控訴裁判所に女性裁判官はひとりしかいませんでした。第9巡回区のシャーリー・ハフステッドラーでした。カーターは彼女を合衆国初の教育長官に指名しましたが、その後またしばらく、女性は起用されませんでした。しかしカーター大統領は現状を変え、その後の大統領も、過去のやり方に戻ろうとする者はいなかったのです。

レーガンはカーターに引けを取りたくなかったので、合衆国最高裁判所に女性を起用しようと決めました。彼は全国的な調査を行い、素晴らしい人物を選択しました——サンドラ・デイ・オコナーでした。

ルーベンシュタイン　カーター大統領は、最高裁判事の任命は行っていません。彼は後に、シャーリー・ハフステッドラーを任命しただろうと言っていますが、実際どうだったかは誰にも分かりません。

クリントン大統領が就任されたとき、あなたは明らかに候補者のひとりでした。大統領はダニエル・パトリック・モイニハンと話したとき、あなたの指名を後押ししていたモイニハンに、こう言ったそうですね。『女性は彼女を望んでいないようだが』。あなたは法律家として、性差別にかけては第一人者だったのに、どうしてそういう意見が出てくるのでしょう？　なぜ女性のなかには、あなたを最高裁判事として望まない人たちがいたのでしょう？

ギンズバーグ　ほんの一握りの人たちですね。ほとんどの女性は、私の指名を圧倒的に支持してくれていました。**でも私は、人工妊娠中絶を規制する国内法の大部分を違憲と判定したロー対ウェイド事件に関するコメントを書いていて、そこではその決定に諸手を挙げて賛成しているわけではなかったのです。**その訴訟の争点はそれほど難しいものではありませんでした。なぜならテキサス州法は国内でも極端な部類に入るものだったからです。中絶は、女性の命を救うために必要な場合のみ行うことができます。彼女の健康が損なわれようと、レイプや近親相姦（そうかん）の犠牲になろうと、それは問題ではありません。私は、ロー対ウェイド事件は比較的簡単なケースだと考えていました。判決はその最も極端な法律のみを違憲とみなし、そこでペンを置くべきだったのです。

ところが最高裁は、国内のあらゆる中絶制限はすべて違法だという見解を示しました。裁判所は普通、こういう判断を下しません。次のケース、そしてまた次のケースと、それぞれに裁定していくのが通常のやり方です。いずれにせよ女性のなかには、私がロー対ウェイド事件に１００パーセント賛成すべきだと考える人たちがいたのです。

姉のような存在だったサンドラ・デイ・オコナー判事

ルーベンシュタイン　さて、クリントン大統領があなたに会われました。面談は明らかに実り多いものだったようで、彼はあなたを指名することにしました。上院本会議での投票は完璧でしたね？

ギンズバーグ　96対3でしたか？　ええ、そう言って良いでしょうね。

ルーベンシュタイン　あなたはこれまで最高裁判所に26年間在籍しています。通算するとあなたは39年間、連邦司法官として務めてこられました。あなたが初めて最高裁に出廷したとき、他の裁判官はいかがでしたか？　『ここでお会いできて光栄です。みんなで一緒に食事に行きましょう。飲みに行きましょう』と言ってくれましたか？　あるいはまったく素っ気ない態度でしたか？　法廷で2番目の判事として、サンドラ・デイ・オコナーとの関係はどのようなものでしたか？

ギンズバーグ　私にとって裁判所は未知の領域ではありませんでした。私は数ブロック先の控訴裁判所で働いていました。当時すでにかなり年配のデイヴィッド・バゼロン裁判官からときどき電話があり、『ルース、クロンハイムのところに昼食を食べに行こうと思うんだが』と誘われました。クロンハイムって誰かですって？　ワシントンD.C.地域で一番の酒類販売業者です。

昼食を取りにその倉庫に行く前に、私は最高裁判所に立ち寄ると、ブレナン判事とマーシャル判事を連れだしたものでした。私は控訴裁判所時代からスカリア判事を知っていましたし、クレランス・トーマス判事も同じようにコロンビア特別区巡回裁判区出身だったので、彼とも面識がありました。しかしサンドラ・デイ・オコナー判事だけは別格でした。私には実の姉がいましたが、まだ私が物心つく前に亡くなっているので、サンドラが姉のような存在だったのです。

ですから、オコナー判事が最も歓迎してくれました。裁判官になったときだけでなく、初めて癌の発作に見舞われたときも、彼女はいくつか有益なアドバイスをしてくれました。**というのも彼女は乳癌を患いましたが、手術から9か月後には裁判官席に座っていたからでした。**彼女は私が今、何をすべきか、明確に分かっていたようです。『ルース、金曜日に化学療法を受けなさい。そうすれば週末のあいだに回復するから、月曜日には法廷に戻ることができるわ』と。

ルーベンシュタイン　さて、最高裁判所で訴訟を起こした場合、訴訟に勝つための最良の方法は、素晴らしい弁論趣意書を書くことでしょうか？　あるいは口頭弁論に優れることでしょうか？　口頭弁論や弁論趣意書は、本当に裁判に影響するのでしょうか？

ギンズバーグ　弁論よりも書面の方が大切です。法廷で口頭弁論はありますが、そこで優れた論旨を展開すれば勝訴するというわけではありません。すでにお話しした法廷以外の場面での説諭にはふたつの要素がありますが、何と言っても弁論趣意書が重要です。私たちが法廷で最初に行うものであり、法廷を退出する際、最後に行うものです。

口頭弁論は一瞬です。最高裁判所では、原告側、被告側、それぞれ30分ずつしかありません。ですから、あなたに有利な判決を下させたいという気持ちを裁判官に伝える以上のことは望めません。しかし弁論趣意書を作成するのは、最も大変で手間のかかる仕事です。

ルーベンシュタイン　口頭弁論のあと、週に2回、判事が集まり、投票の仕方を決定するか、あるいは少なくともそれについて話し合いを持ちます。誰が判決理由を書くのかは、どうやって決めますか？

ギンズバーグ　チーフが過半数を占める側にいる場合は、チーフが書きます。チーフが少数派にいる場合には、過半数を占める側にいる一番上席の判事が書きます。私は前期、3件の主要な訴訟の判決文を書きました。つまりその訴訟では、チーフであるトーマス判事が少数派にいたので、私が書くことになったのです。

最高裁判所への敬意と素晴らしさを残していきたい

ルーベンシュタイン　裁判所の開廷期はおよそ10月から6月ですね。判事のみなさんは、8月、9月には何をされていらっしゃいますか？　みなさんで円座を組んで、弁論趣意書を読むのでしょうか、あるいは他のことをされていらっしゃいますか？

ギンズバーグ　1年を通じ、世界のいずれの国であろうと、常に私たちにつきまとう問題のひとつが死刑であり、裁判所は私たちをまるで銃殺隊のように扱っています。多くの場合、執行日が設定されると、11時間以内であれば、その弁護士は執行の延期申請ができるのです。**最終投票には判事の誰もが責任を負いません。世界のどこにいても、全員が投票します。**また新たな開廷期に向けた初めての会議が9月末に開催され、私たち判事が集まるのですが、このときに溜まっていた再審理の申し立てに慌てなくてもいいように、私は夏のあいだ、それらに目を通すようにしています。

さらに私たちは、人に教えるために少し休みを取ります。アメリカでは多くのロースクールが夏に海外でのプログラムを組んでいて、他の裁判官たちとの交流会に参加することもあります。今年の夏は、ニューヨーク大学・ロー・スクールが主催した会議に出席するため、スティーブンス判事とソトマイヨール判事と一緒にリスボンへ行きました。

ルーベンシュタイン　今日、裁判所とその仕組みに関して、将来的に一番希望が持てるのはどんな点でしょうか？　あなたは裁判所の機能については楽観的な見方をされており、裁判官が互いに協力し合う今のやり方にもまあまあ満足していらっしゃいますよね？

ギンズバーグ　**私たちの誰もが、最高裁判所という機関に対して敬意を抱いていますし、私たちが感じているその素晴らしさを、そのまま良い形で残していきたいと思っています。**

ルーベンシュタイン　それぞれの裁判官には――私の理解では――4人の司法書記官がついています。誰かが書記官になりたいと思ったら、応募書類を送れば良いのでしょうか？　どのようにしたら良いのでしょう？

ギンズバーグ　数百通という、それはたくさんの数の応募があります。私の場合、司法書記官の最大の情報源は、他の連邦裁判官です。法学教授が書く推薦状は、どうしても力のこもったものになる傾向があります。結局誰もが『本学卒業者のなかで最も優秀な学生』です。でも私の同僚なら、率直な話をしてくれるでしょう。

私は実際、他の連邦裁判官からかなり頻繁に、『今年は君にぴったりだと思う書記官がいるんだが』という電話をもらいます。私にとっては、彼らが最も信頼のおける推薦者です。

私の書記官は、ケイガン最高裁判事がハーバード・ロースクールの学部長だったころには彼女からの推薦者をひとり、コロンビア・ロースクールの学部長からの推薦者をひとり受け入れ、残りのふたりを主に裁判所、あるいは控訴裁判所の裁判官の書記官からまわしてもらっていました。

権利は守らなければ損なわれてしまう

ルーベンシュタイン　憲法について何かひとつ変更できるとしたら、それは何でしょう、そしてなぜですか？　もしあなたが建国の父、建国の母だとしたら、今の憲法にはない、何を入れるでしょう？

ギンズバーグ　憲法に平等修正条項を追加します。

理由はこうです。ポケット憲法を取り出して孫娘に見せるとしましょう。たとえば修正第1条を開けば、言論と報道の自由が明示されています。**ところが『女性と男性は同等の市民権を有する』と謳**（うた）**った文言はどこにもありません。**

1950年以降に制定された世界のあらゆる憲法には、これに相当する条文──すなわち、男性と女性は法の前では平等であるという意味の条文がすでに含まれています。思想および良心の自由と同様、男女が同等の市民権を有するという考えが私たちの社会の基本的な前提であると認識できるように、そうした声明を含んだ憲法を孫娘たちに持たせたいと思っています。

ルーベンシュタイン　あなたが将来の希望を抱くには、何が必要でしょう？

ギンズバーグ　孫娘ですね。私は弁護士を務めている一番上の孫娘を、とても誇りに思っています。彼女は私たちの国を、そしてその最高の価値観をとても気にかけています。彼女や彼女のような若者たちがいてくれれば、いつでも私たちを正しい方向に引き戻してくれるでしょう。

ルーベンシュタイン　私たちの民主主義にとって、最大の脅威は何だとお思いですか？

ギンズバーグ　私たちが手にしている権利は、守らなければ損なわれてしまいます。そういう気持ちのない人たちの存在こそ、最大の脅威です。有名なラーニド・ハンド裁判官は、自由について述べた偉大な演説のなかでこう語っています。『**人々の心の中の火が消えてしまえば、憲法を、法律を、あるいは裁判所をもってしても、再びそれを灯すことはできない**』と。私の信念は、自由な精神のなかにこそあるのです。

道を究める

6章

ジャック・ニクラウス
マイク・コーチK・シャシェフスキー
ルネ・フレミング
ヨーヨー・マ
ローン・マイケルズ

ゴルフ界のレジェンド

ジャック・ニクラウス

「**とにかく心のあり方が大切なんだ。自分ができることに対して自信を持つこと。**自分自身の力で――自分の人生を通じて――プレーを学ばなければならない。どんな仕事に携わっていようが、それは関係ない。自分自身で学んでいかなければならないのだ。

記録は破られるためにある。」

ゴルフ界最大のチャンピオンとして世界的に認められている存在。『スポーツ・イラストレイテッド』誌は、彼を「20世紀の個人男性アスリート」に選出し、『EPSN.com』は、「今世紀10人の最も偉大なアスリート」のひとりに選んでいることからも分かるだろう。ジャックは、アメリカ国内では最多となるメジャー選手権優勝18回を含め、世界のプロトーナメントで120勝を挙げている。こうした大きな功績が以降の表彰のひとつの基準としても認められ、彼は史上４人目、スポーツ選手としては初めて、大統領自由勲章、議会名誉勲章、リンカーンメダルを受勲した。1962年には、ゴルフ界で最も認知度の高いブランド、ニクラウス・カンパニーを立ち上げ、個人として世界中で310以上のゴルフコースの設計に携わる。さらにジャックと妻のバーバラは、ニクラウス・チルドレンズ・ヘルスケア財団を設立。これは、すべての子どもたちに世界レベルのヘルスケアを提供し、子どもたちの病気の診断、治療、予防に焦点を当てた革新的プログラムを支援することを目的としたものである。

ゴルファーとして世界の頂点を極めた人物

私はゴルフは、やらない。アスリートとしての才能を持ち合わせておらず、ゴルフに要する時間が長く感じられ、しかもうまくいかずにいらいらするからだ。だがそれでも私は、歴史上、最も偉大なゴルファーとして広く知られたジャック・ニクラウスを、いつも遠くから感嘆の思いで眺めていた。重要なトーナメントで常に勝利を収める、その勝負強さはもちろんだが、あくまで謙虚で控えめな態度でそれを成し遂げる彼の姿は、ファンだけでなく同じプレーヤーたちからも高く評価され、尊敬されていたのだ。**まさにスポーツ界におけるリーダーシップの模範として、強く私の心を打ったのである。**

メジャー選手権優勝18回、ＰＧＡツアー優勝73回、46歳でマスターズ・トーナメント優勝――プレーヤーとして彼が残した記録はまさに伝説的だ。それは何もゴルフの成績だけではない。5人の子ども、22人の孫、60歳になった妻のバーバラ――そうした家族への愛情もまた、伝説的だ。**世界を駆け回るプロゴルファー、コースデザイナー、ビジネスマン、そしてアンバサダーを務めながら、彼は決して2週間以上続けて家は空けないと決めている。**これは決して容易なことではない。

ジャック・ニクラウスはどのようにしてゴルファーとして世界の頂点を極め、さらにキャリアの半ばでゴルフコースのデザイナーとしても第一人者となり、しかもそのあいだも家族との緊密な絆を維持し、医療手当ての必要な子どもたちへの慈善活動を続けていくことができたのだろう？　そしてどのようにして――実際、彼のおかげでゴルフは高貴なスポーツであるという印象が世間にもたらされた――最も称賛されるゴルファーになり得たのだろう？

ジャックは、目指す分野で成功できるという、自分自身に対する信念があるからこそ成功できたのだと考えていた。**成功する人は、もしその成功が結果として目に見えるものならば、その結果が現れると信じなければ――言い換えれば自分に大きな自信を持たなければ――ならない。**彼の行動はこの点を明確に証明していた。

アスリートが成功したからといって、必ずしも国民がそれを称賛するわけではない。だがジャック・ニクラウスは控えめな性格で、典型的アメリカ人というべき人間性を持ち、家族に対する深い愛情があったがゆえに、世間から半世紀以上にわたり、大きな評価を得てきたのである。

私が数年前に、ベアーズクラブ（フロリダ州にあるニクラウスのホームクラブである）主催の慈善事業イベントで話をしたとき、聴衆のなかにジャック・ニクラウス本人の姿があった。彼が私の話から何が学べるのか、そのとき私には分からなかったが、その後すぐに、彼が慈善プロジェクト、特に子どもたちの健康に関連するプロジェクトに、自らの人生の大半を捧げていると知った。マイアミの中心的な小児病院は現在、ニクラウス小児病院と呼ばれ、フロリダ全土に広がる少なくとも17の外来診療センターと緊急医療施設は、ニクラウス小児医療システムの一部として運営されていた。彼とバーバラはかなりの時間を費やし、ニクラウス小児医療基金のために資金を集めていた。これが施設の運営費に充てられ、ひいてはアメリカ全土に小児医療システムを展開していく資金になる予定だった。

私は彼に、彼の経歴と現在の生活についてインタビューできないかと尋ねたところ、彼は快く受け入れてくれた。

このインタビューは2019年6月、ニューヨークのブルームバーグスタジオで、観覧客の前で行われた。インタビューを聞き、私自身にひきあてて、もし自分を信じていれば本当に素晴らしいゴルファーになっていたかどうか、それはやはり疑問の残るところである。だがジャック・ニクラウスという人物に限って言えば、そうするなかで偉大なゴルファーに――いや、それ以上の人物に――なっていったのだ。

ゴルフは達成不可能な目標への果てしない欲求

デイヴィッド・ルーベンシュタイン（以下「ルーベンシュタイン」）　正直に申し上げますが、私はゴルフはやりません。9歳のときに始めて、すぐに10歳でやめました。

ジャック・ニクラウス（以下「ニクラウス」）　私だってもうゴルファーじゃないよ。

ルーベンシュタイン　ええ、でもゴルフで名を成した方ですからね。

どうしても分からないことがあるんです。嫌になるほどいらいらさせられ屈辱的なのに、なぜこんなにも多くの人が、これほど夢中になっているのでしょう？　ボールが思ったところに飛んでいくことはまずありません。

ニクラウス　達成不可能な目標に対する果てしない追求――それがゴルフなんだ。ボールを自由に操れる人なんてひとりもいやしないよ。いろんなスポーツに取り組んでいるたくさんのアスリートたちは、難しいがゆえに、みんなゴルフが大好きなのさ。その人の腕の良し悪しにかかわらず、常にチャンレンジが求められるからね。だから私はゴルフが好きなんだ。**いくらうまくなっても、さらに目指すべきレベルがある。**

ルーベンシュタイン　あなたを初めてゴルフに連れて行ってくれたのは、お父様でした。お父様はゴルフはお上手でしたか？

ニクラウス　子どものころはまずまずの腕前だったようだ。でもその後、薬剤師になってからは15年ほど遠ざかっていたらしい。そこへバレーボールで足首を骨折して、結局手術を3度受けてつないだんだ。医者は父にこう言った。『チャーリー、車椅子生活を送りたくなかったら、なるべく歩いた方がいい』ってね。

それで私たちは、オハイオ州コロンバス郊外のアッパーアーリントンに越すと、近くにサイオートカントリークラブがあったんだ。父はそこに加入し、私にバッグを持たせてキャディ代わりに一緒に連れて回った。その年、ジャック・グラウト（訳注：後にニクラウスの師となる）という名の男がサイオートにやって来ると、サイオートで全米プロゴルフ選手権が開催された。私はゴルフを始めた年に、そうしたことを体験したが、それはまるで私がそのスポーツをこの先もずっと学び続けられるように、刺激を与えてくれているようだった。

父は私の親友であり、憧れの存在でもあった。私は父を愛し、父は私と一緒にいろいろなことをしてくれた。私のためなら、自分のことはすべて犠牲にしたんだ。

ルーベンシュタイン　当時はまだ、プロのゴルファーとして経済的にやっていけるかどうか、まったくの未知数だったと思います。会計士、あるいは薬剤師として学位を取得することは考えていませんでしたか？

ニクラウス　たいてい子どもたちは、父親のようになりたいと思うものさ。父は薬剤師だったので、私もそれを目指そうと、学士課程に相当する薬学前教育を受講したんだ。私は午後の実験が嫌いだった。薬科大学に入学する前、私は父から、何か他のことも経験しておいた方が良いと強く勧められたので、保険の販売も始めることにした。私は男子学生で構成された友好クラブ、フラテニティの学友たちに保険を販売するのがうまかった（自嘲的に）。彼らは実際に保険が必要だったし、私もものを売るのが好きだった。ずいぶんお金になったよ。結婚して、子どももひとりいたからね。でも本音を言えば、ゴルフがやりたかった。だからそうすることにしたのさ。

ゴルフをやる以上、頂点を極めたかった

ルーベンシュタイン　当時、あなたはプロになることを考えていましたが、確信は持てませんでした。そんなときにあなたは、アマチュアゴルフ界の第一人者であるボブ・ジョーンズに会いました。どういういきさつでしたか？

ニクラウス　私が15歳で全米アマチュア選手権に出場したとき、宴会でスピーチしたのがジョーンズだったのさ。彼は私が最後の練習ラウンドでプレーするのを見て、こう話しかけてきたんだ。『ねぇ君、明日はちょっと、君のプレーを見に来させてもらうよ』ってね。私はほんの15歳。いわば初めて全米アマチュア選手権に出場する子どものような存在だった。それを希代のプレーヤーであるボブ・ジョーンズが見に来るというんだ。

彼が姿を現すと、私はすぐにボギー（＊1）、ボギー、ダブルボギーと叩いて試合に負けた。でもそれはめったにない貴重な経験だった。それから彼は親友となり、また素晴らしいアドバイザーになってくれたんだ。彼は本当に優れた人物だよ。

ルーベンシュタイン　二度目に全米アマチュア選手権で優勝した翌年、プロになろうと決意されます。

＊1　ホールの規程打数より、1打多い打数でホールアウトすること。

いよいよゴルフを生涯の仕事にしようと決められたのでしょうか？

ニクラウス　アマチュアとしてこれ以上目指すべき目標は、もうなかった。ゴルフをやる以上、頂点を極めたかったんだ。そこで私はこう言った。**『そのためにはトップと戦わなければならない。トップと戦うというのは、つまりプロと戦うということだ』とね。**だからプロに転向したんだ。

ルーベンシュタイン　当時、報酬は悪くありませんでしたが、今とは比べものになりませんでした。

ニクラウス　ゴルフで勝ったのと同じくらい、保険を売ってお金を稼いでいたからね。

ルーベンシュタイン　プロとして活動した最初の年はいかがでしたか？

ニクラウス　プロとしての最初の年は、４つのトーナメントで優勝した。全米オープンでも優勝したよ。いや、優勝だったかな、正確には覚えていないが、確か賞金は1万5000ドルだったたと思う。賞金ランクは3位だった。トップはアーノルド・パーマーで、公式トーナメントでの獲得賞金は6万4000ドル、私が6万1000ドルくらいだった。しかし私はワールドシリーズ・オブ・ゴルフというこの年から始まった大きな大会で優勝しており、賞金は5000ドルだったね。

アーノルド・パーマーのファンでもありライバルだった

ルーベンシュタイン　あなたが活躍されるにつれて、アーノルド・パーマーと競わなければならなくなります。あなたがプロになりたてのころ、彼はすでに一流のプロでした。ところがあなたの方が多くの点で彼を上回っていきます。彼がトップに君臨するなか、あなたが徐々に力をつけていく――そういう時代はひとくちに言ってどんなふうでしたか？

ニクラウス　まったく人気はなかったな。アーノルドに勝ち始めていたからね。私自身もアーノルドのファンだったんだ。だからその気持ちはよく分かる。アーノルドはいいやつだった。私たちは本当に親友といえる間柄になったし、妻同士も仲良くなった。

　アーノルドはよく、ペンシルベニア州のラトローブからやって来ては私をコロンバスで迎えてくれ、ふたりで全国各地を回ってはエキシビション・ゲームをやっていたよ。ふたりでいると楽しかったな。**私が彼を倒しても、まったく気にするふうはなかったし、むしろ彼が勝ったときの方が、私に気を遣っていたくらいだ。**実際は負けたときには悔しかったはずだが、彼はそれを自分のなかで消化していたようだ。私よりも10歳年上だったし、彼は私の面倒をよく見てくれた。私はアーノルド・パーマーが大好きだった。

ルーベンシュタイン　あなたはご自身のキャリアのなかで、メジャー選手権大会で18回優勝しています。これはまだ誰にも破られていない記録です。タイガー・ウッズは現在――直近のマスターズでの優勝を入れても――15勝。多くの人が、あなたの記録を破るのはほとんど不可能だと考えていますね。

ニクラウス　私には分からんね。でも、タイガーはなかなかやるよ。

ルーベンシュタイン　あなたはマスターズを6度制覇しています。好きな大会でしたか？

ニクラウス　おそらくそうだろうね。

ルーベンシュタイン　全米オープン4回、全英オープン3回、全米プロゴルフ選手権で5回優勝しています。素晴らしい成績です。現役時代、18回のメジャー選手権大会を含め、全部で１２０のトーナメントで優勝。賞金王が8回、最小スコアを年間平均8回記録しています。ゴルフに関する記録で、あなたが達成していないものはありません。違いますか？

ニクラウス　達成していない記録があるかどうかは知らないが、確かに私の残した記録は良いだろうね。でももっと素晴らしい記録が出るかもしれない。それがゴルフというゲームの良いところさ。**いくらうまくいったとしても、さらにうまくなるかもしれないんだ。**

自分の人生を通じてプレーを学ぶ

ルーベンシュタイン　素晴らしいゴルファーになるための秘訣は何でしょう？　集中力ですか？　体力ですか？　それとも、それらの組み合わせですか？

ニクラウス　**とにかく心のあり方が大切なんだ。自分ができることに対して自信を持つんだ。**自分自身の力で――自分の人生を通じて――プレーを学ばなければならない。どんな仕事に携わっていようが、それは関係ない。自分自身で学んでいかなければならないんだ。

そして、自分ができることをすればいい。他の誰かができることではない。まずそこから始めるべきなんだ。ひとつの勝利が、次の勝利につながる。私はプロデビューの年に、運良く全米オープンで優勝できた。最大の大会のひとつに優勝できたんだ。自分がやれるという手応えをつかんだ。すると突然、今までより少し楽に勝てるようになったんだ。

ルーベンシュタイン　多くの人が、これまでに観たなかで最も楽しいトーナメントのひとつが、1986年に行われたマスターズだと口にします。**このときあなたは46歳というアスリートにとっては高齢と言われる年齢で臨まれました。**

ニクラウス　まったくだ、本当に老人だね。

ルーベンシュタイン　当時は確かに老人のように見えたかもしれません。今では、そんなふうには見えませんが。

ニクラウス　うん、今日はとても気分が若々しい気がするよ、デイヴィッド。

ルーベンシュタイン　当時、おそらく41歳か42歳を超えてマスターズで優勝した人はいませんでした。タイガーは43歳でマスターズの優勝を果たしていますが、46歳はゴルフカートか車椅子にお世話になる年齢だと考えられていました。ゲームの終盤まで、あなたは大会のトップに立つことはありませんでしたね。残り9ホールの時点でまだ4打差ありましたが、あなた自身、勝てると思いましたか？

ニクラウス　9番がバーディー（＊2）、10番がバーディー、11番がバーディーと続き、12番でちょっ

＊2　ホールの規程打数より、1打少ない打数でホールアウトすること。

としくじってボギーを叩いた。でもそれで集中力が戻り、13番で再びバーディー。さらに15番でイーグル（＊3）、16番でバーディー、17番でバーディー、このあたりかな、優勝を確信したのは。

ルーベンシュタイン それまでで一番感動的な勝利でしたか？

ニクラウス 40歳のときに全米オープンとPGA選手権で優勝してから、ずっと優勝から遠ざかっていたので、何というか、ちょっと不思議な感覚だった。それまでゴルフをするのが本当に楽しくて、ずっとゲームに参加していた。でもその週だけは、まさに奇跡が起きたんだ。

最終日の9番か10番を回ったあたりで、私はプレーの仕方を思い出していた。――ここからが優勝を決める戦いなんだってね。今年のマスターズでもタイガーに同じことが起こっていた。12番ホールの手前にある有名な難所、レイズクリークの周りに観客が集まり始めていたんだ。タイガーがうまくゴルフボールをグリーンの真ん中に運ぶのを見て、私は言ったよ。『これでトーナメントの行方は決まりましたね。この先、彼はプレーの仕方を完全に思い出すでしょう』とね。

私も同じだった。プレーの仕方を思い出していたんだ。この先、どうゲームを運べば良いのかをね。とにかく楽しかったよ。思う通りにできたからね。

ルーベンシュタイン ゴルフで最も重要なクラブはパターですよね？

ニクラウス それとドライバーだね。

ルーベンシュタイン 何人かのプレーヤーが陥るのが極度の緊張状態、いわゆる『イップス』です

＊3　ホールの規程打数より、2打少なくホールアウトすること。

ね？

ニクラウス　私はそれがいったいどんなものか分からないんだ。なったことがないからね。でもそういう状態になっているプレーヤーを見たことはあるよ。自信をなくして、緊張のあまり、ミスショットを連発してしまうんだ。それで苦しんでいる人を見るのは、本当に悲しいことさ。昔の有名なジャーナリストでゴルフ評論家でもあったヘンリー・ロングハーストは、よくこう口にしていた。『一度イップスになったら、イップスとともに選手生命を終える』。良いことではないね。

ルーベンシュタイン　マスターズでラウンドした後も、一からホールをまわるように、ティーアップして練習しますか？　実際にボールを打つのでしょうか？　1日の終わりに、外で練習するのでしょうか？

ニクラウス　以前はね。今は18ホールを回るのが精一杯だ。プレーした後も、98パーセントの時間を練習にあてているんだ。

ルーベンシュタイン　トーナメントに参加するときは、数日前から準備を始めますか？

ニクラウス　メジャー選手権は最も難しい大会なので、ゲームが始まる1週間前から現地入りしていたよ。周りは誰もがみな不安に思っているので、その点では勝つのは比較的簡単な大会だ。それでもコースは難しいし、だから準備が必要なんだ。

私の妻はよくこう言っている。『**きちんとした準備ができなかったなんて言い訳は通用しない**』とね。

彼女は1ミリたりとも間違ってはいない。だから早めに行って、グリーンの速さ、フェアウェイの幅、ラフの深さ、芝の硬さなどを体験したり、当日のコースのコンディションはどうなるのか予測したり、考えられる限りの準備を行った。だから、大会期間中やらなければならないのは、ゴルフに集中することだけだった。

59年前の記録がついに破られた

ルーベンシュタイン　あなたの記録のひとつが先日破られました。59年前に、あなたが全米オープンで記録した、アマチュア選手としての最少スコアでした。破ったのは若手のヴィクトル・ホブランです。（大会終了後、彼はプロに転向した）。59年も前の記録が、実際に誰かに破られると思っていましたか？

ニクラウス　**記録は破られるためにあるんだよ。**

ルーベンシュタイン　道具の進歩はゲームを大きく変えましたか？

ニクラウス　まずゴルフボールという観点から説明しよう。1930年から1995年にかけて、ゴルフボールの平均飛距離は6ヤードから7ヤード（約2メートル）近く伸びている。これは単純にボールの製造方法が進歩したためだ。1995年から2005年にかけては、さらに50ヤード（約15メートル）伸びている。

これが最大の変化だ。**それまでの糸巻きボールから多層構造ボールに切り替わったのを機に、ゴルフは大きく変化した。**規則を変えるべきだったね。しかしさらに変わったのは、今度は道具の方だった。

ゴルフに限らずあらゆるスポーツにも言えることだが、この10年から15年で選手の体も大きくなった。大柄で運動能力の高い人間が、ボールをより遠くに飛ばす道具を手に、ゴルフコースを徹底分析して臨んでいるというわけだ。

ルーベンシュタイン 30年、40年前は、ゴルファーはそれほどウェイトトレーニングはしていませんでした。今はみな、やっているのでしょうか？

ニクラウス やっていると思うね。私たちもトレーニングはしたよ。ジムにはそれほど通わなかったが、日ごろから走っていた。ウェイトやそれ以外のトレーニングは、シーズンオフにやっていたかな。でも、ゲーリー・プレーヤーには驚くよ。83歳なのに、毎日ジムに通っているんだ。

ゲーリーならまだ十分、ゴルフがやれる。本当にすごいんだ。年を取っても、きちんと体を鍛えている人たちがいるなんてびっくりさ。私はとてもそんな気持ちにはなれないね。私がまだ現役だったころには、アメリカンフットボールの選手でさえ、ウェイトを上げたりしていなかったよ。

ルーベンシュタイン ここ数年、コースデザインで最も変化してきたのはどんな点でしょう？　コースの平均距離でしょうか、それとも難易度でしょうか？

ニクラウス ゴルフボールと装備品の進歩を吸収するために変更し、調整をかけているんだ。50年前、全米オープンに使われたコースの距離は、６７００から６８００ヤードほどだったと思うが、今では７７００から７８００ヤード、すべて道具の進歩に対応するためだ。

ルーベンシュタイン　プロゴルファーは不正行為をしないよう徹底されていますし、ルールに対してとても敏感です。

ニクラウス　テレビを見ながら、『ほら、あいつ何かやらかしたんじゃないか』ってよく言う人がいるけど、プロゴルファーの方がきちんとルールを守るものさ。

ルーベンシュタイン　プロゴルファーはおそらくすべてのアスリートのなかで、ルールに対して一番厳格です。不正行為はまったくないのでしょうか？

ニクラウス　**自分を裁くのは自分自身さ。自分の行動は自分が責任を持つんだ。**

ゴルフコースの設計を始めたきっかけ

ルーベンシュタイン　あなたはプロになってから早々に、ゴルフコースのデザインをやろうと決めていましたね。個人的におよそ310か所のコースを設計し、あなたの会社は400か所を超える設計に携わりました。コースは全体で46か国、40の異なる州にまたがり、これまでおよそ1000回におよぶ大会が開催されています。この実績は、非常に印象的です。コースの設計をするには、何が秘訣なのでしょう？　どうやって始められましたか？

ニクラウス　ピート・ダイがきっかけを与えてくれたんだ。ピートは過去30年ほどのあいだ、ゴルフコースデザイナーの第一人者として鳴らしてきた人物だった。ある日――1960年代半ばだった――ピートから電話がかかってきた。『やぁジャック、今、ある人物に頼まれて新しいコースを設計しているんだ。フレッド・ジョーンズと言うんだがね。それで君に現地を見に来てもらいたいのさ。ぜひ君の意見が聞きたいんだ』。『ピート、私は設計についてはまったくの素人だよ』。そう言うと、彼は言った。『何を言ってるんだ、君が思っている以上に、君はコースのことが分かってるのさ』。それで私はコースを見に出向いたんだ。

彼は私にいくつか質問をしてきた。私はこう答えたよ。『残念だが、それについては私には何ひとつ分からない』。するとピートはこう言うんだ。『いや、知ってるはずさ。ここからこんなふうにコースが見えたら良いなってことを話してくれれば、それでいいんだ』。それならばと、私はその通りに話をした。同時にそれは私の興味をかき立てたんだ。

1968年、今度はヒルトン・ヘッド・アイランドにあるシーパインズ・プランテーション一帯のリゾート開発にあたっていたチャールズ・フレイザーから電話があった。彼はこう言った。『ジャック、ゴルフコースを作りたいんだ。君にそれを指揮してもらいたい。やってくれないか』。私は言ったよ。『コースの設計についてはまったく分からないけど、ピート・ダイという人物がいるから、彼と一緒だったらできるかもしれない』とね。

それから私はピートと一緒に、23回、足を運んだよ。その仕事は、それまで私のなかで眠っていた創造力をあふれさせてくれた。**自分にこれほどクリエイティブな力があったなんて気づかなかった。**現場に身を置いてその一画を眺めると、カップの位置はどこがふさわしいか、どんなプレーが展開されるか、そのためにどうすべきかが分かる。つまり何というか、自分の経験と勘でコース設計ができるんだ。私は長いことゴルフをしてきたし、たくさんのゴルフコースを見てきたから分かるんだが、コースのデザインはこれ以上斬新なものなんて有りようはないんだ。あとはその土地に一番適したものを配していけばいいのさ。

ルーベンシュタイン　ゴルフコースに関して言えば、ご自身で設計したもの以外で、プレーするのに一番好きなコースはどこでしょう？

ニクラウス　1ラウンドだけするとしたら、おそらくカリフォルニアのペブルビーチに行くだろうね。あそこは好きだな。全米アマチュア選手権で優勝したし、全米オープンでも優勝した。クロスビー大会は3度勝っている。でもゴルフ場として気に入っているのは2か所あるんだ。ジョージア州のオーガスタ・ナショナル・ゴルフクラブと、スコットランドのセント・アンドリュースだ。

ルーベンシュタイン　セント・アンドリュースが好きな理由は何でしょう？

ニクラウス　セント・アンドリュースが意味するもの、ゴルフに与えた影響――そして数世紀にわたりそこで優勝した人たちが、そこでプレーした人たちがいる――セント・アンドリュースは、ゴルフの聖地なんだ。

ルーベンシュタイン　2005年にプロとしてのキャリアを終えたときの最後のトーナメントは全英オープン、つまりそのセント・アンドリュースでした。それを考え合わせると、ずいぶん感慨深かったのではないですか？

ニクラウス　実にその通りだ。私は家族を連れて来ていた。全員がそこにいた。その週はずっと、息子のスティーブが私のためにキャディを務めてくれた。私たちは18番ホールのフェアウェイにかかるスウィルカン橋で足を止めて写真を撮ったが、まともなものは1枚もなかった。スティーブは泣き続けていたからね。

今、思い出しても胸が詰まる。私はどうやってトーナメントを締めくくろうか、考えていた。家族のみんなは、私がホールアウトするのを待ちながら泣いていたよ。でも私たちは本当に素晴らしい時間を過ごすことができた。楽しくもあったし、そのひとときは忘れられないね。

予選落ちして金曜日に終わりたくなかったけれど、仕方なかった。金曜日で私のトーナメントは終わりを告げたんだ。

ルーベンシュタイン　最終ホールはバーディーでしたか？

ニクラウス　まぁちょっとおかしな話だが、私はその日、予選でもう十分だった。バーディー狙いで臨んだ17番だったが、グリーン手前のフロントエッジからスリーパットした後、最終18番では第2打をカップの背後14フィートまで打ち込んでいた。

とにかくその日は一日中、ボールがカップのすぐそばまで近づくことがなかったんだ。だがいずれにしてもトーナメントはこれで終わりで、そのパットはどこに打とうがカップの方がボールに寄ってくると分かっていたし、実際その通りだった。そしてそのパットが最後だった。１９５７年にプロとしてメジャー選手権でデビューし、最初のホールでバーディーを奪い、そして最後はセント・アンドリュースで14フィートのパットを沈めてバーディーを奪い、キャリアを終えたんだ。

ゴルフはゲーム、一番大切なのは家族

ルーベンシュタイン　あなたは何年にもわたって多くの有名人や優れたゴルファーたちとプレーしてこられました。パートナーを選んで二人組になるとしたら、誰を選びますか？

ニクラウス　今日のところはタイガーと言っておこうか。ボビー・ジョーンズは有名だし大好きだけど、プレーしたことはないからな。彼とプレーしてみたいね。ベン・ホーガンともずいぶんやったよ。彼は素晴らしかった。そのうちの誰かだろうね。

ルーベンシュタイン　あなたはまた、何人もの大統領ともプレーされました。ゴルフが一番うまかったのは誰でしょう？

ニクラウス　一緒にプレーしたなかでは、トランプがおそらく一番だろう。トランプはうまかったね。ちょっと私に似ているところがあるかな。何ホールもやらないけど、しっかりボールが叩けるし、コースに出てプレーして、それを純粋に楽しんでいる。クラブ選手権でも何度か優勝経験があるんだ。

ジェラルド・フォード――彼と50ラウンドはプレーしているはずだ。ハンディキャップはだいたい13くらい。実際に13でラウンドしていたよ。クリントン？　クリントンがどれくらいやるのかは知らなかった。ハンディキャップは10くらいかな。あるいは30かもしれない。スウィングは良かったね。

みんなゴルフを楽しんでいた。それほど真剣にゴルフに取り組んでいたとは思わないが、とにかくみんな楽しんでいたよ。プレーしながら、アメリカの大統領に『どうだい、これが私のゴルフなんだ』

と言わせるのがゴルフの良いところさ。

ルーベンシュタイン　ご自身のキャリアを振り返って、最も誇りに思っているのはどんなことですか？

ニクラウス　そうだね、私にとってゴルフはゲームなんだ。**一番大切なのは家族さ。**子どもは5人、みんな私のことをよく分かっている。妻は、子どもたちに自分の父親がどんな人なのか教えながら育ててくれた。私は彼らと多くの時間をともにしてきた。妻はよく私のトーナメントに子どもたちを連れて来ては、父親の姿をみせながら、私がどんな人間なのか理解させてくれたんだ。

素晴らしい孫が22人もいる。何かやるときはいつもみんな一緒だ。今、私にとってはそれが何より大事なんだ。ゴルフはゲームさ。私はゴルフというゲームを愛している。**メジャー選手権で優勝したことは、間違いなく私の誇りだ。でもそれはゲームの一部に過ぎないんだ。**

ルーベンシュタイン　2週間以上、家を離れたくないというルールがありましたね。

ニクラウス　現役時代、2週間以上、家を空けたことはなかったよ。

子どもにゴルフを強要したくはなかった

ルーベンシュタイン　子どもたちにとって、有名なゴルファーを父親に持って成長すると、周りから同じような期待を持たれて大変ではありませんでしたか？　彼らはその期待に耐えられましたか？

ニクラウス　私は子どもたちにゴルフを強要しなかった。もしかしてそれは間違いだったのかもしれない。結局、3人はプロゴルファーになったし、もうひとりはスクラッチプレーヤー（ハンデがゼロのプロ並みの力を持つアマチュアプレーヤー）の手前までいった。父親がそうさせたわけじゃない。ゴルフをやらせたいからという理由で、子どもたちにゴルフをさせたくなかった。自分でゴルフがしたいという気持ちがあって、そこから始めてほしかったんだ。

そのうちのふたりは、『お父さん、なんでもっと小さいうちからゴルフをやらせようとしてくれなかったの？』と言ったよ。だから私は彼らにこう言った。『無理強いしてゴルフから遠ざかるようになってほしくなかった。私にできるのは、そういう姿を見せることだったんだ』とね。子どもにゴルフをさせようとする親がたくさんいるけれど、それは間違っていると私は思う。

そういう道があると教えたり、そこまで導いたり、支援してあげたりすることはできるだろう。でもどのみち、彼らのためにプレーすることはできない。**子どもたちが自分でやりたいと思わなければならないんだ。**そのうえで、本当にそれに打ち込むようになれば、きっとうまくいくはずさ。

ルーベンシュタイン　ゴルフのプロとして、または慈善活動分野でやり残したこと、あるいは達成したいことはありますか？　人生のこの時点でのあなたの最大の目標は何でしょう？

ニクラウス　私の最大の目標は、子どもたちが進歩を続け、孫たちが成長し、正しい道を歩んで行くのをこの目で見ることだ。

プロとして達成すべき目標はない。今はゴルフコースのデザインを楽しんでいるよ。そのために世界の様々な場所に行き、様々な人々や文化に出会い、ゴルフが彼らの生活にどう根付いているのかを見て、楽しんでいる。もちろんアメリカでも国中あちこちを回り、いろいろな人たちに出会い、楽しんでいる。私たちはささやかなトーナメントにも参加している。──『ゴルフの達人』と呼ばれる人たちとね。そこではスコアを気にする必要はない。グリーンに出て、ボールを打って、みなで楽しんで笑い合うんだ。今の私には現実的な目標は何もない。**私の目標はいつも家族であり、家族と一緒に過ごすことなんだよ。**

マイク・コーチK・シャシェフスキー

デューク大学男子バスケットボールチーム・ヘッドコーチ
元男子バスケットボール、オリンピック米国代表チーム・ヘッドコーチ

『ひとりでは目指す場所にはたどり着けません。チームのひとりとして動かなければならない。良き人たちを周りに配し、彼らの話に耳を傾けるのです。一方的な話では学びは得られません。誰かと話すときには、会話を心がけます。言い訳はせず、ともに解決策を見つけていくのです。』

デューク大学男子バスケットボールのヘッドコーチで、全国優勝5回、ファイナルフォー進出12回を誇る「ネイスミス・メモリアル・バスケットボール殿堂」入りを果たした名コーチ。デューク大学で指導を続けてきた40シーズンで、他のどんな大学でもなし得ないほどの実績を築いてきた。45年間におよぶヘッドコーチとしてのキャリアは、現在まで1157勝350敗という記録を残している。1975年11月28日に陸軍士官学校で挙げた初勝利から、直近の2020年３月７日に挙げたノースカロライナでの1157回目の勝利まで、シャシェフスキーは、男子バスケットボール、ディビジョン１で勝利を積み上げてきたのだ。彼は2001年にバスケットボール殿堂入りを果たし、2005年10月26日には米国男子バスケットボールチームのヘッドコーチに任命されると、「コーチＫ」はオリンピックで３度、金メダルを獲得し、アメリカ男子バスケットボールチームの黄金時代を築き上げた。彼は質の高い教育を受け、バスケットボールをプレーし、そして陸軍士官になるためにウェストポイントに入学し、卒業している。

チームを勝利へと導く名コーチ

マイク・シャシェフスキーは、バスケットボールのヘッドコーチとして士官学校チームとデューク大学を率い、あまり話題にはならないが、合わせて44年間で1100勝以上をあげている。NCAA（全米大学体育協会）男子ディビジョン1トーナメントで5回優勝、オリンピックで3度の金メダルを獲得した実績から、多くの人に当代随一のバスケットボールヘッドコーチとして、その名を（『コーチK』と言った方が通りはいいかもしれない）知られている。

デューク大学を卒業し、男子バスケットボールチームに熱烈な声援を送り続け、しかもデューク大学評議員会議長を4年間務めていた私は、近年になってコーチKと面識を持ち、非常に高く評価するようになった。ヘッドコーチとして残した実績は実に印象的なものだったが、なかでも並外れて優秀なアスリートを――彼らの多くがNBAで活躍している――育てようとする彼のひたむきさは実に注目に値する。

偉大なリーダーとして認められる人物の多くに共通していることだが、マイクにも、自分の素晴らしい実績を誇るような素振りはまったく見られない。あくまで控えめであり、意識は常に、選手自身と規律あるチームワーク作り（それは彼がウェストポイント［陸軍士官学校］で選手として、そして後にコーチとして活躍したときに刻み込まれた価値観であるに違いなかった）に注がれていた。だが彼はまた、他のあらゆるスポーツにおける優秀なコーチ同様、厳しい競争のなかで自らのチームの勝利を追求するため、常に選手をやる気にし、個人のパフォーマンスではなくチームプレーに徹させ、『ブラザーフッド（兄弟愛）』のモットーのもとでデューク大学バスケットボールチームの一員なのだという意識を持たせることに全力を傾けているのだ。

チームが長きにわたり強豪チームとして君臨しているため、彼はこうしたデュークプログラムの人気が非常に高い一方で、やはり長きにわたる成功から嫌われる側面も併せ持っていると分かっていた。そこでコーチKは、大学バスケットボールのトップレベルで他のチームと競合していくには、たとえNBAでプレーするのに十分な才能があるためにワンアンドダン・ルールの適用を受け、1年しかプレーできないような高校生であっても、積極的に採用する必要があるのだという現実を受け入れるようになっていた。

NBAのチームを率いるよりも魅力的な仕事

そのために、彼は以前よりもはるかに多くの時間を有望選手の勧誘に費やさねばならなかったし、さらにはそうした新入生プレーヤーがリードしていくチームなだけに、これまでよりも継続的な指導が必要だった。大学バスケットボールをトップレベルで指導していこうとする場合、17歳の選手を継続的に採用していくのはあまり歓迎すべきことではなかったが、それでもコーチKは、まだ若いアスリートを一人前の男性に、そして全国チャンピオンへと育てていくのを十分に楽しんでいた。彼にとってはNBAのチームを率いるよりも、今の仕事の方が数段魅力的だったのだ。――実際、彼には何度となくオファーが舞い込んでいたし、なかでも有名なのは、それまでの何倍もの給与を用意し、マイクをレイカーズのヘッドコーチに据えようと尽力した今は亡きコービー・ブライアントからの誘いさえ断っていることだった。

彼が40年以上にわたり成功してこられた――いかなる仕事であろうと40年は永い歳月だ――その理由は何だろう？　彼がそれほどまでに永くリーダーを務められたのには何か理由があったのだろうか？

マイクは今回のインタビューで、特に注目に値する3つの答えを示している。**それは――①あなたが携わっている分野で何らかの変化が生じているなら、自分がやっていることもそれに合わせて変更を加え、変えていかなければならない。そのために、②周りの人と話をし、彼らの意見に耳を傾け、必要な変更を加えていく方法を明らかにし、そして、③自らの周りを、アドバイスやサポートが必要な場合にいつでも助けてくれるような人たちで固めておくことだという。**

私はここ何年かのあいだ、コーチKに何度もインタビューし、成功の秘訣に対する彼なりの考え方を聞くたびに、常に新たな学びを得てきた。今回のインタビューは2017年1月、シリウスラジオの彼のトークショー、『コーチKのバスケットボールと人生（Basketball and Beyond with Coach K）』に招待していただいた直後に、デューク大学の彼のオフィスで行ったものである。

行きたくなかったウェストポイントで基礎がつくられた

デイヴィッド・ルーベンシュタイン（以下「ルーベンシュタイン」）　バスケットボールを始めたきっかけについて話しましょう。あなたはシカゴで育ちました。お父様は消防士でいらっしゃいましたね？

コーチK　いえ、エレベーターの運転係でした。消防士は兄の方です。

ルーベンシュタイン　大きくなってから、『すごいバスケットボールのコーチになるんだ』と言いましたか？　子どものころ、ご自身はバスケットボール選手でしたか？

コーチK　バスケットボールは州代表選手で、カトリックの学校に通っていました。シカゴのカトリックリーグで2年間得点王だったので、スカウトされたんです。

母は高校を出ていませんし、父は2年間通いました。**ですからふたりとも、私がウェストポイント（陸軍士官学校）にスカウトされたと聞いて、シカゴのポーランド人の子どもが、まさか大統領が出席するような学校に行くとは思いもよらなかったはずです。**

私自身はウェストポイントには、行きたくありませんでした。できるならビハインド・ザ・バックドリブルをしたり、派手なバウンスパスを放ったりしたいですよね。ライフルは持ちたくなかったんです。でも私の両親は、私にプレッシャーをかけ続けました。ふたりは台所でよくポーランド語で話していましたよ。一軒家ではなくアパートでしたが、ふたりはよくポーランド語でしゃべっていました。

ルーベンシュタイン　あなたご自身は、ポーランド語は分からないのですか？

コーチK　ええ、分かりません。私にはポーランド語をしゃべらせたくなかったのだそうです。それを知ったのはずっとあとでした。ポーランド語の発音の癖がつかないように、小学校から高校まで口にさせたくなかったというのです。

ルーベンシュタイン　ウェストポイントでは、プレーヤーのレベルは思っていたよりも高かったですか？

コーチK　良かったですね。伝説的コーチ、ボブ・ナイトがヘッドコーチでした。チームは上位20チームのなかに入っていて、私はポイントガードで、キャプテンを任されました。ウェストポイントに行ったからこそ、私が今こうしているすべての基盤が養われたのです。

NBAを目指すよりも、コーチになりたかった

ルーベンシュタイン　『君は軍隊に行かなければならないのだろうが、NBAでも十分やれたんじゃないのか？』と、訊く人もいたのではないですか？

コーチK　NBAでやれるほどの力はありませんでした。

ルーベンシュタイン　本当にそうでしたか？

コーチK　ええ、しかもそれは当時、誰もが見る夢ではありませんでした。高校を出たばかりのころの私の夢は、先生になってコーチをすることでした。

ルーベンシュタイン　ウェストポイントの修業年限は5年でした。5年を終えて、いよいよコーチングを始めます。最初はどちらでコーチをされましたか？

コーチK　インディアナ大学へ行き、大学院生助手のかたわら、ＭＢＡを取得するつもりでした。そのときインディアナにはボブ・ナイトがヘッドコーチとして赴任していました。結局そこには1年しかいなかったので、ＭＢＡも取得できませんでした。ところが28歳で母校に戻り、ウェストポイントでコーチを務めることになりました。引き継いだチームは、2年間で7勝44敗という成績でしたが、私はそこで最高のスタートを切ることができたのです。

ルーベンシュタイン　あなたはそこでコーチを始めます。ちょうどそのとき、デューク大学はコーチを探しているところでしたね。彼らはあなたを面接しました。ところが前年のあなたのコーチとしての実績は、たしか――9勝16敗でしたか？

コーチK　9勝17敗ですね。

ルーベンシュタイン　つまりあまり芳しいものではなかった。なぜ彼らはあなたを採用したのでしょう？

コーチK　彼らは彼らなりの英断を下したのです。**ビジネスではよくあることですが、ひとつの事実だけを見ても、全体を含めた完全なストーリーは理解できません。**私たちは7勝44敗のチームを引き継ぎ、5年後には73勝59敗になっていました。前年は学業を優先しなければならなかったり、怪我をしたりしたために、プレーヤーを6人欠いていました。

そのとき私たちは、まだバージニア、パデュー、イリノイ、セント・ジョーンズとの対戦を残していました。場合によっては3勝しかできなかったかもしれません。ですから正直に言って、その数字は私たちの優れたコーチングの結果でした。でも世間一般の人たちは、そうは見てくれません。**ゲームの結果だけがすべてなので、私たちはその見方に耐えられるだけの相当な覚悟が必要になります。**

ルーベンシュタイン　当時のデューク大学のアスレチックディレクターはトム・バターズでした。彼は見ず知らずの人間にすべてを託したのですね。あなたの実績に対する説明は筋が通っていましたが、決して素晴らしいものではありませんでした。彼はあなたの名前を正しく発音できていましたか？

コーチK　きちんと発音していました。すぐに好感を持ちましたよ。私はすでにウェストポイントを離れる準備ができていました。デュークで面接を受けていたとき、すでにアイオワ州立大学からヘッドコーチのオファーをもらっていたんです。

私はデューク大学では有力候補ではなかったので、たいていの人たちは『アイオワ州立大学でいいじゃないか』と言いました。でも私は、アイオワ州立大学の担当者の方たちにこう伝えたのです。『他の方を探してください。お気遣いいただかなくて結構です。採用されるか分かりませんが、目指しているところがあるんです。実は、デューク大学に行こうと考えています』とね。

うまくいかなかったデューク大学最初の3年間

ルーベンシュタイン そしてあなたはデュークのヘッドコーチになりました。最初の数年間は華々しいものではありませんでしたね。

コーチK そうでした。

ルーベンシュタイン そして3年後、とうとうあなたは勝率で負け越しましたね。

コーチK 多くの人が口々に、私の解雇を求めていましたね。デュークでは『アイアン・デューク』という名で募金活動を行っていましたが、私は最初の3年間で、『不安なアイアン・デューク』というもうひとつ別の団体まで作れそうでした。彼らは私がヘッドコーチでいることが不安だったのです。

しかしアスレチックディレクターのトム・バターズと、当時の学長であるテリー・サンフォードは、私を採用したときにこう言っていました。『あなたがすべきことはたくさんあります。あらゆる物事を見直さなければなりません。どうかそれをやり続けてください』。なので、目の前の結果に一喜一憂することはありませんでした。

そして翌年から、状況は好転し始めます。あとは面白いほどうまくいきましたね。これが、私がデュークに居続ける理由のひとつです。彼らは私を信頼し続けてくれたのです。私はデュークを愛しています。**私に対して誠実であり、信頼し、信じてくれるなら、私はそれに対して全力で応えます。何**

というか、私はそういう人間なんです。これがこの大学に対する私の偽らざる気持ちです。

ルーベンシュタイン　あなたは状況を一変させました。１９８６年あたりから素晴らしいチームになりましたね。まだトーナメントで優勝するまでには至っていませんでしたが、ほぼ手の届くところまで来ていました。そして１９９１年、全米大学体育協会男子バスケットボールトーナメントで見事優勝を果たします。そのためには、前年大会でデュークを圧倒したチーム、ＵＮＬＶ（ネバダ州立大学ラスベガス校）を倒さねばなりません。あなたは基本的に次の年に、（大会準決勝や決勝戦でファイナルフォーの）同じチームにあたると、必ず相手を打ち負かします。そのためにチームを準備させるのは、どんな気持ちがするものでしょうか？

コーチK　チームは45連勝しました。多くの人が、スポーツ史上最高のチームのひとつだと感じていたようです。実際、その通りでしょう。しかし、私たちコーチ陣もまた、よくやったと思います。優秀な選手がいなければ、決勝で敗れた次の年に優勝することはできなかったでしょうからね。決勝戦で完敗した後、中心選手だったボビー・ハーリーとクリスチャン・レイトナーのふたりがチームに残りました。さらにグラント・ヒルという誰よりも優れたプレーヤーを加えたのです。

選手たちをＵＮＬＶ戦に臨ませるのは、まず心理的に難しいものがありました。ＵＮＬＶは前年、私たちに大勝していましたから、今年はそれほどの緊張感をもって臨んでくるか分からなかったからです。結局、大学バスケットボール史上、最高のゲームと言われるほどのゲームに勝ちましたが、それは決勝戦ではなく、まだもう1試合残していました。

それから私たちはさらに48時間かけて準備をし、カンザス大学を倒さなければなりませんでした。そして初優勝したのです。

リーダーが示すべきは強い気持ち

ルーベンシュタイン　こうして初の全国制覇を成し遂げました。これはあなたを側面から支援してくれたすべての人たちに、あなたを信頼したことがまさに正しかったのだと証明するものでもありましたね。翌年のチームは前年度の優勝メンバーがほぼ残っていたので、まだ決まったわけではないものの、比較的容易に優勝するのではないかと誰もが予想していました。そして東ブロックの準決勝でケンタッキー大学と対戦しますが、これが歴史に残る名勝負となりました。ゲームの最後で何が起こったのか、振り返っていただけますか？

コーチK　偉大なバスケットボール殿堂入りコーチ、リック・ピティーノは、当時不祥事によって大きな打撃を受けていたケンタッキー大学の名門復活に臨んでいました。ゲームは一進一退のシーソーゲームで、ケンタッキーは、ゴール手前の8フィートから10フィート手前、右寄りの位置からの強引なバンクショットで１０２対１０１と逆転、ラッキーと言っていいシュートでした。

ゲームの延長戦では最後の数分は時計が止まりません。デュークの選手たちはすぐにタイムアウトを宣告し、ゲームがストップしましたが、そのとき、残り時間はわずか2・1秒でした。

私たちは1点差で負けていました。リーダーがまずそこで示すべきなのは強い気持ちですから、選手たちがベンチに集まると、彼らの顔を見ながら言いました。**『我々は勝つ、我々は勝つんだ』どれだけ勝利を確信しているか自分でも分かりませんでしたが、とにかく私はそう言い続けました。**それから我々は円座を組んで座りました。

こうしろと言うよりもできるかどうか尋ねる方がいいので、私はグラント・ヒルに『ボールを75フィート投げることができるか？』　コート内にボールを投げ入れてほしかったのです。彼は言いました。『はい、できます』。私は続けて言いました。『そうか、では頼む。レイトナーはそれをトップで受けてほしいんだ』

レイトナーに視線を向けると、自信満々で、当たり前だと言わんばかりです。そこで私は言いました。『キャッチできるか？』彼は言います。『コーチ、グラントさえうまく放ってくれれば、もちろん取れますよ』そこで私は続けて言いました。『彼が投げたら、君が取る。すると相手プレーヤーがふたりディフェンスに来るだろう。もしシュートできなければ、どちらかに当たればいい。あとは結果次第だ』。そしてグラントが投げ、レイトナーが取りました。

するとレイトナーは、一度ドリブルしたんです。そのときは何というか、もう心臓が縮み上がる思いでした。というのも——。

ルーベンシュタイン　ドリブルがうまくなかった？

コーチK　いえ、わずか2・1秒しかなかったからです。**しかし、彼はどこからシュートすべきか十分な知識と勇気を持っていました。**そしてシュートを放ち、見事に決まりました。それは彼がその日に打った20本目のシュートでした。彼はフリースローを10回投げ、すべて決めています。ほとんど誰も気づいていなかったようですが、彼はプレーのなかでも10本シュートを打ち、10本とも決めていたのです。彼は完璧でした。試合を決めた20本目のシュートを含めてね。

ルーベンシュタイン　そしてあなたはゲームに勝利しました。そしてその後のトーナメントを制したのです。２００１年、あなたは再び全国制覇を成し遂げます。そのチームにはシェーン・バティエとジェイ・ウィリアムスがいましたが、どんなチームでしたか？

コーチK　これまでで抜きん出ていたのが1992年と2001年、この2チームでしたね。特に2001年のチームにはNBAプレーヤーがたくさんいましたから。バティエはコート内外を問わず、最高のリーダーでした。その年の年間最優秀カレッジバスケットボール選手にも選ばれています。

そのチームは得点力が高かったですね。私たちが勝利した最大のゲームのひとつが、メリーランド大学との準決勝でした。というのも、メリーランドは素晴らしいチームで、ファーストハーフで39対17と大きくリードされていました。

選手たちに『いったい何をやっているんだ？』と訊きたいくらいのゲーム運びで、私はそのときのタイムアウトの場面をよく覚えています。私は彼らにこう言いました。『いいか、みんな、今は土曜日の午後だ。何をびくびくプレーしてるんだ。楽しんでやるピックアップゲームだと思って、外に出て行って、思い切りプレーしてくればいいんだ』。エンジン全開、11ポイントリードして勝利しました。最大の得点差から、34点から35点取り戻しての勝利でした。

そういうゲームは人の記憶には残りません。みなが覚えているのは、ファイナルフォー同士のぶつかり合いだけなんです。

どんなときでも、思い切ってプレーする

ルーベンシュタイン　あなたはとても落ち着いて話をされます。ときには罵ったり、怒鳴ったりすることはありませんか？

コーチK　ときにはありますよ。でもそのときは、なかったですね。そんなことをしても何の得にもなりません。**22点も点差が開いて、『いいかい、思い切ってプレーしよう』と言えば、彼らはその通りにプレーします。**本当にいい選手たちです。彼らは間違った方向でプレーしていたのです。

ルーベンシュタイン　その年、全国大会で優勝を果たし、その後は優勝から遠ざかりました。そして2010年に再び全国制覇します。それは、当初は優勝を期待されたチームではありませんでした。間違いありませんか？

コーチK　私たちにとっては珍しい、大きなチームでした。何しろ長身の選手がたくさん揃っていたのです。ブライアン・ゾーベックは216センチ、ランス・トーマスは203センチでした。そんな選手が同じチームにいるんです。ときどき大学では、突然急に成長する選手がいるものですが、ゾーベックがまさにそうでした。

ゾーベックはいい選手でしたが、4年間、怪我に悩まされ続けました。そしてとうとう――最終学年で――216センチになっていたのです。彼は体格も良く118キロありました。

2月中旬に行われたこのメリーランドとのゲームのなかで、彼は19得点、15リバウンドという活躍を見せてくれました。私は思わず『ほぉ、いったいどうしたっていうんだ？』と口にしていました。このときから、彼は国内のトップ10プレーヤーの仲間入りを果たしたのです。いったいそのきっかけが何だったのか、私には分かりませんでした。

ルーベンシュタイン　コーチングのおかげではありませんか？

コーチK　私には何とも言えません、おそらくトレーニングのときの食事を改善したせいかもしれません。そのせいで彼の何らかの成長が促され、それによって体力面とプレー面が大きく伸びたんでしょう。ゾーベックは次のひと月半の間、私たちのチームの要であり、そして私たちは勝利したのです。

新入生を主体とした新しいチーム作り

ルーベンシュタイン　そして直近の優勝——2015年の5度目の全国制覇——では、あなたは基本的に1年生主体のチームを作り上げましたね。有望な新人をたくさんリクルーティングしてこられました。ゲームを見ると、常に4人の1年生の姿がコート上にありました。どうやってチームを作られたのでしょう？

コーチK　それまでになかったチームでした。大学のバスケットボールの有り様が変わったんです。従来のスタイルを守った良いチームもたくさんありますが、一方で私たちのような新しいチームもたくさん出てきました。**それまでのチームの戦力数人に、新たな才能を組み合わせ、それがうまく機能するようになれば、他にはないチームになる可能性があります。**

プレーできるのは8人になったので、お互いに気遣うようになり、チームが噛（か）み合うようになりました。唯一の上級生だったクイン・クックのリーダーシップは素晴らしかった。新入生のうちの3人——ジャーリール・オカフォー、ジャスティス・ウィンズロー、そしてタイアス・ジョーンズ——は、いわゆるワンアンドダン・ルールを使い、大会後はプロに転向しましたが、自分たちのスタッツ（数字で表されるプレーヤーの評価）は気にせずプレーしてくれました。彼らは単純に勝ちたいと願い、そして勝つ方法を知っていました。

ルーベンシュタイン　リクルーティングについてお訊きしたいと思います。あなたがコーチを始められたとき、選手を獲得するには激しい競争に勝ち抜く必要がありました。今日では彼らのようなワンアンドダン・ルールを使う選手もいるため、競争はさらに熾烈になっています。あなたは現在69歳です。17歳の高校生を説き伏せて大学に呼ぶというのは、いったいどんなものなのでしょうか？

コーチK　ワンアンドダン・ルールがあるので、これまで以上にリクルーティングに力を入れています。トッププレーヤーは――彼らがワンアンドダンを使うかどうかはその時点では分かりませんが、いずれにせよ本当に優れた選手は1年で大学を去りますから、リクルーティングは何度も繰り返し続けていかなければなりません。

ルーベンシュタイン　デューク大学は、今や大学バスケットボール界では名門中の名門と見なされるようになりました。そうなると、あなたばかりひとり勝ちさせるわけにはいかないと、たくさんの人がアンチデュークに回る可能性があります。それはあなたにとっては困った問題でしょうか？　あなた個人に対する敵対心ととらえますか？

コーチK　いいえ、個人に対する問題としては受けとめませんね。そうしたところで何の意味もありません。もしあなたに優れた手腕があれば、多くのお金を稼ぐだろうし、それだけ大きな影響力を持つことになります。**ですからその分、あなたを嫌う人たちもたくさん現れるわけで、それを気にしながら人生を送ることはできません。でもその一方で、実は彼らはあなたを尊敬の念を持って見ています。**あなたを尊敬し、あなたのやり方をきちんと認めているのです。

実際には私たちのチームを嫌う人よりも、好きな人の方が多いです。過去10年間、「あなたの好きなアメリカのチームや団体」に9回選ばれ、「嫌いなチームや団体」には7回か8回選ばれています。どうやって選んでいるのか、私には分かりませんが。

しかしご存じの通り、私たちが取り組んでいるバスケットボールは、観客との距離がとても近いスポーツです。プレーヤーはチームのパンツを穿いているので誰もがそれと分かりますし、人々は間近でプレーを目にすることができます。でも、新聞が私たちのことをひどい言葉で批判することはあっても、ゲーム中に観客が発する、それはひどい言葉に比べたら、まだましというものです。それはこの番組のなかではとても口にできるような代物ではありません。**選手たちはよほど負けん気が強くなければ、とても耐えていけないでしょう。**なかには私をめがけて飛んでくるものもありますが、私はもう年ですから、笑い飛ばすことはできます。アリーナ席の最前列に医者か弁護士とおぼしき男性が5人ほど座っていれば、彼らは指を使ったジェスチャーで、あなたにまた違ったことを伝えてくるでしょう。あなたはこう言わなければなりません。『おいおい、そんなのいったいどこで覚えたんだ?』ってね。

ひとりではなく、チームで動く

ルーベンシュタイン　何年にもわたってコーチの仕事を続けてこられましたが、あなたがこれまで、リーダーシップについて学ばれた最も重要な教訓は何だと思われますか?　プレーヤーに本当に伝えたいのは、どんなことでしょう?

コーチK　チームを強くしようとして、コーチが勝手に目標を高く設定するというのはありがちなパターンです。すると選手はコーチをよく思わなくなり、結局失敗するのです。ウェストポイントでは、決して失敗してはいけないということを学びました。**失敗を避けるためには、選手たちに何が問題で、強くなるにはどうすればいいのかをきちんと理解してもらってから、目標を高く置かなければなりません。**

もうひとつは、ひとりでは目指す場所にはたどり着けないということ。チームのひとりとして動かなければなりません。**良き人たちを周りに配し、彼らの話に耳を傾けるのです。**一方的な話では学びは得られません。誰かと話すときには、会話を心がけます。言い訳はせず、ともに解決策を見つけていくこと。あなたひとりで考えるべきではありません。コーチを務めたこの42年間、私はそうやってチームを作り、今日に至っているのです。

ルーベンシュタイン　あなたは後進のために何を残されたいとお思いですか？

コーチK　それは私自身が言うのではなく、他の人たちの見方に委ねたいと思います。私は毎日、一所懸命に働くのが好きです。自分の仕事を愛していますし、42年間のキャリアはあっても、毎日を自分にとって初日のような気持ちで臨んでいます。

毎日、貪欲に吸収しようと努め、周りの人たちには私のすべてを与えるつもりで接してきました。常にこのチームの一員でありたい、このチームを率いたいと願ってきました。そして自分自身がリーダーである――なんと素晴らしい人生でしょう。

歌手、国民芸術勲章受勲者

ルネ・フレミング

Renée Fleming

「私はそういう何かやりたいっていう願い事のリストは持ち合わせていないのです。いつも未来に向けて心を開き、自由な気持ちでいるだけです。**何かに打ち込み、一所懸命に働き、自分のしていることを愛し、情熱的でありさえすれば、物事は間違いなく、自然に向こうからやって来ると信じています。**」

世界有数のオペラハウス、コンサートホール、劇場の各舞台で公演を行っている、現代で最も高く評価される歌手のひとりである。4つのグラミー賞と国民芸術勲章を授賞したルネは、ノーベル平和賞授賞式から、バッキンガム宮殿で行われたエリザベス女王即位60周年記念ダイヤモンド・ジュビリー・コンサートまで、重要な機会にその歌声を披露し、2014年には、スーパーボウルでアメリカ国歌を斉唱した初めてのクラシックアーティストにもなった。ルネはまた、ジョン・F・ケネディ舞台芸術センターの芸術顧問として、全米芸術基金の協力を得ながら、音楽と健康、特に脳との関連性について国立衛生研究所とのコラボレーションを推進している。数々の勲章も受勲しており、フルブライト生涯功労勲章、ドイツ連邦共和国功労勲章、フランス共和国レジオンドヌール勲章などがある。彼女はまた、『Inner Voice（邦題：魂の声 プリマドンナができるまで）』の著者でもある。

舞台芸術を追求し、次世代の教育にも力を入れる

ルネ・フレミングは世界で最も才能豊かで、最も尊敬される、最も有名なクラシック歌手のひとりである。だがルネの持つイメージは、多くの著名なソプラノ歌手が持つプリマドンナのそれだけにとどまらない。私がこれまで出会ってきた舞台芸術の世界に生きる人たちのなかでも、彼女は最も優雅で魅力的な人物のひとりなのだ。

彼女はオペラ歌手だろうが、コンサートソリストだろうが、ブロードウェイ・シンガーだろうが、あるいはジャズ・アーティストだろうが、どんなジャンルに関わろうが、断固とした決意をもって、舞台上での芸術的な完成度の高さを追い求めようと献身的な姿勢を貫き続けている。そんな彼女が持つ、フレンドリーで温かな人柄を知ることができた人たちは、実に幸運だ。役をもらうのは容易ではなく舞台芸術の分野で生きていくのは大変なのだ。なかでもオペラは難しいことで知られている。何しろチャンスが少ないのだ。しかも公演は、母語で上演されることはまずあり得ないし、聴衆は恐ろしいほど気難しい。世界公演のスケジュールは容赦なく、声は常に完璧に整えておかなければならない。

ルネは、経験豊富な歌唱コーチ兼ヴォイストレーナーと協力し、外国語を習い、世界各国で公演し（まだ小さな子どもたちを一緒に連れて行くことが多かった）、考えられないほど数多くのオペラの役を覚えることで、そうした困難を克服してきた。一般的なスターオペラ歌手の寿命はそれほど長いものではない。声帯が衰えることもあるだろうし、長時間移動による旅の疲れに肉体が悲鳴を上げることもある。しかしルネ・フレミングはそういうタイプではなかった。彼女はこれまで様々な音楽形式で歌うことでレパートリーを増やしてきた。一方では将来有望なオペラスターを援助し、慈善活動をサポートし、

さらには病気に対する治療効果や癒やし効果を音楽に持たせるため、国立衛生研究所との協力を続けることに膨大な時間を費やしてきた。

ルネは舞台芸術のためのジョン・F・ケネディ・センターの芸術顧問を務めており、私も同センターの評議会議長職に就いていたので、センターの仕事や、その他の舞台芸術フォーラムなどの活動を通じ、お互いに面識を持つようになった。ルネは国内の舞台はもちろん、海外でも——ルネは芸術家として、海外でも大きな人気を誇っていた——自分が演ずるのと同じくらい、次の世代を担うオペラ歌手たちを教えることにも関心を持っていた。

ルネがそうした興味を抱くのは、彼女の両親がふたりとも音楽教師だったからかもしれない（ひとりはまだ現役で、発声を教えている）。私は音痴である。たとえルネが運営する上級者クラスに入ったとしても、まず公に聞いてもらえるほどの歌など歌えないと分かっていたので、長年にわたり、せめて彼女にインタビューすることで満足を覚えてきた。このインタビューは2018年4月、ニューヨークのブルームバーグスタジオで行われたものである。

自分の声の魅力を引き出す手伝いをしてくれる人との出会い

デイヴィッド・ルーベンシュタイン（以下「ルーベンシュタイン」）　あなたがどのようにして非常に有名な——おそらく世界で最も有名な——ソプラノ歌手になったのか、お話を伺いましょう。育ったのはニューヨーク州北部でした。

ルネ・フレミング（以下「フレミング」）　そうです。ニューヨーク州のロチェスターでした。

ルーベンシュタイン　ご両親は音楽の先生ですね。常々おふたりから、『大きくなったら有名なオペラ歌手になるんだよ』と言い聞かされてきたのでしょうか？　それともそんなことはまったく言わなかったのでしょうか？

フレミング　いえ、いえ、言いません。大学に入るときに私がそう言ったら、逆にふたりともショックを受けていました。『そんなこと言わないの。できっこないんだから。教員の学位を取ればいいでしょう』って言われたのです。両親がどれほど驚いたか想像がつくでしょうか？　母はいまだに声楽を教えています。母はそれが性に合っているようで、教えることに情熱を持っています。**何かを演じる仕事はとても競争が激しいのです。想像もつかないほどの意欲と気持ちの強さがなければ、とても務まらないのですよ。**

ルーベンシュタイン　大学を選ぶとき、あなたはできるだけ優れた音楽プログラムのある学校に行きたいと思っていました。オーバリン大学に入学しましたが、ご両親に経済的余裕がなかったため、ニューヨーク州立大学に通われました。

フレミング　その通り、ニューヨーク州立大学ポツダム校、スーニー（SUNY）ポツダムです。

ルーベンシュタイン　そこには非常に優れた音楽学校があったので、結局それはあなたにとって幸いなことでした。間違いありませんか？

フレミング　ええ、クレーン音楽学校ですね。素晴らしい声楽の先生がいらっしゃいました。**成功するための大事な要素は、自身の声の魅力を引き出す手伝いをしてくれる人を持つことです。**もちろん簡単ではありません。個人の資質の問題ですから。楽器を考えてみれば分かります。楽器にもそれぞれ個性があるのです。内部、響き、骨格、各部の物理的構造によって、そこで使用すべき一連のルールは微妙に異なります。

ルーベンシュタイン　プロになるのに十分な能力があるのではないかと気づいたのは、いつごろでしたか？

フレミング　ただ声楽を続けていただけで、どこかでそう決断したわけではなかったように思います。でもフルブライト奨学金を受けたのは、大きなターニングポイントになりましたね。ヨーロッパで見知らぬ言葉に囲まれて勉強に励む――私はそんな環境が大好きでした。

チャンスをくれる人はひとりいればいい

ルーベンシュタイン　どうやってプロになられたのでしょう？

フレミング　まずチャンスをつかまなければなりません。他がどう思おうが関係ない。**とにかくこのソプラノが気に入った、彼女にきっかけを与えてあげよう――ひとりでいいから、そう思ってくれる興行主が必要ですね。**

ルーベンシュタイン　具体的に何があったのでしょう？　誰かから電話があって、『ひとり病気になったんだ。代わりに歌ってくれないか？』と頼まれたりしたのですか？

フレミング　その通りです。私はヒューストン・グランド・オペラのヤング・アーティスト・プログラムのオーディションを受けていました。そしたら数か月後に電話がかかってきて、『大ホールで上演予定だった舞台の主役が、キャンセルになった』と言うのです。

ルーベンシュタイン　オペラを歌うときは、喉ではなくお腹から声を出しているのでしょうか？

フレミング　私たちは最適な呼吸法を――つまり空気を取り込み、呼気で発声をサポートしていきます。声帯に無理をかけず、必要な量の音声を出すには、この呼気によるサポートがとても重要な役割を果たすのです。

スポーツイベントに行って大きな声援を送り、翌日に声をからしている人がいますよね。その声を聞けば誰だって、『まぁ、ロックコンサートに行ったの？　それともスポーツイベント？　どこに行ったの？　踊りに行ったのかな？』って訊くでしょうね。彼らが叫んだ分の代償がその声で分かります。でも私たちは、３時間歌えるような声の使い方ができるし、翌日もう一度、声をからしたり音質を落としたりせずに、歌うことができるのです。

ルーベンシュタイン　その言語が分からないと、オペラを歌うのはかなり難しいですか？

フレミング　『ロード・オブ・ザ・リング』を含めれば８か国から９か国語で歌うけれど、実際に話せるのは３か国語ですね。英語を入れれば４か国語だけれど、ロシア語であろうとチェコ語であろうと、歌詞はすべて暗記します。**音をそのまま記憶するのです。**ただしその通り正確に発音しなければならないし、まわりの人のセリフも覚えなければならないので、すごく時間がかかりますね。

ルーベンシュタイン　今日はオペラを演じられていましたが、他のジャンルも歌われますね。

フレミング　主にコンサートで歌います。公演活動の80パーセントをコンサートステージに充てているから、世界中を旅することができるのです。これを15年間続けてきました。そのコンサートはまさにルネ・フレミングショーですね。私の愛するレパートリーをまとめたものだから、ファンのみなさんには一番喜んでいただけるはずです。新たな場所で新たな観客のみなさんと出会い、同じ時間と場所を共有していると実感するのは、このうえない喜びです。

ルーベンシュタイン　有名なソプラノ歌手は、ときにディーバ、あるいはプリマドンナとも呼ばれます。マリア・カラスがそのいい例です。でもあなたはそう呼ばれません。そう呼ばれないよう、何か心がけているのでしょうか？

フレミング　実はちょっぴりそう呼ばれるようになりたくて、夕食のときの話題にでもなればと、少し目立つようにしようかなと思ったのですが、やっぱり無理でした。どうもそういうのは苦手のようですね。

ルーベンシュタイン　でもそんな姿勢があるからこそ、偉大なソプラノ歌手だという自負が、多くの人の心に届くのではありませんか？

フレミング　おそらく自分のパフォーマンスに対する大きなプレッシャーがあるせいでしょうね。それをずっと感じられるようでなければいけない。もちろんプレッシャーは厳しいものですよ。たとえトップを極めたとしても、そこに居続けるのもまた恐ろしく難しいことなのです。

私は何年にもわたって、そうしたプレッシャーを自分のなかで消化しようとしてきたけれど、それは決して良いことではありませんでした。大きなストレスを抱え込んでしまうからです。ところが他の人たちは周りに誰がいようとお構いなく、それを生の感情としてぶつけてしまう。でもそのあとでステージに上ると、素晴らしいパフォーマンスを見せるのです。

声だけでなく、たくさんの要素を磨くことが重要

ルーベンシュタイン　オペラ歌手というプレッシャーがある以上、そのはけ口が必要だということですね。そのためには何をされていますか？

フレミング　**私は文化や芸術に大いに惹かれます。ずっと学び続けたいと願っていますよ。だからストレスを感じると、いつも劇場や美術館に足を運びます。**何より演劇が好き。自然の美しさも大好きです、本当に美しいですよね。若い才能を育てることにもやりがいを感じます。この先も、もっときちんとしたかたちで続けられたら良いですね。

ルーベンシュタイン　若い歌い手があなたを訪ねて来て、『有名なオペラ歌手になりたいのですが』と言ったら、どんなアドバイスを送りますか？

フレミング　**何よりもまず、自分のなかに限界を作るなと言うでしょうね。**きらめくような歌を歌い、卓越したテクニックを持ち、自分の声を信じるのはもちろんだけど、見た目も素晴らしく、役になりきれて、演技がうまく、そしてソーシャルメディアにそつなく対応できるようでなければだめです。私は歌を歌い始めてから、こうしたたくさんの要素を磨こうと努めてきました。これからのオペラ歌手には間違いなく、さらに高度なものが求められていくでしょうね。

ルーベンシュタイン　もし私がオペラ歌手になりたいと思っても、すでに人生の半ばをはるかに超え

ています。早くから取り組むべきですよね？

フレミング　普通はその通りです。

ルーベンシュタイン　マスタークラスに行って人に教えていて、『この人は本当に才能がある』と思われたことはありますか？

フレミング　もちろんですよ。世間には多くのダイヤモンドが眠っているものです。私たちはこれを、こんなふうに表現しています。**『世界で一番優れた歌い手は、おそらく自分がその声の持ち主だとは気づいていない』**

ルーベンシュタイン　オペラを見るためにお金を払わなければならないとしたら、誰を聞きたいと思いますか？　もし聞けるならお金を払ったであろう、偉大な男性と女性のオペラ歌手は誰でしょう？

フレミング　まぁ、どうしましょう。まず、レオンティン・プライスを挙げたいですね。歌声が絶妙にきれいな彼女は、私のメンターでもありました。音楽の才能という面では、マリア・カラスでしょうか。レコードはいつも聴いているけれど、本物が聞けたらよかったのにと思います。もうひとりは、ビクトリア・デ・ロス・アンヘレスですね。生の歌声を聞いたことはないと思います。私は彼女の歌の大ファンなのです。あと、エリーザベト・シュヴァルツコップですね。彼女と一緒にマスタークラスを指導したけれど、彼女がライブで歌うのを聞いたことはなかったですから。

私たちはもうすでに、オペラの歴史という名のタペストリーの一部になっています。私は先人たちの歴史を引き継いでいくことを喜んで受け入れたいと思っています。彼らの功績を愛でるのが大好きなのです。時代の変化があまりに速く、今このときにしか目が向かない現代では、そうした意識は、私たちが文化のなかで見失いつつあると言って良いでしょうね。

ルーベンシュタイン　あなたはふたりのお嬢様をお持ちです。将来は歌手になりたいと希望されていらっしゃるのでしょうか？

フレミング　ふたりとも素晴らしい歌い手です。でもいつも繰り返し言う冗談ですが、ふたりとも私を見ているから、いかに大変か知りすぎているのですよ。どちらも歌の道には行きたくないようです。でもとても意欲的で前向きな生き方をしていますね。私は家を空けることがとても多いので——3日ごとに飛行機で移動しているなんていうときもあるくらいです。

世界中の公演を小さな子どもを連れて回った

ルーベンシュタイン　あなたは何かの本に、お子さんがまだ小さいころ、ふたりの荷物もまとめて一緒に公演旅行に連れて行き、旅先で家庭教師を雇っていたと書いていましたね。とても大変だったのではないですか？

フレミング　ええ、でもそれだけの価値はありました。それで良かったと思っています。**一緒にいることが何より大切だと——愛する人たちと一緒にいるその場所こそ我が家なんだと心から信じていましたから。**ふたりとも素晴らしい女性に育ってくれました。

ルーベンシュタイン　もしこの先の人生で、オペラをひとつだけ歌えるとしたら、何を歌いますか？

フレミング　『ばらの騎士』は、私の一番のお気に入りです。マルシャリンはとても興味をそそられる女性です。歴史的芸術とされるオペラのなかでは、たいてい女性は男性に隷属し、犠牲を強いられるばかりで、彼女のような複雑な内面を持つ実に人間味のあるキャラクターには、なかなかお目にかかれません。だからこそ力があり人間くさいマルシャリンは、私にとって興味深い存在です。

ルーベンシュタイン　あなたはブロードウェイを経験され、オペラを歌い、そしてクラシック音楽をやりました。まだ経験のない、今後やってみたいと思うものはありますか？

フレミング　まぁ、デイヴィッド、何て言ったら良いでしょうか。私はもう自分が思っていたより、はるかにたくさんのことに携わってきました。もしあなたにブロードウェイでミュージカルに出演したらと勧められても、即座に『無理、無理』って言ったでしょうね。私はそういう何かやりたいっていう願い事のリストは持ち合わせていないのです。いつも未来に向けて心を開き、自由な気持ちでいるだけです。**何かに打ち込み、一所懸命に働き、自分のしていることを愛し、情熱的でありさえすれば、物事は間違いなく、自然に向こうからやって来ると信じています。**

ルーベンシュタイン　オペラ歌手の場合、喉を痛める可能性があるので、人に対しても物事に対しても、大きな声を上げることができません。それでも叫んでしまったという経験はおありですか？

フレミング　一度だけあります。娘のひとりが2階にいて、その子に向かって叫んだとたん、しまったと思いました。声を出してみて、これはいけないと。結局、メトロポリタン・オペラで予定していた3回の公演はキャンセルしました。私のために作っていただいた作品だったので、とても残念でした。

ルーベンシュタイン　前に申し上げたように、私は歌が得意ではありません。完全に音痴なのです。でもシャワーのあいだなら歌うことができますし、誰にも文句は言われません。オペラ歌手もシャワーのあいだに歌うことがありますか？

フレミング　シャワーのときに歌うのは素晴らしいですね。ウォームアップするのに最適な場所ですよ。湿度も十分保てるし、それに、いつもよりうまく歌えますよね？

批判されても、新たなジャンルに挑戦してきた

ルーベンシュタイン　才能あるおふたりの女性、つまりお嬢様を育てられた以外に、あなたが成し遂げたなかで誇りに思っていらっしゃることは何でしょう？　大変質素な環境からオペラ界の第一人者へと上り詰めたという事実でしょうか？

フレミング　アメリカ人として成し得る可能性を考えた場合、私が今のような位置にまで到達できたのは不思議としか言いようがありません。それはみなさんもお感じになっていらっしゃるのではないでしょうか。祖父はペンシルベニアで炭鉱労働者をしていました。片や私は王族の方々のために歌い、

食事をともにします。私はいつも立ち止まり、こう考えています。『**わずか2世代のうちに、並外れたレベルの世界に触れるだけの才能が得られるなんて、本当にこんな現実があるだろうか？**』と。

ルーベンシュタイン　そしてこの先、そうですね、20年後に、人々が今を振り返ってあなたに思いを馳（は）せるとき、どんなことを考えてほしいと思われますか？

フレミング　私は自らの力で自らの道を切り開いたのだと認めてもらえたら嬉しいですね。様々なジャンルに挑戦することで――ジャズを歌い、ロックアルバムを制作し、ミュージカル劇場に出演することで――次世代の歌手の可能性を広げることができたと自負しています。そうしたチャレンジを始めたとき、周りの人から批判的な意見をたくさんもらいました。『今のようなやり方に対して否定的な見方をする人が多い。君はこれまでの自分の実績やイメージを台無しにしている。その取り組みはやめた方がいいね。もっと専門性を高めていった方が、優れていると認められるんだ』と、いうふうに。でも私はこう考えました。『**私はいまのままでいたくない。新しいことに挑戦したい**』。**そこで私は、周りのアドバイスを無視したというわけです。**

ルーベンシュタイン　カーテンコールで挨拶をしに舞台に戻り、お辞儀をすると、拍手が10分も20分も続くことがあります。そろそろ舞台を下りる潮時だと感じるまで、どれくらいかかりますか？

フレミング　オペラの舞台でお辞儀をしますが、それ自体が芸術の一形態であり、パフォーマンスのひとつなのです。それがとても上手な人たちがいるし、聴衆もその瞬間に感激を覚えます。なくてはならないものですね。『まだステージに残って。観客のみなさんが、まだ感謝の気持ちを届けたいと思っているよ』と、これまでずっと舞台に上がるたびに、大きな声で教えてくれる友人がいます。少なくとも私には、舞台を下りるタイミングはここだという判断は、自分ではできそうにありません。

ヨーヨー・マ

チェロ奏者、世界人、大統領自由勲章受勲者

「**聴衆のエネルギーこそ大きな喜びです。**誰のために演奏しているのかが大切なのです。音楽、生演奏は、お互いの思いを共有する作業なのです。あなたは何も音響の素晴らしいホールで聴かなければならない理由はありません。私も、そういうホールで演奏しなければならない理由はありません。互いに同じ時間を過ごそうと思うなら、お互いの思いを大切にしましょう。もしそうした気持ちが重要でないとすれば——つまりあなたが今日、そして明日、自分のしたことを忘れてしまうなら、そして私が今日、そして明日、自分のしたことを忘れてしまうなら、演奏とはいったい何のためにやるものでしょう?」

存命しているチェリストのなかでは、おそらく最も有名な演奏者である。彼は1955年、パリに住む中国人の両親のあいだに生まれ、４歳で父親と一緒にチェロを学び始めると、３年後に家族と一緒にニューヨークに引っ越し、ジュリアード音楽院でもチェロを学んだ。音楽院での練習の後、彼は一般教育科目を学ぼうとハーバードに入学し、人類学の学位を取得して卒業している。ヨーヨーにとってチェロの演奏は文化につながるひとつの行為であり、彼が演奏を続けるのは、その文化こそ強い社会に不可欠な信頼と理解を生み出していくのだという彼の信念の証でもある。その一環として世界的な文化集団であるシルクロードを設立したヨーヨーは、最近、バッハプロジェクトをスタートさせた。これはJ.S.バッハの無伴奏チェロ組曲を６大陸を演奏しながら回り、そこで文化や社会など、私たちをつなぐテーマについて大いに語り合おうというものである。

計り知れない力を持ったチェロ奏者

ヨーヨー・マは長年にわたり世界で最もよく知られ、高い評価を受けてきたクラシック音楽家だ。近年、本来のチェロ奏者として世界を舞台に演奏活動を続けながら、その一方では文化大使としての顔も持ち、多くの活動時間を割いて、いかに芸術が私たちの教育や人間そのもの、さらには文明の進歩に対して重要な役割を果たすのか、人々に教え続けてきた。

ケネディ・センターの使命には芸術教育が含まれているため、彼がその役割を追求しようとするにつけ、私は彼をより深く知るようになっていった。私たちは、それぞれの人生のなかで舞台芸術がいかに重要な位置を占めるものか、多くの人々により理解を深め、学んでもらおうと努力を続けており、そのための一環として、私は当センターの文化大使を務める彼と一緒に仕事をしたり、旅行をしたりする機会に恵まれた。

ヨーヨー・マとともに時間を過ごしたことのある人なら分かるだろうが、彼は計り知れない力を持った存在である。**彼はチェロ奏者として並外れたスキルを持つだけでなく（彼は間違いなく、クラシック界の伝説、パブロ・カザルスの真の後継者だ）、友情に応え、文化大使を務め、教師そして教育者としての役割を果たすなど、自らの人生に多大な情熱を注いでいる。**

パリで中国人の両親のもとに生まれた彼は、幼いころにアメリカに渡り、神童と称えられ、ケネディ大統領やその他の著名人の前で演奏を行った。その後はジュリアード音楽院、ハーバード大学と進んだが、才能ある演奏家、そして優秀な学生であることは変わらなかった。私はすでに彼とは何年もともに時間を過ごしてきていたが、インタビューだけはしておらず、2017年4月、ケネディ・センターで行った『ピア・トゥ・ピア』でのインタビューが初めてだった。

では、どのようにして今日のヨーヨー・マが生まれたのだろう？　この問いに簡単に答えるのは難しいが、彼は、自らの芸術性と名声は、自分が取り組んでいることにひたすら集中できる能力によるものであり、そしてまた楽器を演奏し、人に教える才能があるのは、人々に文化的生活が送れるよう貢献する使命があるからだと理解していた。そうした活動は彼にとって、自らの存在そのものに大きく関わる重要な問題だった。

しかし名演奏家としてその芸術性が世界中で認められ、称賛されているからこそ、彼が関心を寄せるそうした文化的問題について関わりを求められる立場にいられるのだ。幼いころに神童と言われた人たちの多くがその力を維持できず、道半ばで燃え尽きてしまうのに、彼は常に変わることなく、その芸術性をトップレベルで維持し、神童から世界の巨匠へと成熟していったのである。

もちろん世界的巨匠と評される彼の演奏スキルは、何十年にもわたる終わりのない、毎日の練習からもたらされたものだ。**だがそれはまた、ヨーヨー・マがすべての演奏に、そして自らの人生に求めてやまない完璧さに対する、激しい、そして比類のない情熱のたまものでもあった。**

人には生まれつき、自分の好きな音がある

デイヴィッド・ルーベンシュタイン（以下「ルーベンシュタイン」）　あなたはフランスで生まれ、そこで数年間育ちました。そうですね？

ヨーヨー・マ　私が生まれたのは、当時数十年の間で最も寒い冬の季節でした。暖房がなかったので、生後1か月はホテルで過ごしたそうです。

ルーベンシュタイン　母語は中国語でしょうか？

ヨーヨー・マ　中国語とフランス語です。

ルーベンシュタイン　あなたにはお姉様がいて、バイオリンを弾いていました。音楽の先生をしていたお父様は、『おまえもバイオリンを弾いてみないか？』と言ったそうですが、なぜバイオリニストにならなかったのでしょう？

ヨーヨー・マ　姉の方がずっと上手でした。私は思うのですが、**不思議なことに人にはそれぞれ生まれつき、自分の好きな音、得意な音というのがあるようです**。たとえば私にはなぜか、バイオリンで良い音が出せる自信がありませんでした。

でもしばらくは他の楽器には手を出さず、バイオリンを弾き続けていました。あるときコントラバ

スを目にしました。音色は知りませんでしたが、当時4歳だった私は、『なんてでっかい楽器なんだろう。ちょっと弾いてみたいな』と思ったのです。そこは4歳の子どもですから、『コントラバスがほしい。弾いてみたいんだ』とせがむようになりました。でもさすがに子どもにコントラバスは弾けません。コントラバスより一回り小さいチェロならなんとかなりそうでした。

ルーベンシュタイン　あなたはニューヨークへやって来ます。お父様にはニューヨークに住むご兄弟がいて、そのご兄弟が中国に帰国する予定だったのを取りやめさせました。『息子がチェロを学ぶには、ニューヨークの方が良いだろうから』と説得したわけですね。

ヨーヨー・マ　まったくの偶然だったのですが、こんなことがありました。そろそろフランスに戻るというとき、マンハッタンで最後に立ち寄った場所で、姉とふたりで演奏をしました。そのとき、ニューヨークに小学校を設立したひとりのフランス系アメリカ人女性がいて、音楽の教員を探していたところ、ちょうどある人物の名前を聞きおよんだのだそうです。マ博士という名でした。

ルーベンシュタイン　お父様ですね。

ヨーヨー・マ　そうです。そこで彼女はコンサートにやって来ると、その場で父に、自分の学校で音楽を教えてくれるように頼んだのです。もし父が彼女に会っていなければ、私たちはフランスに戻っていたに違いありません。

まず人間であり、次に音楽家であり、チェロ奏者である

ルーベンシュタイン あなたはこのとき、すでに名前を知られていました。パブロ・カザルスに引き合わされていたからです。彼は誰もが認める20世紀の――少なくとも20世紀前半の――世界で最も偉大なチェロ奏者でした。パブロ・カザルスにはどうやって会ったのでしょう？ まだ少年だったあなたの演奏を聞いて、彼はどんな感想を持ったのでしょう？

ヨーヨー・マ 7歳のとき、彼の前で演奏するように言われて、連れて行かれたんです。持参したサイン帳に何か書いてもらいました。私が演奏を終えると、彼はこう言いました。『**とても良かったよ。でもいつだって、野球をしに遊びに行かないとだめだな**』。彼は実に面白いことを言ったものです。このとき彼は確か、80代の前半でしたからね。自伝だったかインタビューだったか、いまだに覚えている彼の言葉があります。それは、『私はまず人間であり、次に音楽家であり、そしてチェロ奏者だ』というものです。

実に面白いと思いましたね。**私たちはどこに自分のアイデンティティーを置くでしょう？** 男性なら、どんな仕事をしているのか、職業は何かでしょう？ 普通は誰でも私のことを、チェロ奏者だと考えます。**でもカザルスの言う人間だという視点こそ最も重要です。**私もそれと同じようなことをずっと考え続けていました。

ルーベンシュタイン そして彼はワシントンで開催されたイベントで、レナード・バーンスタインにあなたを推薦しましたね。あなたはわずか7歳で、テレビの生放送の観覧客の前で演奏を披露しまし

た。そこにはケネディ大統領も同席されていましたが、いかがでしたか？　かなり威圧感がありましたか？

ヨーヨー・マ　私たちは新たにやって来た人間でした。移民です。そのときケネディ大統領がどんな人か、正確に分かっていたか？　答えはおそらく、ノーです。彼が非常に重要な人物であると分かっていたか？　答えはイエスです。それ以来、この人物がどんな人だったか、思いを致してきたか？　間違いなくその通りです。

ルーベンシュタイン　あなたはジュリアード音楽院へ通い、その後、ハーバード大学に行こうと決心しますね。

ヨーヨー・マ　私が最も興味を抱いていた分野は、人類学と考古学でした。おそらく理由をお知りになりたいでしょうね。

ルーベンシュタイン　人類学（anthropology）も考古学（archaeology）も、どちらもaで始まるからでしょう。aがお好きなんですか？

ヨーヨー・マ　いや、これはやられました。素晴らしい！　**理由は、私は非常に混乱していたからでした。**もしあなたが住む環境を変えると、それまで普遍的であり、真実だと信じていたものが――特にそこに住む人たちやその習慣に関しては、見た目も感情の表し方も――すべて変わってしまいます。

人はみな、異なることを言います。フランスの友人たちの多くは、私たちがなぜアメリカに移住したのか理解できないようでした。多くのアメリカ人は当然ながら、この国が世界で一番だと信じています。私の両親は常に私に『中国文化はとても重要だ』と言い続けていました。

そういうわけで、私は多少混乱していました。**なぜなら誰もが常に正しいとは限らないからです。**私は人類学を学ぶことで、文化における価値観を研究する方法を知りました。価値観のわずかな差が社会を形成し、芸術はもちろん、その他の様々な表現力を豊かにします。

音楽に「もうこれで良い」という到達点はない

ルーベンシュタイン　ハーバードで過ごすようになると、あなたはそこに、賢い人たちがたくさんいると気づきます。『世界で一番のチェロ奏者になりたい』と口にする人はたくさんいましたか？　それともあなた自身がユニークな存在だったのでしょうか？

ヨーヨー・マ　私も含めて、誰かそういう希望を抱いていた人がいたのかどうかさえ知りませんでした。音楽で興味深いのは、人がそこにある楽器をマスターしようと努力するのは、何かを表現したいためなのだということです。

音楽で何かを行おうとする場合、その目的は、自分自身のヴォイス（あり方や表現方法）を見つけることです。音楽には、もうこれで良しという到達点はありません。永遠に学び続けながら、何かをできるだけ正確に表現するために、最も簡潔な方法を見つけていかなければなりません。

ルーベンシュタイン　これまで90枚以上のアルバムを世に送り出してこられました。まだまだだというわけですね。

ヨーヨー・マ　分かりません。記録をつけているわけではないので。

ルーベンシュタイン　グラミー賞は二十数回受賞されています。クラシック音楽の世界では最も有名なアーティストです。その分あなたは、毎回最高水準の演奏をしなければとプレッシャーを感じたりしませんか？　少しは気を抜いてリラックスできますか？

ヨーヨー・マ　世間には『それまでいくら良くても、1回演奏が悪かったらだめなんだ』という言い方があるのをご存じですか？　納得できる部分もあります。あなたがおっしゃっているのは――決して軽視するわけではありません――そうした外部からの評価です。**音楽家として大切なのは、常に内面的成長を図ることです。**

あなたは美術品を蒐集（しゅうしゅう）しています。なぜその人の作品が良くて、他の人ではだめなのでしょう？　あなたは誰あろうデイヴィッド・ルーベンシュタインその人であり、他の人ではそうなれないのはなぜでしょう？　自分が望む音色を自分なりの奏法で奏でたいと願う気持ちがあるからこそ、私にしか出せない音が生まれてくるのです。それこそ私が人生を費やして臨んでいることなのです。賞をいただくのはもちろん嬉しいし素晴らしいことですが、それはあなたに、自分がやりたいことに取り組むチャンスを与えてくれるからです。

賞について、今お話しした外部評価と、内面的成長すなわち充足感の両面からとらえてみます。これは私が自分の経験から学んだことです。**まず外部評価を追い求めようとした場合、もしそれが達成できれば嬉しいですが、その喜びは一時的なものです。**――よくやった、賞を手に入れた、実に素晴らしい、で、どうする？

喜びにも様々なレベルが存在します。そうですね？　深い充足感を伴う喜びもあります。やや漠然とした言葉にはなりますが、この喜びに対して『文化』という用語を用いたいと思います。この文化の上に、芸術や科学の分野で何かを成そうとする場合、その上にさらに他の人たちが何かを築いていけるような、確固たる基盤となるようなものを築きたいと願うはずです。

完璧な準備をして、生きた教材にならなければいけない

ルーベンシュタイン　今日、あなたは世界中を演奏して回る生活を送られています。引く手あまたで、365日コンサートを開き、交響曲を演奏することができます。毎年どこに行くのか、スケジュールはどう組まれるのでしょう？

ヨーヨー・マ　どこで何を演奏するのかは、あまり気にしませんが、誰を相手に、誰と演奏するのかは考えます。ニューヨーク、ジャカルタ、イリノイ州のピオリア、テキサス州のウェーコのどこで演奏するのかは大きな問題ではないと、早いうちから決めていました。

私にできるのは、そこで何をするか、完璧な準備をすることです。これ以上重要なものはありません。都心部にある幼稚園の園児であれ、ホワイトハウスの要人であれ、グループを相手に演奏する場合、自分が何を言うか、誰に言おうとするのかを事前にしっかり考えます。**何より大切なのは、彼らの記憶に残り、あとで実際の行動へ昇華していくようなもの、つまり生きた教材でなければならないのです。**

ルーベンシュタイン　演奏しているときに、何か別のことを考えてしまうことはありますか？

ヨーヨー・マ　**演奏中は、それに没頭しています。意識の集中を妨げられたりはしません。**ときどき注意力が散漫になることはありますが。

ルーベンシュタイン　曲を忘れたりはしませんか？

ヨーヨー・マ　そうなることもあれば、ならないこともあります。私は、暗譜するなら20歳までにしなさいとよく言います。20歳までに学んだことは、ずっと忘れませんからね。40歳を過ぎたら――忘れても気にしないことです。

ルーベンシュタイン　演奏する場所についてはどうですか？　音響が他よりも優れているとあなたが思う音楽ホールはありますか？

ヨーヨー・マ　なかには『このホールは最高だから、演奏もきっと素晴らしいものになるはずだ』と言う人がいます。その通り、確かにある程度の喜びはあります。**でも、それよりも大きな喜びは、聴衆のエネルギーです。**繰り返しますが、誰のために演奏しているのかが大切なんです。音楽、生演奏は、お互いの思いを共有する作業なのです。

ですから、あなたは何も音響の素晴らしいホールで聴かなければならない理由はありません。私も、そういうホールで演奏しなければならない理由はありません。互いに同じ時間を過ごそうと思うなら、お互いの思いを大切にしましょう。もしそうした気持ちが重要でないとすれば――つまりあなたが今日、そして明日、自分のしたことを忘れてしまうなら、そして私が今日、そして明日、自分のしたことを忘れてしまうなら、演奏とはいったい何のためにやるものでしょう？

クラシック音楽は、生活から切り離されたものではない

ルーベンシュタイン　あなたは間違いなくご自身のキャリアのなかで、クラシック音楽以上の取り組みをするという決断をされました。

ヨーヨー・マ　**私にとっての音楽とは、アイデア、思考、そして感情、音による空間構造の表現です。**私はクラシック音楽を、自分たちの生活から切り離されたものだとは考えていません。私はクラシック音楽を、ワールドミュージックのひとつととらえたい。現実にはワールドミュージックとは考えられていませんが、クラシック音楽は世界が生み出した最高傑作のひとつだと思うのです。そのカテゴリーを変えられることは私には我慢できません。

ルーベンシュタイン　あなたは、文化の重要性を示す象徴的存在と見なされています。音楽やその他の芸術的パフォーマンスが、社会にとって非常に価値があることを人々に納得させる――これはあなたの人生にとって、次の世代に影響を与える存在として、重要な要素だとお考えでしょうか？

ヨーヨー・マ　古くから問われ続けてきた疑問に戻ります。**人々とは誰なのでしょう？　なぜ人々は何らかの行動を起こすのでしょう？　人々はいかに学びを得るのでしょう？　私たちが毎日を暮らすその意味はどこあるのでしょう？**

私にとって、それは単なる机上の理論ではありません。4時間の睡眠で演奏を続け、子どもたちが

成長していくその時間の3分の2を家族から離れて過ごさねばならない——そうした現実に直面すれば、そうすべき正当な理由が必要になります。現実的なレベルでとらえなければなりません。なぜそうすることが重要なのか、その理由を求めるようになります。年齢を重ね、人々の行動を見つめ続ければ、誰もが社会問題に関与していかざるを得ません。

あなたは愛国心について考えるでしょう。文明について、都市や国家について考えるでしょう。私もそうです。私なりの角度から、小さな音を奏でることから始めます。周りの人は、『すでにいろいろなことに取り組まれているのに、このうえ何をそれほど気にされるのですか?』と疑問に思うようです。**私はそうした人たちだけでなく、自分自身に対しても、それが意味のあることだと——つまり私の人間性、あるいはチェロで3つの音を弾くのが意味のあることだと、証明しなければならないのです。**

ローン・マイケルズ

公開コメディバラエティ番組『サタデーナイトライブ』
クリエーター、制作総責任者

「**非常に能力の高い人たちと一緒にいたら、あなたはそれほど提案することはなくなります。**しようと思っても、それは誰かの提案がすでにカバーしてくれているからです。あなたは模範を見せて指導します。それはあなたがどういう価値観を持ち、何を判断基準にしているかを表すと同時に、ほとんどの場合、あなたが正しいことを示します。」

エミー賞を受賞したプロデューサー兼ライターであり、『サタデーナイトライブ』のクリエーター兼エグゼクティブ・プロデューサーとして最もよく知られている。この『サタデーナイトライブ』はテレビの歴史のなかで、最も長く続き、エミー賞にも何度となくノミネートされた、毎週土曜日に放送される深夜番組である。マイケルズは同じNBCで他にも、やはりエミー賞にノミネートされた、ジミー・ファロンが司会を務める『ザ・トゥナイトショー』や、『レイト・ナイト・ウィズ・セス・マイヤーズ』などの番組を手がけるエグゼクティブ・プロデューサーでもある。これまでのテレビ番組でのクレジットには、『ポートランディア』、ジミー・ファロンの『レイトナイト』、『30ロック』、コナン・オブライエンの『レイトナイト』などがある。映画のクレジットでは、『ミーン・ガールズ』、『ウェインズ・ワールド』、『アメリカン・レポーター』がある。マイケルズはテレビ番組のライター兼プロデューサーとして、エミー賞を18回受賞し、2016年にはこれまでの多大な文化的貢献が認められ、一般市民にとって最大の名誉である大統領自由勲章が授与された。2008年と2015年には、『タイム』誌の「タイム100（世界で最も影響力のある100人）」のひとりに選ばれ、2013年には、放送界のピューリッツァー賞とも呼ばれるピーボディ賞を——個人としては珍しいことだが——授賞している。

半世紀近くアメリカの笑いを牽引する番組を作った

1975年10月11日、新たなテレビの歴史が作られた。従来とは異なるコメディショー、『サタデーナイトライブ』がスタートしたのだ。その後一時的に『NBCサタデーナイト』とタイトルを変えたものの、この番組は、その後現在に至るまで、アメリカの笑いのショーケースとして、またその権威として、45年間にわたり放映されてきた。チェビー・チェイス、ギルダ・ラドナー、ビル・マーレイ、ジョン・ベルーシ、エディー・マーフィー、ウィル・フェレル、ティナ・フェイ、ビリー・クリスタル、マーティン・ショート、クリス・ロック、ジュリア・ルイス＝ドレイファス、エイミー・ポーラー――数え上げればきりがないが、『サタデーナイトライブ』はその他にもたくさんの伝説的コメディアンのトレーニングの場であり続けている。彼らは番組とともに半世紀近く、アメリカの笑いの世界を牽引（けんいん）しているのだ。

初回の放送をプロデュースしたのは、当時わずか30歳の若さだったローン・マイケルズである。彼はカナダ生まれの作家でありコメディアン、そしてプロデューサーで、現在もなお『サタデーナイトライブ』の制作を担当し、ショーをプロデュースし続けている。

どうして彼に番組が任されるようになったのだろう？　ポピュラー音楽の好みと同じように、笑いの好みもまた常に変化し続けるなか、彼はどうやってショーが長続きする秘訣――その時代が求める面白さ――を見極め続けてこられたのだろう？　2019年9月、ニューヨークで収録した『ピア・トゥ・ピア』のインタビューのなかで、彼はこれらを含むたくさんの質問に答えてくれた。

私は当時、ローンには何度か会っただけだった。ところがインタビューが予定されていたその数週間前、ローンは私を『サタデーナイトライブ』ショーの放送に立ち会わせてくれ、そこで話をする機会を作ってくれた。90分のショーのあいだ、多くのタレントが出入りし、たくさんの寸劇が演じられ、何度も舞台装置が入れ替わっていくのを目の当たりにした私は、ただただその様子に圧倒されるばかりだった。しかもこれが生放送で、毎週毎週続いていくのだ。

ローン・マイケルズは当然ながら、これまでそれほど多くのインタビューに応じてはいない。番組の出演者について、あるいは多くのコメディのなかで取り上げる政治的話題について言及するのは気が進まないからだ（昨今では政治分野の笑いの対象として、しばしばトランプ大統領が取り上げられているが、番組では1975年のスタート以来、ジェラルド・フォードに始まり、これまで歴代大統領が登場してきた）。

様々に批評され、ときには批判もされながら（実際に何度もあった）、どうやってこのショーを誰もが知る人気番組へと育て、数十年にもわたって続けてこられたのか――**彼はその秘訣を、新たな発想を受け入れ、ひとつの考えにこだわらず、素晴らしいアイデアならどこからでも取り入れようとすることだと語っている。**そして自分がプロデューサーであると全員に知らしめるのではなく、番組にとって――自分に対してではなく、各出演者にとって――最善だと思うことを常にやろうと心がけてきたためだと信じていた。

さらに彼は、何より（もちろん自分よりも）番組を最優先するという姿勢をまず明確にしたことで、ひとつのリーダーシップを体現できたのではないかと感じていた。ローンは番組を第一とし、そして番組の制作に関わる他のすべての人たちにも、同じ気持ちで臨むことを期待しているのである。

これまでのところ、彼の思うように事は運ばれてきた。ローン・マイケルズが手がける限り『サタデーナイトライブ』は――願わくはあと10年ほどは――そうした信念で制作されていくだろう。そしてその10年のあいだに、ローンは自分が犯した唯一の過ちに気づくに違いない。――プライベートエクイティ投資家を、番組のホストに起用しなかったという過ちに。

制作サイドを視聴者の代表にしたかった

デイヴィッド・ルーベンシュタイン（以下「ルーベンシュタイン」）　ショーは1975年10月11日にスタートしました。『サタデーナイトライブ』が始まったとき、最初からテレビとコメディと、両方の歴史を塗り替えようと思っておられましたか？

ローン・マイケルズ（以下『マイケルズ』）　そのころはそこまで思っていませんでした。**土曜日の深夜ですから、ショーを制作して放送するなら、ちょうど家にいて番組を見てくれるような人たちと同じ年代のスタッフで制作したいと考えていました。**制作サイドがちょうど視聴者の代表のようなものですね。テレビを一番経験していたのはおそらく私だけ。番組に関わった人たちのほとんどが、テレビ出演なんて初めてでした。

ルーベンシュタイン　それにしてもあなたはまだ30歳でしたね。

マイケルズ　そうでしたね。でもダン・エイクロイドは23歳、ジョン・ベルーシは26歳、ギルダ・ラドナーは29歳、チェビー・チェイスも私よりちょっぴり年上なくらいでした。

ルーベンシュタイン　NBCが突如、『深夜に生放送のテレビショーをやるんだ』と言い出したのはなぜでしょう？

マイケルズ　『ザ・ベスト・オブ・カーソン』の後番組でした。『ザ・トゥナイトショー』のジョニー・カーソンです。彼のショーは時宜にかなった内容で、カーソンはあとでダイジェストとはいえ、再放送されるのが我慢できず、取りやめてくれと頼んでいたんですね。テレビ局のネットワークを運営していたハーブ・シュロッサーは、かつてはニューヨークが生放送の全盛時代を支えていたため、多くのスタジオを持っていましたが、その後ビジネスの中心がロサンゼルスに移ってしまったため、空いたスタジオを抱えて困っていました。

ですから、『サタデーナイトライブ』はその主要部分が生放送になる予定だったので、このショーはシュロッサーにとって、素晴らしい企画でした。一方私は生放送の経験こそありませんでしたが、ステージの経験はあったので、生放送の何たるかくらいはある程度想像がついていました。深夜番組を担当するために雇われたディック・エバーソルは、多くの人にインタビューをし、当初は様々なショーをシリーズで放送しようと考えていたようです。

その後私は彼と会い、一緒に組むことにしました。**私は彼に何をしたいのか、どうやってそれをやるつもりなのか話をし、その結果、違うショーを連続して放映するのではなく、ひとつのショーを続けていこうということになったのです。**次にどちらが中心になって制作するかを相談したところ、結局、私が担当することに決まりました。

本来は私たちの方が先に『サタデーナイトライブ』という番組名で発表されたのですが、ＡＢＣの大物ルーン・アーレッジが6月に、『ハワード・コセルのサタデーナイトライブ』という番組の放送を発表したため、私たちは『ＮＢＣのサタデーナイト』に変更し、元の番組名を彼らに譲りました。翌年、コセルの番組がキャンセルされたので、私はアーレッジに手紙を書き、タイトルを元に戻しても良いかと尋ねたところ、問題なしという返事をもらいました。

深夜の視聴率が低かったから採用された

ルーベンシュタイン　なぜこの番組の制作に30歳の人物が起用されたのでしょう？　あなたの経歴のどこを見て、番組が十分作れる経験があると判断されたのでしょうか？

マイケルズ　何よりもまず、深夜の視聴率が低かったからです。それは誰の責任でもありません。カーソンの番組は週に5日オンエアされていましたが、かなり健闘していました。

私は1960年代後半と1972年に戻ってきたときの計2回ほど、ロサンゼルスでテレビの仕事をやりました。**私が提案したり、会議をして決めたりするような新しい意欲的な企画は、ゴールデンタイムでは受けないとよく言われたものです。**当時は、番組を続けるには40％が必要でした。

ルーベンシュタイン　40％？

マイケルズ　視聴率40％ということです。テレビ局の担当者は、『それは受ける』あるいは『リベラルで自由な気風の西海岸でしか受けない』という言い方をよくするんですよ。私はカナダの出身ですからね――西海岸から東海岸まで横断的にまとまる国なので――私と同じようなものを面白がる人間はたくさんいるはずだと思いました。古い考えの人たちとは世代が違う、ベビーブーマーのはしりでしたから。

私が取り組んでいたのはお笑い番組で、その番組の作家の仕事をしていました。リリー・トムリンとリチャード・プレイヤーと一緒にショーを作りましたが、いつも特別番組でした。でもどうすべきか分かるくらいの経験は十分積んでいました。**つまりそれは、ある意味、若いキャストという新鮮なワインを、ショー番組という古いボトルにいかに詰めていくかという作業でした。**私はこれまでの様々なバラエティショーの要素を取り入れながら、それまでとは違った番組を作りつつあったのです。

ルーベンシュタイン　アメリカでは１９５０年代から60年代にかけて、たとえばシド・シーザーなどが現れ、たくさんのバラエティ番組が作られました。そして70年代にはほぼ姿を消してしまいましたね。

マイケルズ　そうでした。それはロサンゼルスではなく、ニューヨークで制作されたものですね。でもその後、違ったショーに姿を変えていきました。『ラフ・イン』や『スマザーズ・ブラザーズ』ですね。

トロント大学からカリフォルニアへ

ルーベンシュタイン　子ども時代をトロントで過ごされましたね。当時のユダヤ人の少年たちと同じように、『弁護士か医者になりたい』と思っていましたか？

マイケルズ　いいえ。祖父母は映画館を経営していました。もし小学校3年生のころに何になりたいかと訊かれたら、『弁護士』って言っていたでしょうね。それが一般的な答えだったんです。でも本当は、映画に出たいと思っていました。

ルーベンシュタイン　トロント大学に入学され、英語を専攻しましたね。そしてエンターテインメントの世界に入ろうと決心されます。スタートは演者ですか、それとも作家ですか？

マイケルズ　高校から様々なスタイルで脚本を書いたり、出演したり、監督をしたりしてきました。トロント大学でも同じです。

ルーベンシュタイン　あなたは一時期、『カナダでキャリアを積みたい』とおっしゃっていませんでしたか？　それともアメリカで成功したいと思っていらっしゃいましたか？

マイケルズ　1967年はカナダが生まれて100年目の誕生日でした。つまり建国100周年です。国には新たな精神があふれ、『この先ずっとここにいることができれば、とても幸せだ』と思っていました。その後、カリフォルニアで『ビューティフル・フィリス・ディラー・ショー』を制作する機会がありました。バラエティ番組でしたね。

当時私は、ハート・ポメランツとコンビを組んで仕事をしました。ふたりで脚本を書き、自分たちでも演じていましたね。ウディ・アレンやジョーン・リバーズのために、スタンダップコメディ（＊1）の台本も何本か書きました。彼らのキャリアに貢献するほどではありませんでしたが、経験も積めたし、自分たちで演じてもいました。

私たちはそうやってカリフォルニアで仕事をし、そこからいくつかショーも生まれました。『ディーン・マーティン・サマー・ショー』や『ラフ・イン』です。それからカナダ放送協会から、カナダに戻って、自分たちでショーを制作してみないかと誘われたんです。3年ほどやりましたね。

＊1　演者が1人でマイク1本でステージに立ち、客席に向かってしゃべりかけるスタイルの話芸。笑いの中に社会風刺や皮肉などが織り交ぜられることが多い。

ルーベンシュタイン そして最終的には、最初にお話ししましたが、1975年に『NBCのサタデーナイト』が放送されます。そのときは、出演者全員と面接をしましたか？ 最初から『ダン・エイクロイドは売れる』、『ジョン・ベルーシは人気が出る』と感じ、そう口にしていましたか？

マイケルズ 最初に私が雇われました。オフィススペースを見にロックフェラーセンターへ行くと、1975年当時にはホールを鹿が走れるくらい、がらんとした広いスペースが広がっていましたね。

事務所は17階で、私たちはいまだにそこにいます。アシスタントにトム・シラーを雇い、プリプロダクション（番組の制作準備）に十分時間をかけました。サインは4月1日にしました。コメディの世界では縁起が良い日とされていたからです。

チームを作り上げるのに3か月かかりました。何百人もの人たちを面接し、何らかの理由で必要だと感じたり、これは面白いと思ったりした人がいると、チームに加えていきました。

材料は揃っていたけれど、レシピがなかった

ルーベンシュタイン 放送が始まったばかりのころ、登場人物たちは『まだゴールデンアワーにはふさわしくない人たち』だと評されていましたか？

マイケルズ そいつはハーブ・サージェントが手がけたタイトルですね、そんなところです。

ルーベンシュタイン あなたが選んだ多くの人たちが、その後大きな名声と富を手にしましたね。最初の番組が終わったとき、すぐにあなたは、これは大ヒット間違いなしと確信しましたか？

マイケルズ 私はこれまで人生のほとんどの場面で、間違いを見つけてはそれに取り組んできました。番組が終わると、早速私には、やるべきことがたくさんあると分かりました。いつもそれにばかり関わっているわけじゃないけれど、とにかくそれが私のやるべき仕事だったんです。**大切な場面なのに、カメラが遅れたり——決して完璧にはいかないけれど、それを求めていくのが私の役割なんです。**

その晩、番組は無事に終わりました。番組が始まったころ、私はよくこう口にしていました。**つまり私の手元にすべての材料は揃っていましたが、レシピがなかったのです。**

初回の放送と2週目の放送の間に、私たちは変更を加えることにしました。2週目の番組はポール・サイモン、3週目はロブ・ライナーとペニー・マーシャル、そして4週目のキャンディス・バーゲンのときには、今の同じようなパターンが出来上がっていました。

ルーベンシュタイン 番組独自のアイデアは、出演者に役回りがあって、ショーにホストをつけているところでしょうか。

マイケルズ ホストは毎週変わります。たとえば『ハリウッド・パレス』というショーは、ニック・ヴァノフという人物がプロデュースしていますが、毎週ホストも変わっていくのです。

ルーベンシュタイン 初回の番組は、誰がホストを務めていましたか？

マイケルズ ジョージ・カーリンでした。

ルーベンシュタイン　人気番組になり始めたころ、彼は面白かったですか、それともその面白さは伝わりにくかったでしょうか？

マイケルズ　彼はひとりでしゃべらせたら受けるってのは分かっていたし、彼自身、面白いやつだと思っていました。最初の放送で一番問題になったのは、テレビ局側が彼にスーツを着せたがったってことなんです。ジャケットとネクタイですね。でも彼は嫌だった。Tシャツで済ませたかったんです。なにも人生最大の問題というほどではなかったので、私は彼に、着たいものを着てかまわないと言いました。結局、放送当日に局側と時間をかけて話し合った結果、お互いに歩み寄りを見せ、Tシャツの上にジャケットを羽織ることで落ち着いたのです。まさに完璧な解決策でした。

私にはふたりのミュージカルゲストがいました。番組のなかで、コマーシャルの間に放送する予定だった、本物そっくりのパロディコマーシャルは、その多くを取りやめました。本物なのか嘘なのか、非常に紛らわしかったのです。その分、ジョージ・カーリンが3本ほど余計にスタンダップコメディを披露してくれました。

当時、スポーツ以外の生放送は珍しかった

ルーベンシュタイン　このあたりの事情をよく覚えていらっしゃらない方のために申し上げておくと、当時は50年代や60年代に比べて、テレビの生放送はそれほど多くはありませんでした。

マイケルズ　主にスポーツだけでしたね。

ルーベンシュタイン　たとえばジョニー・カーソンは、観覧客の目の前で番組を録画しましたが、結局録画ですから、必要に応じて編集することが可能でした。

でも生放送では、変更を加えることはできません。ありのままです。適切でない表現があるかどうか、単語の検閲は必要でしたか？

マイケルズ　私たちに何ができて、何ができないのか——番組は11時30分から深夜1時までだったので、視聴者にとって11時30分に、そして深夜に何ができるのか、多くの議論を重ねました。**『時代の最先端をいく』、そして『既成概念の枠を超える』——私たちが取り組んでいることすべてが、こうした70年代のフレーズそのままでした。**

私たちは、自分たちが生きているこの人生を切り取り、ショーのなかに投影しようとしたのです。1975年はベトナム戦争の終結した年でした。このときすでに大統領は辞任し、ニューヨーク市は財政破綻寸前に追い込まれていました。**私たちの番組は、そうした時代の混乱のなかにぽっかりと開いた窓のような存在だったのです。**私たちのショーはそうした影響は一番受けない番組でした。

ルーベンシュタイン　『サタデーナイトライブ』に『ウィークエンド・アップデート』という、これまた本物そっくりのパロディーニュースのコーナーがありますが、これは最初からあったのですか。

マイケルズ　最初からありました。もともとカナダでやっていたのと同じようなことをやろうと思っていました。ただ、後から考えてみれば、一緒に作っているスタッフや出演者のアイデアや力を採り入れようとはせず、自分の考えだけでやろうとしていました。これでは良い仕事はできません。

ルーベンシュタイン　１９７５年から１９８０年まで番組のプロデュースを手がけると、その後は映画のプロデューサーになろうと決意されます。

マイケルズ　多くの人が番組を去ることになったので、私もそうしようと思ったんです。番組の制作ペースは凄まじいものでしたが、だからこそ多くの人に機会が開かれていたわけです。でもその一方でショーは大ヒットしたため、テレビ局は新たなキャストを募るのに十分な時間を与えてはくれませんでした。つまり私たちは局にとって、それほど重要な立場ではなかったのです。私はそれまで、同じグループのメンバーとして、みなで一緒にやってきました。その5年間でひとりも解雇された者はいませんでした。でもそろそろ潮時だったのです。他にもやりたいことはたくさんありましたし。

ルーベンシュタイン　そしてあなたは、映画やテレビ番組の制作を始めます。

マイケルズ　やりましたね。ミュージックショーはずいぶん手がけました。家も建てました。庭も造りましたよ。

笑いは時代とともに変わっていく

ルーベンシュタイン　そして１９８５年、あなたは復帰されます。１９８５年から２０１９年までずっと番組のプロデュースにあたってこられましたね？

マイケルズ　ええ、数週間前もやったばかりです。

ルーベンシュタイン　40年以上同じことをし続けるのは、疲れませんか？

マイケルズ　疲れません。もちろん肉体的には疲れますよ。でも自分でやっていることですから。

ルーベンシュタイン　70年代後半、あるいは80年代前半からこれまでのあいだ、人々の笑いはどう変化しましたか？　人々は依然として同じことで笑いますか？　以前は笑わなかったけれど今なら笑ってくれる、あるいは以前なら笑ったけれど今なら笑わないようなことはありますか？

マイケルズ　**70年代にやってきたことで、今なおできることはほとんどないですね。**ギルド・ラドナーはロザンヌ・ロザンナダンナを、ジョン・ベルーシは日本人を演じることはもうできません（＊2）。ギャレット・モリスの『聴き取りにくいニュース』もだめです。障害を抱える人たちを笑いのネタにしていますからね。物事に対するとらえ方は変わります。映画『ミスター・アーサー』から続編の『ミスター・アーサー2』が作られるあいだに、アルコール依存症は病気として認識されるようになり、それまで200年もの間、みんなが笑ってきた酔っ払いを、誰も笑わなくなりました。

ルーベンシュタイン　実際にショーがどのように作られていくのかを紹介しましょう。前週の仕事を終え、月曜日はゆっくり過ごされますか？　それとも実際に仕事に行かれますか？

マイケルズ　月曜日には職場に顔を出さなければなりません。夕方の5時にミーティングがありますからね。台本、その週のキャストとホスト、音楽部門と撮影部門のスタッフがみんなやって来るんで

＊2　いずれもポリティカル・コレクトネスの文脈で、特定の職業や人種を侮蔑する表現とみなされるため。ロザンヌ・ロザンナダンナはニュースのアンカーウーマンをいやみったらしく誇張して演じたキャラクターであり、ジョン・ベルーシは黒澤明監督の『用心棒』をパロディにした「サムライ」シリーズで、日本人の侍を誇張して演じた。

す。

全員私のオフィスに集まります。私はデスクの後ろから立ち上がり、部屋の中を歩きながら、それぞれのアイデアを訊いていきます。ミーティング自体はそれほど刺激的なものではありません。彼らが口にするアイデアは——みんな何か言わなければならないと知っているので——ほとんどの場合、単なるジョークです。

1978年か1979年当時のことでしたが、ビル・マーレイはポケットから1枚の紙切れを取り出すと、そこに『ペンキ屋』と書かれているのを見て、こう言いました。『本当にペンキ屋に行きたかったのか、コメディのアイデアをメモしていたのか、まったく覚えていないよ』

私たちは前週の番組の話題にいつまでもかかわるわけにはいかないのです。過去を振り返っている時間はありません。今週もショーがあり、その場にいる全員でそれを作っていかなければならないのです。私たちは早速始める必要がありました。

ルーベンシュタイン 人々はあなたに電話をして、『私なら本当に良いゲストホストになれます』と売り込んできませんか？

マイケルズ そうする人もいますが、たいていはエージェントとマネージャーが言ってきます。70年代には、面白くなければノーと言うのも大切なことでした。

月曜から水曜に台本を作り、舞台稽古、リハーサルへ

ルーベンシュタイン 月曜日にみなさんでアイデアを持ち寄るわけですから、火曜日か水曜日に台本

が作成されていくのでしょうか？

マイケルズ　具体的に言うと、ミーティングで他の誰かの話を聞いているうちに、みんな何らかの形でアイデアが浮かんできて、口々に『私はこれに取り組みます』と言い始めます。台本の読み合わせは水曜日のだいたい午後4時くらいから始まるので、台本作りにかかってから、その日の2時までには出演者の手に渡ります。

火曜日の夜は、ほとんどの人が夜通し働きます。私はキャストのメンバーと作家を数人、ホストと一緒に夕食に連れて行きます。ホストにとって一番気がかりで落ち着かないのは、月曜日から水曜日にかけてです。台本が手元にないので、何をしたらいいのかまったく分からないからです。ホストは、私たちがすべきことをしっかりやってくれていると信じるしかありません。これはスタート当時はなかなか難しかったですね。

ルーベンシュタイン　木曜日から金曜日は、舞台稽古ですか？

マイケルズ　水曜日にどんなショーをやるか決定します。まず40から45あるアイデアのなかから13から14に絞り込みます。やる内容が決まると、担当の美術デザイナーがそれに合わせて舞台セットを設計します。その晩遅くから製作にかかり、その後セットの組み立てが始まります。撮影チームは、私たちが確認している2、3の寸劇を見ながら、どう画面に収めるかを検討します。**私たちはいつも、誰が求めているレベルに達していないか、確認するようにしています**。番組自体は何があってもいいように、オープニングと番組中の2～3コーナー分は常に空き時間をとっています。

りませんか？

ルーベンシュタイン　その仕事にふさわしくないホストを選んでしまったと、不安になったことはありませんか？

マイケルズ　残念ながらありますね。

ルーベンシュタイン　どう指導するのですか？『もっと良い仕事ができるんじゃないのかい？』と言ったりするのでしょうか？

マイケルズ　どんなホストでも乗り越えられます。**私たちは一見変わっていますが、ハイブリッドな集団です**。舞台に上がれば、それぞれ機転の利くメンバーがたくさんいます。しかしそこにはカメラもあり、台本は番組が始まるまで手を入れていきますので、最後まで集中することが大切です。それでもホストが諦めてしまう場面もあります。そのときにはもう、すべてはうまくいくと信じるしかありません。

ルーベンシュタイン　土曜日は最終リハーサルをやりますか？

マイケルズ　いえ、まず木曜日に音楽を合わせます。これが最初のリハーサルです。このとき舞台のセットが搬入されます。私たちの選んだ寸劇のどこを手直しするかが書き込めるように、テーブルがふたつ用意されます。木曜日の夜か金曜日の早朝のいずれかで撮影できるよう、撮影班も準備を開始します。それから彼らはまた11時から朝の3時か4時まで、別の撮影を行います。

ルーベンシュタイン　本当に面白い寸劇や台本ができたと思っていても、気がついたらスタジオの誰も笑っていないという場合はありますか？　それとも、それほど面白いとは思わなかったのに、突如として大きな笑いが起こったりすることはありますか？

マイケルズ　ええ、水曜日にショーを選び、木曜日と金曜日にリハーサルをします。そしてもう一度土曜日の午後に、メイクアップをして衣装を着て、もう一度リハーサルをします。それから最終リハーサルに臨むのですが、そのときには300人から400人の観覧客を入れて行います。私たちがどう思おうが、それが受けなければ、実際、本番でも受けません。

そこからまた調整します。私たちが完璧だと思うものは、リハーサルにはかけません。それぞれの寸劇を演じる順番を決めていきます。難しそうなものは、あまり早めに見せても受けません。**どのタイミングでどれをもってくるのか、順番とその話題性が大切です。**

ルーベンシュタイン　面白いかどうか確信のない人物をキャストに選んで、結局その人がスーパースターになったなどという例はありますか？　あるいはその逆もあるのでしょうか？

マイケルズ　いいえ、オーディションのプロセスが何段階もありますから、そういう人物は入ってきません。もし舞台に面白くない人が紛れていても、早期警戒システムが作動します。

過去を振り返るのではなく、来週何をしているかを考えている

ルーベンシュタイン　あなたはこのショーのプロデューサーとして45年ものあいだ、その名前を知られてきました。もし明日、やめるようなことがあっても、すでに十分すぎるほどの実績をお持ちです。でもあなたは今の仕事をできる限り続けるおつもりですか？

マイケルズ　肉体的に問題さえなければ、そのつもりです。

ルーベンシュタイン　あなたが成し遂げた、人生における大きな成果とは何でしょう？　テレビにコメディを復活させたことでしょうか？

マイケルズ　**私はいつも、来週何をしているか考えています。『いやぁ、私はなんて重要なことをやってきたんだろう』と思うような瞬間はありませんよ。**もし仮にそんなことを考えても、その通りになりません。

ルーベンシュタイン　ショー以外に興味のあることや、趣味はありますか？　リラックスしようと思ったら、何をしますか？

マイケルズ　私たちはシーズンを終えましたが、なかなか厳しい1年でした。基本的には学校の教育年度と一緒で、9月に始まり5月に終わります。

私には経験に基づいたルールがあります。それは――6月には何も決めるな、です。1年を通してずっと一緒に働いてきた人に、これ以上会いたくないからです。それに私は次年度の青写真は持っていません。まずはそこから立ち退こうと考えます。旅行に出かけるか、田舎に引き籠ろうと考えます。私は何かを考えるときは、歩くようにしています。長い距離を歩くうちに、物事がしっかり見えてくるのです。

ルーベンシュタイン　『サタデーナイトライブ』をやっていないときは、他のテレビ番組を制作していますね。

マイケルズ　深夜トーク番組の『ザ・トゥナイトショー』や、『レイト・ナイト・ウィズ・セス・マイヤーズ』を手がけています。

ティナ・フェイは『サタデーナイトライブ』の優秀な筆頭ライターであり、キャストのひとりであり、そして『ウィークエンド・アップデート』を担当しています。私たちは映画の『ミーン・ガールズ』も一緒にやりました。彼女はテレビシリーズ化も望んでいて、結局『30ROCK／サーティ・ロック』というタイトルで制作され、放映されました。

『サタデーナイトライブ』以外の仕事では、番組制作が予定通り順調に進んでいることと、その番組ができる限り最高のものになるということに確信を持てるまで、制作に入った当初の段階では、あらゆることに心を配るようにしていました。いったん動き出したら、あるいは非常にうまく動き始めたら、気づかれないようにつま先立ちでそっと抜け出すと、私のもうひとつの仕事である、『サタデーナイトライブ』の方に戻ります。

私自身も経験がありますが、誰だって監視されるのは嫌なものです。手綱をしっかり握っておかなければ、クリエイティブな人たちをしっかり保つことはできません。それが彼らをしっかり管理する方法なのです。だから、現場にはいて、何かあればいつでも対応できるようにはしているのですが、常に間近で現場を見張っているわけではないということです。

ルーベンシュタイン 自分の笑いが止まらないほど、とにかく笑ってしまうようなものはありますか？

マイケルズ ショーには、いつも私が本当に誇りに思っていることがあります。**笑いは誰にも防ぎようがないのです。視聴者はいつ笑おうかと構えているわけではありません。**拍手するタイミングは普段教えられているので、分かっています。でも笑うタイミングは教えられているわけではないんです。だからいつも驚かされます。優れた台本と素晴らしい演技が嚙み合うと、それはもう最高の気分です。

ルーベンシュタイン 人々があなたのショーで有名になり、さらに大きな名声と富を手にしたとき、彼らはあなたに電話をかけて、『すべてはあなたのおかげです。あなたがいなければ、今の私はなかったでしょう』と感謝の言葉を述べたりはしませんか？

マイケルズ **私には、出演側と制作側の両方に深い思い入れがあります。**数年前に40周年を迎えたとき、番組の制作に携わった人たちと、ショーのホスト役を務めた人たちがみな招待されました。そこにいる人たちを眺めてみて、これまでいかに様々な世代の人たちが関わってきたのかを知れば、誰もが自分たちのやってきたことの重要性を痛感したことでしょう。

ルーベンシュタイン　そんな彼らをその場に集めるのは大変でしたか？　『変なプライドは捨てようじゃないか』と言わなければならないこともあったのではないですか？

マイケルズ　みんなお互いに会えて喜んでいましたよ。350席しかないので大変でした。

1年目の作家であろうが、良いアイディアを採用すべき

ルーベンシュタイン　ご自分の素晴らしいキャリアについて後悔はありますか？

マイケルズ　数え切れないほどありますよ。何に対する後悔ですか？

ルーベンシュタイン　達成したいと願いながら、できなかったことはありますか？　番組は大成功を収めました。ショーや人生について、もっとこんなことがしたかったと思ったりはしませんか？

マイケルズ　何かがうまくいかず、芳しくない結果に終わったとき、または誰かが違ったやり方をしたために、何かがうまくいかなかったり、カメラのカットが遅れたり、あるいはその原因が分かったとき――とにかくたくさんありますね。うまくいかないときには、その場が水を打ったように、とても静かになります。キャストにはそれが分かっています。みんなが分かっています。

優秀な人が理解して成功できないなんて、誰も思いません。そういう点では、常にどんなこともできると考えています。

ルーベンシュタイン　まだショーのなかでやっていないことで、今後やってみたいものはありますか？

マイケルズ　**ショーは変化し続けています。**前回の選挙以来、視聴者も大きな関心を寄せているようで、政治にまつわる話題が増えてきました。90年代には、キャストメンバーに上院多数党院内総務が誰なのか尋ねても、答えられないことがありましたからね。

明らかにウォーターゲート事件後の政治は、誰の目にも非常に重要なものとして映っていましたし、ベビーブーム世代にとって、政治は依然として大きな関心事です。好況期には、政治に対する関心は後退します。私たちは常に、そのときの旬の話題を取り上げますが、それはときに政治だし、実際、今はその通りです。

ルーベンシュタイン　誰かが、『ローン・マイケルズのようになれないものかなぁ。プロデューサーになって成功したいんだ』と言ったとしたら？

マイケルズ　『なぜ？』と訊くでしょうね。

ルーベンシュタイン　テレビの達人になるためには、どんな資質が必要ですか？　懸命に仕事をすることですか？　ユーモアのセンスに優れていることですか？　他の人たちと仲良くやっていけることですか？　人をやる気にさせることですか？　一番貴重な資質は何でしょう？

マイケルズ　そういう質問に対するアドバイスは控えておきましょう。**ですが、テレビという分野に**

おけるリーダーシップに必要なのは、自分の考えを柔軟に変える能力だと言えるでしょうね。それも頻繁にね。１年目の作家であろうが、良いアイデアならそれを採用すべきです。

そういう文化がなければ、良いものは作れません。**何かを決定するのは立場や職責ではないのです。**毎週、誰かが深刻に落ち込みます。作品をカットしたあとで、それを作った人物の前を歩くのは愉快なことではありません。でも長く続けていれば、そうなるべき作品は当然出てきます。でも番組は翌週も続きます。前進し続ければ良いのです。誰もが意見を聞いてもらえると思えるような文化を創ろうと努めれば良いのです。

全員が、少しでも良いものにしたいと思っている

ルーベンシュタイン　私はよく、『リーダーになるには何が必要ですか？』と尋ねます。あなたは明らかに、ひとつの分野におけるリーダーです。他の人たちを見て、あるいはあなたの人生のなかで、本当に力のあるリーダーになるには、どのような資質が必要とされるとお思いでしょうか？

マイケルズ　もしあなたに権力があるなら、誰もがそれに気づくでしょうから、それを説明する必要はありません。**非常に能力の高い人たちと一緒にいたら、あなたはそれほど提案することはなくなります。**しようと思っても、それは誰かの提案がすでにカバーしてくれているからです。

自分で手本を見せます。それはあなたがどういう価値観を持ち、何を判断基準にしているかを表すと同時に、ほとんどの場合、あなたが正しいことを示します。さらに私の場合、私にとって重要なのはショーが良いかどうかだけだとみんな知っているので、手本を示すことで、周りの人たちも意欲的に取り組んでいきます。

そして私は、ショーの出来映えを求めるために非情な態度もとるはずです。もしあなたがあるレベルまで到達していないとしても、それを説明してあげる時間がないのです。でもしばらくすると、あるパターンに気づくでしょう。リハーサルが終わって放送が始まるまで、45分間ありますから、そのあいだに確認していきます。

私は部屋を歩き回って尋ねます。『**どう思いますか？　あなたはどう思いますか？　きみはどう思いますか？　それをここに置いたらどうですか？**』。誰もが答えます。どんな結論にするのか、決めるのは私です。でもみなに訊くことで全員の意見のように聞こえます。彼らもまた、少しでも良いものにしたいと思っている人たちなのですから。

謝辞

本書の出版に際し、たくさんの方にご尽力をいただきました。この場を借りて、皆様に感謝申し上げます。

まず出版社であるサイモン&シュスター社には、当初からご支援をいただきました。同社の才能あふれるCEO、ジョナサン・カープに御礼申し上げます。また、編集をご担当いただきましたスチュアート・ロバーツにも感謝の意を表します。彼は初稿の編集と、より良い本にするための様々な方法を示してくださいました。

私の弁護士であり法科大学院からの友人であるボブ・バーネットは私に欠かせない法律顧問であり、私の代理人として、サイモン&シュスター社とのすべてのビジネスおよび法律関連事項の調整にあたってくださいました。

もちろんインタビューを快く受けてくださり、その際のやりとりに編集を加えた原稿を本書に掲載することをお許しくださったすべての方々にも、感謝申し上げます。

また、ワシントン地域の公共テレビチャンネル、WETAのみならず、全国の公共放送サービスであるPBSチャンネルで『ピア・トゥ・ピア』を放送していただけるよう手配をしていただいたWETA社長、シャロン・ロックフェラーにも感謝致します。

さらに、本書に関連する広報活動に多大な協力をしていただきましたクリス・アルマンにも御礼を申し上げます。

本書のインタビューは、ワシントン経済クラブとブルームバーグTVのご支援によって可能になりました。経済クラブの事務局長であるメアリー・ブレイディは、メディアディレクターであるジュディ・イラストルザとともに、クラブ会員の前でインタビューが行われるよう全力を尽くしてくださいました。

『ピア・トゥ・ピア』は、ブルームバーグの多くの方々のお力添えによって実現した番組です。もともとこのインタビューショーは、経済クラブのメンバーだったジュリアンナ・グローヴァーの発案によるものでした。彼女はそれをクラブのメンバーであり、ブルームバーグのメディア担当役員でもあるジャスティン・スミスに提案したのです。彼は番組のスタート当初から全力でご支援くださいました。また、同じようにショーのアイデアをご理解くださったマイク・ブルームバーグにも、長年にわたるその友情とご支援にこの場を借りて感謝申し上げます。

番組を監督したのは、ブルームバーグテレビの責任者であるアル・メイヤーで、彼は番組を支え、その成功に大きく貢献してくださいました。

スタート当時のプロデューサーは、経験豊富なマット・サールでした。彼は自らの仕事に情熱を持って取り組み、ショーが力強くスタートを切る手助けをしてくれました。また、本書の出版の際には、それまでのインタビューを編集する作業を進めてくれました。

マットがブルームバーグテレビを離れてアンドリュー・クオモニューヨーク州知事のもとで働き始めると、彼の後を引き継いだのは、やはりブルームバーグで豊富なキャリアを持つローラ・チャップマンでした。彼女もまた番組がうまく運ぶようにご尽力くださいました。ローラはその後、ブルームバーグ創業者であるマイク・ブルームバーグの大統領選挙キャンペーンスタッフとして現場を離れます。

彼女の後任はケリー・ベルナップで、それまで香港でブルームバーグのテレビ事業を展開していましたが、番組をプロデュースするためにニューヨークに戻られると、番組の強化を図ると同時に、本書に掲載予定のインタビューの見直しのため、その回の番組台本を入手してくださいました。プロデユーサーのサマンサ・シヴラジとブルームバーグメディアの弁護士であるパトリシア・スーのおふたりには、その台本の使用許可を得るためにご尽力いただきました。

また本書に掲載したインタビューが確実に行われるよう、私のスケジュール管理を確実に行ってくれた、長年にわたる私の参謀役であるメアリ・パット・デッカー。度重なる原稿の改訂を補佐してくれたローラ・ボーリング。ローラとともに原稿の準備に協力してくれたアマンダ・マンガム。インタビューに必要なあらゆる資料の収集と準備にあたってくれたロバート・ハーベンなど、本書の作成準備に際しお手伝いいただいた、私のオフィススタッフにも感謝申し上げます。

特に、インタビュー原稿の確認と編集に加え、私がまとめた各インタビューの要旨の編集など、多くの業務にあたってくれたジェニファー・ハワードの働きに感謝します。彼女は私の前著でも同様の役割を果たしてくれました。本書でも目の行き届いた編集者、そして言葉遣いの巧みな作家として、相変わらずその手腕を発揮してくれました。

私は長年にわたりジョンズホプキンスチルドレンズセンターに対する支援を続けており、同センターの医学評議委員会にも所属しています。本書から著者に発生する収益は、すべてこのセンターに寄付致します。

私は本書のなかでいくつかの間違いを起こしていることでしょう。それらは他の誰でもない、すべて私の責任であると申し添えておきます。

日本版解説

リーダー像は多様なほど社会は豊かになる

ジャーナリスト
浜田敬子

日本のリーダーのステレオタイプが奪っているもの

私が2014年から2年間編集長を務めた週刊誌「AERA」では、創刊以来ずっと男性が編集長を務めていた。創刊から四半世紀経ってやっと私が「女性初」の編集長となり、就任当初は話題にもしてもらい、編集長の間は常に「女性初の」という形容詞とともに紹介された。他の国では政治やビジネスの世界で続々と女性リーダーが生まれていたが、日本ではメディアだけではなくあらゆる組織で、女性がトップを務めること自体がまだ珍しがられていた。わずか数年前のこと、2010年代半ばの話だ。

という私自身も、10年近く副編集長を務めている間、編集長に「なりたい」とも「なれる」とも考えていなかった。ある程度裁量を持って働ける一方で、最後の責任は編集長が取ってくれるNO．2というポジションに居心地の良さを感じていたこともあるが、自分が編集長になることが想像できなかったという方が近いかもしれない。「リーダー=男性」という強固な刷り込みがあったのだ。男性の編集長としか一緒に働いたことがなく、取材先としても圧倒的に男性経営者や政治家の姿を見てきたことから、「ああいう風には振る舞えない」と思い込んでいたことが大きかった。

日本のジェンダー後進国ぶりは、毎年世界経済フォーラムがジェンダーギャップ指数を発表するたびに話題になる。中でも経済、政治分野の順位の低さ、先進国では最下位レベルという状況は、政治家や企業の役員・管理職に女性が少ない実態を顕著に表している。中高・大学時代の学力を見ても、決して能力で劣っているわけではない日本の女性たちが社会に出た時になぜリーダーを目指そうとしないのかについては、これまで女性の「意欲」の問題とされてきた。果たしてそうだろうか。最近は労働環境や日本に根深い性別役割分業意識などさまざまな構造的要因があることが指摘されているが、中でも大きい要因は日本のリーダー像の多様性のなさではないかと思う。政治やビジネス分野に止まらず、いろいろな組織の長、カンファレンスなどへの登壇者、テレビのコメンテーターに至るまで、リーダーとは日本人の年配の男性、というシーンがあまりにも日常の風景になっていることが、あの場に自分がいける、という女性たちの想像力すら奪ってしまっている。

なぜ女性のCEOが生まれるのか

それはアメリカでも少し前まで同じだった。

カーライル・グループを興し、世界有数のプライベートエクイティ企業にまで成長させたデイヴィッド・ルーベンシュタインがリーダーたちにインタビューをした番組をまとめた本書（原書タイトル『HOW TO LEAD』）には、グローバルカンパニーの創業者・CEOから、アメリカ歴代大統領や軍の司令官など、誰もが知るビッグネームが並んでいる。

リーダーシップのあり方やリーダーになるまでの道のりも様々だが、目を引いたのが女性リーダーたちの数とその多様な経歴だ。米最高裁判事だったRBGこと故・ルース・ベイダー・ギンズバーグは映画などを通じて日本でもよく知られる存在だが、その他にもロッキード・マーティンやIBMといった世界的企業を率いるCEO、米議会の下院議長から元国務長官、国際機関のトップまでと圧倒される。ヒラリー・クリントンが２０１６年の米大統領選でトランプに敗北した際に、「最も高くて硬いガラスの天井」を打ち破れなかったと述べたが、それでもアメリカでは「あと一歩」のところまで女性の手が届いているという事実に胸が熱くなる。彼女たちのインタビューは、ジェンダー平等という概念が浸透していなかった時代にその扉をひとつひとつ開いてきた歴史そのものでもある。

アメリカでもフォーチュン５００と呼ばれる全米上位企業、特に上位１００社、２００社に入る企業の中では女性のCEOはまだ多くない。本書に登場するロッキード・マーティンCEOのマリリン・ヒューソンと、IBMのCEOだったジニー・ロメッティ、ペプシコCEOだったインドラ・ヌーイはその数少ない女性CEOだ。特にヒューソンとロメッティは巨大企業のトップというだけでなく、防衛産業とテクノロジー企業という、日本ではそもそも女性が少ない産業でエンジニアとして働き、実績や信頼を築き、トップに登り詰めた。もちろん彼女たちの能力や人格、そして努力の結果でもあると思うが、実績をあげれば性別に関係なく公平に評価される仕組みも機能していたのだと思う。

欧州中央銀行総裁で元IMF専務理事のクリスティーヌ・ラガルドは、より多くの女性がCEOや役員として経営に参画すべきだと主張するが、その理由として「具体的な目に見える結果がある。経営層に女性が増えるほど業績が上向いている」ことを挙げる。実際、ヒューソンがロッキード・マーティンCEOに就任後、株価は4倍にもなり、彼女は一度退任した後、再びCEOに返り咲いている。ロメッティも競争の激しいテクノロジー業界で、従業員35万人のIBMを大きく改革した。より変化が激しく、先が読めない時代に誰がリーダーとしてふさわしいのか。少なくともロッキードやIBMには属性にとらわれることなく、ふさわしい人を公平に評価する環境があったということだ。

マイノリティの役割を自覚するリーダーたち

トップになった彼女たちは、後進を育てることを非常に重要視していた。ヒューソンもロメッティもともにシングルマザーの家庭で育った。いわゆる「銀の匙」をくわえて生まれてきたわけではない。ヒューソンは大学時代に夜間に働いて学費を稼ぎ、ロメッティの家庭はフードスタンプの支援に頼るという厳しい経済状況だった。経済格差が深刻化し、なかなか階層の移動が容易ではなくなったアメリカの現状から見ると、彼女たちが育った時代は努力が結果を結びやすい時代だったのかもしれない。だが、それでも彼女たちが後進を育てることに強い決意を持っているのは、自身の努力だけでリーダーになれたと感じていないから、自分たちが受けた恩恵を還元したいという思いがあるからだろう。

ヒューソンの入社当時、職場に女性1人ということも珍しくなかったロッキード・マーティンでは、次世代女性リーダー輩出のための育成システムを確立し、今や社内リーダーの22%が女性になっているという。それは「常により多くの女性を育てようと意識」（ヒューソン）した結果だ。ロメッティも、「女性を企業の戦力として見ていくなら、彼女たちが今の仕事を継続していけるよう、あらゆる手を打つ必要がある。企業側も明確な意識を持って努力すべき」と話している。

メリンダ・ゲイツもまた、元夫であるビル・ゲイツとともに立ち上げたゲイツ財団の活動とは別に投資会社ピボタル・ベンチャーを創設し、女性たちの社会的地位を高める活動をしている。彼女は「女性を貶（おとし）めようとする力はいたるところで見られ、女性の置かれた現状を少しでも向上させようとするなら、世界そのものを変える」必要性を強く感じ、使命感を持って取り組んでいる。女性であると同時に、インドからの移民でもあるペプシコの元会長・CEO、インドラ・ヌーイは、「（女性たちやインド人、移民たちの）ロールモデルになる以外の選択肢はない」と話している。

トランプ政権時代に、下院議長として厳しく対峙する姿が印象的なナンシー・ペロシは、共和党や右派層に攻撃され、膨大な数のネガティブ広告の対象にもなっている。日本でも声を上げる女性たちへの、特にネット上での執拗な攻撃は深刻だが、ペロシはその矢面に立ち続け、声を上げることを止めない。

ペロシ自身は政治家一家に育ったものの、女性というだけで政治家になることは全く期待されていなかったという。今では１００人以上の女性の連邦議会議員がいるアメリカでも、１９６０年代まで女性が公職に立候補することすら予想されていなかった。彼女自身も一旦専業主婦になった後、図書館のボランティアから政治の世界を志している。そんな彼女の言葉は多くの女性たちに勇気を与えてくれる。「攻撃されるのは相手がまさに恐れているから。尻込みをせず、言いたいことをしっかり言おう。女性には力があり、まず自分の力を信じることが大事だ」と。

大きな目的のために「希望」を与える人

リーダーの役割とは何だろうか。ひと言で言うのは難しいが、私は「希望を与える」ことではないかと思う。それは根拠のない、ただ楽観的な見通しや、耳障りのいい言葉や威勢のいい掛け声を並べるだけでもない。自らが道を切り開いた人だけが持つ説得力のある言葉。そして自分だけが遠くに行くのでなく、後から来る人たちのために道を整え、こちらにと灯りをかざして導く。不安で足がすくんでいる人がいたら励まし、あなたはできると鼓舞する。彼女たちの言葉ひとつひとつにはリーダーとしての自覚、それもマイノリティであった自分自身がリーダーになることの意味を深く理解していることがうかがえる。

女性だけでなく、ＬＧＢＴＱなどの性的少数者、障がい者、人種でもマイノリティを自認する人たちはより社会の理不尽や矛盾を切実に感じることが多く、「切り開かなければならない」道には当然困難も多くなる。自分だけで何かを成し遂げることの難しさを自覚するからこそ、与えられたチャンスに感謝し、多くの、自分と同様の人たちにチャンスを還元することを模索する。その循環が生まれることで、さらに多様な人たちが社会でチャンスを摑むことができ、こうした「チャンスの民主化」は未来に対する希望となる。

特に印象に残ったのが、アップルCEOのティム・クックだった。クックはゲイであることを公言している。非常にプライベートでセンシティブな自身の性的志向をなぜわざわざ明らかにしたのか。それはより大きな目的のためだと話している。「世界の問題の多くは、平等でないことが原因で生じる。特定の地域に生まれただけで良い教育が受けられず、LGBTQというセクシャリティを理由に解雇される」現実。彼は「自分の家族からでさえ正当な扱いを受けていない子どもたち」のために、自分にとって居心地のいいプライベートの一部を放棄し、ゲイとしてしっかり人生を歩いている姿を見せたい、それが負い目となるような世の中であってはならないと誰かが言う必要があったという。まさに彼の存在こそが「希望」を与えることを自覚しているのだ。

優れたリーダーは謙虚である

ルーベンシュタインがインタビュー相手として選んだ中には、彼も署名しているギビング・プレッジ仲間が多い。ギビング・プレッジとは、ビル・ゲイツとメリンダ・ゲイツ、ウォーレン・バフェットの3人が設立、世界有数の資産家に対して、その富の少なくとも半分以上を慈善活動や慈善団体への寄付に使うことを公表しようという取り組みだ。マイクロ・ソフトの共同創業者であり、一時は世界一の富豪であったビル・ゲイツはメリンダと結婚し、子どもを授かったことで、広い視野で社会を見られるようになり、富がどこに流れていくべきかを考えるようになったと述べている。ビル&メリンダ・ゲイツ財団では、感染症の撲滅を通じて子どもたちの命を救う活動に注力している。

アメリカの成功者たちはその富の規模が日本とは桁違いだが、それを「使う」ことでも知られている。ギビング・プレッジを設立した3人はその代表格で、富を子孫に残すのでなく、ほとんどの資産を生きている間に社会の課題を解決するために具体的な活動に寄付している。

2019年、1人の黒人の経営者の行動が話題になった。このインタビュー集にも登場するヴィスタ・エクイティ・パートナーズ創業者・CEOであるロバート・F・スミスだ。彼はアフリカ系アメリカ人として唯一ギビング・プレッジに参加しているが、黒人が多く通う大学、モアハウス大学の卒業生約400人の学生ローンを彼が肩代わりすると発表したことで、一気に彼の名前は広まった。アメリカでは多くの大学生が卒業後、学費のローン返済に苦しみ、学費免除は大統領選の重要な争点にもなっている。学生ローンの残高は1兆7000億ドルにも達し、特に黒人の借入額は大きく、白人との格差は広がるばかりだ。スミスは「自分なりの方法で何らかの問題が解決できると思う分野」に目がいき、アフリカ系アメリカ人が米企業で働くための機会の平等を支援したいと奨学金の肩代わりを願い出たという。

ブッシュ政権で国務長官を務めたコンドリーザ・ライスは、優れたリーダーが備えている資質を問われ、「偉大なリーダーの核を成すものは誠実さ」だと答えている。偉大なリーダーたちは世界を「今」ではなく「あるべき姿」として見ており、そのために自分には何がやり遂げられるのか謙虚な気持ちで考えていると指摘している。

そしてライスが偉大なリーダーの代表として名前を挙げたのが、アパルトヘイト撤廃に尽力しノーベル平和賞を受賞したネルソン・マンデラだった。マンデラについては、ヴァージングループ創業者であるリチャード・ブランソンも懇意(こんい)にしていた。ブランソンは偉大なリーダーの素養を「優れた聞き手であることとすべての人に対する心からの愛情を持つこと」といい、そのよきお手本として、マンデラが常にじっと人の話に耳を傾け、吸収していたことをインタビューで明かしている。

新型コロナウイルスは、それまでの経済格差をより拡大させた。2022年1月に世界90か国で貧困をなくす活動をしているNGO・Oxfamは、「世界で最も裕福な10人の富はパンデミックの間に倍になった」というレポートを発表した。その10人には、この本にも登場するウォーレン・バフェットやジェフ・ベソス、ビル・ゲイツも含まれる。彼らがこのあまりにも不均衡で不公平な社会をどう見るのか。「あるべき姿」のためにどう振る舞うのか。リーダーが謙虚で誠実であれば、その富は有効に使われると信じたい。

日本にも生まれつつある利他的なリーダー

私は2017年から3年半、アメリカ発のオンライン経済メディア「ビジネスインサイダー」の日本版統括編集長を務めていた。主な読者層は1980年生まれ以降のミレニアル世代やZ世代。取材する対象も、その世代の人が中心だった。

ビジネスインサイダージャパンには私が立ち上げた「ミライノツクリテ」という連載がある。今ある社会の課題を解決し、「あるべき姿」「あるべき未来」に向けて新しく社会の仕組みを創造している若きリーダーたちの取材を通して、私は数々のリーダーに出会ってきた。彼女、彼らが目指すのは、テクノロジー分野のジェンダーギャップ、世界の食糧危機、若者の政治参加、地域の交通問題……など多岐にわたる課題の解決だが、共通しているのはその課題があまりにも大きく、複雑なため途方にくれるようなものばかりということだ。だからこそ、これまで挑んだ人がいてもなかなか成果が出せていなかったり、そもそも挑むこと自体に怯んだり、諦めてしまったりしているものだ。手っ取り早く成功を夢見ているような人には敬遠されるような高い山に、「誰もやらないなら自分が」と挑む若い世代は着実に増えている。

共通しているのは、社会をもっと良くしたいという気持ちだ。自分だけが満足する「一人勝ち」ではなく、少しずつでもみんなで豊かに、幸せになれる社会を望んでいる。日本の若者は世界の他の国に比べると幸福度でも将来の希望でもネガティブという調査もあるが、それでも社会に希望を創りたいという人たちが生まれつつある。

特にミレニアル世代の中には10代から20代で東日本大震災を体験し、被災地にボランティアとして訪れた人も多く、その経験が強く人生観に影響を及ぼしている。突然自分の命や大事な家族が奪われるかもしれないという強烈な記憶が、同じように働くのであれば、より良い社会のために、と駆り立てている。私は「アフター311世代」と呼んでいるが、この世代が社会の中心になるとき、リーダーとして社会を日本を変革していくときに、もっと日本には利他的で多様なリーダーがいる風景が当たり前のものになっていると思う。そのときにぜひ日本版の『HOW TO LEAD』を読んでみたい。

訳者あとがき

本書は、ブルームバーグ・テレビジョンの人気インタビュー番組、『ザ・ルーベンシュタイン ショー、ピア・トゥ・ピア カンバセーションズ』を書き起こしたものだ。番組にはアメリカの政界や経済界はもちろん、国家安全保障機関から国際機関に至るまで、様々な分野の著名なリーダーが登場する。インタビュアーのルーベンシュタインは彼らに、リーダーシップとは何か、どうすればリーダーシップを身につけられるのかという質問を投げかけ、ゲストはそれに対して自らのエピソードを交えながら、その答えを語っていく。本書には、そこから選りすぐった31人のインタビューが取り上げられている。

番組が放送された当時のトピックスには、今の時流にそぐわない部分があるかもしれない。だからといって、彼らの足跡が色褪せるわけではなく、むしろ時代の変化が加速度を増す現在、かえってその功績が一段と鮮やかに浮かび上がるものさえあるだろう。

ルーベンシュタインのインタビューが目指すところは明確だ。様々なリーダーシップに共通する人間的特性、すなわちタイプの異なる多種多様な人間がいかにリーダーに成長し、リーダーであり続けるのか——そうした疑問に対する答えを導き出すことにある。

なぜ人はリーダーになろうとするのか、リーダーを突き動かすものは何か、若かりしころにリーダーを務めた人がその後も世の中を牽引していくケースがほとんど見られないのはなぜか、なぜリーダーになれたのか、リーダーの要件とは何か——ルーベンシュタインはゲストに質問をたたみかける。当然、話はそれぞれの来歴や価値観、職業倫理などに広がっていく。つまり彼らの回答は31人31様、それぞれの生き方が凝縮された、人生観のエッセンスとも言うべきものに凝縮されていくのである。

アマゾンの創設者であるジェフ・ベゾスを例にとろう。どのように会社や組織を築いたり、意思決定を行ったりしているのかと訊かれたベゾスは、こう答えている。

「これまで下してきたビジネスや人生におけるベストの判断は、いずれも感情、直感、本能によるもので、分析に基づいた判断ではありません。対象を分析したうえで判断できる物事なら、その通りにすればいい。だが人生における重要な決断は、常に本能や直感、感覚、あるいは感情をもとに下しているものなのです」

さらに彼は続ける。

「私は常々、『80歳になったときああすれば良かったと後悔するなら、なるべくその数は減らしていきたい』と考えています。私たちはたいてい、なぜ行動しなかったのかと悔やみます。自分が通らなかった道と言っても良い。つまり自分が試みなかったことに対する後悔です。それが私たちを悩ませるのです」

ルーベンシュタインは、人種差別や性差別問題にも踏み込んでいく。

最高齢の女性最高裁判事であり、RBGとして広く知られ、国民的アイコンにまでなったルース・ベイダー・ギンズバーグに、ルーベンシュタインは、もしあなたが憲法をひとつ変更できるとしたら、何をいれるか、そしてそれはなぜかと尋ねている。

ギンズバーグは言う。

「憲法に平等修正条項を追加します。

理由はこうです。ポケット憲法を取り出して孫娘に見せるとしましょう。たとえば修正第1条を開けば、言論と報道の自由が明示されています。ところが『女性と男性は同等の市民権を有する』と謳った文言はどこにもありません。(中略)思想および良心の自由と同様、男女が同等の市民権を有するという考えが私たちの社会の基本的な前提であると認識できるように、そうした声明を含んだ憲法を孫娘たちに持たせたいと思っています」

アメリカは多民族国家であるがゆえの悩みを抱えているが、本書を一読されれば、その根底にアメリカという国の懐の深さが通奏低音のように流れている事実に気づかれるだろう。私などは、それはやはりアメリカという国の歴史や教育、愛国心やプライドなどからにじみ出てくるのだろうかと、彼我の違いを含め、考えずにはいられなかった。

もちろん本書が、リーダーシップに関する優れたビジネス書であるのは間違いない。だが一方で、心揺さぶられるようなエピソードや、人生の知恵とも言うべき箴言(しんげん)の数々が随所にちりばめられており、感動をもたらすエンターテインメントとして、さらには生きる勇気や人生に対する大きなヒントを与えてくれる手引き書として読むことも可能だ。より良い人生を歩むためにはどう行動すべきか――そうした疑問に対する新たな答えさえ見つかるかもしれない。

読者の皆様もぜひ本書を手に取り、まずは名前を耳にしたことのある人物からページを開き、徐々に興味の幅を広げて読み進め、新たな発見や啓発の機会を得ていただければ、訳者としてこれ以上の喜びはない。

最後になりますが、今回、このような機会を与えてくださった文響社の皆様に御礼申し上げます。また、アメリカの歴史や文化に関し貴重なアドバイスをいただいたエリザベス・ゼリンスカ、スコット・マクリーン両氏に心より感謝申し上げます。ありがとうございました。

二〇二二年四月　髙橋　功一

日本版解説

浜田敬子

KEIKO HAMADA

ジャーナリスト。1966年山口県生まれ。上智大学法学部国際関係法学科卒業後、朝日新聞社に入社。前橋、仙台支局を経て、93年に「週刊朝日」編集部、99年に「AERA」編集部へ。2006年に出産し育児休業取得。2014年に女性初のAERA編集長に就任。その後、総合プロデュース室プロデューサーを経て、2017年に退社し、「Business Insider Japan」統括編集長に就任。2020年末に退任し、フリーランスのジャーナリストに。テレビ朝日「羽鳥慎一モーニングショー」やTBS「サンデーモーニング」などでコメンテーターを務める他、「働き方」などのテーマでの講演も多数行なっている。著書に、『働く女子と罪悪感』(集英社)。

訳

高橋功一

KOICHI TAKAHASHI

翻訳家。青山学院大学文学部英米文学科卒。航空機メーカーで通訳・翻訳業務に従事した後、専門学校に奉職。現在は実務翻訳、出版翻訳に携わる。訳書に『ラグビーがわかる本』(東京書籍)、『ボクシング世界図鑑』(共訳)『サイレントスパークス―ホタルの不思議な世界』(ともにエクスナレッジ)、『自信がつく本』(共訳、ディスカヴァー・トゥエンティワン)、『エディー・ジョーンズ 我が人生とラグビー』(ダイヤモンド社)など。

デイヴィッド M.ルーベンシュタイン

DAVID M. RUBENSTEIN

世界屈指の民間投資会社のひとつ、カーライル・グループの共同創設者兼共同会長。

非営利活動分野では多岐にわたり活躍している。ジョン・F・ケネディ舞台芸術センターおよび外交問題評議会では理事会議長を、ハーバード・コーポレーションではフェローを、スミソニアン協会では評議員を、ナショナル・ギャラリー・オブ・アート、シカゴ大学、スローン・ケタリング記念がんセンター、ジョンズ・ホプキンス・メディスン、プリンストン高等研究所、国立憲法センター、ブルッキングス研究所、および世界経済フォーラムでは理事を、リンカーンセンターおよびアメリカ芸術科学アカデミーでは理事長を、そしてワシントンD.C.経済クラブでは会長を務めている。さらには、デューク大学とスミソニアン協会では理事会の議長を、ブルッキングス研究所では理事会の共同議長を務めている。また、ギビング・プレッジの当初からの署名者であり、慈善活動分野ではカーネギーメダルを受賞している。ブルームバーグTVとPBSが放映する『ザ・デイヴィッド・ルーベンシュタイン・ショー――ピア・トゥ・ピア カンバセーション』のホスト役であり、『American Story: Conversation with Master Historians』(サイモン&シュスター)の著書がある。

ボルチモア出身。1970年にデューク大学をスンマ・クム・ラウデという優秀な成績で卒業し、全米で最優秀の学生から成る組織、ファイ・ベータ・カッパに選出されている。デューク卒業後はシカゴ大学ロースクールへ進み、1973年に卒業した。1987年にカーライルを共同設立する前は、ニューヨークとワシントンで弁護士業を営み、カーター政権下では国内政策における大統領の副補佐官を務めている。

※登場人物の肩書きや話している内容は原書の出版当時のものです。

Interviews in this book originally appeared on
The David Rubenstein Show: Peer to Peer Conversations.
Used by permission of Bloomberg News.
The introduction to the interview with Dr. Anthony Fauci on page 509-512
was originally published in USA Today on March 22, 2020.

世界を変えた
31人の人生の講義

2022年5月17日　第1刷発行

著　者　デイヴィッド M. ルーベンシュタイン
訳　者　高橋功一
日本版解説　浜田敬子
デザイン　西垂水敦・市川さつき(krran)
イラスト　Mari Oogo
DTP　キャップス
編集協力　奥田由意
編　集　野本有莉
発行者　山本周嗣
発行所　株式会社文響社
〒105-0001
東京都港区虎ノ門2丁目2－5
共同通信会館9F
ホームページ　https://bunkyosha.com
お問い合わせ　info@bunkyosha.com
印刷　株式会社光邦
製本　加藤製本株式会社

ISBNコード:978-4-86651-507-6 Printed in Japan
この本に関するご意見・ご感想をお寄せいただく場合は、郵送またはメール(info@bunkyosha.com)にてお送りください。